Verfassungsentwicklung II

ARTIBUS INGENUIS J·C·B·M· 1·8·0·1

Verfassungsentwicklung II

Verfassungsentwicklung durch Verfassungsgerichte

Deutsch-Japanisches Verfassungsgespräch 2017

herausgegeben von

Matthias Jestaedt und Hidemi Suzuki

Mohr Siebeck

Matthias Jestaedt, 2002–2011 Professor an der Friedrich-Alexander-Universität Erlangen-Nürnberg, seit 2011 Professor an der Albert-Ludwigs-Universität Freiburg i. Br.

Hidemi Suzuki, 1992–1998 Professorin an der Hokuriku-Universität, Kanazawa, 1998–2002 Professorin an der Universität Hiroshima, 2002–2004 Professorin an der Nihon-Universität, Tokio, 2004–2015 Professorin an der Universität Osaka, seit 2015 Professorin an der Keio-Universität, Tokio.

Gedruckt mit großzügiger finanzieller Unterstützung der Fritz Thyssen Stiftung, Köln.

ISBN 978-3-16-158924-9 / eISBN 978-3-16-158925-6
DOI 10.1628/978-3-16-158925-6

Die Deutsche Nationalbibliothek verzeichnet diese Publikation in der Deutschen Nationalbibliographie; detaillierte bibliographische Daten sind über *http://dnb.dnb.de* abrufbar.

Das Buch wurde von Martin Fischer in Tübingen aus der Minion Pro gesetzt und von Gulde Druck in Tübingen auf alterungsbeständiges Werkdruckpapier gedruckt und gebunden.

Printed in Germany.

Inhaltsverzeichnis

Teil IV: Die verfassungskonforme Auslegung

Teil V: Reaktionsweisen des Gesetzgebers auf verfassungsgerichtliche Entscheidungen

Teil VI: Entscheidung in unterschiedlichen Spruchkörpern

Vorwort

Seit 2015 findet sich eine Gruppe von Staatsrechtslehrerinnen und Staatsrechtslehrern aus jeweils mehr als 10 japanischen und deutschen Rechtsfakultäten alle zwei Jahre zu einem „Deutsch-Japanischen Verfassungsgespräch" (DJVG) zusammen. Sämtliche Teilnehmerinnen und Teilnehmer auf japanischer Seite sind Mitglieder der „Forschungsgesellschaft für Deutsches Verfassungsrecht" (FdV) (ドイツ憲法判例研究会, Doitsu Kempō Hanrei Kenkyūkai), sämtliche deutsche sind ihrerseits Mitglieder der Vereinigung der Deutschen Staatsrechtslehrer (VDStRL).

Vom 18. bis zum 22. September 2017 fand in Lenzkirch-Saig im Schwarzwald sowie an der Albert-Ludwigs-Universität in Freiburg i. Br. das Deutsch-Japanische Verfassungsgespräch 2017 (DJVG 2017) statt. Anknüpfend an das zwei Jahre zuvor in Tokio abgehaltene DJVG 2015 zur Thematik „Verfassungsentwicklung – Auslegung, Wandlung und Änderung der Verfassung" (mittlerweile publiziert: *Matthias Jestaedt/Hidemi Suzuki* [Hrsg.], Verfassungsentwicklung I. Auslegung, Wandlung und Änderung der Verfassung. Deutsch-Japanisches Verfassungsgespräch 2015, Mohr Siebeck, Tübingen 2017), welches den Fokus auf die inhaltlich-methodisch gesteuerte Entwicklung von Verfassungsrecht legte, ging es beim DJVG 2017 um die Verfassungsentwicklung aus funktionell-institutioneller Perspektive – und damit primär um Rolle und Anteil der Verfassungsgerichtsbarkeit an der Verwirklichung und der Entwicklung der Verfassung: „Verfassungsentwicklung II – Verfassungsentwicklung durch Verfassungsgerichte".

Im Zentrum der Überlegungen standen Fragen der Bedeutung des institutionellen Settings der Verfassungsgerichtsbarkeit für die Verfassungsentwicklung (integrierte oder isolierte Verfassungsgerichtsbarkeit; Senat oder Kammer als Spruchkörper) ebenso wie Fragen besonderer Verfahrensarten (namentlich der Urteilsverfassungsbeschwerde) oder besonderer „Auslegungs"-Formate (wie der verfassungskonformen Auslegung), Fragen informellen Verfassungsprozess-„Rechts" ebenso wie Fragen des Zusammenspiels von Verfassungsgericht und Gesetzgeber. Die Themen waren so angelegt, dass sie zum einen auf sehr konkrete Verfassungsentwicklungen durch die Verfassungsgerichtsbarkeit in den beiden Staaten zielten, zum anderen aber auch abstraktere Fragen zum Gegenstand hatten, die immer wieder eine theoretisch vertiefte Reflektion der in den konkreteren Themen sich abzeichnenden Entwicklungen erlaubte und beförderte.

Theorie und Praxis der Verfassungsentwicklung durch Verfassungsgerichte in einem bildete eine ausgesprochen offen ausgetragene und thematisch dichte Podiumsdiskussion im Verhandlungssaal des Bundesverfassungsgerichts, an der neben dem Präsidenten des Bundesverfassungsgerichts *Andreas Voßkuhle* und der Richterin des Ersten Senats *Gabriele Britz* der Kammerpräsident am Gerichtshof der Europäischen Union *Thomas von Danwitz*, die Vizepräsidentin des Europäischen Gerichtshofs für Menschenrechte *Angelika Nußberger* und das Mitglied des österreichischen Verfassungsgerichtshofs *Georg Lienbacher* teilnahm; an der von *Olivier Jouanjan*, Université Paris 2 (Panthéon-Assas), moderierten Veranstaltung in Karlsruhe beteiligten sich überdies die Richterinnen und Richter des Bundesverfassungsgerichts *Susanne Baer, Peter M. Huber, Sibylle Kessal-Wulf, Ulrich Maidowski, Peter Müller* und *Wilhelm Schluckebier*.

Die Abhaltung des DJVG 2017 wurde durch großzügige Zuwendungen einerseits der Japan Society for the Promotion of Science (JSPS, 日本学術振興会) sowie andererseits der Fritz Thyssen Stiftung, Köln, ermöglicht. Beiden sei ein herzliches Vergeltsgott ausgesprochen. Der Fritz Thyssen Stiftung gebührt überdies herzlicher Dank für den Druckkostenzuschuss, der die vorliegende Publikation in Deutschlands führendem Verlag für Rechtswissenschaft ermöglicht hat. Bei den Mitarbeiterinnen und Mitarbeitern des Freiburger Lehrstuhls für Öffentliches Recht und Rechtstheorie, die in gewohnt verlässlicher Weise die redaktionelle Arbeit geschultert haben, stehen die Herausgeber tief in der Schuld. Schließlich sei dem Verlag Mohr Siebeck, in Sonderheit der Herstellerin *Ilse König*, ein herzlicher Dank für eine wieder einmal rundum gelungene verlegerische Betreuung ausgesprochen.

Tokio und Freiburg i. Br., im Oktober 2019

Hidemi Suzuki
und *Matthias Jestaedt*

Teil I

Integrierte und isolierte Verfassungsgerichtsbarkeit

Integrierte und isolierte Verfassungsgerichtsbarkeit

Eingliederungs- und Verselbständigungsmodell in ihrer Wirkung auf die Verfassungsentwicklung

Matthias Jestaedt

1. Verfassungsgerichtsbarkeit und Verfassungsentwicklung

Zentrale Akteure dessen, was man zusammenfassend als „Verfassungsentwicklung“[1] kennzeichnet, sind, wenn auch in sehr unterschiedlichem Ausmaß, Verfassungsgerichte. Unmittelbar wirken diese durch den Inhalt ihrer Judikate, durch ihren besonderen – eher zupackenden oder auch zurückhaltenden interpretatorischen und applikativen – approach an der Dynamik von Verfassungsrecht mit.

---

[1] Zu Begriff und Konzept die Beiträge in: *Matthias Jestaedt/Hidemi Suzuki* (Hrsg.), Verfassungsentwicklung I. Auslegung, Wandlung und Änderung der Verfassung. Deutsch-japanisches Verfassungsgespräch 2015, 2017.

Das sich in den Judikaten ausdrückende Verfassungsverständnis ist indes seinerseits von zahlreichen Faktoren abhängig, die konkreten inhaltlich-gegenständlichen, dogmatischen oder methodischen Positionierungen vorausliegen.[2] Am stärksten springt die konkrete personelle Zusammensetzung des Spruchkörpers ins Auge: Sag' mir, wer deine Verfassungsrichter sind, und ich sage dir, wie entwicklungsoffen deine Verfassung ausgelegt und gehandhabt wird. Doch auch diese ist ihrerseits – neben nicht zu unterschätzenden Faktoren wie der Juristenausbildung und -sozialisation[3] – abhängig von einer Reihe institutioneller und funktioneller Faktoren. Einen aus meiner Sicht sehr wichtigen Basisfaktor möchte ich im Folgenden im Blick auf dessen – ich muss bereits hier betonen und unterstreichen: lediglich *mögliche* – Auswirkungen auf Art und Maß der „Verfassungsentwicklung“ in einer konkreten Verfassungsordnung untersuchen. Es handelt sich um die Wahl des institutionellen Grundmodells von Verfassungsgerichtsbarkeit.

2. Grundtypen der Verfassungsgerichtsbarkeit

a) Verfassungsgerichtsbarkeit im weiteren und im engeren Sinne

Doch zuvor sei noch kurz eine Verständigung darüber herbeigeführt, was hier unter Verfassungsgerichtsbarkeit bzw. Verfassungsgericht verstanden wird. Es lässt sich die Verfassungsgerichtsbarkeit im weiteren von jener im engeren, eigentlichen oder spezifischeren Sinne unterscheiden: Erstere umfasst auch die Staatsgerichtsbarkeit, also jene gerichtsförmige Erledigung von Streitigkeiten zwischen Verfassungsorgan(teil)en (Organstreitigkeiten, aber auch Präsidenten- und Ministeranklage) und zwischen Verfassungsgebietskörperschaften (insbesondere Bund-Länder-Streitigkeiten in Bundesstaaten) sowie in Wahlprüfungsangelegenheiten.[4] Bei ihr fungiert die Verfassung zwar als Maßstab für ein Verhalten von Staatsorganen (sog. Verfassungsorganen) oder – in Bundesstaaten – von (Teil-) Staaten. Darauf, dass der Verfassung Vorrang zukommt, genauer: dass sie unter den rechtsordnungsautochthonen Rechtsquellen die höchste Rechtsverdrängungsmacht besitzt,[5] kommt es in diesen Fällen indes nicht primär an.

---

[2] Dazu nunmehr *András Jakab/Arthur Dyevre/Giulio Itzcovich* (Hrsg.), Comparative Constitutional Reasoning, 2017.

[3] Dazu – in Kontrastierung von französischem Conseil constitutionnel und deutschem Bundesverfassungsgericht –: *Ruth Weber*, Der Begründungsstil von Conseil constitutionnel und Bundesverfassungsgericht. Eine vergleichende Analyse der Spruchpraxis, Diss. iur. Freiburg i. Br. 2018 (im Erscheinen 2019), 2. Teil § 3.

[4] Dazu stellvertretend *Klaus Stern*, Das Staatsrecht der Bundesrepublik Deutschland, Bd. II, 1980, S. 968–972.

[5] Vgl. insoweit *Matthias Jestaedt*, Selbstand und Offenheit der Verfassung gegenüber nationalem, supranationalem und internationalem Recht, in: Josef Isensee/Paul Kirchhof (Hrsg.),

Just das ist aber der Markenkern der Verfassungsgerichtsbarkeit im eigentlichen Sinne: Hier reicht es nicht aus, dass Kontrollmaßstab Vorschriften der Verfassung sind – das sind sie ja grundsätzlich auch bei der vorgenannten Staatsgerichtsbarkeit –, sondern hier geht es spezifischer um die Sicherung und Durchsetzung des (rechtsquellenbezogenen und nicht etwa des föderativen[6]) Vorrangs der Verfassung[7] vor allem sonstigen rechtsordnungsautochthonen Recht, wozu auf jeden Fall auch das reguläre Gesetzesrecht zählen muss.[8] Mit *Hans Kelsen* kann man diese Variante der Verfassungsgerichtsbarkeit auf eine Kurzformel bringen: Es ist jene, deren Aufgabe, über die Verfassungsmäßigkeit der Rechtsordnung im Übrigen zu wachen, die Befugnis einschließt, gegebenenfalls als „negativer Gesetzgeber" zu fungieren.[9] Oder noch kürzer: Erkennungszeichen der Verfassungsgerichtsbarkeit im engeren Sinne ist die Kompetenz zum „judicial review", d.h. das Gesetzesprüfungs- und Gesetzesverwerfungsrecht.[10]

Handbuch des Staatsrechts der Bundesrepublik Deutschland (= HStR), 3. Aufl., Bd. XII, 2014, § 264 Rn. 2f., 19, 41 und öfter.

[6] Zur Unterscheidung: *Christoph Schönberger*, Normenkontrollen im EG-Föderalismus. Die Logik gegenläufiger Hierarchisierungen im Gemeinschaftsrecht, in: EuR 2003, S. 600–627; ergänzend *ders.*, Der Vorrang der Verfassung, in: Festschrift für Rainer Wahl, 2011, S. 385–403 (386–390). Bezeichnenderweise hat sich der föderative Vorrang (etwa: Reichsrecht bricht Landesrecht, die Supremacy Clause gemäß Art. VI § 2 der US-Bundesverfassung oder der [Anwendungs-]Vorrang des Unionsrechts vor dem mitgliedstaatlichen Recht) regelmäßig früher und leichter durchgesetzt als der rechtsquellenbezogene Vorrang (Vorrang der Verfassung insbesondere vor dem Gesetzesrecht, aber auch Vorrang des Unionsprimärrechts vor dem Unionssekundärrecht).

[7] Dazu *Rainer Wahl*, Der Vorrang der Verfassung, in: Der Staat 20 (1981), S. 485–516; *Schönberger*, Vorrang (Anm. 6), S. 385–403.

[8] *Maartje de Visser* benennt vier Zwecke der Verfassungsgerichtsbarkeit, und zwar (1) „ensuring that the legislature does not overstep constitutional boundaries", (2) „protecting the fundamental rights of individuals in specific cases", (3) „resolving institutional disputes" und (4) „ensuring the integrity of political office and related processes" (Constitutional Review in Europe. A Comparative Analysis, 2014, S. 99–142, 142–155, 155–168 und 168–185); als Hauptgründe für die Verbreitung der Verfassungsgerichtsbarkeit in (den Staaten Nachkriegs-)Europa(s) macht sie ausfindig: (1) „avoiding competence collisions between state bodies", (2) „guaranteeing observance of the Rule of Law and affording protection to fundamental rights" sowie, eurospezifisch, „the impact of the ECHR and of EU membership" (a.a.O., S. 55–61, 61–75 und 75–78). Für die im Text angesprochene Verfassungsgerichtsbarkeit stehen die beiden eng miteinander verknüpften Aspekte des „ensuring that the legislature does not overstep constitutional boundaries" sowie „guaranteeing observance of the Rule of Law" im Vordergrund (selbstredend schließen sie die übrigen Gesichtspunkte nicht aus). Knapp und bündig zusammengefasst: „Its [i.e. the constitutional court's] purpose is to ensure the normative superiority of the constitutional law" (so *Alex Stone Sweet*, Why Europe Rejected American Judicial Review – and Why it May Not Matter, in: Michigan Law Review 101 [2003], S. 2744–2780 [2745]).

[9] *Hans Kelsen*, Wesen und Entwicklung der Staatsgerichtsbarkeit, in: VVDStRL 5 (1929), S. 30–88 (53–57, insbes. 55).

[10] Gemeinhin wird „judicial review" mit Gesetzes*prüfungs*recht übersetzt. Das ist indes ungenau, wie sich sehr schön am Beispiel des deutschen Verfassungsrechts zeigen lässt: Das Recht (und, wie die Bindung an das Grundgesetz in Art. 20 GG unmissverständlich fordert, die Pflicht) zur *Prüfung* der Verfassungsmäßigkeit der im konkreten Fall anzuwendenden Gesetze trifft sämtliche staatliche (Behörden und) Gerichte; die Kompetenz zur *Verwerfung* wegen Verfassungswidrigkeit kommt in

b) Das US-amerikanische und das österreichische Modell

Als historische Grundtypen oder institutionelle Basisformen der Verfassungsgerichtsbarkeit im engeren, also auf die Kompetenz zum „judicial review" abstellenden Sinne gelten das US-amerikanische, vom 1789 errichteten U. S. Supreme Court geprägte Modell einer- und das österreichische, auf den 1920 errichteten Verfassungsgerichtshof der Republik Österreich zurückgehende Modell andererseits.[11] Sie unterscheiden sich danach, ob die Verfassungsgerichtsbarkeit der allgemeinen Gerichtsbarkeit anvertraut ist – so im US-amerikanischen Modell – oder aber einem eigens dafür vorgesehenen Spezialgericht vorbehalten, also institutionell verselbständigt ist – so beim österreichischen Modell. Im ersten Falle sei von (in die ordentliche Gerichtsbarkeit) *integrierter* Verfassungsgerichtsbarkeit, im zweiten von (wiederum: im Verhältnis zur ordentlichen Gerichtsbarkeit) verselbständigter oder auch *isolierter* Verfassungsgerichtsbarkeit gesprochen.

Nach einer jüngeren Bestandsaufnahme haben im globalen Vergleich von den insgesamt 163 Ländern, die ein Verfassungsgericht besitzen, 73 für das Verselbständigungsmodell optiert, indes die übrigen weitgehend dem Integrationsmodell folgen;[12] dabei sind selbst hybride Varianten anzutreffen, wie das jüngere brasilianische Modell lehrt, welches mit dem STF (Supremo Tribunal Federal) an sich so etwas wie ein Verfassungsgericht nach österreichischem Muster besitzt.[13] Für die Europäische Union stellen sich die Zahlenverhältnisse anders dar, verfügen doch von den derzeit noch 28 Mitgliedstaaten mehr als Zweidrittel, nämlich 19 über ein institutionell verselbständigtes Verfassungsgericht.[14] Dabei lässt sich eine – zwar

---

Bezug auf nachkonstitutionelle Bundesgesetze dagegen exklusiv dem Bundesverfassungsgericht zu (vgl. Art. 100 Abs. 1 GG: sog. Normverwerfungsmonopol).

[11] Dazu etwa *Mauro Cappeletti*, Judicial Review in the Contemporary World (ital. Original: Il controllo giudiziario di costituzionalità delle leggi nel diritto comparato, 1968), 1971, S. 45–100; *Stanley L. Paulson*, Constitutional Review in the United States and Austria: Notes on the Beginnings, in: Ratio Juris 16 (2003), S. 223–239; *Theo Öhlinger*, The Genesis of the Austrian Model of Constitutional Review of Legislation, in: Ratio Juris 16 (2003), S. 206–222 (206 f.); *Stone Sweet*, Europe (Anm. 8), S. 2769–2771; *Christoph Bezemek*, A Kelsenian model of constitutional adjudication, in: ZÖR 67 (2012), S. 115–128 (116 f.); *Mark Tushnet*, Advanced Introduction to Comparative Constitutional Law, 2014, S. 48–56. Vgl. allgemein zur Typologisierung von Verfassungsgerichtsbarkeit: *Luca Mezzetti*, Sistemi e modelli di guistizia costituzionale, in: ders. (Hrsg.), Sistemi e modelli di guistizia costituzionale, 2009, S. 1–98.

[12] So *Armin von Bogdandy/Christoph Grabenwarter/Peter M. Huber*, Verfassungsgerichtsbarkeit im europäischen Rechtsraum, in: dies. (Hrsg.), Handbuch Ius Publicum Europaeum (= IPE), Bd. VI, 2016, § 95 Rn. 2 u. 32.

[13] Dazu monografisch *Konstantin Krukowski*, Supremo Tribunal Federal und Verfassungsprozessrecht in Brasilien. Eine rechtsvergleichende Betrachtung unter besonderer Berücksichtigung der Maßnahmen zur Reduzierung der Verfahrensbelastung, 2011, insbes. S. 68–80.

[14] Während 19 EU-Mitgliedstaaten über ein am Grundmodell des österreichischen Verfassungsgerichtshofs ausgerichtetes, institutionell verselbständigtes Verfassungsgericht verfügen (wenngleich in durchaus stark unterschiedlichen Ausformungen), gehen lediglich neun Mitgliedstaaten

nicht durchgängige und zwingende, aber doch recht – klare Korrelation zwischen Einheitsmodell und rechtsprechungszentrierten Common Law-Ländern einerseits sowie Verselbständigungsmodell und gesetzgebungszentrierten Civil Law-Ländern andererseits konstatieren.

Alle weiteren Unterschiede, die zwischen der US-amerikanischen und der österreichischen Variante von Verfassungsgerichtsbarkeit in ihren konkreten historischen Gestalten bestehen, sind demgegenüber keine Modell-konstitutiven Disjunktionen, mögen sie auch typischerweise mit der Wahl pro oder contra Integration der Verfassungsgerichtsbarkeit in die sonstige Gerichtsbarkeit zusammenhängen oder von ihr nahegelegt werden und eine nicht zu unterschätzende Rolle für Art und Ausmaß der „Verfassungsentwicklung" durch die Verfassungsgerichte spielen. Das gilt, um nur zwei wichtige Beispiele zu nennen, erstens für die Zentralisierung (gar Monopolisierung) oder Dezentralisierung der Normverwerfungs(- respektive Normnichtanwendungs)kompetenz[15] – im US-amerikanischen System kommt jedem Gericht diese Kompetenz zu, im österreichischen nur dem Verfassungsgerichtshof;[16] während das österreichische Modell eines Spezialgerichts für Verfassungsfragen einer dezentralen, gar diffusen Normenkontrolle tendenziell, wenn auch nicht notwendigerweise zuwiderläuft, ist das Modell einer der ordentlichen Gerichtsbarkeit anvertrauten Verfassungsgerichtsbarkeit keineswegs unvereinbar damit, die Normkassation dem Höchstgericht oder einem Spruchkörper desselben vorzubehalten.

Und es gilt zweitens auch für die Frage, ob eine abstrakte, d. h. von einer (vorgängigen) Streitigkeit im Einzelfall *un*abhängige Normenkontrolle vorgesehen ist oder nicht. Während dem Verfassungsgerichtshof durch das B-VG 1920 zunächst nur die Normenkontrolle in ihrer abstrakten Variante zugewiesen war, ist seit der Verfassungsnovelle des Jahres 1929 und verstärkt durch die Einführung der sog.

---

andere Wege: Mit den skandinavischen Staaten Dänemark, Finnland und Schweden, darüber hinaus Irland, Estland (als einzigem Staat aus dem Bereich des ehemaligen Ostblocks), Griechenland und Zypern vertrauen sieben EU-Mitgliedstaaten die Verfassungsgerichtsbarkeit der regulären Gerichtsbarkeit an, folgen also dem US-amerikanischen Grundmodell. Zwei EU-Mitgliedstaaten schließlich, nämlich die Niederlande und das Vereinigte Königreich, kennen keine Verfassungsgerichtsbarkeit im Sinne eines auf Parlamentsgesetze bezogenen „judicial review" (die niederländische Verfassung verbietet sogar ausdrücklich die gerichtliche Überprüfung von Parlamentsakten und völkerrechtlichen Verträgen auf ihre Verfassungsmäßigkeit hin: „De rechter treedt niet in de beoordeling van de grondwettigheid van wetten en verdragen." [Art. 120 des niederländischen Grundgesetzes]); in den Niederlanden ist die Gewährleistung der Verfassungsmäßigkeit der Gesetze dem Staatsrat („Raad van State") anvertraut, im Vereinigten Königreich dem „House of Lords Constitution Committee"; dazu näher *de Visser*, Constitutional Review (Anm. 8), S. 14–16, 29–32 sowie 79–82 und 83–86.

[15] Während die Normverwerfung die betreffende gesetzliche Norm erga omnes aufhebt (deren Nichtigkeit herbeiführt), ist Folge der Normnichtanwendung typischerweise bloß eine Außerbetrachtlassung der betreffenden gesetzlichen Norm in dem konkret zu entscheidenden Fall.

[16] Dazu *Christian Walter*, in: Theodor Maunz/Günter Dürig (Begr.), Grundgesetz. Kommentar, Stand: 86. Lieferung Januar 2019, Art. 93 (Stand: 80. Lieferung Juni 2017) Rn. 56 f., 58–63.

Gesetzesbeschwerde (Parteiantrag auf Normenkontrolle) anno 2015[17] auch eine durch Richtervorlage ausgelöste konkrete Normenkontrolle vorgesehen. Demgegenüber kann der U. S. Supreme Court bis heute nicht im Wege der abstrakten Normenkontrolle tätig werden, sondern operiert unter dem aus Art. III § 2 der US-Bundesverfassung abgeleiteten „‚Case or Controversy' Requirement", so dass seine Zuständigkeit (auch zum „judicial review") nur durch einen oder im Rahmen eines konkreten Rechtsstreits eröffnet wird.[18] Wiewohl sich dies mit dem Gedanken, dass Verfassungsgerichtsbarkeit nichts als ein „Nebenprodukt ordentlicher Rechtsprechung der ordentlichen Gerichte"[19] sei, nahtlos zu einem harmonischen Ganzen fügt: zwingend ist dieser Konnex nicht. Auch bei integrierter Verfassungsgerichtsbarkeit lässt sich, wie das Beispiel des schweizerischen Bundesgerichts zeigt,[20] ein Verfahren abstrakter Normenkontrolle sinnvoll denken – freilich nicht, wenn die Verfassungsgerichtsbarkeit nicht nur institutionell integriert, sondern die Normenkontrollkompetenz auch noch dezentralisiert ist.

Damit ist bereits angedeutet, dass die beiden Grundmodelle ihrerseits eine mehr oder minder große Varianz kennen. Um nur die für einen Deutschen nächstliegende zu nennen: Das Grundgesetz hat sich mit dem Bundesverfassungsgericht zwar unmissverständlich für ein institutionell verselbständigtes Spezialgericht für Verfassungsfragen, also das österreichische Modell, entschieden.[21] Wie man aber in Österreich lernen kann, wird der deutsche Ableger des österreichischen Basismodells anders als dieses als „Pyramidalmodell" gekennzeichnet, weil die

[17] Eine erste Orientierung geben *Maximilian Harnoncourt*, Der Parteiantrag auf Normenkontrolle – die Gesetzesbeschwerde, in: ZfV 2015, S. 263–273; *Lamiss Khakzadeh-Leiler*, Der Parteiantrag auf Normenkontrolle, in: ÖJZ 2015, S. 543–550.

[18] Dazu stellvertretend: *Geoffrey R. Stone/Louis M. Seidmann/Cass R. Sunstein/Mark V. Tushnet/Pamela S. Karlan*, Constitutional Law, 8. Aufl. 2017, S. 82–154; aus deutscher Perspektive: *Marcel Kau*, United States Supreme Court und Bundesverfassungsgericht. Die Bedeutung des United States Supreme Court für die Errichtung und Fortentwicklung des Bundesverfassungsgerichts, 2007, bes. S. 264–273.

[19] *Peter E. Quint*, Der Einfluss des Supreme Court der Vereinigten Staaten von Amerika auf die Verfassungsgerichtsbarkeit in Europa, in: IPE, Bd. VI, 2016, § 109 Rn. 47, s. a. Rn. 17 und 137.

[20] Vgl. *Giovanni Biaggini*, Verfassungsgerichtsbarkeit in der Schweiz, in: IPE, Bd. VI, 2016, § 105 Rn. 69: abstrakte Normenkontrolle im Rahmen der Beschwerde in öffentlich-rechtlichen Angelegenheiten nach Art. 82 lit. b BGG (Bundesgesetz über das Bundesgericht); freilich handelt es sich bei dieser Variante der abstrakten Normenkontrolle um eine Inzidentkontrolle (also nicht um eine Prinzipalkontrolle).

[21] Der Erwähnung wert ist, dass die Stammfassung des Grundgesetzes im Jahre 1949 neben dem Bundesverfassungsgericht (in Art. 93 und 94) in Art. 95 „zur Wahrung der Einheit des Bundesrechts" ein „Oberstes Bundesgericht" vorsah, welches in Fällen, deren Entscheidung für die Einheitlichkeit der Rechtsprechung der „oberen Bundesgerichte" im Sinne von Art. 96 der GG-Stammfassung – sprich: den Bundesgerichtshof, das Bundesverwaltungsgericht, das Bundesarbeitsgericht, das Bundessozialgericht und den Bundesfinanzhof – „von grundsätzlicher Bedeutung ist", zu entscheiden hatte. Im Jahre 1968 wurden Art. 95 und 96 der Stammfassung durch die heute noch gültigen Fassungen ersetzt; die Rolle des „Obersten Bundesgerichts" nimmt heute gemäß Art. 95 Abs. 3 Satz 1 GG der „Gemeinsame Senat" der nunmehr zu „obersten Gerichtshöfen" des Bundes geadelten ehemaligen „oberen Bundesgerichte" wahr.

bundesverfassungsgerichtliche Kognitionsbefugnis mittels der Urteilsverfassungsbeschwerde – sprich: der Verfassungsbeschwerde eines Grundrechtsberechtigten gegen jede letztinstanzliche richterliche Entscheidung (gemäß Art. 93 Abs. 1 Nr. 4a GG, § 13 Nr. 8a, §§ 90 ff. BVerfGG) – sich grundsätzlich auf sämtliche Judikativakte erstreckt. In Österreich stehen demgegenüber die drei Höchst- oder auch Grenzgerichte – neben dem Verfassungsgerichtshof sind dies der Verwaltungsgerichtshof und der Oberste Gerichtshof – gleichberechtigt nebeneinander und ersterem kommt nicht die Kompetenz zu, Erkenntnisse der letzteren zu überprüfen und gegebenenfalls zu kassieren.

c) Koinzidenz, Korrelation, Kausalität

Was ein Verfassungsgericht zu einem bestimmenden Akteur einer stark oder schwach ausgeprägten „Verfassungsentwicklung" macht, insbesondere, inwieweit dies von der institutionellen Modelloption „integrierte oder isolierte Verfassungsgerichtsbarkeit" abhängig ist, lässt sich weder pauschal noch monokausal noch überhaupt über ein konkretes Judikat hinaus ohne Verwendung des Potentialis verlässlich bestimmen. Hier wirken zu zahlreiche und zu heterogene, sich wechselseitig befördernde oder neutralisierende, harte und weiche Faktoren aufeinander ein, so dass nicht stets mit wenigstens leidlicher Sicherheit bestimmt werden kann, ob sie im Verhältnis echter Kausalität oder doch lediglich – positiver oder negativer – Korrelation oder sogar bloßer Koinzidenz zueinander stehen. Das bedeutet umgekehrt indes nicht, dass sich überhaupt keine über den konkreten Einzelfall hinausgehenden, allgemeineren Feststellungen treffen ließen. Nur werden sich diese im Wesentlichen in Tendenz- und Wahrscheinlichkeitsaussagen erschöpfen.

Für unser Vorhaben – nämlich zu eruieren, welchen Einfluss das institutionelle verfassungsgerichtliche Grundsetting auf die „Verfassungsentwicklung" besitzt – kann eine einfache verfassungsvergleichende Kontrollüberlegung gute Dienste leisten: Relativ belastbare Hinweise darauf, ob und gegebenenfalls inwieweit möglicherweise oder sogar sicher verfassungsentwicklungsbefördernde Faktoren mit der Wahl des institutionellen Grundmodells in Zusammenhang stehen, lassen sich dadurch erhalten, dass man vergleicht, wie die zu untersuchenden Faktoren sich bei Verfassungsgerichten ausprägen oder auswirken, die zwar demselben institutionellen Basissetting angehören, aber doch in puncto „judicial activism" auf den entgegengesetzten Enden der Skala liegen (oder zumindest dort vermutet werden). In Bezug auf die integrierte Verfassungsgerichtsbarkeit bietet es sich an, den U.S. Supreme Court mit dem japanischen Obersten Gerichtshof zu vergleichen,[22] während in Bezug auf die isolierte Verfassungsgerichtsbarkeit sich ein Vergleich von

---

[22] Vgl. etwa *Tomoaki Kurishima*, Die Janusköpfigkeit des OGH als Revisions- und Verfassungsgericht. Gegenwartsprobleme und Zukunftsperspektiven, in: Zeitschrift für Japanisches Recht 44 (2017), S. 143–198 (145 f. u. öfter).

Bundesverfassungsgericht und französischem Conseil constitutionnel gewissermaßen aufdrängt.[23]

Im Folgenden sei die Relevanz der Entscheidung für eine integrierte oder aber isolierte Verfassungsgerichtsbarkeit anhand von vier Fragestellungen untersucht: Zunächst fragen wir danach, welche (Wechsel-)Wirkungen zwischen der Verfassung als Entscheidungsmaßstab und der Option für das US-amerikanische oder das österreichische Modell bestehen (3.). Sodann gehen wir den Fragen nach, wie sich das Maß institutioneller Verselbständigung der Verfassungsgerichtsbarkeit auf Verständnis und Handhabung der Verfassung im Verhältnis des jeweiligen Verfassungsgerichts erstens zum Gesetzgeber (4.), zweitens zur sonstigen, regulären (Fach-)Gerichtbarkeit (5.) und schließlich drittens zu anderen Verfassungsgerichten auswirkt oder doch auswirken kann (6.).

3. Verfassung und Verfassungsgerichtsbarkeit

a) Maßstabsplural und Maßstabssingular

Vergleicht man die Ausgangslage integrierter und isolierter Verfassungsgerichte in puncto Entscheidungsmaßstab, so springt ins Auge, dass erstere sich einem Maßstabsplural gegenübersehen, indes letztere von ihrem Maßstab grundsätzlich nur im Singular sprechen können.

Um mit letzteren zu beginnen: Ein institutionell (und funktionell) verselbständigtes Spezialgericht für Verfassungsfragen hat – sieht man einmal von „föderativen Normenkontrollen", also der Frage der Gesamt- und Zentralstaatsrechtskonformität von Gliedstaatsrecht ab[24] – nur einen einzigen Entscheidungsmaßstab, nämlich die Verfassung (als das Ensemble von in Verfassungsrang stehenden Rechtsnormen). Die verfassungsgerichtliche Kognitionsbefugnis reicht nicht weiter als die Maßstäblichkeit der Verfassung selbst – wobei es auf dieser Ebene noch nicht von Bedeutung ist, ob sich das Verfassungsrecht in einem Verfassungsgesetz befindet (wie in Deutschland) oder deren mehreren (wie in Österreich) oder aber in so etwas wie einem aus heterogenen Bausteinen zusammengesetzten „bloc de constitutionnalité"[25] (wie in Frankreich). Das Verfassungsgericht ist nämlich nur dann und insoweit zu einer Sachentscheidung berufen, wenn und als sich die Streitfrage als verfassungsrechtliche Streitigkeit reformulieren lässt.

Die Situation stellt sich grundlegend anders dar im Falle integrierter Verfassungsgerichtsbarkeit: Die Sicherung der Verfassungsmäßigkeit rechtlich relevanter

[23] Dazu *Weber*, Begründungsstil (Anm. 3), passim; *Matthias Jestaedt*, Verfassungsgericht ist nicht gleich Verfassungsgericht, in: JZ 2019, S. 473–482.

[24] Zum „föderativen" Vorrang vgl. oben bei und in Anm. 6.

[25] Dazu pars pro toto: *Olivier Jouanjan*, Verfassungsrechtsprechung in Frankreich, in: IPE, Bd. VI, 2016, § 99 Rn. 70; die grundstürzende Entscheidung ist: Conseil constitutionnel, 71–44 DC vom 16.07.1971, „liberté d'association".

Verhaltensweisen oder Akte stellt hier nur einen, zumeist sogar recht überschaubaren Ausschnitt aus dem deutlich umfassenderen Auftrag dar, die Rechtmäßigkeit insgesamt sicherzustellen. So wird es einem Instanzgericht, welches unter anderem auch verfassungsgerichtliche Funktionen ausübt (also im Falle diffus-integrierter Verfassungsgerichtsbarkeit), nahezu niemals an einem Kontroll- und Entscheidungsmaßstab fehlen, mag dieser auch nicht verfassungs-, sondern „bloß" gesetzes- oder gar untergesetzesrangiger Natur sein; selbst der U.S. Supreme Court, der als Revisions- und als Bundesgericht in doppelter Hinsicht maßstäblichen Restriktionen unterliegt, kann doch neben der US-Bundesverfassung auf das gesamte Bundesrecht als Maßstab – und damit als Basis wie Rechtfertigung seiner Kognitionsbefugnis – zurückgreifen.[26] Und die Verfassung erscheint auf diesem Hintergrund als nichts – in ihrer Handhabung – Besonderes.[27]

Daraus folgt: Für ein entscheidungswilliges und gestaltungsfreudiges Gericht wird sich im Falle integrierter Verfassungsgerichtsbarkeit nahezu stets die Kognitionsbefugnis nachweisen lassen, ohne dass die Verfassung als Maßstab bemüht werden müsste und es gegebenenfalls einer dynamisch-extensiven Handhabung der Verfassung bedürfte. Das sieht bei einem institutionell (und funktionell) verselbständigten Verfassungsgericht anders aus: Hier hängt alles daran, wie weit oder wie eng, wie statisch oder wie dynamisch die Verfassung seitens des entscheidungsberufenen Spruchkörpers ausgelegt und gehandhabt wird.[28] Pointiert: Während der „judicial activism" in einem System integrierter Verfassungsgerichtsbarkeit zwar mit einem dynamischen und evolutiven Verfassungsverständnis einhergehen kann, aber keineswegs muss, stehen in einem System isolierter Verfassungsgerichtsbarkeit das Maß verfassungsgerichtlichen Gestaltungswillens und das Maß verfassungsgerichtsbetriebener „Verfassungsentwicklung" in unmittelbarer und notwendiger Korrelation.

b) Ausbildung eines „Constitutional Reasoning"

Der Umstand, dass die Verfassung im Modell isolierter Verfassungsgerichtsbarkeit den einzigen und exklusiven Maßstab darstellt, kann auch weitere verfassungsentwicklungsbefördernde Faktoren freisetzen: Während im Integrationsmodell der Rechtscharakter, sprich: die Maßstäblichkeit der Verfassung sei es im Ganzen, sei es an deren „Rändern" bisweilen im Ungefähren verharren kann – das mag sich

---

[26] Statt aller: *Quint*, Einfluss (Anm. 19), § 109 Rn. 6–18.

[27] Prägnant *Tushnet*, Introduction (Anm. 11), S. 49: „Those who exercise constitutional review [...] should not think of constitutional review as some sort of extraordinary practice, but as simply legal. Importantly, they should not think that constitutional review implicates some distinctively *political* mode of thinking." (Hervorhebung im Original)

[28] Vgl. dazu, am Beispiel des Bundesverfassungsgerichts, die Beiträge in *Matthias Jestaedt/Oliver Lepsius/Christoph Möllers/Christoph Schönberger*, Das entgrenzte Gericht. Eine kritische Bilanz nach 60 Jahren Bundesverfassungsgericht, 2011.

beispielsweise in einem Konzept wie der „political question doctrine" zeigen[29] –, hat ein entscheidungswilliges Verfassungsgericht im Verselbständigungsmodell allen Anlass, Verfassungsrecht weitestmöglich regulären und damit gerichtlich operationablen Rechtscharakter zuzusprechen. Der Vorrang der Verfassung und dessen Durchsetzung haben in einem System isolierter Verfassungsgerichtsbarkeit einen anderen, viel größeren Stellenwert als im Alternativmodell, in dem die Einheit der Rechtsordnung nicht so stark von der Verfassung her konzipiert ist (oder konzipiert werden muss). Dementsprechend ist der Anreiz für ein verselbständigtes Verfassungsgericht, als Motor der Konstitutionalisierung der Rechtsordnung zu fungieren und beispielsweise das Instrument einer verfassungskonformen Auslegung[30] selbst einzusetzen oder dessen Einsatz bei anderen Gerichten einzufordern, ungleich größer als im Rahmen eines Integrationsmodells.

Die Singularität und Exklusivität des Maßstabs im Verselbständigungsmodell, die regelmäßig mit einer mehr oder minder stark ausgeprägten Monopolisierung und/oder Verbindlichkeitsabstufung verfassungsgestützter Feststellungen einhergehen, mögen überdies dazu führen, dass das Verfassungsgericht eine eigene, von der für das sonstige Recht abweichende „Verfassungssprache" entwickelt, einen eigenen Auslegungs-, Entscheidungs- und Begründungsstil. Ein derartiges spezifisches „constitutional reasoning" befördert typischerweise nachhaltig eine ausgeprägte „Verfassungsentwicklung".[31] Mit Rücksicht darauf, dass bei einem ausschließlich auf Verfassungsstreitigkeiten spezialisierten Verfassungsgericht weder die Aufmerksamkeit noch die Arbeitskraft durch die sonstigen Aufgaben eines Höchstgerichts absorbiert oder zumindest gebunden sind, besitzt jenes auch – entsprechend befähigtes und ausgebildetes Personal einmal vorausgesetzt – die Ressourcen, eine spezifische „constitutional language" auszubilden und zu pflegen. Das Format der Verfassungsdogmatik[32] sowie der ihm kongeniale, ebenso wissenschaftsorientierte wie eingehende Begründungsstil, wie sie „die maßstabsetzende

---

[29] Dazu stellvertretend *Kau*, US Supreme Court (Anm. 18), S. 317–321.

[30] Dazu verfassungsvergleichend: *de Visser*, Constitutional Review (Anm. 8), S. 291–309; zur Rechtslage unter dem Grundgesetz: *Andreas Voßkuhle*, Theorie und Praxis der verfassungskonformen Auslegung von Gesetzen durch Fachgerichte. Kritische Bestandsaufnahme und Versuch einer Neubestimmung, in: AöR 125 (2000), S. 177–201; *Wolfgang Löwer*, Zuständigkeiten und Verfahren des Bundesverfassungsgerichts, in: HStR, 3. Aufl., Bd. III, 2005, § 70 Rn. 126 f.; *Ulrike Lembke*, Einheit aus Erkenntnis? Die Unzulässigkeit der verfassungskonformen Gesetzesauslegung als Methode der Normkompatibilisierung durch Interpretation, 2009; *Matthias Jestaedt*, Verfassungskonforme Auslegung – Kollisionsvermeidung durch Konformauslegung, in: Juristische Studiengesellschaft Karlsruhe, Jahresband 2016, S. 1–24.

[31] Vgl. *Michaela Hailbronner/Stefan Martini*, The German Federal Constitutional Court, in: András Jakab/Arthur Dyevre/Giulio Itzcovich (Hrsg.), Comparative Constitutional Reasoning, 2017, S. 356–393 (366, 367–391).

[32] Dazu stellvertretend und monografisch *Christian Bumke*, Rechtsdogmatik. Eine Disziplin und ihre Arbeitsweise. Zugleich eine Studie über das rechtsdogmatische Arbeiten Friedrich Carl von Savignys, 2017.

Gewalt" (*Oliver Lepsius*)[33] im Karlsruher Schlossbezirk entwickelt hat und pflegt, dürfte hier das bekannteste und spektakulärste Beispiel bilden.

Nur am Rande sei erwähnt, dass Verfassungsgerichte des österreichischen Modells regelmäßig über ein vom übrigen gerichtlichen Verfahrensrecht abweichendes Verfassungsprozessrecht verfügen. Dieses zeichnet sich dadurch aus, dass es auf der einen Seite nur einen einzigen Adressaten kennt, der auf der anderen Seite zugleich dessen autoritativer Interpret und Anwender ist.[34] In Händen eines selbstbewusst auftretenden Verfassungsgerichts erweist sich derlei Verfassungsprozessrecht schnell als bloßes soft law, als nachgiebig-dehnbares Recht, welches der Gesetzesadressat nach den Erfordernissen der für angebracht gehaltenen „Verfassungsentwicklung" auslegt und anwendet, es also in den Dienst derselben stellt.[35]

c) Grundrechtsgerichtsbarkeit

Aber nicht nur der Umstand, dass mit der Verfassung nur ein einziger – von allem übrigen Recht abgesetzter, insoweit auch einzigartiger – Maßstab zur Verfügung steht, kann in diesem Zusammenhang eine nicht zu unterschätzende Rolle spielen, sondern auch der Aspekt, ob sich die Verfassung in einem Organisationsstatut erschöpft oder aber darüber hinausgehend auch über einen Grundrechtsteil verfügt. Niemand Geringeres als *Hans Kelsen* – und damit der Nestor des Verselbständigungsmodells[36] – war es, der nicht müde wurde, auf die Konsequenzen – er meinte sogar: Gefahren – hinzuweisen, die mit einer isolierten Verfassungsgerichtsbarkeit einhergehen würden, wenn die Verfassung – anders als das B-VG 1920/1929, zu dem er das Modell des Verfassungsgerichtshofs entwickelt hatte – in ihrem Grundrechtsteil Topoi wie „Gerechtigkeit", „Freiheit", „Billigkeit" oder „Sittlichkeit" zum nicht präzise bestimmten Maßstab verfassungsrichterlicher Kontrolle gesetzgeberischen Tuns erhebe. Zur Vermeidung einer „politisch höchst unangebrachte[n] Machtverschiebung vom Parlament zu einer außerhalb desselben stehenden Instanz" solle sich „die Verfassung, wenn sie ein Verfassungsgericht einsetzt, jeder derartigen Phraseologie enthalten; und, wenn sie Grundsätze,

---

[33] *Oliver Lepsius*, Die maßstabsetzende Gewalt, in: Jestaedt u. a., Das entgrenzte Gericht (Anm. 28), S. 159–279.

[34] Für das Bundesverfassungsgericht vgl. *Josef Isensee*, Verfassungsrecht als „politisches Recht", in: HStR, 3. Aufl. 2014, Bd. XII, § 268 Rn. 110–114.

[35] Zu der damit gegebenen Spannungslage (für die Rechtslage unter dem GG): *Christian Hillgruber/Christoph Goos*, Verfassungsprozessrecht, 4. Aufl. 2015, § 1 Rn. 20–25a sowie 26–32b.

[36] Zu Rolle Kelsens insoweit: *Ewald Wiederin*, Der österreichische Verfassungsgerichtshof als Schöpfung Hans Kelsens und sein Modellcharakter als eigenständiges Verfassungsgericht, in: Thomas Simon/Johannes Kalweida (Hrsg.), Schutz der Verfassung: Normen, Institutionen, Höchst- und Verfassungsgerichte, Beiheft 22 zu: Der Staat, 2014, S. 283–306. Wenigstens am Rande sei die für das Entstehungsnarrativ der verselbständigten Verfassungsgerichtsbarkeit wichtige Schrift von *Georg Jellinek* genannt: Ein Verfassungsgerichtshof für Österreich, 1885 (in der sich *Jellinek*, S. 22 f., den unter anderem von *Paul Laband* geäußerten Bedenken gegen ein echtes, auf die lex lata gerichtetes richterliches Gesetzesprüfungsrecht anschließt).

Richtlinien, Schranken für den Inhalt der zu erlassenden Gesetze aufstellen will, diese so präzise wie möglich bestimmen".[37]

Die Zeit ist über diese Warnungen weitgehend hinweggegangen; das Denken von Grundrechten in Kategorien von Prinzipien und Optimierungsgeboten, deren „definiter" Inhalt und damit Entscheidungsrelevanz sich erst in der verfassungsgerichtlich festgesetzten konkreten Präferenzrelation zeigt, erfreut sich im globalen Maßstab größter Beliebtheit. Das Zusammentreffen von Verselbständigungsmodell und Grundrechtsgerichtsbarkeit bildet denn auch häufig regelrecht einen Treibsatz der „Verfassungsentwicklung" (durch Verfassungsgerichtsbarkeit), zumal den Grundrechten das mit Abstand größte „Entwicklungs"-Potenzial eignet, sprich: die Grundrechte am dynamischsten und evolutivsten ausgelegt und gehandhabt werden. Darauf wird noch zurückzukommen sein.[38]

4. Verfassungsgerichtsbarkeit und Gesetzgeber

Im Verhältnis zum Gesetzgeber entbindet die Entscheidung für eine integrierte oder eine isolierte Verfassungsgerichtsbarkeit gleich eine ganze Reihe von (zumeist mittelbaren) Konsequenzen. Drei Aspekte seien insoweit herausgegriffen. Deren erster bezieht sich auf alle Verfassungsorgane, indes die beiden weiteren primär oder sogar exklusiv die Relation zum Gesetzgeber betreffen:

a) Verfassungsgericht als „Verfassungsorgan"

Mit der Einrichtung eines Spezialgerichts für Verfassungsfragen wird gleichsam eine Projektionsfläche geschaffen, die es erlaubt oder sogar fördert, das Verfassungsgericht der übrigen Gerichtsbarkeit, die typischerweise – gemeinsam mit der Verwaltung – zu den gesetzesvollziehenden Gewalten gerechnet wird, gegenüberzustellen.[39] Nicht selten wird gar die Frage aufgeworfen, ob ein verselbständigtes Verfassungsgericht sich überhaupt in die *Montesquieusche* Drei-Gewalten-Teilung füge. Eine derartige Fragestellung würde in einem Supreme Court-Modell auf Unverständnis stoßen; die US-amerikanische Bundesverfassung belegt dies aufs eindrücklichste. Während Art. 1 den „legislative powers" und Art. 2 der „executive power" gilt, dekretiert Art. 3 § 1 unmissverständlich: „The judicial Power of the United States, shall be vested in one supreme Court, and in such inferior Courts as the Congress may from time to time ordain and establish." Dass angesichts einer

---

[37] *Kelsen*, Wesen (Anm. 9), S. 70.

[38] Nachstehend 5.c), S. 22 f.

[39] Das erfolgt regelmäßig ohne Rücksicht darauf, ob das Verfassungsgericht – wie unter dem Grundgesetz (in Art. 92) — als Teil der rechtsprechenden Gewalt den anderen Gerichten an die Seite gestellt wird.

diffusen Normenkontrolle jedem US-amerikanischen Gericht verfassungsgerichtliche Kompetenzen zustehen, unterstreicht, dass das Oberste Gericht unter institutionellen und funktionellen Auspizien zunächst und vor allem Gericht unter Gerichten ist. Eine Abspaltung der Verfassungsgerichtsbarkeit von der sonstigen Gerichtsbarkeit ergibt auf diesem Hintergrund keinen Sinn.

Mit der Distanzierung von der regulären Judikative ist im Verselbständigungsmodell nicht selten ein Heranrücken an die eigentlich politischen oder auch staatsleitenden Gewalten, d.h. an Legislative und Gubernative, verbunden. In diesen Kontext gehört auch die Charakterisierung des Verfassungsgerichts als Verfassungsorgan,[40] ist doch die Vindizierung dieser Position mit dem Anspruch verbunden, dass das Verfassungsgericht auf Augenhöhe mit den übrigen Verfassungsorganen, zu denen die Fachgerichte natürlich nicht zählen, kommuniziert und operiert. Für einen Obersten Gerichtshof in einem Modell integrierter Verfassungsgerichtsbarkeit würde eine derartige Charakterisierung nicht ohne Brüche erfolgen können. In bemerkenswerter Diktion bestimmt § 1 Abs. 1 BVerfGG (Gesetz über das Bundesverfassungsgericht) bereits in seiner Stammfassung von 1951 für das deutsche Verfassungsgericht: „Das Bundesverfassungsgericht ist ein allen übrigen Verfassungsorganen gegenüber selbständiger und unabhängiger Gerichtshof des Bundes." Dass die Kennzeichnung als Verfassungsorgan mehr Ausdruck denn Grund von Rolle und Bedeutung des Verfassungsgerichts in Bezug auf die übrigen Verfassungsorgane ist, sei nur am Rande vermerkt. Besonders sinnfällig wird die Zugehörigkeit des Verfassungsgerichts zum Kreis der „übrigen Verfassungsorgane" bei Staatsakten und sonst herausgehobenen öffentlichen Feierlichkeiten, wie wiederum das Beispiel des Bundesverfassungsgerichts demonstriert: In der (positiv-rechtlich nicht festgelegten) protokollarischen Rangordnung der Bundesrepublik Deutschland rangiert der Präsident des Bundesverfassungsgerichts an fünfter Stelle – nach dem Bundespräsidenten, dem Präsidenten der Bundestages, dem Bundeskanzler und dem Präsidenten des Bundesrates, ausnahmslos Bundesverfassungsorgane (oder deren Repräsentanten).[41] – Dass auch im Falle des Integrationsmodells dem Präsidenten oder Chief Justice des Höchstgerichts beispielsweise bei der Angelobung eines neuen Staatsoberhaupts eine herausgehobene Rolle zukommen kann, belegt das US-amerikanische Beispiel; freilich handelt es sich dabei regelmäßig nur um eine situativ-punktuelle und nicht um eine strukturelle Auszeichnung.

Die im Vergleich zur regulären Gerichtsbarkeit besondere Beziehungssituation, man könnte auch sagen: Nähe eines für sich stehenden Verfassungsgerichts zu

---

[40] Statt vieler: *Anuscheh Faharat*, Das Bundesverfassungsgericht, in: IPE, Bd. VI, 2016, § 97 Rn. 36–38; *Klaus Schlaich/Stefan Korioth*, Das Bundesverfassungsgericht. Stellung, Verfahren, Entscheidungen, 11. Aufl. 2018, Rn. 26–36.

[41] Dazu: Bundesministerium des Innern, für Bau und Heimat, Protokoll Inland der Bundesregierung. Rang und Titulierung. Protokollarische Rangfragen (abrufbar unter: protokoll-inland.de [18.09.2018]).

den „übrigen Verfassungsorganen“ wird ein weiteres Mal unterstrichen, wenn sich dessen Mitglieder unter anderem aus ehemaligen Parlamentsabgeordneten oder Regierungsmitgliedern (Ministerpräsidenten, Ministern) rekrutieren; auch hier gibt das Bundesverfassungsgericht die Blaupause ab.[42] Dass die Verfassungsrichter(innen) sich sowohl in der Selbst- als auch der Fremdwahrnehmung mit den Vertreter(inne)n der „übrigen Verfassungsorgane“ auf Augenhöhe bewegen, erleichtert es dem Verfassungsgericht, den „übrigen Verfassungsorganen“ mit der eigenen Rechtsprechung in den Weg zu treten.

b) Politiknähe

Die nicht selten exponierte Rolle verselbständigter Verfassungsgerichte gegenüber – oder soll man gar sagen: in? – der Politik hat freilich ihre Kehrseite, die sich zum einen in einem Legitimationsproblem und zum anderen in einem Beeinflussungsproblem zeigen kann.[43] Beide Problemkonstellationen können zwar auch einen Obersten Gerichtshof im Integrationsmodell treffen; das ist aber zum einen, wenn nicht alles trügt, deutlich seltener und kommt zum anderen typischerweise weniger existenziell daher.

Das Legitimationsproblem wird an der just für verselbständigte Verfassungsgerichte typischen (ex-post-)Gesetzesverwerfungskompetenz festgemacht. Der insoweit klassische Streit um den Hüter der Verfassung wurde anno 1931 von *Carl Schmitt* und *Hans Kelsen* ausgetragen: Während *Kelsen* naheliegender Weise für das von ihm mitinitiierte österreichische Modell eines Verfassungsgerichts votierte, hielt dem *Carl Schmitt* entgegen, dass es sich dabei um Teilhabe an der Verfassunggebung handele, die einem Gericht als Gericht schlechterdings nicht zustehen könne; wer für eine verfassungsgerichtliche Kontrolle gesetzgeberischer Akte plädiere, rede der Juridifizierung bzw. Justizialisierung der Politik auf der einen und der Politisierung der Justiz auf der anderen Seite das Wort.[44] Dass sich die Kontroverse nach dem Siegeszug der Verfassungsgerichtsbarkeit nicht einfach unter Verweis auf das positive Verfassungsrecht erledigen lässt, zeigt in besonderer Eindringlichkeit das polnische Beispiel seit 2015, in welchem die von der PiS-Partei getragene Regierung samt der absoluten Sitzmehrheit im Parlament dem Verfassungsgerichtshof

---

[42] Zur Rekrutierung der Richter(innen) des Bundesverfassungsgerichts beispielsweise *Faharat*, Bundesverfassungsgericht (Anm. 40), § 97 Rn. 29–35; vgl. ergänzend *Walter*, in: Maunz/Dürig (Anm. 16), Art. 93 Rn. 74–78.

[43] Dazu näher *Christoph Möllers*, Legalität, Legitimität und Legitimation des Bundesverfassungsgerichts, in: Jestaedt u. a., Das entgrenzte Gericht (Anm. 28), S. 281–422 (309–328, insbes. 320–328).

[44] Vgl. einerseits *Carl Schmitt*, Der Hüter der Verfassung, 1931, und andererseits *Hans Kelsen*, Wer soll der Hüter der Verfassung sein?, in: Die Justiz 6 (1931), S. 576–628. Dazu die Beiträge in *Olivier Beaud/Pasquale Pasquino* (Hrsg.), La controverse sur „le gardien de la Constitution“ et la justice constitutionnelle. Kelsen contre Schmitt/Der Weimarer Streit um den Hüter der Verfassung und die Verfassungsgerichtsbarkeit. Kelsen gegen Schmitt, 2007.

die demokratische Legitimation zur Aufhebung von Gesetzen, die vom volksunmittelbar gewählten Sejm beschlossen worden sind, abgesprochen hat.[45] Ähnliche Argumentationsmuster finden sich in einer ganzen Reihe weiterer, zu populistisch-autoritären Tendenzen neigender Staaten.

Das Beeinflussungsproblem hängt aufs Engste damit zusammen – und lässt sich ebenfalls am aktuellen Beispiel Polens demonstrieren; aber auch die große Verfassungsreform in Österreich anno 1929 diente nicht, wie es offiziell und verschleiernd hieß, der „Entpolitisierung" des VfGH, sondern, ganz umgekehrt, der Politisierung desselben, sprich: der Sicherung des (partei)politischen Einflusses auf Zusammensetzung und damit Rechtsprechung des Gerichtshofs.[46] Der exponierte, da weit und für jedermann sichtbar in den Dunstkreis des Politischen hineinreichende Status eines von der sonstigen Gerichtsbarkeit gelösten, zumeist nicht nur mit Laufbahnrichtern besetzten und im Singular auftretenden Verfassungsgerichts stellt für die politischen Staatsleitungsgewalten im Falle, dass das Gericht die Umsetzung zentraler politischer Vorhaben stoppt, viel schneller und viel nachhaltiger eine Provokation dar, auf die mit dem Mittel der Beschneidung verfassungsgerichtlicher Kompetenzen oder der Umstrukturierung der Besetzung der Richterbank reagiert wird, als bei einem in die übrige Justiz eingebetteten, typischerweise berufsrichterlich beherrschten Obersten Gerichtshof. Auch wenn der polnische Oberste Gerichtshof nur revisionsgerichtliche und keine verfassungsgerichtlichen Kompetenzen besitzt, ist doch aufschlussreich, dass, während die Lähmung, um nicht zu sagen: Ausschaltung des vormals mächtigen Verfassungsgerichtshofs Polens rasch und rücksichtslos vollzogen wurde, ein entsprechender Versuch beim Obersten Gerichtshof – wenigstens vorläufig – gescheitert ist.[47] – Dass die politischen Gewalten

---

[45] Zu den weiteren Schritten der neuen (PiS-)Regierung und Parlamentsmehrheit, sich das Verfassungsgericht gefügig zu machen: *European Commission for Democracy Through Law (Venice Commission)*, Opinion No. 833/2015 on Amendments of the Act of 25 June 2015 on the Constitutional Court of Poland vom 11.03.2016, CDL-AD(2016)001 (abrufbar unter: https://www.venice.coe.int/webforms/documents/?pdf=CDL-AD(2016)001-e [Abrufdatum: 18.09.2018]); *dies.*, Opinion No. 860/2016 on Act on the Constitutional Tribunal vom 14.10.2016, CDL-AD(2016)026 (abrufbar unter: https://www.venice.coe.int/webforms/documents/?pdf=CDL-AD(2016)026-e [Abrufdatum: 18.09.2018]).

[46] Dazu im Überblick *Christoph Grabenwarter*, Der österreichische Verfassungsgerichtshof, in: IPE, Bd. VI, 2016, § 102 Rn. 30f.

[47] Vgl. dazu auch *European Commission for Democracy Through Law (Venice Commission)*, Opinion 892/2017 on the Act on the Public Prosecutor's Office as Amended vom 11.12.2017, CDL-AD(2017)028 (abrufbar unter: https://www.venice.coe.int/webforms/documents/?pdf=CDL-AD(2017)028-e [Abrufdatum: 18.09.2018]); *dies.*, Opinion No. 904/2017 on the Draft Act amending the Act on the National Council of the Judiciary; on the Draft Act amending the Act on the Supreme Court, proposed by the President of Poland; and on the Act on the organisation of Ordinary Courts vom 11.12.2017, CDL-AD(2017)031 (abrufbar unter: https://www.venice.coe.int/webforms/documents/?pdf=CDL-AD(2017)031-e [Abrufdatum: 18.09.2018]). – Einen guten und aktuellen Überblick gibt der seriös dokumentierte Wikipedia-Artikel „Polnische Verfassungskrise und Justizreformen (seit 2015)", abrufbar unter: https://de.wikipedia.org/wiki/Polnische_Verfassungskrise_und_Justizreformen_(seit_2015) (Abrufdatum: 18.09.2018).

insbesondere die Besetzung des Verfassungsgerichts zu beeinflussen suchen, ist freilich nicht nur und primär Krisensymptom, sondern bei Einhaltung der vorab aufgestellten rechtlichen Regeln Normalität.

c) „Negativer Gesetzgeber"

Mit dem typischerweise nur bei einem verselbständigten Verfassungsgericht vorgesehen Verfahren der *abstrakten* Normenkontrolle, die die Kompetenz zur Gesetzesverwerfung einschließt, tritt die Rolle am offensichtlichsten und am nachdrücklichsten in Erscheinung, die *Kelsen* als „negativen Gesetzgeber" charakterisiert.[48] In dieser Konstellation sei die Legislativfunktion auf zwei unterschiedliche Organe verteilt: Während dem eigentlichen Gesetzgeber, bestehe er aus einer einzigen parlamentarischen Kammer oder aus deren zwei, sowohl die Funktion positiver – gesetz*gebender* – als auch negativer – gesetzesaufhebender oder gesetz*nehmender* – Legislative zukomme, stehe ein zweites Organ bereit, dem in einem gerichtsförmigen Verfahren die Kompetenz – ausschließlich – negativer Gesetzgebung zugeordnet sei.[49] Diese – asymmetrische – Aufteilung der Legislativbefugnisse auf parlamentarischen und verfassungsgerichtlichen Gesetzgeber wird besonders augenscheinlich, wenn das Verfahren der abstrakten Normenkontrolle wie beim Conseil constitutionnel als „contrôle préalable" oder auch als „contrôle à priori", also als ex ante-Gesetzesprüfung vor Inkrafttreten des beschlossenen Gesetzes und damit gewissermaßen als späte Zwischenstufe im regulären Gesetzgebungsprozess ausgestaltet ist.[50] Zur Vermeidung von Missverständnissen sei klargestellt, dass *jede* Form der Gesetzeskassation funktionell als „negative Gesetzgebung" zu rubrizieren ist, gleichviel, ob sie sich im Wege der abstrakten oder der konkreten, der prinzipalen (abstrakten und konkreten Normenkontrolle sowie Rechtssatzverfassungsbeschwerde) oder der inzidenten Normenkontrolle (wie bei der Urteilsverfassungsbeschwerde) vollzieht; aber die Gewaltenteilungsdramatik und -dramaturgie brechen sich doch bei der abstrakten Normenkontrolle am stärksten Bahn. Zwei ergänzende Hinweise mögen insoweit genügen.

Erstens: Die abstrakte Normenkontrolle können zumeist nur „politische" Staatsorgane oder -organteile anstoßen; im Falle des Bundesverfassungsgerichts: die Bundesregierung, eine Landesregierung oder ein Viertel der Mitglieder des Deutschen Bundestages.[51] Damit wird für jedermann evident, dass es sich bei diesem

---

[48] *Kelsen*, Wesen (Anm. 9), S. 56 und 87 (Leitsatz 9).

[49] Vgl. *Kelsen*, Wesen (Anm. 9), S. 54 f.

[50] Dazu eingehend *Jouanjan*, Verfassungsrechtsprechung (Anm. 25), § 99 Rn. 63–78.

[51] Vgl. Art. 93 Abs. 1 Nr. 2 GG: „Das Bundesverfassungsgericht entscheidet: [...] 2. bei Meinungsverschiedenheiten oder Zweifeln über die förmliche und sachliche Vereinbarkeit von Bundesrecht oder Landesrecht mit diesem Grundgesetze oder die Vereinbarkeit von Landesrecht mit sonstigem Bundesrechte auf Antrag der Bundesregierung, einer Landesregierung oder eines Viertels der Mitglieder des Bundestages".

Verfahren um die Fortsetzung des politischen Streits mit verfassungsrechtlichen Mitteln handelt. Unmittelbarer Gegenstand des Verfahrens ist nicht, wie sonst, die Gesetzesanwendung, sondern die Gesetzgebung selbst. Das wird auch daran sinnfällig, dass im Normenkontrollverfahren – hier allerdings unter Einschluss der Richtervorlage – typischerweise die gesetzgebenden Gewalten im weiteren Sinne – neben dem im eigentlichen Sinne gesetzgebenden Parlament auch und gerade die Regierung, der das Gesetzesinitiativrecht zukommt – Beteiligte (genauer: Äußerungsberechtigte) im Verfassungsprozess sind,[52] also unmittelbar vor die Schranken des Verfassungsgerichts treten. In dieser direkten prozessualen Konfrontation wird überdeutlich, dass das Verfassungsgericht in des Wortes doppelter Bedeutung Richter über den Gesetzgeber ist, weil es über die rechtliche Relevanz und „Richtigkeit" des Vorbringens und der Rechtsansichten der am Gesetzgebungsprozess Beteiligten autoritativ entscheidet.

Und zweitens: In deutlichem Kontrast zu sonstigen Normenkontrollvarianten wie der Richtervorlage (dem Vorabentscheidungsverfahren), der Rechtssatz- oder auch der Urteilsverfassungsbeschwerde wächst die abstrakte Normenkontrolle nicht aus einer konkreten und individuellen Fallkonstellation heraus; dementsprechend gebricht es hier der typischerweise verfassungsentwicklungs*hemmenden* Motivation, dem Maßstab nicht mehr an verfassungsrechtlicher Orientierung zu entlocken, als zur Entscheidung des konkreten (Ausgangs-)Falles unbedingt erforderlich ist. Anders herum formuliert: Der abstrakten Normenkontrolle fehlt die Bindung an einen konkreten Rechtsstreit – im US-amerikanischen Recht heißt es „case or controversy" – und damit ein wichtiges movens, eine allfällige „Verfassungsentwicklung" möglichst kleinschrittig, konstellationsbezogen, kasuistisch vorzunehmen. Stattdessen steht der Weg zu einer weitgreifenden, systemischen und weichenstellenden „Verfassungsentwicklung" offen. Ob er beschritten wird, hängt freilich vom Hinzutreten weiterer Faktoren ab.

---

[52] Vgl. § 77 BVerfGG: „Das Bundesverfassungsgericht gibt

1. in den Fällen des § 76 Abs. 1 [sc. den allgemeinen Fällen der abstrakten Normenkontrolle nach Art. 93 Abs. 1 Nr. 2 GG] dem Bundestag, dem Bundesrat, der Bundesregierung, bei Meinungsverschiedenheiten über die Gültigkeit von Bundesrecht auch den Landesregierungen und bei Meinungsverschiedenheiten über die Gültigkeit einer landesrechtlichen Norm der Volksvertretung und der Regierung des Landes, in dem die Norm verkündet wurde,
2. in den Fällen des § 76 Abs. 2 [sc. den besonderen Fällen der abstrakten Normenkontrolle nach Art. 93 Abs. 1 Nr. 2a GG, in denen es darum geht, ob für ein Bundesgesetz im Rahmen konkurrierender Gesetzgebungskompetenz des Bundes ein Bedürfnis bundeseinheitlicher Regelung gemäß Art. 72 Abs. 2 GG vorliegt] dem Bundestag, dem Bundesrat, der Bundesregierung sowie den Volksvertretungen und Regierungen der Länder binnen einer zu bestimmenden Frist Gelegenheit zur Äußerung."

5. Verfassungsgerichtsbarkeit und Fachgerichtsbarkeit

Damit komme ich zur Frage, welche Folgewirkungen die Entscheidung pro Integrations- oder pro Verselbständigungsmodell auf Verständnis und Handhabung der Verfassung im Verhältnis der Verfassungsgerichtsbarkeit zur sonstigen, regulären Gerichtbarkeit zeitigt. Die Unterscheidung von integrierter und isolierter Verfassungsgerichtsbarkeit knüpft ja just an die Zugehörigkeit bzw. Unabhängigkeit der Verfassungsgerichtsbarkeit zu bzw. von der sonstigen Judikative an. Es nimmt daher nicht wunder, dass sich insofern Konsequenzen für Art und Ausmaß der „Verfassungsentwicklung" zeigen. Wie schon in Bezug auf die Gesetzgebung seien hier drei Gesichtspunkte besonders herausgehoben:

a) Teil oder Gegenüber der berufsrichterlichen Judikative

Mit der Entscheidung darüber, ob die Verfassungsgerichtsbarkeit als *eine* Funktion neben weiteren Rechtsschutzfunktionen von allen Gerichten oder doch wenigstens vom höchsten Gericht ausgeübt wird oder aber ob Verfassungsgerichtsbarkeit in einem substanziellen, d. h. über das Mandat zur bloßen *Prüfung* der Verfassungsmäßigkeit von fallrelevanten Gesetzen hinausgehenden Sinne einem institutionell verselbständigten und darauf spezialisierten Spruchkörper zugewiesen wird, können weitreichende Konsequenzen für das handling der Verfassung verbunden sein. Wichtiges dazu habe ich bereits unter dem Aspekt von Maßstabssingular und Maßstabsplural sowie dem der Ausbildung eines eigenen „constitutional reasoning" angesprochen.

Einen in seiner Bedeutung nicht zu unterschätzenden Aspekt möchte ich hier ergänzen: Mit der Entscheidung für das Integrationsmodell ist regelmäßig eine Option für eine *berufsrichterliche* oder doch wenigstens berufsrichterlich dominierte Verfassungsgerichtsbarkeit, also die Wahrnehmung verfassungsgerichtlicher Aufgaben durch einen mit Berufsrichtern – das müssen nicht Laufbahnrichter nach kontinentaleuropäischem Vorbild, sondern werden sogar häufig gewählte Richter nach angloamerikanischer Tradition sein – besetzten Spruchkörper im Rahmen oder, genauer, als Bestandteil der (sonstigen) Rechtsprechungsaufgaben verbunden.[53] Im Kontrast dazu geht das Verselbständigungsmodell in aller Regel mit einer pluraleren Rekrutierung der zur Verfassungsgerichtsbarkeit Berufenen einher; das muss nicht so weit gehen wie im Falle des Conseil constitutionnel, bei dem es nach wie vor wichtiger zu sein scheint, dass ein Kandidat ein „énarque", also ein Absolvent der École nationale d'administration (ENA) ist, als dass er substanzielle Rechts-, gar Verfassungsrechtskenntnisse oder richterliche Berufserfahrungen mitbringt.[54] Beim Bundesverfassungsgericht etwa spielen seit jeher – und ganz

[53] Vgl. etwa am japanischen Beispiel: *Kurishima*, Janusköpfigkeit (Anm. 22), S. 155–172.

[54] Dazu stellvertretend *Weber*, Begründungsstil (Anm. 3), 2. Teil § 3 sowie 3. Teil § 2.

besonders aktuell – die sogenannten Professorenrichter eine herausgehobene, Stil und Eigenart der Verfassungsrechtsprechung prägende Rolle; von den 16 Richtern beider Senate des Bundesverfassungsgerichts sind derzeit mehr als die Hälfte, nämlich neun, Staatsrechtslehrer(innen), also Universitätsprofessor(inn)en des Öffentlichen Rechts.[55] Die Wissenschaftsorientiertheit der Karlsruher Jurisprudenz hat natürlich ganz wesentlich mit der Zusammensetzung des Gerichts zu tun.[56] Für das japanische Oberste Gericht dürften sich entsprechende Zusammenhänge, wenn auch weithin mit umgekehrtem Vorzeichen, konstatieren lassen.[57] Kurzum: Die personelle Zusammensetzung derjenigen Spruchkörper, die verfassungsgerichtliche Funktionen wahrnehmen, hängt in aller Regel von der Option für das Integrations- oder das Verselbständigungsmodell ab; die Zusammensetzung ihrerseits kann aber weitreichende Folgen für Art und Weise von Verfassungsgerichtsbarkeit und damit das Maß der „Verfassungsentwicklung" zeitigen. Damit hier allerdings nicht vorschnell strikte Kausalzusammenhänge behauptet werden, lohnt ein rückversichernder Blick auf den U. S. Supreme Court und dessen Richter.

b) Die Verwaltungsgerichtsbarkeit als Lackmustest

Es bestehen auffällige und keineswegs zufällige Zusammenhänge zwischen dem institutionellen (und funktionellen) Arrangement der Verfassungsgerichtsbarkeit einerseits und der Frage, ob die Gerichtsbarkeit nur einen Instanzenzug, d. h. einen gleichsam totipotenten Rechtsweg oder deren mehrere kennt, andererseits. Im Fokus steht dabei die Verwaltungsgerichtsbarkeit: Folgt die betreffende Rechtsordnung einem Integrationsmodell – *eine* Gerichtsbarkeit für sämtliche Rechtsstreitigkeiten, also auch solche verwaltungsrechtlicher Natur – oder aber einem Verselbständigungsmodell, sprich: sieht sie eine institutionell von der sonstigen, „ordentlichen" Gerichtsbarkeit abgesetzte Verwaltungsgerichtsbarkeit vor? Dass die Antwort auf diese Frage ihrerseits weithin dadurch determiniert ist, ob sie in einem Land des Common Law- oder des Civil Law-Rechtskreises gestellt wird, dürfte niemanden überraschen.

Ist Verwaltungsrechtsprechung aber regulärer Bestandteil einer institutionell homogenen oder auch monistischen Gerichtsbarkeit, so liegt der Gedanke, auch die Verfassungsgerichtsbarkeit als einen zwar analytisch trennbaren, aber substanziell integrierten Bestandteil der Gerichtsbarkeit zu betrachten, nahe; eine institutionelle

---

[55] Im Ersten Senat handelt es sich – Stand: 18.09.2018 – um *Ferdinand Kirchhof* (Vorsitzender, Vizepräsident), *Johannes Masing*, *Andreas Paulus*, *Susanne Baer* und *Gabriele Britz* (auch der zuvor als Richter des BGH fungierende *Henning Radtke* hatte bis 2012 einen Lehrstuhl für Strafrecht, Strafprozessrecht und Internationales Strafrecht inne, ist also von seiner „wissenschaftlichen Sozialisation" her Hochschullehrer), im Zweiten Senat um *Andreas Voßkuhle* (Vorsitzender, Präsident), *Peter M. Huber*, *Doris König* und *Christine Langenfeld*.

[56] Näher dazu *Matthias Jestaedt*, Phänomen Bundesverfassungsgericht. Was das Gericht zu dem macht, was es ist, in: ders. u. a., Das entgrenzte Gericht (Anm. 28), S. 77–157 (124–148).

[57] Vgl. *Kurishima*, Janusköpfigkeit (Anm. 22), S. 160–172.

Verselbständigung wäre zwar mit einigem Kompetenzabgrenzungsaufwand denkbar, aber nicht naheliegend. Deutlich abweichend stellt sich die Situation dar, wenn die Verwaltungsgerichtsbarkeit verselbständigt ist, also mehrere Rechtswege und Instanzenzüge im institutionellen Sinne zur Verfügung stehen:[58] Hier drängt es sich, will man an der Unabhängigkeit der Gerichtszweige festhalten, auf, ein institutionell separiertes Verfassungsgericht vorzusehen, das auf der einen Seite keine institutionelle und personelle Union mit einer der Fachgerichtsbarkeiten eingeht und auf der anderen Seite die Einheitlichkeit der Rechtsprechung in Verfassungsfragen sicherzustellen imstande ist.

Dabei handelt es sich – wie ja bereits mehrfach betont – natürlich nicht bloß um Fragen des institutionellen Designs. Das zeigt sich auch an folgendem Konnex: Anders als in einem Common Law-Land wird in einem Civil Law-Land nicht nur die Einsicht in die Sinnhaftigkeit einer institutionell verselbständigten Verwaltungsgerichtsbarkeit zum juridischen Erbgut zählen; auch die Unterscheidung von Öffentlichem und Privatrecht wird in aller Regel eine das gesamte Rechtsdenken mehr oder minder prägende Bedeutung einnehmen. Dabei wird, soweit ersichtlich, weltweit das Verfassungsrecht – neben dem Verwaltungsrecht – zum Öffentlichen Recht gezählt. Verwaltungs- und Verfassungsrecht stehen daher in Civil Law-Ländern zumeist in einem deutlich prononcierteren Wechselwirkungsverhältnis als in Ländern des Common Law-Rechtskreises. Weite oder Enge von Auslegung und Handhabung der einen Rechtsschicht haben damit zumeist nachhaltige Rückwirkungen auf Weite oder Enge von Auslegung und Handhabung der anderen Rechtsschicht. Auch dieser Zusammenhang sollte als Faktor einer durch die institutionelle Wahl der Verfassungsgerichtsbarkeit mittelbar beförderten „Verfassungsentwicklung" nicht außer Betracht gelassen werden.

c) Die Urteilsverfassungsbeschwerde

Ein Stichwort, welches hier nicht fehlen darf, ist die Verfassungsbeschwerde, genauer: die Urteilsverfassungsbeschwerde. Sie ist einerseits das prozessuale Vehikel par excellence für die „Verfassungsentwicklung" im Allgemeinen und die „Grundrechtsentwicklung" im Besonderen. Das teilt sie mit ihrem funktionalen Äquivalent im Bereich des Menschenrechtsschutzes, der Individualbeschwerde, wie sie in maßstabsetzender Weise durch Art. 34 und 35 EMRK (Europäische Menschenrechtskonvention) vorgesehen wird. Diese Katalysatorenrolle kommt der Urteilsverfassungsbeschwerde nicht nur unter quantitativen Auspizien zu – beim

[58] Ein instruktives Beispiel gibt hier Japan ab, welches zwar seit Ende des Zweiten Weltkriegs, genauer: seit Inkrafttreten der Verfassung von 1947, dem US-amerikanischen Modell eines Obersten Gerichtshofs folgt, das jedoch seit der Meiji-Verfassung des Jahres 1889 eine institutionell verselbständigte Verwaltungsgerichtsbarkeit kannte. Unter der geltenden Verfassung wurde dann die Verwaltungsgerichtsbarkeit in die ordentliche Gerichtsbarkeit integriert. Dazu *Kurishima*, Janusköpfigkeit (Anm. 22), S. 153f.

Bundesverfassungsgericht etwa sind mehr als 94 % der im Jahr rund 6.000 bis 6.500 Verfahren solche der Urteilsverfassungsbeschwerde;[59] hier stellen sich allein wegen der großen Masse an Verfahren die meisten der schwierigen, zu Fortentwicklungen der Grundrechtsdogmatik führenden Grundrechtsfragen. Auch unter qualitativem Aspekt besitzt diese Verfahrensart eine sie von anderen unterscheidende Sonderposition für die „Grundrechtsentwicklung": Im Wege der Urteilsverfassungsbeschwerde kann das Verfassungsgericht die Grundrechtswirkungen bis in den letzten Winkel des einfachen Rechts hineintragen, zugleich besitzt das Verfassungsgericht damit ein wirkungsvolles Instrument, die Fachgerichtsbarkeit grundrechtlich auf Kurs zu bringen und zu halten.[60]

Andererseits wird die Urteilsverfassungsbeschwerde, wenn überhaupt, bislang nur in Systemen mit einer isolierten Verfassungsgerichtsbarkeit vorgesehen. Im Verselbständigungsmodell verursacht sie keinerlei strukturelle Abstoßungsreaktionen[61] – wenn einmal die Entscheidung getroffen worden ist oder man sich damit arrangiert hat, dass dem Verfassungsgericht eine Kognitionskompetenz auch in Bezug auf richterliche Erkenntnisse der Fachgerichtsbarkeiten einschließlich der dortigen Höchstgerichte zukommt. Dass sich alteingesessene Höchstgerichte der ordentlichen oder Verwaltungsgerichtsbarkeit regelmäßig äußerst schwer tun mit einem als Parvenü betrachteten Verfassungsgericht mit umfassender verfassungsbezogener Kognitionsbefugnis, steht auf einem anderen Blatt; Italien mit der Corte costituzionale auf der einen und der Corte Suprema di Cassazione auf der anderen Seite oder Spanien mit dem Tribunal constitucional de España auf der einen und dem Tribunal Supremo auf der anderen Seite legen hier beredtes Zeugnis ab.[62] Im Integrationsmodell wäre ein Jedermannrechtsmittel gegen eine (an sich) letztinstanzliche Gerichtsentscheidung unter Berufung auf die Verletzung von Grundrechten hingegen ein struktureller Fremdkörper,[63] wenngleich natürlich nicht denkunmöglich.

---

[59] Vgl. Jahresstatistik des Bundesverfassungsgerichts 2018 („Weiter hohe Arbeitsbelastung"), abrufbar unter: https://www.bundesverfassungsgericht.de/DE/Verfahren/Jahresstatistiken/2018/statistik_2018_node.html (Abrufdatum: 15.03.2019).

[60] Dazu stellvertretend *Matthias Jestaedt*, Verfassungsrecht und einfaches Recht – Verfassungsgerichtsbarkeit und Fachgerichtsbarkeit, in: Deutsches Verwaltungsblatt 116 (2001), S. 1309–1322; *Walter*, in: Maunz/Dürig (Anm. 16), Art. 93 Rn. 70.

[61] Vgl. indes *Tushnet*, Introduction (Anm. 11), S. 52 f.

[62] Dazu *Raffaele Bifulco/Davide Paris*, Der italienische Verfassungsgerichtshof, in: IPE, Bd. VI, 2016, § 100 Rn. 95–115 (insbes. 101–108) und 131–137 einerseits und *Juan Luis Requejo Pagés*, Das spanische Verfassungsgericht, in: IPE, Bd. VI, 2016, § 106 Rn. 113–121 andererseits. Auch das Bundesverfassungsgericht hatte sich in seiner Formationsphase in den 1950er Jahren seinen herausgehobenen Platz gegenüber der Fachgerichtsbarkeit zu erkämpfen; vgl. dazu stellvertretend die Hinweise bei *Jestaedt*, Phänomen (Anm. 56), S. 91–95.

[63] Wie hier *Walter*, in: Maunz/Dürig (Anm. 16), Art. 93 Rn. 69.

6. Verfassungsgericht unter Verfassungsgerichten

Damit komme ich zu meinem letzten Punkt: In dem Maße, in dem die „Verfassungsentwicklung“ sich nicht mehr nur oder doch ganz überwiegend aus innerstaatlichen Quellen, Gründen und Motiven speist, sondern – Stichwort: Internationalisierung und Europäisierung des Konstitutionalisierungsprozesses – zunehmend zu einem nicht an eine einzelne staatliche Rechtsordnung gebundenen Phänomen avanciert, rückt die Frage in den Fokus, wie sich die Modelloption in Sachen Verfassungsgerichtsbarkeit in inter-, trans- und supranationaler Sicht auswirkt. Anders gewendet: Welche Effekte zeitigt die Option sei es für das US-amerikanische, sei es für das österreichische Grundmodell der Verfassungsgerichtsbarkeit in der Zusammenarbeit mit anderen Verfassungsgerichten, also: in einem Verfassungsgerichtsverbund?

Mögen sie auch eine Reihe von Ähnlichkeiten und Überschneidungen aufweisen, so können doch zwei Varianten von Verfassungsgerichtsverbünden unterschieden werden: der horizontale und der vertikale. Während ersterer ein *echter* Verfassungsgerichtsverbund in dem Sinne ist, dass er ausschließlich aus – gleichgeordneten – nationalen Verfassungsgerichten besteht, kann letzterer als *unechter* Verfassungsgerichtsverbund bezeichnet werden, weil er das Zusammenwirken nationaler Verfassungsgerichte mit verfassungsgerichtsähnlichen inter- oder supranationalen Gerichten umschreibt, die exklusiv oder doch wenigstens auch als Menschenrechtsgerichtshöfe fungieren und deren Kognitionsbefugnis sich wenigstens mittelbar auch auf Entscheidungen der betroffenen Verfassungsgerichte erstreckt; nur ergänzend sei hinzugefügt, dass in Bundesstaaten die vertikale Variante auch als echter Verfassungsgerichtsverbund auftreten kann.

Bislang ist die oben aufgeworfene Frage, wenn ich das richtig sehe, noch wenig traktiert worden. Auch der große, unter der Federführung des österreichischen Verfassungsgerichtshofs entstandene, über 1000-seitige Bericht über die aktuellen Rahmenbedingungen und Perspektiven der „Kooperation der Verfassungsgerichte in Europa“ aus dem Jahre 2014 enthält hierzu nur relativ Marginales.[64] Daher kann es hier nur darum gehen, einige erste Überlegungen und Vermutungen zu formulieren.

---

[64] Vgl. XVIe Congrès de la Conférence des Cours constitutionnelles européennes, La coopération entre les Cours constitutionnelles en Europe. Situation actuelle et perspectives/XVIth Congress of the Conference of European Constitutional Courts, The Cooperation of Constitutional Courts in Europe. Current Situation and Perspectives/XVI. Kongress der Konferenz der Europäischen Verfassungsgerichte. Die Kooperation der Verfassungsgerichte in Europa. Aktuelle Rahmenbedingungen und Perspektiven, 2 Bde., 2014; ansatzweise *Christoph Grabenwarter*, Die Kooperation der Verfassungsgerichte in Europa – Aktuelle Rahmenbedingungen und Perspektiven, ebd., S. 63–92 (82–88).

a) Horizontale Verfassungsgerichtsverbünde

An institutionalisierten horizontalen Verfassungsgerichtsverbünden seien drei genannt:[65] die seit 1972 bestehende, vom österreichischen Verfassungsgerichtshof, dem deutschen Bundesverfassungsgericht und der italienischen Corte costituzionale initiierte „Konferenz der Europäischen Verfassungsgerichte" („Conference of European Constitutional Courts" [CECC]/„Conférence des cours constitutionnelles européennes" [CCCE]) mit derzeit 42 Vollmitgliedern,[66] die 2010 gegründete „Vereinigung der Asiatischen Verfassungsgerichte und Gleichwertigen Institutionen" („Association of Asian Constitutional Courts and Equivalent Institutions" – „AACC"), der zurzeit 14 Mitglieder angehören,[67] darunter jedoch nicht der Oberste Gerichtshof Japans, und schließlich die 2009 ins Leben gerufene und in enger Verbindung mit der „Europäischen Kommission für Demokratie durch Recht", besser bekannt als „Venedig-Kommission", arbeitende „Weltkonferenz der Verfassungsgerichte" („World Conference on Constitutional Justice" – „WCCJ"), die mittlerweile über 112 Mitglieder verfügt – hier fehlen, um nur die wichtigsten zu nennen, neben dem japanischen Obersten Gerichtshof das brasilianische Supremo Tribunal Federal, der Supreme Court of India, der Oberste Volksgerichtshof der Volksrepublik China und (man wäre geneigt zu sagen: natürlich) der U.S. Supreme Court.[68] In Art. 2 Abs. 1 der Satzung der Weltkonferenz der Verfassungsgerichtsbarkeit vom

---

[65] Sieben weitere finden sich in der Präambel der Satzung der Weltkonferenz der Verfassungsgerichte i. d. F. vom 12.09.2017, Europäische Kommission für Demokratie durch Recht (Venedig-Kommission) Dokument CDL-WCCJ-GA(2017)010, abrufbar unter: https://www.venice.coe.int/WebForms/pages/?p=02_WCCJ (Abrufdatum: 18.09.2018).

[66] Die Homepage der Konferenz der Europäischen Verfassungsgerichte/Conference of European Constitutional Courts (CECC)/Conférence des cours constitutionnelles européennes (CCCE): http://www.confeuconstco.org/de/common/home.html (Abrufdatum: 18.09.2018); dort findet sich auch eine Aufstellung der Mitglieder. In der Präambel des Statuts vom 17.05.1999 heißt es – unter anderem zu den Beteiligten –: „Die Präsidenten *europäischer Verfassungsgerichte und ähnlicher mit der Wahrung der Verfassungsmäßigkeit betrauter europäischer Institutionen*, erklären im Bestreben, Erfahrungen über die Verfassungspraxis und Verfassungsrechtsprechung in einem gesamteuropäischen Kontext untereinander auszutauschen und zwischen diesen Gerichten und Institutionen einen regelmäßigen Kontakt zu pflegen, die Absicht, unter voller Wahrung der richterlichen Unabhängigkeit und in gegenseitiger Achtung, wie bisher regelmäßig Fachkonferenzen zu veranstalten." (Hervorhebung nicht im Original; die Satzung ist auf der Homepage abrufbar)

[67] Die Homepage der AACC: http://www.aaccei.org/; eine Aufstellung der Mitglieder (aus Indonesien, Tadschikistan, Kasachstan, Aserbaidschan, Pakistan, Türkei, Afghanistan, Philippinen, [Süd-]Korea, Malaysia, Mongolei, Russland, Thailand, Usbekistan) unter: http://www.aaccei.org/ccourt_act=members.html (Abrufdatum: 18.09.2018).

[68] Die Angaben zu den Mitgliedsgerichten sind der Homepage der WCCJ entnommen: https://www.venice.coe.int/WebForms/pages/?p=02_WCCJ (Abrufdatum: 18.09.2018). Das Ziel umschreibt Art. 1 Abs. 1 der Satzung der Weltkonferenz (Anm. 65): „Die Weltkonferenz der Verfassungsgerichtsbarkeit („die Weltkonferenz") fördert die Verfassungsgerichtsbarkeit – im Sinne der Kontrolle der Verfassungsmäßigkeit, einschließlich der Rechtsprechung im Bereich der Menschenrechte – als wesentliches Element für Demokratie, die Einhaltung der Menschenrechte und den Rechtsstaat."

23. Mai 2011 in der Fassung vom 17. September 2017 werden die Mitglieder, die im Weiteren zusammenfassend als „die Gerichte" bezeichnet werden, wie folgt umschrieben: „Verfassungsgerichte und gleichwertige Organe (Verfassungsräte, oberste Gerichtshöfe mit Verfassungsgerichtsbarkeit, Verfassungskammern etc.)".[69]

Unbeschadet der konkreten Zielsetzungen dieser Institutionen dürfte die Zusammenarbeit nicht zuletzt von zwei Gesichtspunkten beeinflusst sein: Die Sondersituation der Verfassungsgerichtsbarkeit gegenüber der Gerichtsbarkeit im Übrigen springt, erstens, bei institutionell verselbständigten Verfassungsgerichten markanter ins Auge, fällt schwerer ins Gewicht und ist für die betroffenen Spruchkörper auch strukturell existenzieller; während es bei diesen um ihr Standbein geht, sind Oberste Gerichtshöfe mit Verfassungsgerichtsfunktionen regelmäßig nur an ihrem Spielbein betroffen. Und zweitens dürften sich Interessenlagen, Herausforderungen, Problemstellungen und Lösungsansätze von Verfassungsgerichten umso ähnlicher darstellen, umso homogener sie sind – auch und gerade in puncto Einbindung in die oder Verselbständigung von der ordentlichen Gerichtsbarkeit. Dementsprechend dürften die im Verfassungsgerichtsverbund zu verzeichnenden Angleichungstendenzen und Kooperationsgewinne auch davon abhängen, ob Verfassungsgerichte desselben institutionellen Grundmodells betrachtet werden oder nicht.

b) Vertikale Verfassungsgerichtsverbünde

Unter den horizontalen Verfassungsgerichtsverbünden genießt der „Europäische Verfassungsgerichtsverbund"[70] aus EuGH (Gerichtshof der Europäischen Union), EGMR (Europäischer Gerichtshof für Menschenrechte) und nationalen Verfassungsgerichten[71] zwar keine Allein-, aber doch eine herausragende Sonderstellung. Verbindendes Element ist zuvörderst der gerichtliche Schutz individueller Freiheits- und Gleichheitsrechte, denen eine erhöhte Rechtsverdrängungsmacht beigelegt ist: darunter fällt die Grundrechtsgerichtsbarkeit, die Grund- oder Marktfreiheitengerichtsbarkeit und die Menschenrechtsgerichtsbarkeit.[72]

Wiewohl in Bezug auf den EuGH von integrierter und nicht isolierter Verfassungsgerichtbarkeit die Rede sein müsste,[73] dürfte doch auch hier gelten, dass typischerweise die nationalen Verfassungsgerichte des verselbständigten Typus

[69] Satzung der Weltkonferenz (Anm. 65).

[70] Begriffsprägend: *Andreas Voßkuhle*, Der europäische Verfassungsgerichtsverbund, in: NVwZ 2010, S. 1–8.

[71] Nicht selten wird übersehen, dass das Mehrebenen-Modell der Verfassungsgerichtsbarkeit nicht in allen Konstellationen nur mit 3 Schichten (international, supranational, national) beschrieben werden kann, sondern bei Bundesstaaten mit gliedstaatlichen (Landes-)Verfassungsgerichten um eine vierte Ebene zu erweitern ist.

[72] Zum EuGH und zum EGMR als „Quasiverfassungsgerichte" stellvertretend *Walter*, in: Maunz/Dürig (Anm. 16), Art. 93 Rn. 79–86.

[73] In diesem Sinne auch *Walter*, in: Maunz/Dürig (Anm. 16), Art. 93 Rn. 80.

einen bedeutenderen Nutzen für ihre „Verfassungsentwicklung" ziehen und ein größeres Gewicht für die „Verfassungsentwicklung" anderer Spruchkörper im Verfassungsgerichtsverbund entfalten dürften.[74] Denn sie sind, anders als Oberste Gerichtshöfe mit Verfassungsgerichtsaufgaben, vollständig auf Verfassungsfragen spezialisiert und fokussiert und werden von inter- wie supranationalen Gerichten auch im Grundsatz leichter wahrgenommen. Die von ihnen wahrzunehmenden „Verfassungsentwicklungsaufgaben" dürften jenen der beiden europäischen Gerichtshöfe ähnlicher sein.

7. (Dé-)Formation professionnelle

Schließen möchte ich meine kursorischen Überlegungen zu den Konsequenzen der Wahl zwischen dem Eingliederungs- und dem Verselbständigungsmodell für die „Verfassungsentwicklung" nicht mit einer Zusammenfassung, sondern mit einer Metapher. Vielleicht lässt sich die Alternative von integriertem und isolierten Verfassungsgericht ganz gut in folgendem Bild bündeln: Die Rolle der Verfassungsgerichtsbarkeit trifft beim Eingliederungsmodell auf einen Gemischtwarenladen (vielleicht könnte man von Supermarkt reden), in welchem die Verfassungskontrolle einem unter mehreren feilgehaltenen Produkten, die Verfassungsgerichtsbarkeit also einer von mehreren Abteilungen entspricht; das Verselbständigungsmodell gleicht hingegen einem Spezialgeschäft, in welchem alle Fachkompetenz exklusiv um das eine, mit höchster Sachkenntnis und in allen Ausprägungen vertriebenen Produkt kreist. Ob das eine oder aber das andere besser ist, lässt sich nicht allgemein sagen[75] – sondern hängt ebenso sehr von der konkreten Ausprägung wie von den konkreten Bedürfnissen derer ab, die auf die Verfassungsgerichtsbarkeit angewiesen sind, und ist in hohem Maße rechtskulturell beeinflusst.

---

[74] Vgl. dazu auch die Darstellung bei *de Visser*, Constitutional Review (Anm. 8), S. 75–78.

[75] Wer bei „Supermarkt" eher an Waren nicht allerhöchster Qualität denkt, mag alternativ für Gemischtwarenladen auch „Harrods" oder die „Galeries Lafayette" einsetzen.

Integrierte und isolierte Verfassungsgerichtsbarkeit

Tsuyoshi Hatajiri

I. Die (Un-)Abhängigkeit von den Prozessvoraussetzungen oder Verfahrensarten

Aufgrund von Inhalt und Aufbau der Entscheidungen des Bundesverfassungsgerichts wird hinsichtlich gewisser Charakteristika auf die Irrelevanz der Verfahrensart in der Spruchpraxis, d. h. auf die Unabhängigkeit „davon, welche Verfahrensart der Entscheidung zugrunde liegt (Verfassungsbeschwerde, Normenkontrolle, Organstreit) oder wo der materielle Schwerpunkt des Rechtsstreits liegt" hingewiesen und gefordert, dass das Bundesverfassungsgericht bei seinen Entscheidungen die Verfahrensart und den materiellen Schwerpunkt des Rechtsstreits mehr berücksichtigen soll.[1]

Die Unabhängigkeit markanter Entscheidungscharakteristika von der jeweils gewählten Verfahrensart dürfte allerdings ein Phänomen vorrangig der verselbständigten, von der allgemeinen Gerichtsbarkeit „isolierten" Verfassungsgerichtsbarkeit sein.

In Japan gibt es für die von allen Gerichten ausgeübte, insoweit „integrierte" Verfassungsgerichtsbarkeit, d. h. hier im prägnanten Sinne die verfassungsrechtliche Kontrolle von Rechtsnormen am Maßstab der Verfassung, weder ein eigenständiges Verfassungsprozessrecht noch ein Sonderverfahren. Die gerichtliche Überprüfung der Verfassungsmäßigkeit erfolgt in der Praxis im Rahmen eines ordentlichen Gerichtsverfahrens, d. h. in einem Zivil-, Straf- oder Verwaltungsprozess. Deshalb ist das jeweils befasste Gericht im Rahmen der Prüfung der Verfassungsmäßigkeit eines Staatsaktes an die Prozessvoraussetzungen und Verfahrensarten der jeweiligen Gerichtsverfahrensordnung gebunden und darf eine solche Prüfung nur dann vornehmen, wenn dies zur Lösung eines konkreten Streitfalls erforderlich ist.

---

[1] *O. Lepsius*, Die maßstabsetzende Gewalt, in: M. Jestaedt/O. Lepsius/C. Möllers/C. Schönberger, Das entgrenzte Gericht – Eine kritische Bilanz nach sechzig Jahren Bundesverfassungsgericht, 2011, S. 170 f., 259, 263 ff.

In der Spruchpraxis ist in vielen Fällen der jeweils eigentliche Zweck des Prozesses betont und sind die Prozessvoraussetzungen strikt und eng interpretiert worden. Während der letzten Jahre mehrten sich indes auch Beispiele dafür, dass die integrierte Verfassungsgerichtsbarkeit im Rahmen einer tendenziell weiten Interpretation der zugrunde liegenden Prozessvoraussetzungen ausgeübt worden ist oder das Gericht darüber hinaus durch Erweiterung der eigentlichen Zwecke des jeweiligen Prozesses den Raum der verfassungsrechtlichen Kontrolle geweitet hat.

Als erstes Beispiel ist das Urteil des Obersten Gerichtshofes (OGH = *Saiko-Saibansho*) vom 14.9.2005 (*Minshu* = Entscheidungssammlung des OGH in Zivilsachen, Bd. 59, Nr. 7, S. 2087) zu nennen, das eine sowohl inhaltlich als auch prozessrechtlich bemerkenswerte Entscheidung zum Wahlrecht darstellt. Zunächst beurteilte der OGH unabhängig von der Verfahrensart nur die Verfassungsmäßigkeit des Gesetzes und erklärte die Bestimmungen des Wahlgesetzes, die vor der Reform des Wahlgesetzes ein Wahlrecht der im Ausland ansässigen Japaner verneinten bzw. nach der Reform nur teilweise gewährten, für verfassungswidrig. Sodann erklärte der OGH zum ersten Mal die öffentlich-rechtliche Klage auf Feststellung im Verwaltungsprozessgesetz für begründet, dass die Kläger an den nächsten Ober- und Unterhauswahlen in vollem Umfang teilnehmen dürfen. Im neuen Gesetz (2004), das mit dem Ziel einer effektiveren Gewährleistung von Rechtsschutz im Verwaltungsrecht revidiert wurde, wird die öffentlich-rechtliche Feststellungsklage, die bis dahin nur selten zur Anwendung kam, als eine Unterart der Parteiklage ausdrücklich erwähnt (§ 4 n. F.), um sie in Zukunft besser nutzen zu können.[2] In einem Verfahren dieser „neuen" Feststellungsklage hat der OGH sogar die Verfassungswidrigkeit legislativen Unterlassens festgestellt.

Darüber hinaus bejahte das Gericht in diesem Urteil auch zum ersten Mal einen Staatshaftungsanspruch wegen legislativen Unterlassens. Zwar besteht weitestgehend Einigkeit darüber, dass nicht die Prüfung der Verfassungsmäßigkeit von Akten der Gesetzgebung den eigentlichen Zweck eines Staatshaftungsprozesses darstellt, streitig ist indessen, ob das Gericht in einem solchen Prozess nicht nur über den Anspruch auf Schadensersatz urteilen, sondern auch die Verfassungswidrigkeit des (Ausbleibens eines) Gesetzgebungsaktes feststellen darf.

Im Urteil vom 21.11.1985 (*Minshu*, Bd. 39, Nr. 7, S. 1512) zur Abschaffung des häuslichen Stimmabgabeverfahrens hatte der OGH die Möglichkeit, im Staatshaftungsprozess einen Gesetzgebungsakt zum prinzipalen Streitgegenstand zu machen, nur für schwer vorstellbare Ausnahmefälle in Aussicht gestellt und damit praktisch fast vollständig verneint.[3] Nach diesem Urteil entwickelte sich die Recht-

[2] Vgl. *H. Murakami*, Der effektive Rechtsschutz im japanischen Verwaltungsprozessrecht, in: P. Baumeister/W. Roth/J. Ruthig (Hrsg.), Staat, Verwaltung und Rechtsschutz, Festschrift für Wolf-Rüdiger Schenke zum 70. Geburtstag, 2011, S. 1037 f.

[3] Dort hieß es: „Die Abgeordneten haben hinsichtlich der Gesetzgebung in der Regel nur eine politische Verantwortung gegenüber dem ganzen Volk, aber keine seinem Recht

sprechung zum Staatshaftungsanspruch gegenüber der Gesetzgebung zunächst nur in Hinblick darauf weiter, ob der jeweils streitgegenständliche Fall als einer jener „Ausnahmefälle“ gelten konnte. Zum Beispiel wurde das Urteil des OGH vom 5.12.1995 (*Hanreijiho* = Zeitschrift für die gerichtlichen Entscheidungen, Nr. 1563, S. 81) in der Streitfrage, ob § 733 des japanischen BGB, der eine Verbotsfrist der Wiederverheiratung nur für Frauen vorschreibt, verfassungswidrig sei oder nicht, an der Rechtsprechungslinie des OGH-Urteils von 1985 orientiert, indem zuerst und, weil negativ beantwortet, nur die Frage, ob der betreffende Fall als „Ausnahmefall“ gelten könne, Beurteilungsgegenstand wurde. Eine nähere Prüfung der Verfassungsmäßigkeit konnte damit praktisch vermieden werden.

Dagegen hat der OGH nunmehr im benannten Urteil von 2005 neue Voraussetzungen aufgestellt und die Möglichkeit, den Gesetzgebungsakt selbst auf seine Verfassungsmäßigkeit hin zu überprüfen, erweitert.[4]

In seinem Urteil vom 16.12.2015 (*Minshu*, Bd. 69, Nr. 8, S. 2427) prüfte der OGH schließlich, im Gegensatz zum soeben genannten Judikat aus dem Jahr 1995, erstmals substantiell die Verfassungsmäßigkeit von § 733 des japanischen BGB und beurteilte ihn als verfassungswidrig und teilnichtig. Hingegen hielt er bei Zugrundelegung annähernd gleichbedeutender Voraussetzungen in seinem Urteil von 2005 die Unterlassung durch die Abgeordneten nicht für rechtswidrig im Sinne von § 1 Abs. 1 des japanischen StHG.

Im Großen und Ganzen lässt sich folgende Korrelation formulieren: Die Aktivität oder Passivität des OGH als Verfassungsgericht hängt davon ab, ob die Prozessvoraussetzungen (d.h. in der Sache: die Bindung an einen konkreten Rechtsstreit – parallel zur im US-amerikanischen Recht bestehenden Formel „case or controversy“) und die eigentlichen Zwecke der einzelnen Verfahrensarten strikt oder großzügig interpretiert werden.

korrespondierende Rechtspflicht gegenüber dem einzelnen Bürger. Nur in Ausnahmefällen, in denen – schwer vorstellbar – das Parlament, obwohl der Inhalt eines Gesetzes einer eindeutigen Bestimmung der Verfassung widerspricht, das betreffende Gesetz dennoch erlässt, wären die Gesetzgebungsakte der Abgeordneten in Anwendung des § 1 Abs. 1 StHG als rechtswidrig anzusehen.“

[4] „In den Fällen, in denen es auf der Hand liegt, dass der Inhalt oder die Unterlassung der Gesetzgebung rechtswidrig die verfassungsrechtlichen Rechte der Bürger verletzt, oder wenn es wirklich notwendig ist, gesetzgeberische Maßnahmen zu ergreifen, um dem Bürger die Gelegenheit zur Ausübung der verfassungsrechtlichen Rechte zu gewährleisten, und diese Notwendigkeit offensichtlich ist, aber das Parlament es für eine längere Zeit ohne berechtigte Gründe versäumt hat, diese Maßnahmen zu ergreifen, wären ausnahmsweise die Gesetzgebungsakte oder die Unterlassung der Abgeordneten gemäß § 1 Abs. 1 Staatshaftungsgesetz als rechtswidrig anzusehen.“

II. Die Distanz zwischen dem OGH und der Rechtswissenschaft

In Deutschland ist mehrfach auf „die in manchem nahezu symbiotische Verbindung von Bundesverfassungsgericht und Staatsrechtslehre“ oder auf die „wissenschaftsorientierte Verfassungsjudikatur“ hingewiesen worden.[5]

In Japan besteht dagegen eine große Kluft zwischen dem OGH und der Verfassungsrechtswissenschaft. Der OGH ist sowohl ein ordentliches Gericht als auch im dargelegten Sinne ein „Verfassungsgericht“. Deshalb fallen dem OGH gleichzeitig zwei Aufgaben zu: als Revisionsinstanz einerseits und als Verfassungsgericht andererseits. Das Anforderungsprofil für dort tätige Richterinnen und Richter hängt daher auch davon ab, welche der Aufgaben man als die wichtigere ansieht. Die den OGH bildenden 15 Richter[6] müssen zunächst und überwiegend Zivil-, Straf- und Verwaltungsprozesse bewältigen, weshalb von ihnen vor allem Kenntnisse und Erfahrungen als Berufsrichter verlangt werden. Daher haben im OGH die Berufsrichter die Initiative ergriffen und einen großen Einfluss auf dessen Entscheidungen ausgeübt.

Die Zurückhaltung und Passivität des OGH bei der inhaltlichen Kontrolle der Verfassungsmäßigkeit von Hoheitsakten wird auch auf diesen Umstand zurückgeführt. Der ehemalige Richter des OGH M. Ito beispielsweise, der als Verfassungsrechtslehrer in das Gericht gewählt wurde, hat in seinen Memoiren darauf wie folgt hingewiesen: Es könnte von einem Berufsrichter ohne ausgeprägte Persönlichkeit nicht erwartet werden, eine Überprüfung der Verfassungsmäßigkeit von Gesetzen aktiv vorzunehmen. Die „Persönlichkeit“ jedes Richters spiele eine große Rolle bei der Verfassungsauslegung, besonders der Verfassungsmäßigkeitsprüfung von Gesetzen. Gleichförmigkeit und das Zurückstellen von Individualität, die von einem Berufsrichter gefordert werden, förderten einen „judicial activism“ in der Verfassungsrechtsprechung jedenfalls nicht. Das gelte auch für die Richter am OGH, dessen Richter primär die Fähigkeit haben müssen, einfachrechtliche Fälle zu erledigen, obwohl sie verschiedene Karrierewege beschritten hätten. Andererseits sei ein Richter, der den Wissenschaften nahestehe und mit wissenschaftlichem Denken vertraut sei, der Passivität der Justiz gegenüber sehr viel kritischer eingestellt.[7]

Von den 180 Richterinnen und Richtern am OGH, die von 1947 bis 2019 ernannt worden sind, gehörten nur 14 dem Kreis der Rechtslehrer an.[8] Sie haben

[5] *Jestaedt,* Phänomen Bundesverfassungsgericht. Was das Gericht zu dem macht, was es ist, in: Jestaedt/Lepsius/Möllers/Schönberger (Anm. 1), S. 124ff.

[6] Die 15 Richter des OGH setzen sich gegenwärtig folgendermaßen zusammen: 6 Richter aus dem Kreise der Berufsrichter, 3 Rechtsanwälte, 2 Staatsanwälte, 2 Beamte und 2 Professoren.

[7] *M. Ito,* Zwischen Richter und Wissenschaftler, 1993, S. 136.

[8] Die Titel der Memoiren, die die wenigen, aber repräsentativen Professorenrichter – S. Dando, M. Ito und T. Fujita – geschrieben haben, zeigen deutlich die Besonderheit der japanischen Situation im Gegensatz zum BVerfG: „Die Theorie für die Praxis und die Anwendung der Theorie auf die Praxis“ (Dando), „Zwischen Richter und Wissenschaftler“ (Ito) und „Memoiren im OGH – siebeneinhalb Jahre als Professorenrichter“ (Fujita).

doch in vielen Entscheidungen über wichtige Verfassungsfragen eine große Rolle gespielt und auch Sondervoten auf verfassungsdogmatisch hohem Niveau verfasst. Daher haben die oben dargelegten Hinweise von M. Ito eine nicht geringe Plausibilität.[9]

III. Die Trias des Vertrauens in das Verfassungsgericht, dessen Entscheidung und das Verfassungsrecht

Das Bundesverfassungsgericht ist „das populäre Gericht" und „das beliebteste staatliche Organ".[10] Die Ergebnisse der Meinungsumfragen zeigen, dass die Bürger dem Bundesverfassungsgericht ein hohes Maß an Vertrauen entgegenbringen.[11] Und zwischen den Zeilen können wir auch lesen, dass sich dieses vom Vertrauen in das Grundgesetz (GG) herleitet. Das Vertrauen des Bürgers in das Gericht hängt nämlich von seinem Vertrauen in die Entscheidungen des Gerichts ab, und dieses Vertrauen basiert wiederum auf dem Vertrauen in das GG, das die Entscheidungskriterien liefert. Die gängige Praxis, staatliche Handlungen nach dem GG zu beurteilen, wird sowohl von den Bürgern als auch von den staatlichen Institutionen akzeptiert. Diese Vertrauens-Trias erhöht die normative Kraft des Verfassungsrechts und fördert die Verfassungsentwicklung.

„Die Akzeptanz von Recht als Lösungsinstrument von Problemen sowie die relative Hochschätzung von Recht gegenüber politischen Prozessen hat in Deutschland eine Tradition" und „[e]s ist eine Besonderheit des deutschen politisch-gesellschaftlichen Lebens, dass das Verfassungsrecht und die Aussagen des Bundesverfassungsgerichts eine so hohe Bedeutung haben. Keineswegs ist dies der durchschnittliche Standard der Verfassungsstaaten."[12] Doch sollte es als eine gemeinsame Aufgabe der Verfassungsstaaten begriffen werden, die normative Kraft des Verfassungsrechts zu erhöhen und dafür müsste die Vertrauens-Trias auch in anderen Staaten gefördert werden.

---

[9] Die Bedeutung der unterschiedlichen historischen Hintergründe in Deutschland und Japan sollte nicht gering veranschlagt werden. „In historischer Perspektive hat man in Deutschland seit jeher anerkannt, daß der Verfassungstext durch Richterrecht fortgebildet werden dürfe" und es scheint „eine besondere Mentalität vorherrschend, die auf Rechts- und Verfassungsreform (auch) durch Rechtsprechung vertraut." Vgl. *T. Würtenberger,* Zur Legitimität des Verfassungsrichterrechts, in: B. Guggenberger/T. Würtenberger (Hrsg.), Hüter der Verfassung oder Lenker der Politik? Das Bundesverfassungsgericht im Widerstreit, 1998, S. 70 f.

[10] *C. Möllers,* Legalität, Legitimität und Legitimation des Bundesverfassungsgerichts, in: Jestaedt/Lepsius/Möllers/Schönberger (Anm. 1), S. 297.

[11] Vgl. *R. Köcher,* Bundesverfassungsgericht – Das Bollwerk, in: Frankfurter Allgemeine Zeitung Nr. 195 vom 22. August 2012.

[12] *R. Wahl,* Gründe für die hohe Wirksamkeit des Grundgesetzes. Vortrag in Japan 2013, S. 17, S. 11, Anm. 29.

Wenn man sich dem OGH zuwendet, stellt sich die Situation nämlich ganz anders dar. Der Bürger hat wenig Interesse an dessen Entscheidungen und reagiert auf sie überwiegend weder positiv noch negativ. Selbst ein Richter des OGH musste eingestehen, dass „zwischen den Bürgern und dem Obersten Gerichtshof eine große Kluft besteht und die Bürger die Gerichtsbarkeit nicht als ihre Angelegenheit empfinden".[13]

In zahlreichen Entscheidungen zu wichtigen gesellschaftlichen Streitfragen hat der OGH mit Betonung des gesetzgeberischen Spielraums den Willen des Parlaments – als Spiegel der herrschenden Wert- und Gerechtigkeitsvorstellungen des Volkes – hoch veranschlagt und im Wege der Auslegung wenig unternommen, was den Grundrechtsschutz weiterentwickelt und fortgebildet hätte. Das führte mehrfach zur mangelnden oder geringen Überzeugungskraft der Begründung von Entscheidungen.[14] Und für den Bürger ist kaum eine von Parlament und Regierung abweichende Positionierung des OGH zu erkennen. Deshalb gibt es nur wenige Entscheidungen, die bei den Bürgern auf Interesse gestoßen sind.

Nur wenn das Gericht selbst davon überzeugt ist, dass seine Entscheidungen vom Vertrauen der Bürger getragen werden, kann das Gericht seine Urteile frei und mutig fällen.[15] Für eine aktivere Praxis der Verfassungsgerichtsbarkeit ist das Vertrauen der Bürger in den OGH notwendig – und das hängt vom Vertrauen in das Verfassungsrecht ab. Aber in Japan gibt es keine Alltäglichkeit und Gegenwärtigkeit des Verfassungsrechts im politisch-sozialen Leben, und das Vertrauen in das Verfassungsrecht ist noch nicht genug in den herrschenden Wert- und Gerechtigkeitsvorstellungen des Volkes verankert.[16]

Unter diesen Umständen scheint naheliegend, dass der Hauptgrund für die bisherige und generelle Passivität der verfassungsrechtlichen Kontrolle in Japan nicht dem integrierten Modell von Verfassungsgerichtsbarkeit geschuldet ist. Vielmehr dürften die negativen Aspekte einer integrierten Verfassungsgerichtsbarkeit durch

---

[13] *T. Fujita,* Der Stellenwert des Obersten Gerichtshofes in der Japanischen Verfassung – Was erwartet die Gesellschaft: Höchste Fachkenntnisse oder sozialen „Common Sense"? Festvortrag am 6. Juni 2008 in Hamburg vor der Deutsch-Japanischen Juristenvereinigung anlässlich ihres 20-jährigen Bestehens, in: Zeitschrift für Japanisches Recht, Nr. 26 (2008), S. 187.

[14] Vgl. *H. Kuriki,* Verfassungsgerichtsbarkeit und Konsens des Volkes, in: C. Starck (Hrsg.), Fortschritte der Verfassungsgerichtsbarkeit in der Welt – Teil II, 2006, S. 22 f., *K. Tonami,* Die Entwicklung der Verfassungsgerichtsbarkeit und die Probleme der richterlichen Prüfungsbefugnis über die Verfassungsmäßigkeit in Japan, in: C. Starck (Hrsg.), Fortschritte der Verfassungsgerichtsbarkeit in der Welt – Teil I, 2004, S. 22.

[15] Vgl. *Kuriki* (Anm. 14), S. 23.

[16] Dafür gibt *Kuriki* drei Gründe an: Erstens wurde die Aufklärung im Sinne des Konstitutionalismus bzw. des Verfassungsstaates nicht hinreichend nachvollzogen. Zweitens herrscht immer noch das Bewusstsein vor, dass die gegenwärtige Verfassung von den Besatzungsmächten aufgezwungen wurde und deshalb dem traditionellen Japan fremd ist. Drittens stehen wichtige Politiker der Regierungspartei der Verfassung ablehnend gegenüber und beabsichtigen über die Verfassungsrevision hinausgehend sogar die Schaffung einer neuen Verfassung, vgl. *ders.* (Anm. 14), S. 22.

die japanische Situation – den Mangel jener Vertrauens-Trias – vertieft und verstärkt werden.

In dieser Konstellation halte ich die Erhöhung der Überzeugungskraft von Entscheidungen für den wichtigsten Punkt, um den besagten Mangel an Vertrauen zu beheben. Neuere Entscheidungen und ihre Begründungen lassen zwar einen Gewinn an Überzeugungskraft und eine tendenziell aktivere Verfassungsgerichtsbarkeit erkennen. Aber diese noch relativ schwache Tendenz darf nicht im Keim erstickt werden.

Dazu sind erstens die Abhängigkeit und Unabhängigkeit von den Prozessvoraussetzungen der jeweiligen Streitfälle auszubalancieren. Je stärker die Unabhängigkeit von der Verfahrensart und den Sachverhaltsbezügen des Rechtsstreits ist, desto eher leidet die Legitimität der richterlichen Entscheidungen. Dagegen macht eine Überbetonung der prozessrechtlichen Schranken es schwierig, die Verfassungsgerichtsbarkeit angemessen auszuüben. Deshalb ist es notwendig, beide Tendenzen ins Gleichgewicht zu bringen.

Zweitens sollte man die funktionell-rechtliche Rolle (auch die Rollenverteilung) der Untergerichte und des OGH deutlich machen, um deren Aufgaben und Grenzen gerecht zu werden. Einerseits sollten die besondere Praxisnähe und der besondere Sachverstand von Richtern der Untergerichte für den Rechtsschutz zur bestmöglichen Entfaltung gebracht werden. Denn die konkrete und fallbezogene Bedeutung des Verfassungsrechts können die in Tatsachenfeststellung und Gesetzesauslegung versierten Richter der Untergerichte in besonderem Maße zur Geltung bringen. Anderseits sollte für eine größere Zahl von Richtern des OGH fundierte Kenntnisse des Verfassungsrechts sowie ein Interesse an grundsätzlichen Verfassungsfragen gefordert werden, um die Verfassungsrechtsprechung zu entwickeln. Es gilt daher, Möglichkeiten auszuloten, um sowohl den Sachverstand und die Praxisnähe von Richtern der Untergerichte als auch besondere Sachkenntnisse im Verfassungsrecht für die Rechtsprechung des OGH nutzbar zu machen.

Teil II

Informelles Handeln der Verfassungsgerichtsbarkeit

Informelles Handeln des Bundesverfassungsgerichts

Ein Beitrag zum Zusammenhang von Organisationstheorie und Institutionenpolitik im Verfassungsprozess

Christoph Möllers

I. Einleitung

Die Debatte um informelles staatliches Handeln hat das deutsche Verfassungs- und Verwaltungsrecht eine Zeit lang begleitet, um dann wieder in den Hintergrund zu treten. Informelles Handeln von Gerichten blieb dabei weitgehend ausgeblendet. Der folgende Beitrag wird nach einem kurzen kritischen Rückblick (II.) und einigen grundsätzlichen Überlegungen zu Begriff und Zulässigkeit informellen Handelns (III.) die Besonderheiten herausarbeiten, die sich für informelles Handeln des Bundesverfassungsgerichts grundsätzlich (IV.) und anhand bestimmter Typen von Informalität (V.) ergeben.

II. Informelles Handeln

1. Rückblick auf eine Debatte

Die Diskussion um informelles Handeln öffentlicher Stellen setzte im deutschen Verwaltungsrecht in den frühen 1980er Jahren ein,[1] wurde für ein gutes Jahrzehnt geführt, teilweise auch auf das Verfassungsrecht erstreckt,[2] um dann – wie für wissenschaftliche Debatten nicht unüblich – zu den Akten zu kommen. Die Debatte hatte verschiedene Gegenstände. Teilweise beschäftigte sie sich mit schlichten Rechtsakten, namentlich mit Handlungen der Verwaltung, die ohne als Verwaltungsakte gelten zu können, grosso modo wie diese behandelt werden sollten.[3] Systematisch wichtiger erschien die Frage nach der Sicherung materieller Bindungen der Verwaltung in informeller Kommunikation mit Beteiligten, etwa bei Vorabsprachen. Zu bestimmen war, inwieweit die staatliche Willensbildung an der formalen rechtlichen Verfahrensstruktur vorbeigelenkt wird. Freilich setzt die Analyse solcher Probleme häufig empirisches Wissen über die Verwaltungspraxis voraus, das der Debatte selten zur Verfügung stand.[4] Zudem blieb die Diskussion durch diese Fragestellung einem negativen Paradigma von Informalität verpflichtet: Informalität galt eben als Chiffre für die Umgehung der Rechtsordnung.

Diese Sicht war schon damals nicht auf der Höhe der Debatte. Die soziologische Organisationstheorie hatte seit längerem klargestellt, dass auch formale Organisations- und Verfahrensstrukturen auf informelle Seitenwege angewiesen sind.[5] Aus der Rechtssoziologie kam die Einsicht hinzu, dass selbst professionelle Beziehungen zwischen Personen nicht zu stark formalisiert und verrechtlicht werden

---

[1] *E. Bohne*, Der informale Rechtsstaat, 1981, dessen Erfolg sich maßgeblich der Rezeption bei *W. Hoffmann-Riem*, Selbstbindungen der Verwaltung, VVDStRL 40 (1981), 187 (191 ff.) verdanken dürfte. Dazu *H. Bauer*, Informales Handeln im Wirtschaftsverwaltungsrecht, VerwArch (1987), 241; *J. Becker*, Informelles Verwaltungshandeln zur Steuerung wirtschaftlicher Prozesse im Zeichen der Deregulierung, DÖV 1985, 1003; *C.-E. Eberle*, Arrangements im Verwaltungsverfahren, Die Verwaltung 17 (1984), 439.

[2] *M. Herdegen*/*M. Morlok*, Informalisierung und Entparlamentarisierung politischer Entscheidungen als Gefährdungen der Verfassung, VVDStRL 62 (2003), 7, 37.

[3] *M. Schulte*, Schlichtes Verwaltungshandeln, 1995.

[4] Besonders auffällig bei *Bohne*, Rechtsstaat (Anm. 1).

[5] *N. Luhmann*, Folgen und Funktionen formaler Organisation, 4. Aufl. 1995, 85 ff.

sollten.[6] Dennoch blieb Informalität in der juristischen Diskussion oft im Ruch der Illegitimität, wenn nicht der Illegalität – und die Idee einer „brauchbaren Illegalität"[7] kam in den Rechtswissenschaften verständlicherweise niemals hoch in Kurs. Auch der Umstand, dass jede Art der Formalisierung eine bestimmte informelle Umwelt produziert und produzieren muss, geriet selten in den Blick.[8] Solche Einsichten können zwar das Problem einer illegitim beeinflussten Form administrativer Willensbildung nicht aus der Welt schaffen, aber vielleicht doch dessen Analyse präzisieren. Informalität wird man als solche jedenfalls nicht als Problem sehen müssen.

Auch im Verfassungsrecht stießen die positiven Seiten von Informalität auf geringes Interesse. Dass das Staatsorganisationsrecht Räume informeller Willensbildung nicht nur dulden, sondern ausdrücklich schützen muss, weil nur so eine offene demokratische Entscheidungsfindung vonstatten gehen kann, fand kaum Erwähnung.[9] Dies gilt auch für die Kommunikation nach außen, den politischen Prozess.[10] Klagen über die Informalität politischer Willensbildung setzten häufig ein verfehlt legalistisches Demokratieverständnis voraus. So schwankte die Debatte bei durchgehendem Misstrauen gegenüber informalen Praktiken im Ergebnis zwischen zwei Extremen: auf der einen Seite dem Bedürfnis, auch noch das letzte Stück Informalität durch ein Netz an formellen Regeln einzufangen – augenscheinlich ein unmögliches Vorhaben. Auf der anderen Seite einem teilweise fatalistisch anmutenden Formalisierungsskeptizismus, der in der Informalität Mächte am Werk sieht, denen gegenüber sich die Rechtsform nicht durchzusetzen vermag. Beides überzeugt nicht. Weder sollte es Ziel einer Rechtsordnung sein, die Gesamtheit des Handelns staatlicher Stellen zu erfassen, noch ist die Rechtsordnung der Informalität als Schicksal ausgeliefert und notwendig damit überfordert, diese zu gestalten.[11]

2. Organisation und Informalitätsbegriff

Die Untersuchung informellen Handelns von Hoheitsträgern muss zwei Perspektiven ins Verhältnis setzen: einerseits eine juristische, die die rechtlichen Grenzen von Informalität bestimmt, zum anderen eine organisationstheoretische, die nach den Zwängen und Optionen bei Informalität fragt, die sich für eine Behörde *als Organisation* ergeben. Dabei ist die Referenz zur Organisationstheorie hier methodisch bescheiden gemeint. Es geht nur darum, Faktoren wie Entscheidungszwang,

---

[6] Klassisch für diese Einsicht: *S. Macaulay*, Non-contractual Relations in Business: A Preliminary Study, American Sociological Review 28:1 (1963), 55. Verallgemeinernd: *M. Granovetter*, The Strength of Weak Ties, American Journal of Sociology, 78: 6 (1973), 1360.

[7] *Luhmann*, Folgen (Anm. 5), 304 ff.

[8] *C. Möllers*, Die Möglichkeit der Normen, 2015, 115 ff., 410 f.

[9] Dazu *C. Möllers*, Gewaltengliederung, 2005, 86 ff.

[10] BVerfGE 105, 252; 105, 279, dazu die Rekonstruktion bei *C. Bumke*, Publikumsinformation, Die Verwaltung 37 (2004), 3.

[11] Dazu eingehend *A. L. Stinchcombe*, When Formality Works, 2001.

Nebenfolgen von Entscheidungen, die Unterscheidung zwischen Innen- und Außenseite der Organisation, die Notwendigkeit für Mitglieder, intern und nach außen Beziehungen aufzubauen, die über formalisierte Transaktionen hinausgehen, die Frage, wie abhängig die Organisation von solchen Beziehungen ist oder das Maß an Hierarchisierung der Organisation in den Blick zu nehmen.

Als informelles Handeln sollen in einem ersten Zugriff Akte eines Hoheitsträgers gelten, die nicht direkt durch rechtliche Vorgaben geprägt sind. Dabei kommen als Rechtssätze nicht nur gesetzliche Regeln in Frage, sondern auch formalisierte Selbstverpflichtungen, im Fall des Bundesverfassungsgerichts namentlich dessen Geschäftsordnung. Diese Abgrenzung ist, wie wir sehen werden, nicht einfach und an Zweifelsfällen fehlt es nicht, schon weil alle Entscheidungen eines Hoheitsträgers zumindest indirekt durch Recht geprägt werden und die Organisation selbst durch einen Rechtsakt konstituiert wurde.[12] Nur mit Blick auf diese Konstituierung lassen sich auch die Handlungen beschreiben, die nicht in Anwendung einer Rechtsnorm erfolgen. Im Ergebnis haben wir es mit einem Kontinuum zu tun, an dessen einer Seite ein vollständig gebundener Akt, an dessen anderem Ende rechtsferne, dennoch in indirekter Beziehung zum Recht stehende Akte der Organisation liegen.

Bei dieser Bestimmung kann es aber nicht bleiben. Die Grenze zwischen Formalität und Informalität kann aus mehreren Gründen nicht allein in Beziehung auf das Recht gezogen werden: weil informelles Handeln legal und illegal sein kann, weil es andere Arten der Formalisierung als Verrechtlichung gibt und weil es sich anbietet, auch bei Rechtsnormen selbst zwischen stärkerer und weniger starker Formalisierung zu unterscheiden. Auch wenn alle Rechtsnormen durch Elemente wie Setzung in einem Verfahren, Schriftform und Maßstäblichkeit in weiteren Verwaltungs- oder Gerichtsverfahren ein spezifisches Maß an Formalisierung aufweisen, kann man innerhalb der Rechtsordnung noch einmal unterscheiden. Wenn man Formalisierung als eine Technik versteht, die Wiederholbarkeit von Abläufen durch die Sicherung ihrer eindeutigen Erkennbarkeit und Zurechenbarkeit ermöglicht,[13] dann unterscheiden sich auch Rechtsnormen im Grad ihrer Formalisierung deutlich voneinander. Eine vergleichsweise klar formulierte Regel, die in einer Vielzahl von Fällen angewendet wird und deren Anwendung durch diese Vielzahl zur Routine wird, ist höher formalisiert als die Abwägung von Rechtsgütern in einem bestimmten Fall.[14]

Schließlich ist die Frage der Öffentlichkeit des staatlichen Handelns für das Maß der Formalisierung von großer Bedeutung. Soweit sich ein Akt öffentlich nachvollziehen lässt, wird dieser in einer intensiveren Art und Weise rechtfertigungsbedürftig – insbesondere mit Blick auf die gleiche Behandlung vergleichbarer Fälle.

---

[12] *H. Kelsen*, Allgemeine Staatslehre, 1925, 171 ff.

[13] Näher *Möllers*, Möglichkeit (Anm. 8), 136 ff.; *ders.*, Formalisierung und Form, in: A. Koschorke (Hg.), Komplexität und Einfachheit, 2017, 173.

[14] Daran ändern auch die Versuche nichts, diese Abwägung durch Formeln zu rekonstruieren, vgl. etwa *M. Klatt/M. Meister*, The Constitutional Structure of Proportionality, 2012.

Die hat häufig zwei Konsequenzen: einerseits eine Reformalisierung der nunmehr sichtbaren Praxis, andererseits die parallele Fortführung der informalen Praxis, etwa durch verstärkte Mündlichkeit oder den Gebrauch nicht öffentlich nachvollziehbarer Schriftformate wie „Handakten". Das bedeutet nicht, dass Transparenzregeln für die Organisation keine Folgen hätten.[15] Dies dürfte bereits deswegen nicht der Fall sein, weil staatliche Stellen schon praktisch nicht einfach Entscheidungen treffen können, die nicht an die öffentlich nachvollziehbare Praxis anschließen.[16] Trotzdem werden Transparenzregeln für die Praxis Folgen haben und das Verhältnis von Formalität und Informalität verschieben.

So verstanden werden die folgenden Überlegungen zu informellem Handeln des Bundesverfassungsgerichts einen größeren sachlichen Bereich abdecken als gemeinhin in der Rechtswissenschaft unter dem Stichwort „Formalität" behandelt wird. Der Begriff ist weit und die zu ihm gehörenden Phänomene folgen unterschiedlichen Logiken. Ob sie eine gemeinsame Behandlung verdienen, kann sich erst aus ihrer Untersuchung ergeben.

III. Zulässigkeit informellen Handelns durch die Staatsgewalt

1. Stufen der Formalisierung

Die Frage, wie informelle Handlungen eines Hoheitsträgers rechtlich zu beurteilen sind, lässt sich nicht allgemein beantworten. Sie bemisst sich zunächst nach Art und Inhalt ihrer rechtlich vorgegebenen Aufgaben. Dabei ist noch einmal daran zu erinnern, dass formalisierte Verfassungsordnungen auf Räume der Informalität angewiesen sind. Solche Räume dienen nicht nur der Funktionalität der Organisation, sie können auch für die Legitimationsbeschaffung notwendig sein.

Versucht man vor diesem Hintergrund, die Unterscheidung zwischen Formalität und Informalität auf die Staatsorganisation abzubilden, so ergibt sich ein recht grobes, aber für die erste Orientierung hilfreiches Schema.[17] Auf der einen Seite ist der Kern legislativer Arbeit im Parlament eine Form informeller politischer Willensbildung, die sich in besonderem Maße der Verregelung entzieht.[18] Im Gefolge der Konkretisierung von im Parlament getroffenen gesetzlichen Entscheidungen wächst das Maß an rechtlicher Formalisierung staatlicher Rechtserzeugung. Die Exekutive ist in ihrem Handeln stärker verrechtlicht und formalisiert als die Legislative und beides nimmt innerhalb der exekutiven Hierarchie von oben nach unten

[15] Zu diesem pauschalen Einwand schon soeben, S. 40.

[16] Dieser Gesichtspunkt wird uns beim Blick auf Urteilsbegründungen wiederbegegnen, vgl. S. 45.

[17] Vgl. bereits *Möllers*, Gewaltengliederung (Anm. 9), 92 f.

[18] Zu Zweifeln an dieser Modellierung aber *F. Meinel*, Selbstorganisation des parlamentarischen Regierungssystems, 2019.

weiter zu. In dieser Modellierung erweist sich die Gewaltengliederung als eine Abfolge zunehmender Verrechtlichung und Formalisierung hoheitlichen Handelns, die parallel zu ihrer abnehmenden Politisiertheit verläuft. Im geltenden Recht lässt sich diese Achse rekonstruieren: vom parlamentarischen Gesetzesvorbehalt bis zum grundrechtlichen Schutz auf ermessensfehlerfreie Entscheidung. Ein solches Modell zeichnet freilich nur eine Seite. Es lässt die allen Organen gemeinsamen organisationsinternen Bedürfnisse nach Informalität außer Acht, die auch Organisationen kennen, die ausschließlich streng rechtlich gebundene Entscheidungen treffen sollen.[19] Dies gilt namentlich für Gerichte.

2. *Insbesondere Gerichte*

Nach tradiertem Verständnis sind Gerichte bei ihren Entscheidungen allein dem Recht verpflichtet. „Nur das Recht kann Gerichtsentscheidungen legitimieren".[20] Andere Entscheidungsmaßstäbe mögen zur Verfügung stehen und praktisch relevant werden, aber sie lassen sich nicht in die formell-legale Selbstbeschreibung von Gerichten integrieren. Dies unterscheidet sie von den anderen Gewalten, denen es gestattet, ja aufgegeben ist, einen eigenen Willen jenseits der Rechtsanwendung zu entwickeln. Gerichtliche Entscheidungen kennen kein Ermessen, auch wenn die rechtlichen Maßstäbe die Entscheidung nicht einfach determinieren.[21] Gerichtliche Entscheidungen dienen zudem gerade auf dem Gebiet des öffentlichen Rechts dem Zweck, die Rechtsförmigkeit der Entscheidungen anderer Hoheitsträger zu sichern.

Hierin liegt der wesentliche Grund dafür, dass Verfahren gerichtlichen Entscheidens ein sehr hohes Maß an Formalisierung aufweisen.[22] Die Art und Weise, in der die Entscheidung zustande gekommen ist, soll für die Parteien, aber auch für die allgemeine Öffentlichkeit gut nachvollziehbar sein. Zugleich garantiert Formalisierung Wiederholbarkeit und Wiederholbarkeit eine grundsätzlich gleiche Behandlung vergangener, gegenwärtiger und zukünftiger Prozessparteien. All diese Vorgaben – verfassungsrechtlich gebotene Rechtsbindung der Gerichte im Allgemeinen und nachvollziehbare Gleichbehandlung im Besonderen – könnten auf dem Spiel stehen, wenn Gerichte die Formalität im Verfahren aufgeben würden. Das hoch umstrittene Beispiel des Deals im Strafprozess illustriert diese Bedrohung.[23] Das Bundesverfassungsgericht hat in diesem Zusammenhang Vorgaben

[19] Mit guten Gründen kritisch zur Annahme, dass am unteren Ende einer Verwaltungshierarchie gebundene Formalität herrscht oder auch nur herrschen sollte, argumentiert die bemerkenswerte Studie von *B. Zacka*, When the State Meets the Street, 2017.

[20] *D. Grimm*, Interview „Nur das Recht kann Gerichtsentscheidungen legitimieren", DRiZ 1996, 296 (296).

[21] *Möllers*, Gewaltengliederung (Anm. 9), 95 ff.

[22] Vgl. auch die Überlegungen bei *P. Reimer*, Verfahrenstheorie, 2015, 83 ff.

[23] Aus der Literatur vor der Kodifizierung *B. Schünemann*, Die informellen Absprachen als Überlebenskrise des deutschen Strafverfahrens, in: FS Baumann, 1992, 361; krit. zur Kodifizierung *U. Murmann*, Reform ohne Wiederkehr? – Die gesetzliche Regelung der Absprachen im

entwickelt, die man als Versuch lesen kann, die Möglichkeiten und Grenzen einer Formalisierung gerichtlicher Praktiken zu ermessen.[24] Auch der vorsichtige Umgang mit dem Verfahren nach billigem Ermessen in § 495a ZPO[25] nur bis zu einem Streitwert nach EUR 600,– zeigt diesen Zusammenhang. Die De-Formalisierung der Sachverhaltsaufnahme durch Befreiung von den Beweisregeln[26] wurde vom Gesetzgeber nur mit großer Vorsicht eingeführt.

Eine weitere Besonderheit gerichtlichen Entscheidens besteht im Nebeneinander von Beratungsgeheimnis und Begründungspflicht.[27] Im Kern gerichtlichen Entscheidens steht bei Kollegialgerichten die Beratung der beteiligten Richterinnen.[28] Die praktischen Motive einer Entscheidung bleiben im Unsichtbaren. Mit dieser Abschirmung geht die Vermutung einer nicht weiter formalisierten Willensbildung einher, auch wenn die Entscheidungsfindung tatsächlich durch ungeschriebene ritualisierte Formen geprägt sein könnte. In jedem Fall soll die Geheimhaltung der Beratung durch die Veröffentlichung von Entscheidungsgründen kompensiert werden.

Mit der Unterscheidung zwischen Herstellung und Darstellung ist dieser Zusammenhang nicht gut beschrieben.[29] Denn soweit diese der Darstellungsebene nicht etwas Abgeleitetes, Sekundäres oder gar Unauthentisches unterschiebt, entgeht ihr doch in jedem Fall der Umstand, dass schon die Herstellung einer Entscheidung maßgeblich auf Darstellbarkeit abzielen muss und sich nur durch diese erklären lässt. Selbst wenn Gerichte nicht aus den Motiven entscheiden, die sich dann in der Begründung wiederfinden,[30] lässt sich ein authentisches Verständnis der Entscheidung nur durch Bezug auf die formalisierte Begründung rekonstruieren. Allein diese Form verleiht dem Gericht seine Autorität. Damit bleiben Informalität der Beratung und Formalität der Begründung aufeinander verwiesen. Das führt auch dazu, dass die Aufhebung des Beratungsgeheimnisses vielleicht Anekdoten und hoffentlich keine Skandale, aber kein normativ relevantes Wissen zutage bringen könnte. Es geht eben nicht darum, dass die Darstellung zutrifft, sondern darum, dass sich die Darstellenden an sie halten.[31] Weder historisch noch im

---

Strafverfahren, ZIS 2009, 526; zum Karlsruher Urteil siehe *H. Landau*, Das Urteil des Zweiten Senats des BVerfG zu den Absprachen im Strafprozess vom 19. März 2013, NStZ 2014, 425.

[24] BVerfGE 133, 168 (234 f.).

[25] *D. Leipold*, in: Stein/Jonas, ZPO, Bd. 5, 22. Aufl. 2006, § 495a Rn. 21 ff.; *K. Herget*, in: Zöller, ZPO, 32. Aufl. 2018, § 495a Rn. 8 ff.

[26] *G. Deppenberger*, in: Münchener Kommentar zur ZPO, Bd. 2, 5. Aufl. 2016, § 495a Rn. 14.

[27] Zur Geschichte *B. Lahusen*, Rechtspositivismus und juristische Methode, 2011, 155 ff.

[28] Die weibliche Form wird im Folgenden stets auch Richter umfassen.

[29] *N. Luhmann*, Recht und Automation in der öffentlichen Verwaltung, 2. Aufl. 1997, 51; *ders.*, Legitimation durch Verfahren, 1983, 124 und (zum Gesetzgebungsverfahren) 189; *W. Hoffmann-Riem*, Eigenständigkeit der Verwaltung, in: ders./Schmidt-Aßmann/Voßkuhle, Grundlagen des Verwaltungsrechts, Bd. I, 2. Aufl. 2012, § 10 Rn. 30 ff.

[30] *M. Kriele*, Offene und versteckte Urteilsgründe, in: Collegium Philosophicum, FS J. Ritter, 1965, 110.

[31] *Luhmann*, Legitimation (Anm. 29), 187.

Rechtsvergleich sind Beratungsgeheimnis und schriftliche Begründungspflicht universale Konstanten.[32] Für die vorliegende Fragestellung kommt es aber darauf an, dass beide institutionell zusammengehören, dass Offenheit und Geheimheit der internen Willensbildung durch die hoch formalisierte schriftliche Urteilsbegründung kompensiert wird.

Indem Gerichte formalisierte „Urteile" produzieren, beenden sie das hoch formalisierte Verfahren mit einem hoch formalisierten Produkt,[33] dessen Aufbau, Verkündung und Verbreitung strengen Regeln folgt. Zugleich gehört die Form des gerichtlichen Urteils zu den an wenigsten erforschten Gegenständen der Rechtswissenschaften,[34] die in vielem mündlicher Überlieferung und grauer Praktikerliteratur überlassen bleibt. Von Interesse ist diese Form auch deswegen, weil sich in ihr Informalität verbergen kann. Denn die Einheit des Urteils entsteht letztlich aus der äußerlichen Einheit einer Urkunde,[35] in die man eben auch Inhalte hineinschreiben kann, die nicht hineingehören oder die zumindest, wie wir sehen werden,[36] die Grenze der Form strapazieren.

IV. Informelles Handeln des Bundesverfassungsgerichts

1. Das Bundesverfassungsgericht als Organisation

Das Bundesverfassungsgericht hat als Organisation spezifische Eigenschaften, die es von anderen Verfassungsorganen ebenso unterscheidet wie von anderen Gerichten: Durch die formale Gleichheit seiner Mitglieder ist es auch im Vergleich mit den Mitgliedern eines Parlaments sehr wenig hierarchisch strukturiert.[37] Da durch das relativ geringe Maß an Arbeitsteilung in dem von allen an einer Senats- oder Kammerentscheidung beteiligten Richterinnen erwartet wird, gleich vollständig informiert und entscheidungsfähig zu sein, herrscht zudem ein großes Maß an praktischer Abhängigkeit. Alle Mitglieder sind auf gute informale Arbeitsbeziehungen angewiesen, die nicht durch Hierarchie entlastet werden können. Durch die einerseits permanente, andererseits aber allmähliche Ersetzung der Mitglieder operiert das Gericht unter dem Eindruck hoher Kontinuität, obwohl es alle zwölf Jahre vollständig personell ersetzt wird. Dies dürfte den Bedarf nach tradierten Argumenten,

[32] Nochmals *Lahusen*, Rechtspositivismus (Anm. 27), 155 ff.

[33] Beispiel dafür, dass das nicht immer sein muss: Die formalisierte Wahl einer Person für ein Amt.

[34] In Abgrenzung zum gleichfalls nicht übererforschten Akt des Urteilens selbst vgl. *S. Müller-Mall*, Fall und Urteil, in: Hilgers/McGovern/Feige/Döhl (Hg.): Konturen des Kunstwerks, 2013, 249.

[35] Zu solchen Phänomenen *Möllers*, Möglichkeit (Anm. 8), 298 f.

[36] Vgl. unten, S. 62.

[37] Als hierarchische Elemente im Parlament sind hier neben dem Präsidium namentlich Fraktionsvorstände und Ausschussvorsitze gemeint.

die sich nach außen als Rechtsbindung darstellen lassen, auch nach innen sehr stark machen. Gerade umstrittene Entscheidungen können am überzeugendsten damit gerechtfertigt werden, dass die eigentliche materielle Entscheidung schon in anderen Aussprüchen gefallen sei. Es erscheint in einer solchen Organisation besonders dringlich, die Mitglieder des Gerichts auf die Institution hin zu sozialisieren und an ihren „Geist" zu binden. Zugleich dürften viele der entstehenden Routinen maßgeblich nur innerhalb eines Senats gelten, der die dominante Organisationseinheit auch für die Kammern darstellt. Der große Bedarf nach interner Abstimmung konvergiert im Fall eines unabhängigen Gerichts mit einem geringen Maß an Steuerung von außen, die formell nur durch den punktuellen Eingang von Rechtsmitteln, informell durch die Reaktion der Öffentlichkeit geschieht. Eine solche Organisation muss notwendig ein hohes Maß an Selbstreferentialität aufweisen. Dies gilt umso mehr, weil sie von einer genuin politischen Öffentlichkeit beobachtet wird, also von Allzuständigkeit beanspruchenden Foren, deren normative Präferenzen nicht primär durch Recht definiert sind.

Zu diesem hohem Maß an Abgeschlossenheit passt ein Selbstverständnis der Organisation, in welchem größter Wert auf die Sorgfalt des internen Entscheidungsverfahrens gelegt wird, auf die Einbeziehung aller relevanten Tatsachen und Gründe, aber auch auf die Verarbeitung der Sichtweisen aller beteiligten Richterinnen.[38] Man mag das für eine Selbstverständlichkeit halten. Aber natürlich könnte eine funktionale Bestimmung angemessener gerichtlicher Entscheidungsfindung sich auch anders orientieren, etwa am Interesse der Parteien, schnell und klar beschieden zu werden. Für uns ist dies von Interesse, weil das informale Ideal guten Entscheidens sich maßgeblich auch durch die formale Organisationsstruktur des Gerichts erklären lässt. Dass eine wirklich gehaltvolle Beschreibung dieser Entscheidungspraxis einer gesicherten Empirie bedürfte, die nicht zur Verfügung steht, ist dabei zuzugestehen.[39]

2. Normative Besonderheiten

In der Systematik des Grundgesetzes gehört das Bundesverfassungsgericht zur rechtsprechenden Gewalt, Art. 92 GG. Zugleich hat das Gericht nach Aufnahme seiner Tätigkeit in seinem – sogleich noch etwas näher zu betrachtenden[40] – „Statusbericht" mit Erfolg seine Position im Verfassungsgefüge definiert. Im Ergebnis schwankt die Selbstbeschreibung des Gerichts nicht völlig spannungsfrei zwischen zwei Modellen: Auf der einen Seite sieht es sich als ein echtes Gericht, dessen Willensbildung allein durch die Anwendung von Recht ausgestaltet wird, auf der

---

[38] So auch die Vorstellung der Entscheidungsverfahren durch Richter Masing auf der vorliegenden Tagung.

[39] Besonders nah an dieser Grenze operiert *U. Kranenpohl*, Hinter dem Schleier des Beratungsgeheimnisses, 2010.

[40] Vgl. unten, S. 49.

anderen Seite als herausgehobener Teil der Staatsorganisation, der auf einer Stufe mit den politischen Organen des Bundes steht. Es ist kurzum ein Gericht, das ganz anders ist als die anderen Gerichte. Dieser Spagat ist für spezialisierte Verfassungsgerichte nichts Besonderes. Es handelt sich bei ihnen um hybride Institutionen.[41] Ihr institutioneller Aufbau orientiert sich an dem von normalen Gerichten, doch durch ihre Aufgabe, politische Organe, namentlich den Gesetzgeber, zu kontrollieren, stehen sie an der Schnittstelle zwischen Politik und Recht.

Diese Funktion spricht dafür, dass Informalität bei Verfassungsgerichten jedenfalls nach außen, aber wie wir sehen werden, auch im Verfahren, eine höhere Bedeutung einnimmt als bei normalen Gerichten, weil sie nolens volens Teilnehmer am politischen Prozess sind. Ein Bedarf nach Informalität könnte sich auch daraus ergeben, dass Verfassungsgerichte stets am oberen Ende der judikativen Hierarchie stehen, sodass die Einhaltung von formalen Regeln durch das Verfassungsgericht nicht mehr von einer anderen Stelle beanstandet werden kann.[42] Wenn Formalisierung in einem engen Zusammenhang mit der Routinisierung von Regelanwendungen auf verschiedene Akteure steht, dann ergibt sich hieraus eine weitere Quelle für ein Weniger an Formalität. Spezialisierte Verfassungsgerichte haben häufig ein eigenes Prozessrecht. Wenn die anzuwendenden Regeln aber nur einen Adressaten haben, dann ist es für diesen deutlich leichter, mit den Regeln idiosynkratisch umzugehen. Mit dieser Beobachtung verbindet sich keine methodische Kritik. Vielmehr setzt Methode gerade das Bestehen einer Interpretationsgemeinschaft, also einer Vielheit von Interpreten, voraus, die mit einer Regel auf vergleichbare Art und Weise umgehen können.[43]

Schließlich ergibt es eine weitere Facette von Informalität aus dem vom Gericht anzuwendenden Recht. Verfassungsrecht ist unserem Verständnis nach[44] ein niedrig formalisiertes Recht. Es hat ein geringes Maß an semantischer Bestimmtheit und wird häufig nicht regelförmig, sondern in Abwägungszusammenhängen verwendet.[45] Argumente aus dem Verfassungsrecht haben andere methodische Leitbilder als juristische Argumente im Zivil-, Straf- oder Verwaltungsrecht. Sie scheinen oft an die politische Theorie angelehnt und operieren daher mit abstrakteren Begrifflichkeiten, die auch außerhalb von Rechtsordnungen gebräuchlich sind.[46]

---

[41] *C. Möllers*, Legalität, Legitimität und Legitimation des Bundesverfassungsgerichts, in: M. Jestaedt u. a., Das entgrenzte Gericht, 2011, 281 (319 ff.).

[42] Zur problematischen Funktionalität gerichtlicher Hierarchien: *M. Shapiro*, Courts, 1986, Kap. 1.

[43] *J. Lennartz*, Methode als Dogmatik, 2017.

[44] Vgl. oben, S. 43.

[45] Berechtigte Zweifel, inwieweit diese Unterscheidung trägt, bei *R. Poscher*, Theorie eines Phantoms – Die erfolglose Suche der Prinzipientheorie nach ihrem Gegenstand, Zeitschrift für Rechtswissenschaften 4 (2010), 349.

[46] So vergleichend unter Berücksichtigung des deutschen Verfassungsrechts: *D. Robertson*, The Judge as a Political Theorist, 2010.

Im Ergebnis spricht vieles für die große praktische und legitimatorische Bedeutung informellen Handelns von Verfassungsgerichten. Klare Grenzen für die Zulässigkeit dürften sich nicht ergeben. Jenseits elementarer Standards der Verfahrensfairness verfügt das Gericht über große Spielräume, die es, wie wir sehen werden, auch häufig genutzt hat.

V. Typen und Phänomene

1. Formlose Gründungsakte

a) Statusdenkschrift

Ein bemerkenswerter Akt der Informalität steht am Anfang der Tätigkeit des Bundesverfassungsgerichts. Mit einem von Gerhard Leibholz formulierten „Bericht",[47] dessen Ergebnisse von 20 der 22 Richterinnen, freilich nicht dem Präsidenten, als „Denkschrift"[48] an den Bundesjustizminister versandt wurden, definierte das Gericht im Jahre 1952 seinen Status als Verfassungsorgan folgenreich aus – ein Anspruch, der nur kurz auf den Widerstand der Bundesregierung stieß, um dann in allen vom Gericht erhobenen Konsequenzen anerkannt und formalisiert zu werden. Der Gesetzgeber des BVerfGG hatte sich freilich gerade erst eingehend mit der Frage des Organstatus des Gerichts auseinandergesetzt und war klar bestrebt, die Unabhängigkeit des Gerichts zu sichern. Doch veranschlagte er die Bedeutung einer formalen Anerkennung als Verfassungsorgan ebenso wie die Frage nach einer Ressortzuständigkeit für die Disziplinargewalt über die nicht-richterlichen Mitglieder nicht sonderlich hoch.[49] Die vom Gesetzgeber gewählte Formulierung gewährte den Status eines Verfassungsorgans eher beiläufig. Sie folgte einem Vorschlag des Deutschen Anwaltvereins, der die Frage in der Sache für unwichtig hielt.[50] Entsprechend ist § 1 Abs. 1 BVerfGG bis heute formuliert.

Für unser Thema ist dabei weniger das Ergebnis als der Umstand von Interesse, dass das Gericht einen so informellen Zugriff wählte, um eine Frage zu klären, für deren Beantwortung es ohnehin zuständig gewesen wäre. Dass das Gericht bei der Beurteilung seines Status Richter in eigener Sache gewesen wäre, ist kein Problem:

---

[47] *G. Leibholz*, JöR NF 6 (1957), 110.

[48] *Leibholz* (Anm. 47), 144.

[49] Vgl. die Vermerke und Diskussionen im Bundestag und in der Bundesregierung bei *R. Schiffers* (Hg.), Grundlegung der Verfassungsgerichtsbarkeit. Das Gesetz über das Bundesverfassungsgericht vom 12. März 1951, 1984, 45 f., 47 f., 49 f., 262 ff.

[50] *Schiffers*, Grundlegung (Anm. 49), 218 f.: Stellungnahme des Deutschen Anwaltvereins (Hamburg) zu dem Entwurf eines Gesetzes über das Bundesverfassungsgericht v. 23.5.1950: „Denn es ist nicht wichtig hervorzuheben, daß das BVerfG ein Verfassungsorgan darstellt, vielmehr kommt es darauf an hervorzuheben, daß das BVerfG ein Gericht ist, und zwar ein unabhängiges Gericht."

Letztinstanzliche Gerichte müssen die Grenzen ihrer Kompetenzen unvermeidlich selbst bestimmen. Zudem gibt es in der Geschichte der Verfassungsgerichtsbarkeit viele Fälle solcher Selbstdefinitionen, ja der Selbsteinsetzung eines Gerichts als Verfassungsgericht.[51]

Doch hätte das Gericht eine solche Bestimmung auch als Vorfrage anlässlich einer verfassungsprozessualen Prüfung treffen können, um damit in den Grenzen der eigenen Form zu bleiben. Ursache für die gewählte Art des Vorgehens war vermutlich der Umstand, dass es auf politische Kritik namentlich seitens des damaligen Bundesjustizministers, also mit informellen Mitteln auf informelles Handeln, reagierte.[52] Dieser Weg, der weniger juristische Akkuratesse als politisches Geschick unter Beweis stellte, dürfte rechtsvergleichend einmalig sein. Sein Erfolg erklärt sich auch mit dem Schatten seiner formalen Herrschaftsgewalt,[53] die es den anderen Verfassungsorganen nicht einfach frei ließ, über seinen Status abweichend zu entscheiden. Dass das Gericht im Gefolge dieser Aktion nicht als politisierter Akteur wahrgenommen wurde, bleibt bemerkenswert.

In diesem, wie wir sehen werden, stilbildenden Vorgang verschlingen sich informelle und formelle Elemente: Im Namen der eigenen Verfassungsorganeigenschaft gibt sich das Gericht außerhalb des gerichtlichen Formenkanons einen formalen Status mit vielen handfesten, ihrerseits formalisierten Konsequenzen wie der Dienstherreneigenschaft oder einem ressortfreien Titel im Bundeshaushalt.[54] Dies ist umso bemerkenswerter, weil der argumentative Duktus der Denkschrift sich vom Bezug auf Rechtsfragen recht weit entfernt. Der Leibholzsche Bericht ist ein weitschweifiges professorales Manifest, dessen dünne rechtsdogmatische Anknüpfung gerade im Vergleich zu dem vom Bundesjustizministerium in Auftrag gegebenen Gegengutachten Richard Thomas ins Auge fällt.[55] Nicht ganz zu Unrecht sah er Begriffszauberei am Werk, mit deren Hilfe aus dem dogmatisch unklaren Begriff des „Verfassungsorgans" handfeste Konsequenzen deduziert würden.[56] Die alten methodischen Konflikte der Weimarer Zeit zwischen Normativisten und Geistes-

---

[51] Zum Fall der Vereinigten Staaten: Marbury v. Madison, 5 U.S. (1 Cranch) 137 (1803). Eine Analyse des durchaus revolutionären Rechtsverständnisses bei *P. W. Kahn*, The Reign of Law, 1997. Zum Fall Israels United Mizrahi Bank v. Migdal Cooperative Village (1995) die exzellente Analyse von *S. Navot*, Judicial Review of the Legislative Process, Israel Law Review, 39:2 (2006), 182.

[52] *J. Collings*, Democracy's Guardians, 2015, 9 ff.

[53] In Anlehnung an *F. W. Scharpf*, Die Handlungsfähigkeit des Staates am Ende des zwanzigsten Jahrhunderts, Politische Vierteljahresschrift 32 (1991), 621.

[54] Zu den Implikationen *K. Schlaich/S. Korioth*, Das Bundesverfassungsgericht, 10. Aufl. 2015, 20 ff.

[55] *R. Thoma*, Rechtsgutachten betreffend die Stellung des Bundesverfassungsgerichts (1953), JöR NF 6 (1957), 161 (auch in: ders., Rechtsstaat – Demokratie – Grundrechte, hrsgg. von H. Dreier, 2008, 511 [516 ff.]).

[56] *Thoma*, Rechtsgutachten (Anm. 55), 166 f. Ähnlich sah es der zentrale ministeriale Gestalter des BVerfGG Willi Geiger, zum Argument in diesem Kontext *O. W. Lembcke*, Hüter der Verfassung, 2007, 120 ff., der freilich später widerrief, ebda., 120 in Fn. 80.

wissenschaftlern treten hier wieder auf den Plan.[57] Die Geisteswissenschaftler, wie Leibholz selbst einst keine Freunde der Republik, tragen den Sieg davon, behaupten aber nunmehr zugleich, im Rahmen der juristischen Methode zu bleiben.[58] Aus einem technischen Problem ein Grundsätzliches zu machen, um es dann durch die Anrufung von Grundsätzen zu lösen, war ein Vorgehen, über das sich Thoma schon in der Weimarer Debatte mit Blick auf die Auslegung von Grundrechten gewundert hatte.[59]

b) Geschäftsordnung

In der Literatur zum Bundesverfassungsgericht wird dessen Geschäftsordnung standardmäßig als Ausdruck der typischen Organisationsautonomie eines Verfassungsorgans verstanden, das seinen Innenbereich zu regeln befugt ist.[60] Juristisch wird damit die Sorge verbunden, das Gericht könne durch Regeln der Geschäftsordnung auch seine prozessualen Außenbeziehungen ausgestalten.[61] An dieser konventionellen Sicht erscheinen mehrere Elemente bestreitbar. Zum Ersten bleibt sie der juristisch zweifelhaften Labandschen Konstruktion von Satzungsautonomie[62] verpflichtet, die schon Georg Jellinek[63] nicht überzeugte und die auf die Konstruktion eines Parlaments in einem nicht-parlamentarischen Regierungssystem zugeschnitten ist,[64] sicherlich nicht auf ein Gericht.[65] Zum Zweiten liefert diese Konstruktion mit dem Verfassungsorganstatus vielleicht eine notwendige, aber sicherlich keine hinreichende Bedingung der Geschäftsordnungsautonomie.[66] Interessant an der Entstehungsgeschichte der GOBVerfG ist aber nicht nur, dass das

---

[57] Dazu nur *P. C. Caldwell*, Popular Sovereignty and the Crisis of German Constitutional Law, 1997, 120ff.

[58] Mit einem glücklichen Ausdruck wurde dieser Spagat als Value Formalism bezeichnet, *M. Hailbronner*, Traditions and Transformations, 2015, Kap. 4.

[59] *R. Thoma*, Diskussionsbeitrag, VVDStRL 3 (1927), 58f.

[60] Sehr differenziert aber *J. Pietzcker*, Schichten des Parlamentsrechts: Verfassung, Gesetze und Geschäftsordnung, in: H.-P. Schneider/W. Zeh (Hg.), Parlamentsrecht und Parlamentspraxis, 1989, § 10 Rn 19.

[61] So namentlich die misstrauischen Ausführungen bei: *H. Bethge*, in: Maunz/Schmidt-Bleibtreu/Klein/Bethge, BVerfGG, § 1 Rn. 66ff., 73ff.

[62] *P. Laband*, Das Staatsrecht des deutschen Reiches, Bd. I, 5. Aufl. 1911, 342ff.

[63] *G. Jellinek*, Besondere Staatslehre. Ein Fragment, in: Ausgewählte Schriften und Reden, 1911, 153 (252ff.).

[64] Grundlegende Kritik bei *Meinel*, Selbstorganisation (Anm. 18), 126ff. Der Übergang von konstitutionellen zum parlamentarischen System wird bei *R. Wand*, Fragen zu einer Geschäftsordnung des Bundesverfassungsgerichts, in: FS G. Müller, 1970, 563 (565f.) ausdrücklich angesprochen, dann aber nicht systematisch verarbeitet.

[65] Diese Differenz wird in der Literatur konsequent kleingeschrieben: vgl. nur *T. I. Schmidt*, Die Geschäftsordnungen der Verfassungsorgane als individuell-abstrakte Regelungen des Innenrechts, AöR 128 (2003), 608. Man ist versucht zu sagen, durch einen deformalisierenden Hinweis auf die fehlende Bedeutung einer ausdrücklichen Ermächtigungsnorm.

[66] Für die Geschäftsordnungen der obersten Bundesgerichte finden sich Ermächtigungen im Gesetzesrecht, *F. Wittreck*, Die Verwaltung der Dritten Gewalt, 2006, 318.

Gericht über keine formelle Ermächtigung zum Erlass einer Geschäftsordnung verfügte,[67] sondern diese durch den Gesetzgeber erst im Nachhinein erhielt, sondern auch, dass es für lange Zeit einer solchen Geschäftsordnung gar nicht zu bedürfen schien. Erst anderthalb Jahrzehnte nach der Statusdenkschrift, im Jahr 1975, gab sich das Gericht eine Geschäftsordnung,[68] ein weiteres Jahrzehnt später wurde die Befugnis dazu vom Gesetzgeber anerkannt.[69]

Während die institutionellen Vorteile des Verfassungsorganstatus auf der Hand liegen, sind diese bei der Geschäftsordnungsautonomie weniger deutlich. Schließlich hatte der ursprüngliche Verfahrensgesetzgeber die Frage der Geschäftsordnung sehr eingehend diskutiert und letztlich abgelehnt.[70] Anekdotische Überlieferung behauptet, die Geschäftsordnung sei noch von Präsident Müller aufs Gleis gesetzt worden, um den Machtanspruch seines Nachfolgers Ernst Benda zu beschränken und die „Präponderanz des Plenums"[71] zu sichern.

Eine verstehende Lektüre der Geschäftsordnung des Bundesverfassungsgerichts ist schwierig, weil man – im Unterschied etwa zur GOBT – kein dokumentiertes Wissen zu der Frage hat, wie mit der Geschäftsordnung umgegangen wird. Beispielhaft: Funktioniert die Regelung des § 13 Abs. 2 Satz 2, 2. Hs. GOBVerfG, der zufolge die Senatsvorsitzenden die wissenschaftlichen Mitarbeiter neben den zugewiesenen Richterinnen noch einmal gesondert beurteilen können, als praktisch relevantes Instrument, um den Senat zusammenzuhalten und die Verselbstständigung der Dezernate in Grenzen zu halten oder handelt es sich nur um eine praktisch irrelevante Vorschrift oder wird die Beurteilung von der Richterin geschrieben und vom Vorsitzenden gezeichnet?[72] Das Beispiel mag praktisch nicht bedeutsam sein, aber es illustriert noch einmal, dass Regeln, die nur für eine Institution gelten, in ihrer Anwendungspraxis besonders opak sind.

Zudem haben vergleichbare Regime für verschiedene Verfassungsorgane eine normativ unterschiedliche Wertigkeit. Beispielhaft: Gericht und Parlament sind öffentliche Orte, deren Kontrolle der Regelung bedürfen, während die Bundes-

---

[67] Bemerkenswert hierzu die Rekonstruktion von *T. Rittersbach*, Die Geschäftsordnung des Bundesverfassungsgerichts, EuGRZ 1976, 57 (58), der angibt, das Gericht habe erst Erfahrungen mit der Praxis machen wollen, um diese dann kodifizieren zu können. Es handelt sich bei der GO aus dieser Sicht also weniger um eine Norm als um eine formalisierte Bestandsaufnahme einer internen Verwaltungspraxis.

[68] G. v. 1.10.1975, BGBl. I, 2515.

[69] G. v. 12.12.1985, BGBl. I, 2226. In der Literatur wird dies zumeist als deklaratorischer Akt beurteilt, siehe *C. Burkiczak*, in: Burkiczak/Dollinger/Schorkopf, BVerfGG, 2. Aufl. 2015, § 1 Rn. 101 m. w. N. Eine Dogmatik des Verfassungsorgans, die das rechtfertigen würde, zumal dem die ausdrückliche Regelung im GG für alle anderen Verfassungsorgane entgegensteht, fehlt.

[70] Vgl. vor allem die Diskussion im Rechtsausschuss bei *Schiffers*, Grundlegung (Anm. 49), 270 ff. Siehe auch den Hinweis bei *H. Säcker*, Die neue Geschäftsordnung des Bundesverfassungsgerichts, NJW 1976, 25 (25 in Anm. 4).

[71] Zu dieser Formulierung aus der Statusdenkschrift *Benda/Klein*, Verfassungsprozessrecht, 3. Aufl. 2012, 85 in Anm. 4.

[72] So eine mir überlieferte Darstellung.

regierung nicht in gleicher Weise über einen eigenen öffentlichen Ort verfügt. Das Hausrecht des Parlaments muss gegenüber dem Zugriff der Exekutive verteidigt werden,[73] aus diesem Grund verfügt der Bundestag über eine eigene Polizei.[74] Das Hausrecht des Gerichts verlangt danach nicht, sondern allenfalls nach einer internen Kompetenzverteilung. Die Frage, inwieweit alle Regeln der GOBVerfG als solche Interna verstanden werden können, wird in der Literatur namentlich am Beispiel des Allgemeinen Registers geführt.[75] Auch andere Regeln wären aus dieser Perspektive einer genaueren Prüfung wert.[76]

Aus Sicht unserer Fragestellung liefert die GOBVerfG ein bemerkenswert hohes Maß an Formalisierung auch von alltäglichen Abläufen im Verkehr zwischen den Richterinnen. Bedarf, dies zu regeln, dürfte zunächst aus einer Lücke entstehen, die das BVerfGG lässt, das namentlich die Rolle des Präsidenten so gut wie gar nicht anspricht.[77] Durch die Regeln der GOBVerfG dürfte zudem das große Maß an interner Abhängigkeit zwischen den Mitgliedern des Gerichts[78] entlastet werden, ohne dass es einen genuin rechtlichen Grund gäbe, dies in einer Geschäftsordnung zu regeln. Die Form der „Geschäftsordnung" dient maßgeblich der symbolischen Vergegenwärtigung des Verfassungsorganstatus. Diese füllt ironischerweise auch den Regelungsbedarf, den das Gericht selbst dadurch geschaffen hat, dass es als Verfassungsorgan und nicht als normales Gericht behandelt werden will, dessen innere Konstitution traditionell durch Gesetz geregelt wird.[79] So präsentiert sich die GOBVerfG in der Entstehung als ein weiteres Beispiel informaler Formalisierung, die nicht zuletzt dem Zweck dient, die durch den Verfassungsorganstatus gelockerte Gesetzesbindung des Gerichts zu kompensieren und den symbolischen Platz der Geschäftsordnung zu besetzen.

2. *Verfahrensrelevante Handlungen*

Formalität und Informalität sind ineinander eingebettet. Dies gilt auch für gerichtliche Verfahren. Viele verfahrensrelevante Handlungen und Usancen eines Gerichts sind nicht durch Recht determiniert oder nur so schwach durch dieses geprägt,

---

[73] BVerfGE 108, 251 (273 ff.), Historisch zur Polizeigewalt in Abgrenzung zum Hausrecht *G. M. Köhler*, Die Polizeigewalt des Parlamentspräsidenten im deutschen Staatsrecht, DVBl. 1992, 1577 (1578 f.).

[74] *A. Ramm*, Die Polizeigewalt des Bundestagspräsidenten, NVwZ 2010, 1461.

[75] Zur alten Rechtslage, aber immer noch aufschlussreich: *B. Schlink*, Zugangshürden im Verfassungsbeschwerdeverfahren, NJW 1984, 89. Affirmativ: *Burkiczak*, in: ders./Dollinger/Schorkopf (Anm. 69), § 1 Rn. 31 ff.

[76] So schließt § 53 GOBVerfG im Verfahren der Richterenthebung die Öffentlichkeit aus. Dies dürfte eine gesetzliche Regelung erfordern.

[77] Zu den Aufgaben des Präsidenten *Benda/Klein*, Verfassungsprozessrecht (Anm. 71), 86; *S. Ruppert*, in: Burkiczak/Dollinger/Schorkopf (Anm. 69), § 9 Rn. 12 ff.

[78] Vgl. oben, S. 46.

[79] Vgl. neben dem GVG etwa die Regelungen zur Gerichtsverfassung im Gerichtsverfassungsgesetz in Teil I der VwGO (§§ 1 ff.).

dass sie im Bereich des informellen Handelns anzusiedeln sind. Manche dieser Entscheidungen dürften internen Regeln und Routinen folgen, die sich von außen nicht nachvollziehen lassen.

Eine rechtsdogmatisch verengte Fragestellung würde solche Phänomene nur unter dem Gesichtspunkt ihrer Rechtmäßigkeit zur Kenntnis nehmen. Doch gehört es zu den positiven Errungenschaften der Informalitätsdebatte, diesen eng gezogenen Kreis zulässiger Fragestellungen zu erweitern.[80] Das Handeln von Verfassungsorganen ist auch innerhalb des Rahmens des Rechtmäßigen von rechtswissenschaftlichem Interesse.[81] Ob eine Entscheidung anders ausgefallen wäre, wenn beispielsweise eine andere Berichterstatterin zuständig gewesen oder eine mündliche Verhandlung anberaumt worden wäre, bleibt spekulativ. Dass solche Vorentscheidungen innerhalb eines rechtlich nur schwach gebundenen Rahmens zu treffen sind, ist dagegen von Bedeutung, um die Rechtsprechungsarbeit des Gerichts verstehen zu können.

a) Auswahl und Tätigkeit der Berichterstatter

Die Zuständigkeit der Berichterstatter wird durch zu Jahresbeginn beschlossene Grundsätze geregelt und im Einzelfall von den Senatsvorsitzenden, bei Meinungsverschiedenheiten durch den Senat bestimmt, § 20 GOBVerfG.[82] Dabei steht die allgemeine Regelung unter dem Vorbehalt der Arbeitsbelastung der Richterinnen. Die Zuweisung ist bindend, weil sich mit der Berichterstattereigenschaft die Mitgliedschaft in einer Kammer verbindet, sodass Art. 101 Abs. 1 Satz 2 GG Anwendung findet.[83] Damit ist die Berichterstatterauswahl weitgehend formalisiert.[84] Auch bei dieser handelt es sich um ein Stück re-formalisierter Informalität. Das Institut „Berichterstatter" kam in der ursprünglichen Version des BVerfGG nicht vor und wurde erst mit der Neuregelung des Annahmeverfahrens für Verfassungsbeschwerden eingefügt.[85] Die Praxis der Berichterstattung stand dem Gesetzgeber freilich von Anfang an vor Augen.[86]

Ist die Auswahl der Berichterstatter bindend, so ist sie doch nur relativ schwach gebunden, weil die betreffenden Regeln vom Senat geändert werden können.

---

[80] Nach wie vor nicht übertroffen: *H. Schulze-Fielitz*, Theorie und Praxis parlamentarischer Gesetzgebung – besonders des 9. Deutschen Bundestages (1980–1983), 1988.

[81] *A. Voßkuhle*, Neue Verwaltungsrechtswissenschaft, in: Hoffmann-Riem/Schmidt-Aßmann/Voßkuhle (Hg.), Grundlagen (Anm. 29), § 1 Rn. 10.

[82] *Benda/Klein*, Verfassungsprozessrecht (Anm. 71), 76 f.; *Burkiczak* in: ders./Dollinger/Schorkopf (Anm. 69), § 14 Rn. 8.

[83] *Benda/Klein*, Verfassungsprozessrecht (Anm. 71), 77.

[84] Zur Kritik an der Nachvollziehbarkeit der Zuweisung aber *H. Zuck*, Wie bürgernah ist das Bundesverfassungsgericht?, DÖV 2008, 322 (326); *ders.*, Die Neufassung der Geschäftsordnung des Bundesverfassungsgerichts, EuGRZ 2015, 362 (365).

[85] Vgl. jetzt §§ 15a Abs. 2, 23 Abs. 2, 3, 97c Abs. 2, 97d Abs. 1 BVerfGG.

[86] *Schiffers*, Grundlegung (Anm. 49), 197.

Unterschiedliche Formen der Ausgestaltung werden praktiziert. Traditionell bleiben die Zuständigkeiten im Zweiten Senat beweglich und werden mit einem Richterinnenwechsel angepasst, während sie im Ersten Senat von einer Richterin auf ihren Nachfolger gleich bleiben. Auch wenn es in der Praxis des Ersten Senats Abweichungen von diesem Grundsatz gibt, scheinen die Unterschiede die Arbeit beider Senate deutlich zu prägen. Bemerkenswert ist dies insbesondere, wenn die Besetzung der Richterinnensitze einem parteipolitischen Proporz folgt, so etwa die Zuständigkeit für eine bestimmte Frage, etwa die Meinungs- und Medienfreiheiten, stets durch dieselbe politische Partei besetzt werden kann.[87]

Die Prägekraft der Berichterstatter ist schwer zu bemessen. Organisationstheoretisch dürfte aber klar sein, dass die Bedeutung der Berichterstatter mit der Auslastung des Senats zunimmt.[88] Wenn der Berichterstatter dem Senat Voten von vielen hundert bis mehr als tausend Seiten vorlegt, dann schränkt dies die Kapazitäten der anderen Mitglieder eines Senats, das Argument auf dem gleichen Niveau nachzuvollziehen, notwendig ein[89] – von der Frage der allgemeinen Belastung des Gerichts gar nicht zu sprechen. Das Ideal einer rationalen Deliberation unter Gleichen, in welcher der Berichterstatter eine wichtige, aber letztlich nur auf sachliche Hilfestellung beschränkte Vorarbeit leistet, das von Verfassungsgerichten aus guten Gründen hoch gehalten wird,[90] hängt aus dieser Sicht an zeitlichen und intellektuellen Ressourcen, die auch bei einem personell vorzüglich bestückten Gericht begrenzt sind. Egalitäre Deliberation ist ein Ideal, dessen Verwirklichung sensibel gegenüber Knappheit aller Art ist. Zugleich ist zu vermuten, dass die faktische Bedeutung der Berichterstattung und die Verstetigung von Zuständigkeiten die Verfestigung von Rechtsprechungslinien erleichtert. Sind bestimmte Rechtsgebiete auf Dauer in der Hand einer Berichterstattung, so könnte dies die Varianz der vom Gericht entwickelten Lösungen verringern. Die Klärung dieser Frage bedürfte freilich eines größeren Überblicks über die gesamte Rechtsprechung mit einem quantitativen Zugriff. Praktisch ist das Institut der Berichterstattung Teil einer langsam formalisierten, ursprünglich informellen Arbeitsteilung, die sich kaum vermeiden lässt. Normativ steht es in der Art von Spannung zum Ideal egalitärer Deliberation, die man auch aus der häufig kritisch bewerteten innerparlamentarischen Arbeitsteilung kennt.

---

[87] Die imposante Reihe von Richtern lautet: Konrad Hesse, Dieter Grimm, Wolfgang Hoffmann-Riem und Johannes Masing.

[88] Angedeutet findet sich diese Beobachtung auch bei *R. Zuck*, Danke Richter Kirchhof, danke!, NJW 2000, 1087 (1088).

[89] Zum Einfluss des Votums siehe *Kranenpohl*, Schleier (Anm. 39), 136 ff.

[90] Vgl. *J. Ferejohn/P. Pasquino*, Courts as Deliberative Institutions, in: W. Sadurski (Hg.), Constitutional Justice: East and West, 2002, S. 22; *C. Menendes*, Constitutional Courts and Deliberative Democracy, 2013.

b) Zeitliche Priorisierung

Von großer praktischer Bedeutung für die Parteien eines Falles ist die zeitliche Priorisierung von Entscheidungen. Regeln gibt es für diese Frage nur im Rahmen äußerer Grenzen der Verfahrensdauer, wie sie der EGMR auch gegen das Bundesverfassungsgericht durchgesetzt hat[91] und wie sie nunmehr im Verfahrensrecht des Gerichts, in den §§ 97a ff. BVerfGG, positiviert wurden. Abgesehen von diesen Grenzen dürfte manches dafür sprechen, dass die zeitliche Priorisierung von Entscheidungen unter den Schutz der richterlichen Unabhängigkeit des Art. 97 Abs. 1 GG fällt.[92] Dies zeigt sich im europäischen Kontext nicht zuletzt an der Entscheidung des polnischen Gesetzgebers, der das dortige Verfassungsgericht dazu zwingt, Fälle in der Reihenfolge des Eingangs zu entscheiden, um damit dessen unabhängige Kontrollmöglichkeiten einzuschränken.[93]

Die dramatischen Unterschiede in der Verfahrensdauer selbst der staatsorganisationsrechtlichen Verfahren dürften regelmäßig mit der internen Organisation, Belastung und Arbeitskraft der zuständigen Berichterstatter zusammenhängen, auf deren Votum der Senat wartet. Insoweit wäre es verfehlt, die zeitliche Priorisierung schlicht als in irgendeinem Sinn politische Entscheidung zu verstehen. Auf der anderen Seite ist auch klar, dass die Priorisierung im Ergebnis für alle Beteiligten von großer Bedeutung ist und ein Senat die Folgen der Priorisierung jedenfalls insoweit bedenken wird, wie er sie kontrollieren kann. Nicht nur sind die Parteien auf eine Entscheidung angewiesen, um eine in Frage stehende Praxis fortzusetzen, in manchen Fällen ändert sich zwischen Antragstellung und Entscheidung die politische Umwelt der Rechtsfragen dramatisch. Dies geht von der Bedeutung transnationaler Datenübermittlung vor und nach den Enthüllungen Edward Snowdens über die politische Bedeutung einer zu verbietenden Partei bis zum politischen Kontext parlamentarischer Anfragen.[94] Manche, aber nicht alle dieser Entwicklungen kommen überraschend. Oft ist ein Fall im Moment der Antragstellung politisch besonders umstritten, um in der öffentlichen Aufmerksamkeit langsam abzukühlen. Eine solche De-Eskalierung kann im Sinne des Gerichts sein, das daran interessiert sein muss, seine Entscheidungen möglichst nicht als Stellungnahme in einer politischen Auseinandersetzung erscheinen zu lassen. Aber auf der anderen Seite scheint es auch vorzukommen, dass das Gericht die öffentliche Auf-

---

[91] EGMR R./.Deutschland, Individualbeschwerde Nr. 46344/06 v. 2.10.2010.

[92] BGH, MDR 1987, 319; NJW 1987, 1197 (1198); differenzierend BGH, NJW 1988, 421 (422); im Anschluss *H.-J. Papier*, Die richterliche Unabhängigkeit und ihre Schranken, NJW 2001, 1089 (1092 f.).

[93] Vgl. dazu CDL-AD(2016)001, Opinion on Amendments to the Act of 25 June 2015 on the Constitutional Tribunal, adopted by the Venice-Commission at its 106th Plenary Session (Venice, 11–12 March 2016), Rn. 54 ff.; CDL-AD(2016)026, Opinion on the Act on the Constitutional Tribunal, adopted by the Venice Commission at its 108th Plenary Session (Venice, 14–15 October 2016), Rn. 43 ff.

[94] So zufällig ausgewählt: BVerfGE 124, 161; 141, 220; 144, 1.

merksamkeit auf eine bestimmte Frage lenken will. Dieser breite und uneinheitlich ausgeübte Entscheidungsspielraum ist rechtlich unbedenklich und praktisch nicht zu vermeiden. Trotzdem ist die vollständige Abwesenheit von formellen Regeln und Routinen bei der Priorisierung ein Problem, weil sie die Erwartungssicherheit der Parteien im Umgang mit dem Gericht nicht unwesentlich beschränkt.

c) Einberufung mündlicher Verhandlungen

Während die Einberufung mündlicher Verhandlungen den gesetzlichen Regelfall darstellt, § 25 Abs. 1 BVerfGG, legen die im Gesetz vorgesehenen Ausnahmeregelungen die Entscheidung praktisch in die Hand des zuständigen Senats. Im Ergebnis bleiben sie die Ausnahme.[95] Qua Gesetz ergibt sich ihre Notwendigkeit aus der Funktionalität der Verhandlung für die Sache („Förderung des Verfahrens"). Das Gericht hat die Regel zugunsten der mündlichen Verhandlung „gesetzeskonform umgekehrt".[96]

Da das Gericht in den meisten Verfahrensarten nicht als Tatsacheninstanz agiert, dient die mündliche Verhandlung nicht der Beweiserhebung im engeren Sinne und auch nicht der Gewährung rechtlichen Gehörs. Ihre Funktion scheint viel mit der Funktion des Gerichts an der Schnittstelle von Recht und Politik zu tun zu haben und häufig als Anhörung relevanter Interessen zu fungieren.[97] In der Fachgerichtsbarkeit ist die Beweisfunktion der mündlichen Verhandlung zugleich das entscheidende Vehikel zur Formalisierung ihres Ablaufs. Das ist im Verfassungsprozess selbst dann nicht der Fall, wenn das Verfahren, als erstinstanzliches, auch der Ermittlung des Sachverhalts dient. In diesem Fall sieht sich das Gericht an allgemeine Verfahrensstandards, nicht aber an formelle Beweiserhebungsregeln gebunden.[98] Damit kann die Entscheidung, eine mündliche Verhandlung einzuberufen, auch dann politische Relevanz gewinnen, wenn ihre Motive rein verfahrensinterner Natur sind.

Die Relevanz von mündlichen Verhandlungen ist schwer zu beurteilen, zwei Vermutungen erscheinen jedoch gerechtfertigt. *Zum Ersten* führen mündliche Verhandlungen beim Senat in manchen Fällen zu neuen Einsichten hinsichtlich des Sachverhalts.[99] Dies wird oft die tatsächlichen Umstände einer Staatspraxis betreffen. Wenn ein Verfassungsorgan in der Verhandlung Unsicherheiten bei der Auslegung einer streitgegenständlichen Norm zeigt, könnte dies verfassungsrechtliche Zweifel an dieser Norm verstärken.[100]

---

[95] *Benda/Klein*, Verfassungsprozessrecht (Anm. 71), 129 f. Zur Statistik *C. von Coelln*, in: Maunz/Schmidt-Bleibtreu/Klein/Bethge (Anm. 61), § 25 Rn. 7.

[96] So die schöne Formulierung bei *Benda/Klein*, Verfassungsprozessrecht (Anm. 71), 130.

[97] So auch *R. Wiedemann*, in: Burkiczak/Dollinger/Schorkopf (Anm. 69), § 25 Rn. 20; krit. *Schlaich/Korioth*, Bundesverfassungsgericht (Anm. 54), Rn. 65 f.

[98] BVerfG, U. v. 17.1.2017, 2 BvB 1/13, Tz. 415 ff.

[99] Siehe auch *Kranenpohl*, Schleier (Anm. 39), 100 ff.

[100] BVerfGE 115, 118 (135) – Luftsicherheitsgesetz.

Zum Zweiten haben mündliche Verhandlungen Einfluss auf die öffentliche Wahrnehmung des Streitgegenstands. Im Termin der mündlichen Verhandlung wird dieser der politischen Öffentlichkeit noch einmal zur Diskussion gestellt oder eine bereits bestehende Diskussion in den Fronten der Verfassungsrechtstreitigkeit präsentiert. So machte es in den jüngeren Fällen zur europäischen Integration manchmal den Eindruck, die mündliche Verhandlung fungiere als informelles Substitut für eine parlamentarische Auseinandersetzung. Die Folgen eines solchen – freilich nicht verallgemeinerbaren – Befunds sind ambivalent. Auf der einen Seite erscheint es wichtig, eine moderierte öffentliche Auseinandersetzung zu zentralen Fragen, namentlich der europäischen Integration, zu führen. Die Verhandlung scheint hier eine Lücke zu füllen, die der parlamentarische Prozess gelassen hat. Auf der anderen Seite wirft eine solche Verhandlung das – allgemeine[101] – Problem der Repräsentativität des Verfassungsprozesses mit besonderer Dringlichkeit auf. Wenn sich verfassungsändernde Mehrheiten über den Gang der europäischen Integration einig waren, dann handelt es sich dabei vielleicht um einen objektiv diskussionsbedürftigen, aber eben nicht mehr um einen repräsentativpolitischen Konflikt. Dann stellt sich die Frage, ob es eine Lücke in der politischen Auseinandersetzung wirklich gibt oder ob diese nicht erst durch die Verhandlung geschaffen wird, die dem Zweck dienen soll, sie zu füllen. Die parlamentarisch nicht repräsentierte Seite des Verfahrens erscheint aus dieser Sicht durch die mündliche Verhandlung überrepräsentiert. Dies ist nicht zu verhindern. Es ist auch nicht die Aufgabe des Gerichts, auf eine mündliche Verhandlung zu verzichten, um keine öffentliche Aufmerksamkeit auf eine bestimmte Frage zu ziehen. Nur darf diese Form der Auseinandersetzung ebenso wenig mit einer repräsentativen demokratischen Auseinandersetzung verwechselt werden wie die Tatsache, dass eine mündliche Verhandlung anberaumt wurde mit der politischen Relevanz der dort erörterten Themen. In der mündlichen Verhandlung und ihrer Deutung durch die Öffentlichkeit zeigt sich der hybride Charakter des Gerichts: Was es tut, hat stets zugleich eine rechtliche Form und eine informelle politische Bedeutung.

d) Sondervoten

Sondervoten sind aus zwei Gründen für unser Thema einschlägig. Zum einen geben sie einen Eindruck vom informalen und gewöhnlich geheimen Herzen verfassungsgerichtlichen Entscheidens, der Beratung.[102] Zum anderen folgte ihre Einführung beim Bundesverfassungsgericht dem Schema, das uns bei der Untersuchung der Geschäftsordnung und der Statusfrage bereits begegnete: Während die Verwendung

---

[101] Grundsätzlich dazu *Möllers*, Legalität (Anm. 41), 316 ff.

[102] Die staatstheoretische Arkantheorie wird in diesen Zusammenhang selten erwähnt, siehe aber *H. Lietzmann*, Kontingenz und Geheimnis: Die Veröffentlichung der Sondervoten beim Bundesverfassungsgericht, in: van Ooyen/M. Möllers (Hg.), Das Bundesverfassungsgericht im politischen System, 2006, 269.

interner abweichender Meinungen seit Beginn der Arbeitsaufnahme des Gerichts üblich war,[103] geschah die erste Veröffentlichung zweier abweichender Begründungen von je vier Richterinnen im SPIEGEL-Beschluss[104] wohl in Bruch des Beratungsgeheimnisses in § 43 DRiG, dessen Anwendbarkeit man unter Hinweis auf die Verfassungsorganqualität in Frage stellen konnte. Auch diese Praxis wurde im Nachhinein nach einem im Gericht abgestimmten Appell an den Gesetzgeber formalisiert, man wird in diesem Fall sagen müssen, legalisiert.[105] Das erste offizielle Sondervotum wurde in einem Urteil, das vor der Gesetzesänderung erging, veröffentlicht, aber nachdatiert.[106]

Sondervoten erlauben einen formalisierten Einblick in den informellen Kern des verfassungsgerichtlichen Verfahrens. Zwar kennen wir die Beratung weiterhin nicht. Aber mit dem Sondervotum bekommen wir eine weitere Antwort auf die Frage, worum es in der Beratung ging, gerade wenn es in Anspruch nimmt, nicht nur eine bestimmte Rechtsfrage anders zu behandeln, sondern besser zu bestimmen, welches die relevante Rechtsfrage des Falles ist.[107] Das Sondervotum ist auch eine Deutung der Mehrheitsmeinung, die uns mit ihrer Kritik darauf hinweist, worum es auch der Mehrheit bei seiner Begründung geht. Heute sind Sondervoten ein fast unumstrittenes Instrument,[108] dessen breite Anerkennung zugleich ein interessantes Licht auf die Besonderheiten des Verfassungsprozesses wirft:[109] Indem die Uneinigkeit innerhalb des Gerichts öffentlich ausgeführt werden darf, wird anerkannt, dass die Determinierungskraft des Verfassungsrechts Grenzen hat. Zugleich sollen unterschiedliche Begründungen aber keine politischen Motive

---

[103] Vgl. eine Veröffentlichung außerhalb der amtlichen Sammlung zu BVerfGE 2, 79: *W. Geiger*, Die vom Beschluss des Plenums abweichende Meinung des Bundesverfassungsrichters Professor Dr. Geiger, in: Institut für Staatslehre und Politik in Mainz (Hg.), Der Kampf um den Wehrbeitrag, 2. Hb., 1953, 822.

[104] BVerfGE 20, 162 (223 ff.). Zu den Umständen *Collings*, Guardians (Anm. 52), 86 f. und *J. Ipsen*, Der Staat der Mitte, 2009, 274 f.

[105] G. v. 21.12.1970, BGBl I. 1765. Aus der vorangegangenen Diskussion maßgeblich: *K. Zweigert*, Empfiehlt es sich, die abweichende Meinung des überstimmten Richters (dissenting opinion) in den deutschen Verfahrensordnungen zuzulassen?, Gutachten für den 47. Deutschen Juristentag, Bd. I/D, 1968.

[106] BVerfGE 30, 1 (33 ff.); dazu *Benda/Klein*, Verfassungsprozessrecht (Anm. 71), 162 in Anm. 58.

[107] So etwa BVerfGE 118, 124 (154 ff.), abw. Meinung Lübbe-Wolff.

[108] Vgl. aber die bemerkenswert kritischen Überlegungen bei *Benda/Klein*, Verfassungsprozessrecht (Anm. 71), 162 f.

[109] Zur Diskussion um die Einführung von Sondervoten bei der Fachgerichtsbarkeit *M. Grünhut*, Das Minderheitsvotum, in: FS Eberhard Schmidt, 620; *H. Berger*, Empfiehlt sich die Bekanntgabe abweichender Meinungen überstimmter Richter?, NJW 1968, 961; *E. Paul*, Für und Wider das Minderheitsvotum, DÖV 1968, 513; *M. Vollkommer*, Empfiehlt es sich, die Bekanntgabe der abweichenden Meinung des überstimmten Richters (dissenting opinion) in den deutschen Verfahrensordnungen zuzulassen?, JR 1968, 241; *G. Boldt*, Das Minderheitsvotum des überstimmten Richters in der Arbeits- und Sozialgerichtsbarkeit, RdA 1971, 112; siehe auch *Zweigert*, Abweichende Meinung (Anm. 105).

dokumentieren. Die Legalisierung von Sondervoten erkennt die Offenheit der verfassungsrechtlichen Maßstäbe an, ohne sie mit politischen zu identifizieren. Theoretisch erscheint dies möglich. Für die öffentliche Wahrnehmung sind solche Unterscheidungen aber eine beträchtliche Herausforderung. So warnte Berichterstatter Kiesinger bei den Beratungen des BVerfGG, dass mit der Einführung von Sondervoten „an der empfindlichsten Stelle unserer Rechtsprechung [...] ein Schwinden der Autorität" einsetze.[110]

Intern lässt sich die Praxis der Sondervoten im Rahmen der bekannten Unterscheidung Albert O. Hirschmans rekonstruieren.[111] Auf eine Dissonanz mit der Mehrheitsmeinung kann eine einzelne Richterin auf dreierlei Art und Weise reagieren: Sie kann sich trotz Bedenken der Meinung anschließen (Loyalty), sie kann ihre Bedenken äußern und versuchen, diese in die Meinungsbildung des Senats zu integrieren (Voice) oder sie kann aus dem allgemeinen Diskussionszusammenhang aussteigen und ein Sondervotum verfassen (Exit). Die Unterscheidung zwischen den beiden ersten Alternativen wird sich in aller Regel von außen nicht nachvollziehen lassen. Hierbei handelt es sich schon deswegen um einen fließenden Übergang, weil eine Mehrheitsmeinung ja erst aus einem Diskussionszusammenhang entsteht. Außerdem spricht alle Lebenserfahrung dafür, dass sich nicht alle Mitglieder in gleicher Art und Weise an der Diskussion beteiligen und nicht alle Bedenken auch geäußert werden. Zugleich sind sowohl Voice als auch besonders Exit in Form eines Sondervotums aufwändige Praktiken, die Zeit- und Aufmerksamkeitsressourcen verbrauchen. Sie lassen sich aus einer juristischen Begründungslogik rechtfertigen, aber nicht erklären. Wären abweichende Meinungen institutionell kostenlos, gäbe es deutlich mehr von ihnen. Hier wirkt sich die oben erörterte starke interne Abhängigkeit der Mitglieder voneinander aus.[112] Damit hängt es auch zusammen, dass die Idee der „Loyalty" nicht nur die Beteiligung an einer Senatsentscheidung umfassen muss, sondern in einem weiterem Sinne auch allgemeinere Vorgaben dazu enthält, wie eine Distanzierung vom Senat ablaufen sollte – nämlich einerseits so, dass dem zweifelnden Mitglied ein Angebot gemacht wird, um es wieder integrieren zu können, und andererseits so, dass die Mehrheit frühzeitig über die Zweifel des Dissenters informiert wird.[113] Ersteres kann die Verhandlungsmacht des potentiellen Abweichlers stärken. Seine Ressourceninvestition kann sich lohnen und größeren Einfluss auf das Urteil gewähren als eine abweichende Meinung.

Dies ist auch deswegen von Bedeutung, weil eine ganze politikwissenschaftliche Literaturgattung versucht hat, die Informalität interner Willensbildung von politischen Gremien durch die Unterscheidung zwischen Verhandlung (negotiation, bargaining) und Beratung (deliberation, arguing) begrifflich zu erfassen.[114] Wird

---

[110] *Schiffers*, Grundlegung (Anm. 49), 112 (Rechtsausschuss 15.3.1950).

[111] *A. O. Hirschman*, Exit, Voice, and Loyalty, 1970.

[112] Vgl. oben, S. 46.

[113] Vgl. § 55 Abs. 2 GOBVerfG.

[114] Die wichtigsten Beiträge finden sich bei *I. Elster* (Hg.), Deliberative Democracy, 1998.

im Beratungszimmer rational und verständigungsorientiert oder strategisch und interessengeleitet miteinander umgegangen? Geht es um Richtigkeit oder doch nur um die Mikropolitik des Spruchkörpers? Empirisch wissen wir wenig, doch solange die formale Verfahrensgestaltung sowohl die Mehrheitsregel als Grundlage von Entscheidungen[115] als auch die Möglichkeit von Sondervoten vorsieht, ist es mit dem Beschreibungswert der Unterscheidung selbst nicht weit her. Denn dann kann auch eine nur an juristischen Argumenten[116] orientierte rationale Auseinandersetzung nicht der Logik der Mehrheitsbildung entrinnen, in der nicht nur deliberiert werden kann, sondern auch verhandelt werden muss. Das bedeutet nicht, dass verfassungsrechtliche Argumente keine zentrale Rolle spielten, es geht nicht darum, einem „realistischen" Methodenskeptizismus das Wort zu reden. Doch sollte das Konzept der richterlichen Beratung umgekehrt von den falschen Idealisierungen bewahrt werden, die schon die Diskussion um die parlamentarische Beratung zu ihrem eigenen Nachteil überschätzt haben.[117]

Die Möglichkeit des Sondervotums lädt daher zu einer Reflexion über die interne Machtverteilung in Gerichten ein. Formell sind alle Mitglieder eines Senats gleich mächtig, sie haben alle eine Stimme. Informell haben verschiedene Richterinnen trivialerweise unterschiedlich starken Einfluss. Das Sondervotum gibt der Richterin, die es niederlegt, zugleich ein Mehr und ein Weniger an solchem Einfluss. Der Verzicht auf Einfluss an der konkreten Entscheidung erlaubt eine erhöhte Sichtbarkeit der eigenen Meinung. Dies ist freilich ein symbolischer Erfolg und man mag sich nach dem Nutzen fragen, der darüber hinausgeht, für eine konkrete Entscheidung keine Verantwortung übernehmen zu wollen. Adressaten der abweichenden Meinung sind dabei nicht die anderen Richterinnen, die die Ansichten der Dissenter im Schutz des Beratungsgeheimnisses ohnehin kennen, sondern andere Leser. In bestimmten Fällen dürfte es um die Parteien gehen, denen Recht geschehen soll.[118] In den meisten Fällen lässt sich die abweichende Meinung aber nur als Kommunikation mit der Öffentlichkeit verstehen, für die alternative Lösungswege offengehalten werden sollen.

3. *Öffentliche Äußerungen*

a) Vorüberlegung: zwei Modelle der Öffentlichkeitsarbeit

Wie wir gesehen haben,[119] spricht ein funktionaler Blick auf das Bundesverfassungsgericht dafür, diesem einen anderen Umgang mit der Öffentlichkeit zuzubilligen

[115] Dazu jetzt historisch *W. Ernst*, Rechtserkenntnis durch Richtermehrheiten, 2016.

[116] Schon der Umstand, dass es sich um juristische Argumente handelt, dürfte im Übrigen eine strikt an Richtigkeit orientierte Idealisierung der Debatte an ihre Grenzen führen.

[117] Zur Kritik eines idealisierten Verfahrensbegriffs: *Möllers*, Möglichkeit (Anm. 8), 44 ff.

[118] So in der einzigen abweichenden Meinung von Paul Kirchhof (gemeinsam mit Böckenförde und Graßhof): BVerfGE 87, 68 (90 ff.).

[119] Vgl. oben, S. 48.

als anderen Gerichten. Damit ist noch nichts dazu gesagt, ob sich dies auch empfiehlt, ob das Gericht eine offensive Öffentlichkeitsarbeit anstreben sollte oder nicht. Grundsätzlich lässt sich hier an zwei Modelle denken, die in entgegengesetzte Richtungen weisen. Man könnte einerseits eine Auratisierung des Gerichts dadurch anstreben, dass es allein durch seine Urteile zu Wort kommt.[120] Anders als bei politischen Organen, für die eine solche Strategie gegenüber der demokratischen Öffentlichkeit problematisch erschiene, wäre dies mit der Funktion eines Gerichts ohne weiteres zu vereinbaren. Man könnte andererseits an einen weitgehenden Selbsterklärungsauftrag des Gerichts denken, in dem dieses seine Entscheidungen der Öffentlichkeit vermitteln muss. Das Problem solcher Interventionen liegt in der Gefahr, das Gericht mit der politischen Auseinandersetzung gemein zu machen. Im Ergebnis spricht wenig dafür, dass das Gericht diese Alternativen kategorial klar bedient oder bedienen sollte. Vielmehr scheint es aus guten Gründen auf unterschiedliche Art und Weise einen Mittelweg zu suchen, indem es seine Entscheidungen im Grundsatz für sich sprechen lässt, unter Umständen aber punktuell erklärt.

b) Obiter dicta zwischen Urteilsform und Öffentlichkeitsarbeit

Obiter dicta sind ein zentrales Kommunikationsinstrument gerade von Verfassungsgerichten. Sie bewegen sich an der Grenze der Urteilsform. Schon die Frage, ob eine gerichtliche Feststellung ein obiter dictum oder nicht vielmehr notwendiges Element der Begründung darstellt, dürfte in vielen Fällen umstritten sein. Ebenso ist es die Frage, welcher Teil der Begründung rechtskräftig wird.[121] Eine Tendenz des Gerichts, die formellen Wirkungen der Entscheidungen weit zu verstehen, es sei denn es geht darum, die Plenarvorlage zu vermeiden, dürfte sich in der Rechtsprechung zeigen. Obiter dicta gehören in diesen Kontext. In ihnen teilt das Gericht mit der äußerlich formalisierten Kernautorität des Urteilstexts Rechtsansichten mit, die nicht in die innere Form der Begründung gehören. Am deutlichsten zeigt sich diese Praxis in den schwer überschaubaren Ausführungen zum materiellen Recht in vielen offensichtlich unbegründeten Verfassungsbeschwerden. Aber auch manche Senatsentscheidungen laufen darauf hinaus, nicht den entschiedenen, sondern den möglicherweise folgenden Fall mit verfassungsrechtlichen Argumenten zu bestücken.[122]

Obiter dicta werden gemeinhin nicht unter der Rubrik Informalität untersucht. Doch dürfte dies einer unterentwickelten Begrifflichkeit geschuldet sein, die sich

---

[120] Ein paradoxer Umgang mit diesen Alternativen findet sich bei *Grimm*, DriZ 1996, 229 (229), der als amtierender Richter dem Gericht in einem Interview empfiehlt, sich auf die Kommunikation mit Urteilen zu beschränken. Dabei ist die Unterscheidung zwischen dem Gericht und den Richterinnen zu beachten. Allerdings kann ohnehin nur das Gericht mit der Autorität der Institution sprechen.

[121] Zu dieser Frage nur die klassische Kritik von *W. Hoffmann-Riem*, Beharrung oder Innovation – Zur Bindungswirkung verfassungsgerichtlicher Entscheidungen, Der Staat 13 (1974), 335.

[122] Sehr deutlich in BVerfG, B. v. 20.7.2017 – 1 BvR 1978/13.

am Gegensatz von Form und Inhalt orientiert.[123] Informal sind obiter dicta aber auch als Inhalt einer formalisierten Entscheidung, wenn sie diesem systematisch nur lose zugeordnet werden können und wenn ihr Erscheinen damit nur als Ergebnis einer kontingenten, jedenfalls rechtlich nicht determinierten Entscheidung verstanden werden muss. Sie befriedigen einen über den Fall hinausweisenden Selbsterklärungsbedarf des Gerichts ebenso wie das Orientierungsverlangen der Parteien oder eines weiteren Kreises der durch verfassungsrechtliche Normen adressierten Subjekte. Praktisch dürfte keine Form informalen Handelns effektiver sein, weil Informalität, in der Urteilsform versteckt, die Frage ihrer Legitimation am wenigsten dringlich aufwirft.

c) Medienöffentlichkeit

Die wissenschaftliche Diskussion um die Zulässigkeit der Übertragung von Entscheidungsverkündungen im Fernsehen[124] soll hier nur unter einem Gesichtspunkt Erwähnung finden: Auch bei dieser Frage folgte das Gericht durch die zeitweise Duldung von Übertragungen entgegen der Regelung des § 169 Satz 2 GVG[125] und durch den Erlass von „einstweiligen Rahmenregelungen"[126] dem Schema, durch eine informelle Erweiterung des eigenen Handlungsrahmens den Gesetzgeber zu einer nachträglichen Formalisierung und Legalisierung der angestrebten Praxis zu bringen.[127]

d) Veröffentlichung und Verbreitung von Entscheidungen

Das Gericht kommuniziert formell mit der Öffentlichkeit primär durch seine Entscheidungsbegründungen. Dem liegt die Entscheidung zur Veröffentlichung der Begründung voraus. Seit dem Jahr 1998 werden alle begründeten Entscheidungen des Gerichts im Internet veröffentlicht. Eine bewusste Kanonisierung von Entscheidungen gibt es – jenseits einer nur kurzlebigen Veröffentlichung ausgewählter Kammerentscheidungen[128] – nicht mehr. Mit der schlüssigen Unterscheidung zwischen Senats- und Kammerentscheidungen und der konsequenten Veröffentlichung aller Arten von Entscheidungen ist die Veröffentlichungspraxis damit an diesem Punkt kein ergiebiger Beschreibungsgegenstand einer informalen Praxis

---

[123] Zur Kritik nur *N. Luhmann*, Die Kunst der Gesellschaft, 1995, 166 ff.; *F. Klinger*, Theorie der Form, 2013, 175 ff.

[124] Eingehend *C. v. Coelln*, Zur Medienöffentlichkeit der Dritten Gewalt, 2005, 301 ff.

[125] Dazu BVerfGE 103, 44 (59 ff.) und die abweichende Meinung, die den Ausschluss der audiovisuellen Gerichtsöffentlichkeit strenger prüfen will, ebda., 72 ff.; und BVerfGE 119, 309 (318 ff.), dessen Begründung erkennbar durch das Sondervotum geprägt ist.

[126] Dazu *v. Coelln*, Medienöffentlichkeit (Anm. 124), 337 ff.; *G. Wolf*, Die Gesetzwidrigkeit von Fernsehübertragungen aus Gerichtsverhandlungen, NJW 1994, 681 (682).

[127] Vgl. § 17a BVerfGG, BGBl. 1998 I, 1823.

[128] „BVerfGK" erschien im Verlag C. F. Müller zwischen 2003 und 2014. Dazu *Benda/Klein*, Verfassungsprozessrecht (Anm. 71), 79.

mehr. Differenzierungen ergeben sich nur bei der Zugabe von Pressemitteilungen zu einer Entscheidung – namentlich im Fall von Kammerentscheidungen, weil, soweit ersichtlich, alle Senatsentscheidungen von einer Pressemitteilung begleitet werden. Eine Pressemitteilung hebt die Entscheidung besonders hervor, ohne dass mitkommuniziert würde, aus welchem Grund dies geschieht.

Pressemitteilungen können, ob gewollt oder nicht, darüber hinaus Einfluss auf die Diskussionslage der Öffentlichkeit nehmen. Beispielhaft: Als es im Frühjahr 2017 danach aussah, als plane der damalige türkische Ministerpräsident Erdogan in Deutschland Wahlkampfauftritte für das türkische Verfassungsreferendum, das ihn zum Staatspräsidenten machen sollte, diskutierte die deutsche Öffentlichkeit diese Frage als eine solche des richtigen Umgangs mit Grundrechten wie der Versammlungsfreiheit. Eine bemerkenswert genau in den Höhepunkt der Debatte kommende Pressemitteilung des Gerichts[129] informierte dann über einen Kammerbeschluss, in dem die juristisch wenig überraschende Feststellung getroffen wurde, dass die politische Betätigung ausländischer Hoheitsträger auf deutschem Boden keinen Grundrechtsschutz genieße.[130] Damit bekam die Debatte eine andere Tendenz, in der der politische Spielraum der Bundesregierung sich nicht mehr mit der auch moralisch imprägnierten Frage des richtigen Umgangs mit den Freiheitsrechten auseinanderzusetzen hatte. Während die juristische Beurteilung der Kammer so zu erwarten war, bleibt bemerkenswert, dass es sich dabei um ein obiter dictum einer offensichtlich mangels Befugnis unzulässigen Verfassungsbeschwerde handelte. Es war in diesem Fall nicht geboten, irgendetwas zu dieser Frage zu sagen. So verschlingen sich hier Form und Informalität: In der Form eines Beschlusses mit Hilfe einer Pressemitteilung durch das Hybrid des obiter dictums ermöglicht es das Gericht, eine politische Debatte von juristischen Gesichtspunkten zu befreien. Hier zeigt sich, dass die Verfassungsgerichtsbarkeit die praktischen politischen Spielräume von Politik auch erhöhen kann,[131] wenn auch mitunter mit quasi-politischen Mitteln.

An den Pressemitteilungen des Bundesverfassungsgerichts fällt ihre juristische Qualität auf. Diese Art der Öffentlichkeitsarbeit setzt nicht nur eine hohe Darstellungsqualifikation auf Seiten des Gerichts, sondern auch einige Kenntnisse auf Seiten der Rezipienten voraus. Praktisch wird dies im Moment durch die ungewöhnliche Instanz der Karlsruher Justizpressekonferenz möglich,[132] die es dem Gericht gestattet, die eigene anspruchsvolle Kommunikation in eine andere weiterhin nicht einfache, aber doch einer interessierten Zeitungs- und

---

[129] „Erfolglose Verfassungsbeschwerde gegen den Auftritt des türkischen Ministerpräsidenten in Deutschland", Pressemitteilung 16/2017 vom 10.3.2017.

[130] Beschluss v. 8.3.2017, 2 BvR 483/17.

[131] Dazu bereits: *Möllers*, Legalität (Anm. 41), 322 ff.

[132] Dazu *R. Lamprecht*, Kooperation und Konfrontation. Das Bundesverfassungsgericht und die Medien – Nähe und Distanz, ZRP 2012, 149 (150); siehe auch *Kranenpohl*, Schleier (Anm. 39), 265 ff.

Rundfunköffentlichkeit zugängliche Form übersetzen zu lassen. Das bedeutet: Im Moment werden die Entscheidungen des Bundesverfassungsgerichts durch Presse und öffentlich-rechtlichen Rundfunk sehr gut erklärt, weil sie in einem mehrstufigen Vorgang kontrollierter De-Formalisierung aus der Form des Urteils in die der Pressemitteilung und dann weiter in die qualifizierter Berichterstattung überführt werden können. Diese Leistung hängt auf Seiten der öffentlichen Berichterstattung an Vorleistungen, die zwar nicht konkret in Frage stehen, die aber im Rahmen der allgemeinen Krise anspruchsvoller Medien gefährdet wirken und die das Gericht, sollten sie einmal ausfallen, nicht einfach wird ersetzen können. Man mag sich damit zufriedengeben, dass das Gericht immer wieder im Zentrum politischer Auseinandersetzungen stand, um daraus unbeschadet hervorzugehen.[133] Doch muss das Gericht nicht immer so unberührt von einer sich verschärfenden politischen Polarisierung bleiben. Die Beliebtheit des Gerichts ist ohne ein hohes öffentliches Konsensbedürfnis nicht möglich. Insoweit bleibt eine Form der Vermittlung der Rechtsprechung, die das Gericht nicht in eine brutal polarisierte Öffentlichkeit zieht, in der, wie in den Vereinigten Staaten, einzelne Richterinnen zu Helden oder Schurken bestimmter politischer Lager werden, eine schwierige Aufgabe.

e) Öffentliche Äußerungen von Mitgliedern des Gerichts

Richterinnen des Bundesverfassungsgerichts äußern sich gelegentlich in der Öffentlichkeit, wobei in aller Regel eine Balance angestrebt wird, die konkrete Verfahren ausspart, sich aber eben doch zu Fragen von Verfassungsrecht und Verfassungspolitik äußert. Solche Äußerungen dürfen nicht mit Äußerungen des Gerichts verwechselt werden, auch wenn auf dieser Verwechselung viel vom Interesse an ihnen beruht. Zu unterscheiden ist insoweit zwischen Äußerungen, die den institutionellen Status des Gerichts betreffen und die autoritativ nur vom Präsidenten (in Absprache mit dem Plenum) geäußert werden, und Äußerungen einzelner Mitglieder des Gerichts, die letztlich nur sie selbst abbilden. Die Frage nach rechtlichen Grenzen des Äußerungsrechts wird regelmäßig neu gestellt, wenn einzelne Richter[134] zu viel reden.[135] Die öffentliche Selbstdarstellung von Gerichten ist im Grundsatz zulässig und im Fall des Bundesverfassungsgerichts nach dem oben gesagten[136] besonders gerechtfertigt.

---

[133] *R. Häußler*, Der Konflikt zwischen Bundesverfassungsgericht und politischer Führung, 1994. So die optimistische Linie bei *Collings*, Guardian (Anm. 52), 301 ff.

[134] Die männliche Form ist hier empirisch abgesichert und nicht zufällig.

[135] Splitter aus einer unergiebigen, aber nicht abbrechenden Diskussion: *Ruppert*, in: Burkiczak/Dollinger/Schorkopf (Anm. 69), § 9 Rn. 19; *A. Heusch*, Der Präsident des Bundesverfassungsgerichts als Hüter und Reformer der Verfassung, NVwZ 2010, 209; *E. Benda*, Ein überflüssiger Streit, ZRP 2008, 63; *W. Hoppe*, An ihren Urteilen soll man Gerichte messen, nicht an ihren Interviews, DVBl. 2005, 619; *K. Dürholt*, Richteramt und Meinungsfreiheit, ZRP 1977, 217.

[136] Vgl. oben, S. 48.

Das Mäßigungsgebot aus § 39 DRiG ist nach § 69 DRiG auch auf die Mitglieder des Bundesverfassungsgerichts anwendbar.[137] Darüber könnten die Ausschluss- und Befangenheitsvorschriften in §§ 17, 18 BVerfGG eine gewisse Vorwirkung entfalten. Schließlich enthält die Geschäftsordnung Regelungen, die darauf abzielen, die Organisation vor äußerungsfreudigen Mitgliedern des Gerichts zu bewahren. Das „originäre"[138] Außenvertretungsrecht des Präsidenten gehört im weiteren Sinne dazu, § 5 Satz 1 GOBVerfG. Vor allem aber die Einrichtung der Pressestelle und die Genehmigungspflicht amtlicher Mitteilungen „aus dem Bereich des Senats", § 17 Abs. 2 GOBVerfG, sprechen für die Möglichkeit einer recht weitgehenden Zentralisierung von öffentlichen Äußerungen bei Präsidenten und Vorsitzenden. Dass diese so nicht immer zu beobachten ist, spricht für die Grenzen auch minimaler hierarchischer Steuerung in einer horizontal so stark verfugten Organisation.[139]

Damit bleibt die Frage nach der öffentlichen Präsenz von Richterinnen eine solche organisatorischer Klugheit. In dieser haben die Mitglieder auf politische Neutralität zu achten,[140] aber vielleicht auch darauf, dass das Grundgesetz dem Gericht so, wie es ist, anvertraut wurde – dass also namentlich jedwede Beteiligung an Debatten um die Reform der Verfassung institutionell übergriffig wirkt und es dem Gericht im Ganzen eher erschweren dürfte, im politischen Prozess mit seinen Entscheidungen zu überzeugen.

f) Insbesondere: wissenschaftliche Äußerungen

Nicht nur in Deutschland gibt es eine Tradition der wissenschaftlichen Selbsterklärung von Mitgliedern eines Verfassungsgerichts. Für diese gelten zunächst vergleichbare Einschränkungen wie für andere Äußerungen auch. Sie repräsentieren nicht Gericht oder Senat im Ganzen, sondern nur ein Mitglied und sie repräsentieren dieses genau genommen auch nicht in seiner Eigenschaft als Richterin. Die Rezeption solcher Äußerungen unterliegt dabei einer eigentümlichen Dialektik: Sie sind, weil nicht in gleicher Weise der Konsensfindung unterworfen, oftmals stringenter und leichter zu rezipieren als die Entscheidungsbegründungen. Zudem scheinen sie den Anspruch zu erheben, über einzelne Entscheidungen hinaus zu gehen. Damit sorgt der Mechanismus, der die Entscheidungen autorisieren muss, Beschränkung des Gegenstands und Entscheidung im Konsens oder durch Mehrheit, dafür, dass weniger autorisierte Darstellungen sich einfacher durchsetzen können. Die Hoffnung, die sich mit solchen Veröffentlichungen verbindet, besteht natürlich darin, die Rezeption der Urteile steuern zu können. Normativ

---

[137] *J. Schmidt-Räntsch*, DRiG, 6. Aufl. 2009, § 69 Rn. 9.

[138] So *Benda/Klein*, Verfassungsprozessrecht (Anm. 71), 86.

[139] Vgl. oben, S. 46.

[140] So veröffentlichte die F. A. Z. am 29. August 2017, also vier Wochen vor der Bundestagswahl, ein gemeinsames Interview des Vizepräsidenten des Gerichts mit dem Bayrischen Justizminister. Zu einschlägigen informellen Normen innerhalb des Gerichts siehe *Kranenpohl*, Schleier (Anm. 39), 461 ff.

wäre dieses Unterfangen selbst dann problematisch, wenn solche Beiträge vom gesamten Spruchkörper verfasst würden, es also eine identische Autorschaft gäbe. Diese würden nicht an der formellen Autorisierung der Gerichtsentscheidung teilnehmen. Es ist zudem eine hermeneutische Binsenweisheit, dass der Autor eines Textes keinen privilegierten Zugang zu dessen Deutung hat, sondern ihn mit dessen Abschluss einem offenen Auslegungsprozess überlassen muss. An dem kann er teilnehmen, aber er bekommt seinen Zugriff nicht mehr zurück. Der Autor bleibt einer unter vielen Auslegern,[141] dessen spezifische Autorisierung mit dem Ausscheiden aus dem Amt endet. Dies ändert freilich nichts an dem großen Einfluss, den solche vermeintliche Selbstdeutungen auf die Rezeption haben. So methodisch zweifelhaft sie sind, so institutionenpolitisch konsequent erscheinen sie. Dies ist freilich nicht dem sich selbst deutenden Gericht anzulasten, sondern den wissenschaftlichen Rezipienten, die auf wissenschaftliche Publikationsformate leichter anspringen als auf die mühselige Exegese eines gerichtlichen Urteils.

4. Geschlossene Interaktionen

Zu den wichtigen informalen Kommunikationsformaten des Gerichts gehören schließlich Begegnungen mit der Außenseite, mit anderen Organisationen. Manche dieser Treffen werden öffentlich, so die regelmäßig auf der Webseite annoncierten Begegnungen mit anderen Gerichten, andere Begegnungen, namentlich mit Vertretern aus der Politik und Verwaltung, werden der Öffentlichkeit nicht mitgeteilt, ein Umstand, über den man angesichts des größer werdenden Zugangs der Öffentlichkeit zu dienstlichen Terminkalendern noch einmal nachdenken könnte.

Die Begegnungen von Verfassungsgerichten mit ihren Gegenübern in anderen Ländern und auf anderen Ebenen sind seit längerem Gegenstand der wissenschaftlichen Diskussion.[142] In diesen Diskussionen herrschen zwei Narrative vor: Eine positive Erzählung sieht solche Begegnungen als Teil eines globalen gerichtlichen Dialogs, in dem die Beteiligten Erfahrungen mit bestimmtem Problemen austauschen und zum Verständnis der jeweils eigenen Rechtsprechung beitragen. Die Vernetzung ist damit das informale Korrelat einer formalen Verknüpfung, in der die Rechtsprechung eines Verfassungs- oder Höchstgerichts immer mehr Bedeutung für die Rechtsprechung der anderen gewinnt. Gerade in der europäischen Konstruktion besteht solcher Gesprächsbedarf zweifelsohne, sowohl vertikal als auch horizontal. Schließlich dürften gerade die autoritären Herausforderungen der letzten Jahre, die sich in Ländern wie Polen, Ungarn[143] oder der Türkei gegen die Unabhängigkeit der Justiz richteten, den Bedarf sowohl nach Informationsaustausch

---

[141] Dazu vorzüglich: *M. Halbertal*, People of the Book, 1997, 45 ff.

[142] Mit viel Idealisierung: *A.-M. Slaughter*, A New World Order, 2004, 65 ff.

[143] Zu diesen beiden *C. Möllers/L. Schneider*, Demokratieschutz in der Europäischen Union, 2018.

als auch nach politischer Vergewisserung vergrößern, der natürlich, wenn die Richterschaft einmal politisch ersetzt wurde, auch konflikthaft verlaufen kann.

Andererseits kann man in solchen Treffen ein typisches Element globalen Elitenaustauschs sehen, das Gerichte, die aus guten Gründen etwas weltentrückt agieren sollten, mit einer globalisierten Tunnelperspektive davor bewahrt, die gesellschaftliche Realität außerhalb zur Kenntnis zu nehmen – oder sich gegen sie zu immunisieren.[144] Man muss diese Kritik nicht überschätzen, aber auch nicht zur Gänze abtun. Auch demokratische Gemeinschaften neigen zu wechselseitiger Selbstabschließung durch die Beschränkung der Kommunikation auf Gleichgesinnte und Gleichgestellte. Diese Abschließungstendenzen sind zumindest im Auge zu behalten, um zu verhindern, dass sich gemeinsame Erfahrungen von Gerichten, die sich aus ihrer institutionellen Stellung ergeben, im Dialog nicht zu sehr wechselseitig verstärken.

VI. Fazit

Informelles Handeln des Bundesverfassungsgerichts sollte gründlicher begrifflich aufbereitet, analysiert und historisiert werden. Daraus könnten auch interessante Schlüsse für den Strukturwandel der Öffentlichkeit in der Bundesrepublik der letzten gut 60 Jahre folgen. Informelles Handeln folgt in aller Regel keinem Legalitätsmaßstab, seine im engeren Sinne rechtliche Betrachtung ist wenig interessant. Dagegen könnte eine analytische Aufbereitung dabei helfen, die Funktionsweise des Gerichts besser zu verstehen, ohne damit zugleich ohnehin falsche Theorien über den bedenklichen Charakter von Informalität auf das Gericht anzuwenden.

Bei der Untersuchung zeigte sich, dass das Gericht sich in einem verblüffend konsequenten Schema mit Hilfe informalen Handelns seinen Handlungsspielraum erweitert, um diese Erweiterung im Anschluss verrechtlichen und formalisieren zu lassen. Beim Status als Verfassungsorgan, beim Erlass einer Geschäftsordnung, bei der Einführung abweichender Meinungen und bei der Weiterentwicklung der Gerichtsöffentlichkeit fand es sich wieder. In allen Fällen hat das Gericht einen guten politischen Instinkt bewiesen. Zugleich hat es die Lücke gefüllt, die der in Angelegenheiten des Gerichts sehr vorsichtige Gesetzgeber gelassen hat. Inwieweit das Gericht ansonsten sein breites Repertoire an rechtlich nicht oder wenig determinierten Formen, mit der politischen Öffentlichkeit umzugehen, strategisch nutzt, ist nicht leicht zu sagen. Die innere Organisation, insbesondere die hohe wechselseitige Abhängigkeit der Mitglieder voneinander, dürfte es nicht immer ermöglichen, Außenkontakte strategisch zu durchdenken. Manche der hier vorgestellten Beispiele illustrieren freilich, dass dies dem Gericht möglich ist.

---

[144] So in der Tendenz *R. Hirschl*, Towards Juristocracy, 2004, 169 ff.

Informelles Handeln des japanischen Obersten Gerichtshofs[1]

Hidemi Suzuki

I. Der japanische Oberste Gerichtshof

Der japanische Oberste Gerichtshof (OGH = *Saiko-Saibansho*) ist Revisionsinstanz im Zivil- und Strafprozess. Die Verfassungsmäßigkeit staatlichen Handelns kann er nur dann überprüfen, wenn dies zur Lösung eines konkreten Streitfalls erforderlich ist (Art. 81 JV).[2] Der OGH besteht aus einem Präsidenten und 14 Richtern. Die 15 Richter arbeiten gemeinsam im Großen Senat (*Daihotei*) oder getrennt in kleinen Senaten (*Shohotei*). Von diesen kleinen Senaten gibt es beim OGH drei mit jeweils fünf Mitgliedern. Ich werde im Folgenden das informelle Handeln des OGH in drei Gruppen gliedern und analysieren, um die Funktionsweise des OGH insgesamt verständlich zu machen.

Neben seiner Tätigkeit als Gericht hat der OGH auch Kompetenzen in der Justizverwaltung.[3] Er kann über alle Personalfragen der unteren Instanzen des landeseinheitlichen Justizdienstes (*Kakyu-Saibansho*) entscheiden. Es gibt insgesamt etwa 3.800 Richter in Japan. Die Geschäftsstelle des OGH (*Saiko-Saibansho-Jimusokyoku*) spielt eine sehr große Rolle bei der Justizverwaltung. Nach § 12 Gerichtsgesetz werden die diesbezüglichen Kompetenzen durch Entscheidungen der Richterkonferenz des OGH (*Saibankan-Kaigi*) ausgeübt, die vom Präsidenten geleitet wird

---

[1] Die Vortragsform wurde, soweit der Lektüre nicht hinderlich, beibehalten.

[2] Vgl. *Tomoaki Kurishima*, Die Janusköpfigkeit des OGH als Revisions- und Verfassungsgericht – Gegenwartsprobleme und Zukunftsperspektiven, in: Zeitschrift für Japanisches Recht, Bd. 22, Nr. 44 (2017), S. 143 ff.

[3] Vgl. *Muneyuki Shindo*, Shiho Kanryo (Justizbeamte), 2009, S. 54 ff.; *Shinichi Nishikawa*, Nihon Shiho no Gyakusetsu (Das Paradox der japanischen Justiz), 2005, S. 100 ff.; *Jiro Nomura*, Saiko-Saibansho (Der OGH), 1987, S. 63 ff.

und der alle Richter des OGH angehören.[4] Tatsächlich übernimmt die Geschäftsstelle des OGH unter der Leitung des Generalsekretärs des OGH (*Saiko-Saibansho-Jimusocho*) diese Entscheidungen. Der Generalsekretär des OGH ist dessen wohl mächtigster Mann. Er sowie die anderen Direktoren der Geschäftsstelle sind zugleich Richter und der Generalsekretär wird auch als Schattenpräsident des OGH bezeichnet.[5] Der Generalsekretär wird im Anschluss an seine Amtszeit oft selbst Richter des OGH oder sogar dessen Präsident.[6] Im Jahr 2017 gab es drei Richter unter den 15 Richtern des OGH, die zuvor Generalsekretär des OGH waren.

Die Geschäftsstelle des OGH organisiert die Richterversammlung, an der Präsidenten von allen Gerichten (*Saibankan-Kaido-Kyogikai*) teilnehmen. Formell gibt die Richterversammlung allen Teilnehmern die Gelegenheit zum freien Meinungsaustausch. Aber die Geschäftsstelle des OGH nutzt diesen Rahmen, um den Teilnehmern eigene Meinungen über bestimmte Fragen mitzuteilen. Obwohl die Unabhängigkeit der Richter verfassungsrechtlich gewährleistet ist (Art. 76 Abs. 3 JV), übt die Geschäftsstelle des OGH durch die Richterversammlung einen wichtigen Einfluss auf andere Gerichte aus.[7]

Um die Richter des OGH zu unterstützen, arbeiten etwa 40 Richter unterer Instanzen als wissenschaftliche Mitarbeiter am OGH (*Saiko-Saibansho-Chosakan*),[8] die mehrheitlich um die 40 Jahre alt sind. Sie unterstützen zusammen die 15 Richter des OGH und sind für verschiedene Rechtsgebiete zuständig. Etwa 20 Mitarbeiter entfallen auf die zivilprozessualen, jeweils etwa zehn auf die strafprozessualen und die verwaltungsprozessualen Zuständigkeiten des OGH. Der OGH ernennt einen leitenden wissenschaftlichen Mitarbeiter, der die Tätigkeiten der anderen Mitarbeiter leitet und später oft selbst Richter des OGH wird.

---

[4] *Nishikawa* (Anm. 3), S. 110ff.

[5] Ausdruck bei *Shindo* (Anm. 3), S. 78.

[6] *Shigeo Kisa/Setsuo Miyazawa/Tetsuo Sato/Shiro Kawashima/Norio Mizutani/Keiichi Ageishi*, Textbook Gendai-Shiho (Japanese Judicial System), 6. Aufl. 2015, S. 143f.; *Shindo* (Anm. 3), S. 165ff.; *Nishikawa* (Anm. 3), S. 90ff.; *Masashi Hagiya* (Hrsg.), Nihon no Saibansho (Die historische Forschung über das japanische Gericht), 2004, S. 325ff.

[7] *Kisa/Miyazawa/Sato/Kawashima/Mizutani/Ageishi* (Anm. 6), S. 153ff.; *Nishikawa* (Anm. 3), S. 145ff.

[8] Vgl. *Masato Ichikawa/Shiro Okubo/Hiroshi Saito/Chihara Watanabe* (Hrsg.), Nihon no Saiko-Saibansho (Der japanische Oberste Gerichtshof), 2015, S. 234ff.; *Ryuji Yamada*, Saiko-Saibansho-Chosakan Seido no Naiyo (Das System der wissenschaftlichen Mitarbeitern am OGH), Hogaku Seminar Nr. 748 (2017), S. 53ff. Als rechtsvergleichende Forschung über die Rolle von wissenschaftlichen Mitarbeitern für die Verfassungsgerichtsbarkeit zwischen Deutschland, Frankreich, den USA, Kanada, Korea und Japan siehe *Eiji Sasada u. a.*, Kenpo-Saiban niokeru Chosakan no Yakuwari (The Functions of Law Clerks in the Constitutional Litigation), in: Hokudai Ronshu, Bd. 66, Nr. 2 (2015), S. 225ff.

II. Informelles Handeln zugunsten von Regierung und regierender Partei

Der OGH achtet sehr auf die Stellung der Regierung und der jeweils regierenden Partei. Man kann das schon anhand der Rechtsprechung des OGH erkennen. Der Großteil seines informellen Handelns zugunsten der Regierung und der jeweils regierenden Partei liegt jedoch unter der Oberfläche verborgen (sog. *Sontaku* = sog. vorauseilender Gehorsam gegenüber der Regierung und der regierenden Partei).

Ein sehr bekanntes Beispiel ist die Entscheidungspraxis zu Personalfragen des landeseinheitlichen Justizdienstes. Die Geschäftsstelle des OGH sammelt durch die Richterversammlung Informationen über die Richterinnen und Richter der unteren Instanzen und prüft nicht nur fachliche Fähigkeiten, sondern auch deren politische Neigung. Nach § 47 Gerichtsgesetz entscheidet der OGH darüber, wer in welchem Gericht das Richteramt antreten soll. Praktisch übt die Geschäftsstelle diese Kompetenz aus.[9] In den 1970er Jahren versuchte der OGH, solche Richter von den Ämtern auszuschließen, die zur *Japan Young Lawyers Association* gehörten, einer politischen Gruppierung, die sich beispielsweise gegen den Vietnam-Krieg richtete.[10] Richter, die der Vereinigung angehörten, hatten keine Aufstiegschancen. Im Jahr 1970 gab der damalige Generalsekretär des OGH (*Seiichi Kishi*) bekannt, dass Richter keinen politisch orientierten Gruppen angehören sollten, um das Vertrauen in die Gerechtigkeit ihrer Entscheidungen zu sichern,[11] freilich ohne die *Japan Young Lawyers Association* dabei namentlich zu nennen. Derselbe Generalsekretär wurde später auch Richter des OGH (1971–1978).

Die Richter der unteren Instanzen werden vom Kabinett nach einer vom OGH erstellten Liste der Nominierten berufen (Art. 80 Abs. 1 Satz 1 JV). Bei der Nominierung spielt die Geschäftsstelle des OGH eine große Rolle, obwohl im Jahr 2003 beim OGH eine beratende Kommission für die Nominierung eingeführt wurde.[12] Von den Mitgliedern dieser Kommission, die aus Richtern, Staatsanwälten, Rechtsanwälten oder Sachverständigen besteht, ernennt der OGH elf.

III. Informeller Einfluss auf die Rechtsdogmatik

Für einen Streitfall beim OGH ist jeweils ein wissenschaftlicher Mitarbeiter verantwortlich.[13] Dieser schreibt ein Votum, das die Richter des OGH ihrer richterlichen Beratung zugrunde legen. Der zuständige wissenschaftliche Mitarbeiter darf

---

[9] Zu den Hintergründen *Shinichi Nishikawa*, Saibankan Kanbujinji no Kenkyu (Research on Personnel Management of Senior Judges in Japan), 2010, S. 57 ff., Summary in English, S. 330 ff.

[10] *Nishikawa* (Anm. 3), S. 124 ff.; *Nomura* (Anm. 3), S. 79 ff.

[11] Saibansho-Jiho-Gogai v. 14.5.1970. Vgl. *Hagiya* (Anm. 6), S. 139.

[12] *Shindo* (Anm. 3), S. 146 ff.

[13] *Ichikawa/Okubo/Saito/Watanabe* (Anm. 8), S. 234 ff.

an der Beratung teilnehmen, sich aber nicht ungefragt äußern. Nach der Beratung schreibt er den Urteilsentwurf. Wichtige Entscheidungen veröffentlicht der OGH in seiner amtlichen Sammlung;[14] welche, entscheidet eine Kommission, die aus 6 Richter des OGH besteht.

Wenn der OGH ein Urteil in seiner amtlichen Sammlung veröffentlicht, schreibt ein wissenschaftlicher Mitarbeiter dazu eine Urteilsanmerkung (*Chosakan Kaisetsu*).[15] Urteilsanmerkungen, die wissenschaftliche Mitarbeiter geschrieben haben, werden in einer Zeitschrift (*Hoso Jiho*, Zeitschrift der Anwaltsvereinigung) veröffentlicht. Diese Praxis reicht bis in die Mitte der 1950er Jahre zurück. Damals waren die Anmerkungen noch sehr knapp (nur etwa 2 Seiten), heute schreiben wissenschaftliche Mitarbeiter des OGH sehr lange Urteilsanmerkungen, manchmal länger als die kommentierten Urteile. Auch inhaltlich gehen sie teilweise über die Urteile hinaus, gelegentlich sind sogar Meinungsunterschiede zwischen einem Urteil und der Anmerkung erkennbar. Für Richter unterer Instanzen, Staatsanwälte, Rechtsanwälte, Wissenschaftler[16] und auch Jurastudenten sind diese Urteilsanmerkungen eine wichtige Lektüre, wollen sie die Urteile des OGH besser verstehen.

Die wissenschaftlichen Mitarbeiter setzen mit ihren Urteilsanmerkungen Maßstäbe für zukünftige verfassungsrechtliche Entscheidungen und können so Einfluss auf die Verfassungsentwicklung ausüben. Es gibt einige unter Juristen sehr bekannte Urteilsanmerkungen. Das wohl bekannteste Beispiel ist diejenige, die *Toshimaro Kojo* über das Urteil des OGH vom 6.11.1974 (Urteil des Großen Senats)[17] geschrieben hat.[18] Das Urteil betrifft die Meinungsfreiheit von Beamten. Der OGH prüfte darin, ob das gesetzliche Verbot politischer Tätigkeiten für Beamte verfassungsmäßig ist. Kojo analysierte die Entscheidungen des OGH auf diesem Gebiet umfassend und entwickelte auch unter Berücksichtigung von Ansichten in der Wissenschaft einen neuen Maßstab dafür, inwieweit der Staat die Meinungsfreiheit einschränken darf. Dieser Maßstab ging als „Kojo-Theorie" in die Geschichte ein. Er hatte eine Zeit lang großen Einfluss auf die Entwicklung der Rechtsprechung[19] und löste eine heftige Diskussion in der Wissenschaft aus[20]. Ob diese Rolle, die den

---

[14] Vgl. *Ulrich Eisenhardt* u.a. (Hrsg.), Japanische Entscheidungen zum Verfassungsrecht in deutscher Sprache, 1998.

[15] *Ichikawa/Okubo/Saito/Watanabe* (Anm. 8), S. 245 ff.

[16] Etwa *Masahiko Kinoshita*, Saiko-Sai niokeru Kenpo Handan no Genkyo (Aktuelle Situation der verfassungsrechtlichen Entscheidungen des OGH – Analyse unter Berücksichtigung der Urteilsanmerkungen von wissenschaftlichen Mitarbeitern), in: Ronkyu Jurist, Nr. 23 (2017), S. 165 ff.

[17] OGH, Urteil vom 6.11.1974, in: Keishu, 28. Bd., 9. Heft, S. 393.

[18] Hoso Jiho, 27. Bd., 11. Heft (1975), 2188. Vgl. auch *Kojo Toshimaro*, Kenpo Kaishaku no Hori (Prinzip der Verfassungsinterpretation), 2005, S. 48 ff.

[19] Siehe zur Entwicklung der Rechtsprechung des OGH nach diesem Urteil *Ichikawa/Okubo/Saito/Watanabe* (Anm. 8), S. 255 ff.

[20] Statt vieler *Masahiro Sogabe*, Sarufutsu-Hanketsu Kojo Kaisetsu no Kento (Studien der Kojo-Anmerkung zum Sarufutsu-Urteil), in: Kokkoho-Jiken Jokokushin to Saiko-Saibansho (Zwei Fälle zum Beamtenrecht und der OGH), in: Horitsu Jiho Zokan, 2017, S. 121 ff.

Urteilsanmerkungen von wissenschaftlichen Mitarbeitern zukommt, juristisch gerechtfertigt werden kann, ist fraglich.

IV. Informelles Handeln in der Öffentlichkeit

Richter des OGH äußern sich nicht in der Öffentlichkeit, geben sehr selten Interviews, zum Beispiel bei ihrem Amtsantritt, aber insbesondere keine Interviews zu einzelnen Entscheidungen. Freilich haben viele ehemalige Richter des OGH ihre Memoiren veröffentlicht,[21] durch welche man einiges über ihre Arbeitsweise als Richter des OGH erfährt.[22] Im Internet veröffentlicht der OGH nach eigenen Angaben fast alle seiner Entscheidungen.

Obwohl der OGH mit explizit-informellem Handeln in der Öffentlichkeit sehr zurückhaltend ist, nimmt er bei seinen Entscheidungen große Rücksicht auf das Rechtsgefühl der Staatsbürger. Nach der Meinung des ehemaligen Richters des OGH *Tokiyasu Fujita*[23] (2002–2010) wird von den 15 Richtern am OGH erwartet, dass sie nicht nur auf Grundlage von prozessualen Fachkenntnissen, sondern auch nach dem „gesunden Menschenverstand (common sense)" eines Juristen urteilen (Fujita). Von einem Richter am OGH wird erwartet, in diesem Sinne eher ein „Weiser" als ein juristischer Spezialist zu sein (Fujita).

So hat der OGH zum Beispiel im Beschluss vom 4.9.2013 (Beschluss des Großen Senats)[24] eine Vorschrift des japanischen BGB (§ 900 Nr. 4 Vorbehaltsklausel) für verfassungswidrig erklärt, der zufolge uneheliche Kinder bei der Teilung der Erbschaft benachteiligt waren, und die der OGH im Beschluss vom 5.7.1995 (Beschluss des Großen Senats)[25] noch für verfassungsmäßig befunden hatte. Der Gesetzgeber plante damals eine Änderung des Gesetzes, die aber bis zum Jahr 2013 nicht verwirklicht wurde. Dann hat der OGH die Verfassungswidrigkeit der Vorschrift im Beschluss vom 4.9.2013 damit begründet, dass sich das Rechtsgefühl der

---

[21] Statt vieler *Koichi Yaguchi*, Saiko-Saibansho to tomoni (Mit dem OGH), 1993; *Masami Ito*, Saibankan to Gakusha no aida (Zwischen Richter und Wissenschaftler), 1993; *Masao Ono*, Bengoshi kara Saibankan he (Vom Rechtsanwalt zum Richter), 2000; *Itsuo Sonobe*, Saiko-Saibansho Junen (10 Jahre am OGH), 2001; *Shigeo Takii*, Saiko-Saibansho ha kawattaka (Hat sich der OGH verändert?), 2009; *Tokiyasu Fujita*, Saiko-Saibansho Kaikoroku (Memoiren am OGH), 2012; *Tokuji Izumi*, Watashi no Saiko-Saibansho-Ron (Gedanken zum OGH), 2013.

[22] Als eine verfassungsrechtliche Analyse der Tätigkeiten von 25 ausgewählten Richtern des OGH *Yasuyuki Watanabe/Satoshi Kinoshita/Ken Ogata* (Hrsg.), Kenpogaku kara mita Saiko-Saibansho Saibankan (Richter des OGH seit 70 Jahren aus verfassungsrechtswissenschaftlicher Sicht), 2017.

[23] *Tokiyasu Fujita*, Der Stellenwert des Obersten Gerichtshofs in der Japanischen Verfassung – Was erwartet die Gesellschaft: Höchste Fachkenntnisse oder sozialen „Common Sense"?, in: Zeitschrift für Japanisches Recht, Bd. 13, Nr. 26 (2008), S. 181 ff.

[24] OGH, Beschluss vom 4.9.2013, Minshu, 67. Bd., 6. Heft, S. 1320.

[25] OGH, Beschluss vom 5.7.1995, Minshu, 49. Bd., 7. Heft, S. 1789.

Staatsbürger zwischenzeitlich gewandelt habe.[26] Eigentlich kommt natürlich dem Gesetzgeber die Rolle zu, auf die Veränderungen in der Gesellschaft mit Gesetzesänderungen zu reagieren. Hier musste der OGH tätig werden, weil der Gesetzgeber auf dem Gebiet des Familienrechts sehr konservativ ist und vorsichtig vorgeht.

V. Der OGH und die Forschungsgesellschaft für das deutsche Verfassungsrecht

Die Forschungsgesellschaft für das deutsche Verfassungsrecht (FdV: *Doitsu Kenpo Hanrei Kenkyukai*),[27] die im Jahr 1992 von *Hisao Kuriki* und *Koji Tonami* in Japan gegründet wurde, hatte bisher keinen engen Kontakt mit dem OGH. Am 21.3. 2017 jedoch wurde ich vom damaligen leitenden wissenschaftlichen Mitarbeiter des OGH (*Michiharu Hayashi*)[28] für einen Vortrag eingeladen und sprach vor den wissenschaftlichen Mitarbeitern des OGH über das Bundesverfassungsgericht (BVerfG) und seine Rechtsprechung. Danach haben wir eine Arbeitsgemeinschaft zur Rechtsprechung des BVerfG gegründet, an der die Richter des Landgerichts Tokio und die Mitglieder der FdV zusammen teilnehmen sollten, da Richter des Landgerichts Tokio eine große Chance darauf haben, zukünftig wissenschaftliche Mitarbeiter des OGH zu werden. Ziel der Arbeitsgemeinschaft ist es, jungen Richtern des Landgerichts Tokio die Rechtsprechung des BVerfG näherzubringen. Am 25. Juli 2017 nahm die Arbeitsgemeinschaft an der Keio-Universität ihre Tätigkeit auf. Wir treffen uns alle vier Monate an der Keio-Universität oder beim Landgericht Tokio und wollen dies künftig fortführen. Ich hoffe, dass sie zur Entwicklung der Rechtsprechung des OGH auf dem Gebiet des Verfassungsrechts einiges beitragen kann.

---

[26] S. dazu genauer den Beitrag von *Motoi Miyaji*, in diesem Band S. 215–228.

[27] Die Forschungsgesellschaft für das deutsche Verfassungsrecht (FdV) hat bisher insgesamt 337 Urteilsanmerkungen des Bundesverfassungsgerichts zwischen 1951 und 2013 in japanischer Sprache in folgenden vier Bänden publiziert: *Doitsu Kenpo Hanrei Kenkyukai* (Hrsg.), Doitsu no Kenpo Hanrei (Wichtige Entscheidungen des Bundesverfassungsgerichts I), 2. Aufl. 2003; dies., Doitsu no Kenpo Hanrei II (Wichtige Entscheidungen des Bundesverfassungsgerichts II), 2. Aufl. 2006; dies., Doitsu no Kenpo Hanrei III (Wichtige Entscheidungen des Bundesverfassungsgerichts III), 2008; dies., Doitsu no Kenpo Hanrei IV (Wichtige Entscheidungen des Bundesverfassungsgerichts IV), 2017.

[28] Seit Januar 2018 ist *Michiharu Hayashi* der Präsident des Oberlandesgerichts Tokio.

Teil III

Pro et contra der Urteilsverfassungsbeschwerde

Pro et contra der Urteilsverfassungsbeschwerde

Matthias Cornils

I. Grundsätzliches

1. Urteilsverfassungsbeschwerde: Irritierende Wertschätzung des Außerordentlichen

Die Verfassungsbeschwerde zum deutschen Bundesverfassungsgericht ist die „institutionalisierte Hoffnung auf Erlösung vom Leiden am positiven Recht" (Roellecke).[1] Sie ist „außerordentlicher"[2] oder „eigengearteter"[3] Rechtsbehelf, nicht reguläres Rechtsmittel. Gerade ihr Regelfall, die Beschwerde gegen in der ordentlichen Gerichtsbarkeit (dieser Begriff hier weit, alle „Fachgerichtsbarkeiten"[4] umfassend, verstanden) nicht mehr angreifbare Gerichtsurteile, tritt zu dem schon durch Art. 19

---

[1] *Gerd Roellecke*, Das Problem einer Reform der Verfassungsgerichtsbarkeit, JZ 2001, 114 (119).

[2] BVerfGE 18, 315 (325); 68, 376 (379f.).

[3] *Klaus Schlaich/Stefan Korioth*, Das Bundesverfassungsgericht, 10. Aufl. 2015, Rn. 194.

[4] Die Begriffsverwendung Fachgericht/Fachrichter in Gegenüberstellung zur Verfassungsgerichtsbarkeit ist bekanntermaßen unsauber und problematisch (*Wolfgang Löwer*, in: Isensee/Kirchhof, HStR III, 3. Aufl. 2005, § 70 – Zuständigkeiten und Verfahren des Bundesverfassungsgerichts, Rn. 204, Fn. 1690) und doch allgegenwärtig – vielleicht auch mangels besserer, ebenso griffiger Alternative unvermeidlich.

Abs. 4 GG und das Rechtsstaatsprinzip garantierten[5] umfassenden gerichtlichen Grundrechtsschutz durch die Verwaltungs-, Zivil- und Strafgerichte hinzu und prägt diesen zugleich durch permanent stattfindende korrigierende Einwirkung. Indem die eigenständige Verfassungsgerichtsbarkeit noch einmal Einzelfallentscheidungen der Gerichte zu überprüfen hat, obwohl diese doch im Justizstaat des Grundgesetzes schon so gründlich, professionalisiert und in einem elaborierten Rechtsmittelsystem wie kaum irgendwo sonst auf der Welt für die Herrschaft des Rechts sorgen, gerät das Bundesverfassungsgericht in eine seit jeher und immer aufs Neue irritierende Spannung gegenüber den anderen – eigentlichen – Gerichten. Von Anfang an – schon in der Gründungszeit der Bundesrepublik[6] – ist daher gerade die Urteilsverfassungsbeschwerde als verfassungsgerichtliche Verfahrensart umstritten gewesen[7] und sie gilt auch heute noch, interessanterweise mehr als die demokratisch doch mindestens so problematische Normverwerfungsbefugnis, als legitimatorisch besonders prekär.

Gemeinhin im Vordergrund steht dabei das alte Dauerproblem der Funktions- und Zuständigkeitsabgrenzung: Das BVerfG soll auch im Verfassungsbeschwerdeverfahren nur die Grundrechte oder doch, wenn schon nicht nur diese, so doch immerhin nur das *Verfassungsrecht* des Grundgesetzes[8] zur Geltung bringen, ggf. auch korrigierend, wo es zuvor, in den Entscheidungen der ordentlichen Gerichte, verkannt worden ist. Es soll aber die Hände lassen von der Auslegung und Anwendung des einfachen Rechts. Indes hat sich schon lange herumgesprochen und unterdessen zu einem Gemeinplatz verdichtet, dass diese Abschichtung und Beschränkung gar nicht möglich ist,[9] wenn doch weite Teile des Verwaltungs-, Privat- und Strafrechts selbst heute grundrechtlich durchdrungen und überformt sind.[10] Mag man diese Frage der Funktionsabgrenzung innerhalb des Justizsystems – also

[5] BVerfGE 107, 395, Rn. 15 ff.

[6] *Christoph Schönberger*, Anmerkungen zu Karlsruhe, in: Matthias Jestaedt/Oliver Lepsius/Christoph Möllers/Christoph Schönberger, Das entgrenzte Gericht. Eine kritische Bilanz nach sechzig Jahren Bundesverfassungsgericht, 2011, 11 (28 f.); *Schlaich/Korioth*, Bundesverfassungsgericht (Anm. 3), Rn. 198 („Unsicherheit" im Parlamentarischen Rat). Die Verfassungsbeschwerde ist erst 1951 mit Änderung des BVerfGG eingeführt worden und hat erst 1969 Erwähnung im Grundgesetz (Art. 93 Abs. 1 Nr. 4a) gefunden.

[7] Zur Diskussion *Willi Geiger*, Gesetz über das Bundesverfassungsgerichtsgesetz vom 12. März 1951, Kommentar, 1952, Vorbem. vor § 90 Anm. 3; *Löwer* (Anm. 4), § 70 Rn. 163.

[8] Der mit dem Legalitätsprinzip gewährleistete formelle Grundrechtsschutz (kein Eingriff ohne – gültiges, d. h. verfassungsmäßiges – Gesetz) führt bekanntlich zur Maßstäblichkeit auch objektiver, an sich nicht individualberechtigender Verfassungsnormen im Verfassungsbeschwerdeverfahren, BVerfGE 6, 32 (41) – „Elfes"; näher *Matthias Cornils*, in: Isensee/Kirchhof, HStR VII, 3. Aufl. 2009, § 168 – Allgemeine Handlungsfreiheit, Rn. 89 ff.; *Schlaich/Korioth*, Bundesverfassungsgericht (Anm. 3), Rn. 221.

[9] *Fritz Ossenbühl*, Verfassungsgerichtsbarkeit und Fachgerichtsbarkeit – Gedanken zur Wahrung der Verfahrensgrundrechte, in: FS Ipsen, 1977, 129 (137); *Schlaich/Korioth*, Bundesverfassungsgericht (Anm. 3), Rn. 285; *Rüdiger Zuck*, Die Stellung des Bundesverfassungsgerichts im Verfassungsgefüge, DVBl. 1979, 383 (388).

[10] *Jörn Ipsen*, Verfassungsprivatrecht, JZ 2014, 157 (161 f.).

zwischen ordentlichen Zuständigkeiten und der außerordentlichen Verfassungsbeschwerde – als solche noch als überbewertet abtun oder in eine Nebenrolle verweisen können,[11] so spiegelt sie doch tiefergehende Gerechtigkeitsprobleme der Einzelfall-, also der Urteilsverfassungsbeschwerde: Da es wenig Grund gibt, anzunehmen, dass Entscheidungen im Verfassungsbeschwerdeverfahren juristisch besser sind als die Gerichtsurteile, die ihr Gegenstand sind, jedenfalls nicht aufs Ganze gesehen, kann der Sinn der Verfassungsbeschwerde schwerlich darin bestehen, Einzelfallgerechtigkeit durch qualitativ höherwertige Rechtsprechung in einer zusätzlichen Aufsichtsinstanz zu erhöhen. Von dieser Einsicht her – und auch noch aus anderen, später noch anzusprechenden Gründen – hat man immer wieder die Legitimation der Urteilsverfassungsbeschwerde überhaupt in Frage gestellt und immer wieder auch ihre Abschaffung gefordert:[12] Da die Verfassungsbeschwerde den Immediatssuppliken der absolutistischen Monarchie vergleichbar scheint, also den gleichfalls außerordentlichen Individualpetitionen gegen Verwaltungsentscheidungen oder Gerichtsurteile unmittelbar zum Monarchen, ist aus der historischen – durchaus negativen – Erfahrung mit dem Gerechtigkeitswert dieser Institution eine Vermutung hergeleitet worden, dass auch diese moderne Verfassungsbeschwerde, Wiedergänger jener alten Supplik aus vordemokratischer Zeit, eher ein Faktor ist, der wie seinerzeit das Eingreifen Friedrichs II. im Müller-Arnold-Fall[13] „den Lauf der Gerechtigkeit hemmt".[14]

Aber es ist eben die seit Jahrzehnten ungebrochene Wertschätzung der Verfassungsbeschwerde in der Bevölkerung, die gerade mit diesem Faktor ziemlich sicher zu tun hat, eine Wertschätzung, die sich dann auch der Institution selbst, also dem Bundesverfassungsgericht, mitteilt und am Ende das ganze staatliche und verfassungsrechtliche System stabilisiert. Gerade die nicht unproblematische Interventionsmacht des BVerfG im Verfassungsbeschwerdeverfahren hat in der Bevölkerung ein erstaunliches Maß an Gerechtigkeitsvertrauen begründet, das Gericht in die Rolle eines „Grundrechtspatrons" gebracht,[15] zu dem Zuflucht[16] genommen werden kann, wenn die regulären staatlichen Stellen und Gerichte mit

---

[11] *Christoph Möllers*, Legalität, Legitimität und Legitimation des Bundesverfassungsgerichts, in: Das entgrenzte Gericht (Anm. 6), S. 281 (295).

[12] *Richard Thoma*, Rechtsgutachten betreffend die Stellung des Bundesverfassungsgerichts, erstellt auf Ersuchen des Bundesjustizministeriums im März 1953, JöR 6 (1957), 161 (184 f.); *Peter Kauffmann*, Die Abschaffung der Urteilsverfassungsbeschwerde, RuP 1998, 29 ff.; *Christian Pestalozza*, Die wider Willen sperrende Bundeslücke bei der Sicherungsverwahrung, JZ 2004, 605 (609 f.); *Zuck*, Stellung (Anm. 9), 388; in Betracht gezogen auch von *Andreas Voßkuhle*, in: v. Mangoldt/Klein/Starck, Grundgesetz, 3. Bd., 7. Aufl. 2018, Art. 93 Rn. 166.

[13] Gute Darstellung bei *Tilman Repgen*, in: Ulrich Falk/Michele Luminati/Mathias Schmoeckel (Hrsg.), Fälle aus der Rechtsgeschichte, 2008, S. 223 ff.

[14] *Roellecke*, Problem (Anm. 1), 119.

[15] *Michael Kloepfer*, Ist die Verfassungsbeschwerde unentbehrlich?, DVBl. 2004, 676 (679).

[16] *Löwer* (Anm. 4), § 70 Rn. 163.

ihrer Juristerei nur Enttäuschungen zu bieten haben.[17] Offenbar geht es bei dieser vertrauensbegründenden Rolle des Verfassungsgerichts um schwer Greifbares, um Eigenschaften und Wirkungen, die gerade wegen ihrer Exzeptionalität tief in das kollektive Bewusstsein der Gesellschaft einstrahlen und dieses für die Institution BVerfG einnehmen: So scheint eben das Außerordentliche, das autoritär-erratische Moment einer immer nur gelegentlich, in ihren Entscheidungen ziemlich unberechenbar und selbst niemandem mehr verantwortlich in die geschlossenen Systeme der Rechtsproduktion und -sprechung hineingreifenden Überinstanz, wie es das BVerfG im Verfassungsbeschwerdeverfahren ist, große Anziehungs- und integrative Kraft zu entfalten. Um noch ein letztes Mal *Gerd Roellecke* zu zitieren: „Die Verfassungsbeschwerden entparadoxieren das unauflösliche Paradox von materieller Gerechtigkeit und Rechtssicherheit, indem sie sich an eine Instanz wenden, die so weiß und rein erscheint, wie ein Milchmädchen unter Schornsteinfegern."[18]

Geht es also bei der Urteilsverfassungsbeschwerde als Rechtsbehelf nur nachrangig um ihren Beitrag zum Individualrechtsschutz in den konkret entschiedenen Fällen[19] (den es natürlich in einzelnen Fällen des offensichtlichen Versagens von Gerichten immer wieder einmal geben kann), sondern viel eher um die gerade beschriebenen kollektiv-psychischen Effekte, so erschöpfen sich doch ihr Sinn und ihre Rechtfertigung darin keineswegs: Gewichtige Gründe für die Institution können vor allem in der sogenannten objektiven Funktion der Verfassungsbeschwerde[20] liegen, die dann mittelbar natürlich auch wieder Rückwirkungen auf den individuellen Grundrechtsschutz der Subjekte hat, freilich nicht unbedingt gerade derjenigen, die Beschwerdeführer in den jeweiligen Verfahren sind. Der Zusammenhang zwischen materiellem Verfassungsrecht und prozessualer Verfahrensart, zwischen Grundrechtstheorie und -dogmatik und Urteilsverfassungsbeschwerde ist für deren Bedeutung und Legitimation zentral. Das ist lange erkannt und viel beschrieben,[21] nicht selten allerdings mit eher skeptischer oder kritischer Tendenz und in der Perspektive meist auch mit dem Blick von den elaborierten

---

[17] Besonders eindrücklich dann, wenn sich die Grundrechts-Ignoranz von Fachgerichten aus eigenem Interesse oder eigener Empfindlichkeit der Justiz oder des Juristenstandes nährt, daher deren Selbstkorrekturkräfte auch über Instanzenzüge hinweg ausfallen und erst und nur das BVerfG die Fachgerichtsbarkeit zur grundrechtlichen Räson bringen kann, s. z.B. BVerfG (K), NJW 2017, 2606 – Aufhebung eines Strafurteils wegen Beschreibung einer gerichtlichen Verhandlung als „Musikantenstadl"; Grenzfall: BVerfG (K), NJW 2016, 2870 – „durchgeknallte Staatsanwältin".

[18] *Roellecke*, Problem (Anm. 1), 119.

[19] *Schlaich/Korioth*, Bundesverfassungsgericht (Anm. 3), Rn. 20: „Man wird sogar sagen können, dass das BVerfG bei der Anwendung der Verfassung auf den Einzelfall im Verfahren der Verfassungsbeschwerde für den individuellen Grundrechtsschutz nicht bewirkt, was nicht auch die übrigen Gerichte leisten können."

[20] BVerfGE 33, 247 (259); im Überblick dazu *Ernst Benda/Eckart und Oliver Klein*, Verfassungsprozessrecht, 3. Aufl. 2012, Rn. 435 ff.

[21] *Matthias Jestaedt*, Phänomen Bundesverfassungsgericht. Was das Gericht zu dem macht, was es ist, in: Das entgrenzte Gericht (Anm. 6), S. 119 ff.

Grundrechtslehren zur daraus sich speisenden institutionellen Machtposition des Bundesverfassungsgerichts. Mindestens so wichtig scheint indes die umgekehrte Relation, also von der Urteilsverfassungsbeschwerde auf die Entwicklung des Grundrechtsdenkens. Darauf wird zurückzukommen sein.

2. Urteilsverfassungsbeschwerde: Charakteristika

Die Verfahrensart der Urteilsverfassungsbeschwerde hat die Rechtsprechung des Bundesverfassungsgerichts von Anfang an ganz maßgeblich beherrscht.[22] Von 1951 bis 2016 sind von den 226.107 anhängig gemachten Verfahren 218.427 Verfassungsbeschwerden gewesen (96,61 %), seit 2006 werden kontinuierlich ca. 6.000 Verfahren jährlich anhängig gemacht, bei zuletzt stagnierender, in den letzten beiden Jahren sogar leicht rückläufiger Tendenz.[23] Urteilsverfassungsbeschwerden machen 93 % aller Verfassungsbeschwerden aus (Grund: Erfordernis der unmittelbaren Beschwer, die regelmäßig erst durch einen gesetzesanwendenden Einzelakt vermittelt wird, gegen den vorrangig gerichtlicher Rechtsschutz anzustreben ist, § 90 Abs. 2 Satz 1 BVerfGG).

Ganz wesentlich wird die anfallende Flut von Verfassungsbeschwerden von den mit drei Richtern besetzten Kammern (früher: Vorprüfungsausschüssen) bewältigt (Entscheidungen 1951–2016: 191.108 im Verhältnis zu 4.089 Senatsentscheidungen; 2016: 5.654 Kammerentscheidungen gegenüber 13 Senatsentscheidungen).

Die Erfolgsquote ist insgesamt gering (ca. 2 %); dabei nehmen die Kammern durch das Annahmeverfahren eine überaus wirksame Filterfunktion wahr: Die Zahl der Kammer-Nichtannahmebeschlüsse beträgt zuletzt jährlich mehr als 98 %, korrespondierend diejenige der Stattgaben unter 2 % (2016: 109 Stattgaben bei 5.778 Nichtannahmen). Unter den – in den letzten Jahren je zwischen zehn und fünfzehn – Senatsentscheidungen erreichen die stattgebenden Entscheidungen einen beachtlichen Anteil (2013 und 2015 sogar erheblich überwiegend).

Die funktionale Ambivalenz der Verfassungsbeschwerde ist ihr wohl prägendstes Kennzeichen, aber auch Problem: Sie verspricht zunächst Rechtsschutz für Jedermann und gewährt ihn tatsächlich doch nur ganz exklusiv, und zwar nach Maßgabe auch objektiv ausgerichteter und zugleich restriktiver Annahmevoraussetzungen. Die Urteilsverfassungsbeschwerde ermöglicht umfassenden rechtsaufsichtlichen Zugriff, eine Möglichkeit, die zwar vom BVerfG im Ausgangspunkt und Grundsatz seit jeher zurückgewiesen wird („keine Superrevisionsinstanz“[24]), von der aber

---

[22] *Jestaedt*, Phänomen (Anm. 21), S. 114 ff.; *Kloepfer*, Verfassungsbeschwerde (Anm. 15), 679, der der Verfassungsbeschwerde aber – wohl zu Unrecht – eine „relativ geringe verfassungsdogmatische Bedeutung“ attestiert („starke Popularität, aber relativ geringe [juristische] Effektivität“).

[23] Zahlen: Statistik des BVerfG; http://www.bundesverfassungsgericht.de/DE/Verfahren/Jahres statistiken/jahresstatistiken_node.html.

[24] BVerfGE 7, 18 (207); 30, 173 (196 f.); 52, 131 (157), st. Rspr.

eben doch immer wieder, fallgruppenabhängig ausdifferenziert, Gebrauch gemacht wird, namentlich in Fällen hoher Eingriffsintensität[25] und bei der schlechterdings unvertretbaren Anwendung einfachen Rechts (Willkürkontrolle).[26] In der Reichweite dieses Zugriffs ist die Verfassungsbeschwerde zunächst ein kontingent-punktuell einsetzendes Instrument des Individualrechtsschutzes. Sie ist aber vor allem und mit deutlich größerer Bedeutung prozessualer Hebel für die Entfaltung, Fortentwicklung und Bewahrung des Verfassungsrechts durch das Bundesverfassungsgericht in überindividueller, den Ausgangsfall übersteigender Perspektive.

II. Für und Wider

1. Legitimität und Frustrationsrisiko

Der Urteilsverfassungsbeschwerde verdankt das Bundesverfassungsgericht den Großteil seiner Reputation und damit *Legitimität*, obwohl gerade diese Verfahrensart nach verbreiteter Auffassung mit den relativ größten *Legitimations*problemen verbunden ist.[27] Dabei ist die Legitimität natürlich auch ein wichtiger Legitima-

[25] BVerfGE 82, 43 (51): „intensivierte Kontrolle"; s. auch die Rechtsprechung zu Art. 103 Abs. 2 GG, s. z. B. BVerfGE 126, 170, – „Untreue (§ 266 StGB)", Rn. 81: „Bei der verfassungsrechtlichen Überprüfung, ob die Strafgerichte diesen aus Art. 103 Abs. 2 GG folgenden Vorgaben gerecht geworden sind, ist das Bundesverfassungsgericht nicht auf eine Vertretbarkeitskontrolle beschränkt. Der in Art. 103 Abs. 2 GG zum Ausdruck kommende strenge Gesetzesvorbehalt erhöht die verfassungsgerichtliche Kontrolldichte"; ferner die Rechtsprechung zur Strafbarkeit künstlerischer Äußerungen, s. etwa BVerfGE 75, 369 – „Strauß-Karikatur", Rn. 15: „Auch in Verfahren, in denen die Verletzung der Kunstfreiheit gerügt wird, ist es nicht Aufgabe des Bundesverfassungsgerichts, fachgerichtliche Entscheidungen daraufhin zu überprüfen, ob sie einfachrechtlich ‚richtig' sind [...]. Die Grenzen seiner Eingriffsbefugnisse hat das Gericht allerdings stets daran ausgerichtet, mit welcher Intensität die fachgerichtliche Entscheidung die Sphäre des Verurteilten trifft. Deshalb hat es strafrechtliche Sanktionen für Handlungen, für die der Betroffene die Freiheit der Meinungsäußerung oder der Kunst beanspruchte, regelmäßig einer strengen Kontrolle unterworfen. Es hat sich nicht mit der sonst üblichen Prüfung [...] begnügt, ob die angegriffenen Entscheidungen auf einer grundsätzlich unrichtigen Auffassung von Bedeutung und Tragweite des in Anspruch genommenen Grundrechts beruhten, sondern die Auslegung des einfachen Rechts auch in ihren Einzelheiten auf ihre Vereinbarkeit mit den Grundrechten untersucht".

[26] BVerfGE 4, 1 (7); 80, 48 (51): „[...] nicht bereits dann verstoßen, wenn die angegriffene Rechtsanwendung oder das dazu eingeschlagene Verfahren fehlerhaft sind. Hinzu kommen muß vielmehr, daß Rechtsanwendung oder Verfahren unter keinem denkbaren Aspekt mehr rechtlich vertretbar sind und sich daher der Schluß aufdrängt, daß die Entscheidung auf sachfremden und damit willkürlichen Erwägungen beruht.", ferner z. B.: BVerfGE 62, 338 (343); 64, 389 (394). Eine weitere (umstrittene) Fallgruppe bilden die Verstöße gegen Verfahrensgrundrechte, s. *Ossenbühl*, FS Ipsen (Anm. 9), 131; s. zum allerdings zurückhaltenden Prüfmaßstab des BVerfG bei Art. 101 Abs. 1 Satz 2 GG (nur Willkürkontrolle) neuerdings *Daniel Wolff*, Willkür und Offensichtlichkeit, AöR 141 (2016), 41 (58 ff.).

[27] Verwendung der Begriffe Legitimität (i. S. v. Akzeptanz) und Legitimation (i. S. v. Rechtfertigung) hier wie bei *Möllers*, Legalität (Anm. 11), S. 281 (297 ff.).

tionsfaktor. Das Gericht wird als Bürgergericht[28] geradezu mit der Verfassungsbeschwerde identifiziert[29] – während die anderen Verfahrensarten (vor allem die Staatsgerichtshof-Kompetenzen) kaum Identifikationspotential haben und die hier getroffenen Entscheidungen meist eher nur Fachkreise und den politischen Betrieb interessieren. Das ganz vornehmlich der Verfassungsbeschwerde – und sicherlich nicht dem Verfassungsorganstatus! – zu verdankende Vertrauen in das Bundesverfassungsgericht[30] stabilisiert darüber hinaus mittelbar auch Vertrauen in die staatliche Ordnung, und zwar gerade auch dadurch, dass sich das Gericht als dem System zwar zugehörige, aber in diesem System doch als Widerlager des ordinären Justizbetriebs wirkende Zuflucht der Gerechtigkeitsgewähr behauptet.

Wie bei den alten Immediatssuppliken der Monarch profitiert von der Verfassungsbeschwerde vor allem das Gericht, der Beschwerdeführer hingegen nur ganz selten. Die geringe Erfolgsquote und auch das an sich doch prekäre Auseinanderfallen von Jedermann-Versprechen und (in objektiven Annahmekriterien) drastisch verengter Exklusivität der tatsächlichen Schutzgewährung scheinen indes bisher das allgemeine Vertrauen in das Bundesverfassungsgericht nicht wirklich zu erschüttern. Die konstant hohen Eingangszahlen und die anhaltende Beliebtheit des Gerichts deuten nicht darauf hin, dass die negativen Frustrationseffekte den durch die Möglichkeit der Verfassungsbeschwerde erzielten Ansehensgewinn aufzehren.[31] Offenbar kommt es insoweit weniger auf die Erfahrungen der individuellen Beschwerdeführer und ihr „Recht-bekommen“ an als auf das kollektive Bewusstsein von der Existenz jener „letzten Instanz“ in Karlsruhe. Vertrauensbildend mag schließlich auch die sorgfältige Begründungskultur des BVerfG wirken,[32] selbst in dem einen oder anderen Unterliegensfall.

2. *Grundrechtslehren und Urteilsverfassungsbeschwerde*

Bei der Urteilsverfassungsbeschwerde geht es nicht nur um Prozessrecht, sondern immer auch um den Bezug zum materiellen Verständnis der Grundrechte. Dieser Zusammenhang von bis in die Qualitätszeitungen hinein so genannter „Grundrechtsklage“ und den Grundrechten ist viel erörtert, aber doch nicht so trivial, wie es scheint, weil dabei verschiedene Wechselwirkungen in Betracht zu nehmen sind. Zum einen hat auch die legitimitätsspendende Kraft der Urteilsverfassungsbeschwerde, von der eben schon die Rede war, etwas mit der Wirkmacht

---

[28] *Peter Häberle*, Die Verfassungsbeschwerde im System der bundesdeutschen Verfassungsgerichtsbarkeit, JöR 45 (1997), S. 89 (112ff.).

[29] Betonung der Jedermann-Zugänglichkeit als Legitimitätsfaktor bei *Ulli F. H. Rühl*, Die Funktion der Verfassungsbeschwerde für die Verwirklichung der Grundrechte, KritV 1998, 156ff.

[30] *Winfried Hassemer*, Politik aus Karlsruhe?, JZ 2008, 1 (8).

[31] Es lässt sich nicht sagen, dass sich die Prognose *Zucks*, Stellung (Anm. 9), 385: „Irgendwann wird sich einmal herumsprechen, dass die Verfassungsbeschwerde kein aussichtsreicher Rechtsbehelf ist“, bisher erfüllt hätte.

[32] *Jestaedt*, Phänomen (Anm. 21), S. 77 (110).

der Grundrechte selbst zu tun: Die hohen Erwartungen in die Verfassungsbeschwerde sind sicherlich immer auch Erwartungen in die Leistungsfähigkeit grundrechtlicher Maßstäbe – für die Anerkennung und den Schutz individueller Freiheitsinteressen, aber auch für die Bewältigung gesellschaftlicher Konflikte. Die entwickelte Grundrechtskultur des Grundgesetzes bedingt den Erfolg der Urteilsverfassungsbeschwerde.

Dies gilt aber auch umgekehrt: Wenn die Verfassung und vor allem deren Grundrechtsteil wesentlicher und weithin anerkannter Ordnungsrahmen für die gesellschaftliche Selbst-Verständigung in Deutschland geworden sind, ist diese Vergrundrechtlichung des gesamten Rechtsdenkens, aber auch der politischen Diskurse ohne die prozessual mit weitem Abstand bedeutendste Verfahrensart beim Bundesverfassungsgericht nicht zu denken.[33]

Diesen Bedingungszusammenhang kann man freilich auch ins Skeptische oder sogar Negative wenden – und solche Kritik findet sich häufig: Die Entscheidungskompetenz des BVerfG in der Urteilsverfassungsbeschwerde erscheint danach in problematischer Weise entgrenzt, weil ihr Entscheidungsmaßstab, also die Grundrechte, schon früh durch die Rechtsprechung des BVerfG expansiv verstanden worden ist, insbesondere durch die Thesen der gegenständlichen Lückenlosigkeit des Grundrechtsschutzes,[34] des – nur und erst über die Figur des „spezifischen Verfassungsrechts" wieder mühsam zurückgeschnittenen[35] – grundrechtlichen Anspruchs auf die Gesetzmäßigkeit staatlicher Eingriffe,[36] der umfassenden Bindung aller staatlichen Eingriffsgewalt an den Verhältnismäßigkeitsgrundsatz[37] und der Mehrdimensionalität des Grundrechtsschutzes, vor allem also der Anerkennung der Grundrechtswirkung im Privatrechtsverhältnis.[38]

Die so begründete Ubiquität des formellen und materiellen Grundrechtsschutzes sorgt für nie versiegenden Nachschub an Urteilsverfassungsbeschwerden – und gibt dem Bundesverfassungsgericht wiederum die Hebel in die Hand, den Grundrechtsschutz ubiquitär einzufordern und ggf. durchzusetzen.[39] Die Urteilsverfassungsbeschwerde ist so wichtiges, wenn nicht überhaupt entscheidendes Instrument der Konstitutionalisierung der Rechtsordnung, wie wir sie seit langem kennen und

---

[33] *Rüdiger Zuck*, Das Recht der Verfassungsbeschwerde, 4. Aufl. 2013, Rn. 109 ff.

[34] Anerkennung des Grundrechtsschutzes allgemeiner Handlungsfreiheit, BVerfGE 6, 32 (36) – „Elfes"; 54, 143 (144) – „Taubenfüttern"; 80, 137 (154 f.) – „Reiten im Walde".

[35] BVerfGE 18, 85 (92); 81, 29 (31 f.); 82, 6 (11); 115, 320 (367).

[36] BVerfGE 56, 99 (107 f.); 61, 68 (74 f.); *Cornils* (Anm. 8), § 168 Rn. 89 ff.; *Löwer* (Anm. 4), § 70 Rn. 191; *Wolfgang Roth*, Die Überprüfung fachgerichtlicher Urteile durch das Bundesverfassungsgericht und die Entscheidung über die Annahme einer Verfassungsbeschwerde, AöR 121 (1996), 544 (547 [„Dilemma"]); *Schlaich/Korioth*, Bundesverfassungsgericht (Anm. 3), Rn. 17 ff.

[37] BVerfGE 7, 377, Rn. 70 ff. – „Apotheke"; 19, 342 (347 ff.); 29, 312 (316); 61, 126 (134); *Robert Alexy*, Theorie der Grundrechte, 1985, S. 100 ff.

[38] BVerfGE 7, 198, Rn. 26 ff. – „Lüth"; 89, 214, Rn. 52 ff.

[39] *Rainer Wahl*, Die Reformfrage, in: FS 50 Jahre BVerfG, Bd. I, 2001, 461 (474); *Löwer* (Anm. 4), § 70 Rn. 163.

immer wieder auch in ihrer Tendenz, gesetzliche oder fachdogmatische Begriffs- und Strukturbildungen zu überspielen, kritisch begleiten.[40] Es liegt natürlich nahe, auch das Andere – die Urteilsverfassungsbeschwerde – kritisch zu sehen, wenn man das Eine – die grundrechtliche Konstitutionalisierung – kritisch sieht.

Soweit allerdings die Kritik an der Urteilsverfassungsbeschwerde und den damit verbundenen Kompetenzentgrenzungen in Wahrheit eigentlich in der Skepsis gegenüber den etablierten Grundannahmen von Theorie und Dogmatik der Grundrechte gründet, sollte dies auch klar eingestanden werden. Dass indes ein überzeugendes Grundrechtskonzept der Gegenwart wirklich hinter die Positionen des Elfes-, Lüth- und Apothekenurteils und der Schutzpflichtendogmatik zurückgehen sollte oder auch nur – angesichts entsprechender EMRK-Bindungen – könnte, erscheint doch ziemlich unwahrscheinlich.

Wenn man daher – ungeachtet aller natürlich immer möglichen Bereichs-, Tendenz- und Detailkritik – an diesen Grundannahmen festhält, erscheint auch die Urteilsverfassungsbeschwerde eigentlich unverzichtbar. Denn nur und erst sie – keineswegs die Normenkontrollverfahren einschließlich der Rechtssatzverfassungsbeschwerde – kann jedenfalls näherungsweise die Geschlossenheit der Grundrechtsgeltung in der Gesamtrechtsordnung garantieren, dies ein Erfolg, der zwar natürlich auch selbst wiederum zu hinterfragen und als anzustrebendes Ziel zu begründen ist – man könnte sich ja auch dekonzentriert verschiedene Grundrechtskulturen in verschiedenen Fachgebieten (Bürgerliches Recht, Arbeitsrecht, Sozialrecht, Strafrecht usw.) vorstellen –, für den aber doch wohl gute Gründe sprechen.

Art. 1 Abs. 3 GG verpflichtet alle Staatsgewalt auf die Grundrechte, mithin gerade auch die Exekutive und die Gerichte aller Gerichtszweige. Daraus ergibt sich – allgemein anerkannt –, dass die Grundrechte auch bei der Auslegung und Anwendung des einfachen Rechts Beachtung finden müssen. Zwar trifft diese Bindung alle Gerichte und ist daher zu ihrer Entfaltung und Sicherung an sich nicht notwendig auf ein zusätzliches außerordentliches Aufsichtsverfahren bei einer verselbständigten Verfassungsgerichtsbarkeit angewiesen. Jedoch hat einzig das Urteilsverfassungsbeschwerdeverfahren das Potential, diese Interpretation des Grundrechtsschutzes auf der Anwendungsebene kompetentiell dem BVerfG zugänglich zu machen – und so über die Bindungswirkung der bundesverfassungsgerichtlichen Entscheidungen auch bei diesem zu konzentrieren. Damit ist natürlich keine technische Entscheidungskonzentration gemeint, die allermeisten Grundrechtsfälle bleiben solche der Fachgerichtsbarkeit, wohl aber eine dem BVerfG zugeordnete *Orientierungs- und Kontrollkompetenz*, die ihm leitende und steuernde Funktion hinsichtlich des richtigen Umgangs mit den Grundrechten gegenüber der gesamten fachgerichtlichen Grundrechtsrechtsprechung in den unübersehbar vielen Einzelfällen im straf-, zivil- und verwaltungsrechtlichen Ambiente verschafft.

---

[40] *Möllers*, Legalität (Anm. 11), S. 327: Akzentverschiebungen von einfachrechtlichen (fachdogmatischen) hin zu grundrechtlich geprägten Argumentationen in der gerichtlichen Fallpraxis.

Erst die Urteilsverfassungsbeschwerde hat dem BVerfG damit überhaupt die Möglichkeit eingeräumt, wesentliche Ausdifferenzierungen der Grundrechtsdogmatik in die eigene Hand zu nehmen und selbst zu prägen, nämlich diejenigen, die gerade die grundrechtskonforme Fallnormbildung in der konkreten Einzelfalllage betreffen (insbesondere: Verhältnismäßigkeit, Abwägungskriterien, insoweit verfassungsrechtliche Fallgruppenbildung). Die elaborierte und nicht selten gerade auch gegen fachdisziplinär-einfachrechtliche Systemrationalitäten durchgesetzte Durchwirkung der Rechts*anwendung* mit grundrechtlichen Vorgaben, wie sie für das deutsche Verständnis immer weiterer Teile der Gesamtrechtsordnung heute kennzeichnend ist, konnte vom BVerfG ziemlich sicher nur in dieser Verfahrensart, die den Zugriff auf die Anwendungsebene erst eröffnet, entwickelt werden.

Vor diesem Hintergrund liegt die hauptsächliche – durchaus überindividuell-objektive – Bedeutung der Urteilsverfassungsbeschwerde darin, die substantielle Entwicklung der Grundrechtslehren wenn nicht sogar schlechthin maßgeblich bedingt, so doch jedenfalls in die zentrale Leitstelle einer übergeordneten Instanz – eben des BVerfG – verwiesen zu haben. Sie hat damit ganz wesentlich zur Herausbildung einer vitalen, in ihrer konzeptuellen Anlage beeindruckenden und machtvollen Grundrechtskonzeption beigetragen, die man sich ohne bundesverfassungsgerichtliche Leitrolle – d. h. aber ohne Urteilsverfassungsbeschwerde – so nicht vorstellen könnte. Unabhängig davon, wie man zu diesem in dieser Leitinstanz des BVerfG (in der Wechselwirkung mit der Staatsrechtslehre) – und eben nicht aus den partikularen Perspektiven der Fachgerichte – entwickelten Grundrechtsverständnis inhaltlich steht, sollte klar sein, dass diese uns heute ganz selbstverständliche Führungsrolle gerade des BVerfG, also die institutionelle Konzentration der Fragen der Grundrechtsdogmatik auch in ihrer so wichtigen einzelfallbezogenen Dimension, entscheidend dieser Verfahrensart zu verdanken ist.[41]

Man kann diese kompetenzverschaffende Wirkung der Urteilsverfassungsbeschwerde, die vermutlich selbst stärker zur Konstitutionalisierung der Rechtsordnung beigetragen hat, als dass sie davon umgekehrt profitiert hat, gerade wegen dieses Ergebnisses kritisieren, sollte dann aber die zweifelhafte Alternative im Auge behalten, mithin das Risiko einer ungesteuert-fragmentierten, im Wesentlichen den Fachgerichtsbarkeiten überlassenen Interpretation der Grundrechtsbindung auf der Anwendungsebene. Das Konzept einer starken, die rechtspraktische Interpretation der Verfassung bündelnden Verfassungsgerichtsbarkeit wäre mit dem Wegfall eines Kernstücks der dazu erforderlichen Kompetenzen im Grundrechtsbereich jedenfalls wesentlich geschwächt, damit aber eben auch die Entscheidung für ein selbständiges Verfassungsgericht neben und über der „normalen Gerichtsbarkeit".

---

[41] Überblick über die wichtigsten älteren Innovationen im deutschen acquis grundrechtlicher Normaussagen, die in dieser Verfahrensart entwickelt worden sind, bei *Rühl*, Funktion (Anm. 29), 161 ff.

Mehr noch: In seiner die Grundrechtsinterpretation auf der Anwendungsebene dekonzentrierenden Bedeutung würfe der Verzicht auf die Urteilsverfassungsbeschwerde das Verfassungsgericht sogar noch hinter das Supreme-Court-Modell zurück, was die Fähigkeit angeht, einheitliche Richtlinien und Standards für die Grundrechtsanwendung aus einer obersten justiziellen Instanz zu formulieren. Diese Kompetenzschwächung dürfte jedenfalls mit der Leitidee eines starken Verfassungsgerichts in wesentlich grundrechtlich geprägten Verfassungsordnungen kaum vereinbar sein.

3. Kooperation von „Fachgerichten" und BVerfG – BVerfG als Instanz subsidiärer Grundrechtsaufsicht

Die Urteilsverfassungsbeschwerde ist prozessrechtlich vorgesehener Regelfall (Rechtswegerschöpfung, Subsidiarität), während Angriffe unmittelbar gegen Verwaltungsentscheidungen oder Rechtsnormen in eine Ausnahmerolle verwiesen sind. Daraus ergibt sich – ähnlich, aber mit anders gelagertem Akzent, wie bei der Richtervorlage (insofern diese nur auf die Auslegung des in Rede stehenden Gesetzes und die Frage seiner Vereinbarkeit mit der Verfassung, nicht seine Anwendung im Einzelfall gerichtet ist) – ein nicht gering zu schätzender Vorteil, der in der intensiven Zusammenarbeit von „Fachgerichten" und BVerfG besteht. Dabei geht es nicht nur um den eminent wichtigen praktischen Nutzen einer gründlichen Aufarbeitung des Stoffs (vor allem, aber nicht nur in tatsächlicher Hinsicht) in der Fachgerichtsbarkeit, bevor das BVerfG damit befasst wird. Es geht weitaus grundsätzlicher um eine so begründete arbeitsteilige und so ungewöhnlich effektive institutionelle Struktur des Grundrechtsschutzes, dessen Schwerpunkt und Qualität vor allem auf der Seite der „Fachgerichte" liegt, während das BVerfG sich mit sehr gelegentlichen Korrekturen und (neuen) Orientierungsvorgaben begnügen kann. Die geringe Zahl stattgebender Entscheidungen des BVerfG in Urteilsverfassungsbeschwerdeverfahren, zumal gegen bundesgerichtliche (letztinstanzliche) Urteile, also der Misserfolg der allermeisten Urteilsverfassungsbeschwerden wird verbreitet und mit Recht geradezu als Qualitätszeichen, als Erfolg dieses Grundrechtsschutzsystems angesehen.[42]

Nur die Koordinationsaufgabe und -macht ist also konzentriert, der Grundrechtsschutz selbst praktisch dekonzentriert. Die Urteilsverfassungsbeschwerde ist daher aber auch notwendige Verfahrensart, um mit ihrem hierarchisch monopolisierten Kontrollanspruch den Grundrechtsschutz in der Breite – durch alle Fachgerichte – zu steuern und sicherzustellen (s. o.). Sie führt aber damit auch zu einer Entlastung des BVerfG selbst, das sich auf eine subsidiäre Grundrechtsschutz-Oberaufsichtsfunktion und gelegentliche Noteingriffe in pathologischen Fällen zurückziehen kann, von der Schutzaufgabe. Das funktioniert aufs Ganze

---

[42] *Jestaedt*, Phänomen (Anm. 21), S. 118.

gesehen bemerkenswert gut – grundrechtliches Bewusstsein und grundrechtliche Argumentationskultur sind heute selbstverständlich, nicht nur in der Verwaltungsgerichtsbarkeit, sondern auch bei den Zivil- und Strafgerichten; weite Bereiche zivilrechtlicher Rechtsprechung (z. B.: Äußerungsrecht) bestehen substantiell in nichts anderem als der – abwägenden – Grundrechtsanwendung (Zivilrecht als konkretisiertes Verfassungsrecht).[43] All dies verdankt sich wesentlich der Urteilsverfassungsbeschwerde.

4. *Institutionelle Überforderung*

Geläufige Hauptargumente gegen die Urteilsverfassungsbeschwerde sind die behauptete Überforderung des Gerichts und das Problem der kaum zuverlässig möglichen Unterscheidung der Funktionsbereiche der Grundrechts-Verfassungsgerichtsbarkeit und der ordentlichen Gerichte (im weiten Sinn).

a) quantitative Überlastung

Das Überforderungsproblem besteht und bestand von Anfang an zum einen in *quantitativer* Hinsicht:[44] Ostinato aller Tätigkeitsbeschreibungen des BVerfG (gleiches gilt aber auch – wegen der Individualbeschwerde nach Art. 34 EMRK – für den EGMR) ist die Klage über die Überlastung und die daher notorisch drohende Verstopfung der verfassungsgerichtlichen Funktionen durch eine nur schwer zu bewältigende Masse von Verfassungsbeschwerden,[45] auch wenn diese Klage zuletzt leiser geworden zu sein scheint.

b) Qualitätsprobleme

Gerade die Urteilsverfassungsbeschwerde wirft aber Fragen in *qualitativer* Hinsicht auf: Erstens: Was berechtigt zu der Annahme und Hoffnung, das Bundesverfassungsgericht könne nach Zusammensetzung, Befassungsmechanismus und Arbeitsweise sowie bei seiner thematischen Generalzuständigkeit für die gesamte Rechtsordnung bessere Rechtserkenntnis leisten als hochspezialisierte, erfahrungsgesättigte und in den je einschlägigen Bereichsdogmatiken klar überlegen quali-

---

[43] Für hunderte ober- und höchstgerichtliche Entscheidungen s. beispielhaft nur BGH ZUM 2013, 565, Rn. 17 – „Kachelmann": „Das Berufungsgericht hat es zu Recht für geboten erachtet, über den Unterlassungsantrag aufgrund einer Abwägung des Rechts des Klägers auf Schutz seiner Persönlichkeit und Achtung seines Privatlebens aus Art. 1 Abs. 1, Art. 2 Abs. 1 GG, Art. 8 Abs. 1 EMRK mit dem in Art. 5 Abs. 1 GG, Art. 10 EMRK verankerten Recht der Beklagten auf Meinungs- und Medienfreiheit zu entscheiden."

[44] Dazu *Hans Joachim Faller*, Das Ringen um die Entlastung des BVerfG, in: FS Benda, 1995, 43 ff.; *Roellecke*, Problem (Anm. 1), 116 f.

[45] *Löwer* (Anm. 4), Rn. 163 f. m. w. N.; zur Entlastungsdiskussion und den verschiedenen verfahrensgesetzlichen Maßnahmen zur Bewältigung des „Massencharakters" des Verfassungsbeschwerdeverfahrens *Benda/Klein*, Verfassungsprozessrecht (Anm. 20), Rn. 424 ff.

fizierte „Fachgerichte“? Tatsächlich stoßen mit einer gewissen Absehbarkeit immer wieder verfassungsgerichtliche Entscheidungen auf die Kritik, sie hätten die bereichsspezifischen Systemrationalitäten der jeweiligen Fachdogmatiken nicht hinreichend begriffen und verarbeitet. Auf der anderen Seite ist das Bundesverfassungsgericht als Juristengericht mit seiner gemischten Zusammensetzung, einer hinsichtlich des Verfahrens zwar häufig kritisierten, in den Ergebnissen aber zumeist überzeugenden Richterauswahl und hochqualifizierter Zuarbeit von Mitarbeitern gerade auch aus der Justiz institutionell wohl nicht schlecht gerüstet für die Kontrollaufgabe im Wirkungskreis der „Fachgerichte“.[46] Außerdem, auch diese Einsicht ist keineswegs neu, kann eine gewisse institutionelle Distanz zu den Fachdiskursen auch von Vorteil sein; sie kann dazu beitragen, übergeordnete verfassungsrechtliche Maßstäbe gleichsam unbefangen auch gegenüber argumentativen Engführungen, vermeintlichen Eigengesetzlichkeiten oder gar Sachnotwendigkeiten des jeweiligen Sachbereichs zur Geltung zu bringen.

Zweitens: Die Aufgabe der Massenbewältigung erzeugt Folgeprobleme auch für die Qualität der Rechtsprechung. Dabei geht es weniger um substantielle Standards von Begründung und Ergebnisrichtigkeit (oder immerhin -plausibilität), die mit Ausstattungsverbesserungen, Professionalisierung der Abläufe, Verstärkung im Bereich der wissenschaftlichen Mitarbeiter („Dritter Senat“) und eingespielten Kammerroutinen durchaus immer noch auf einem überwiegend überzeugenden Niveau gehalten werden können. Der (Kammer-)Massenbetrieb prägt jedoch zwangsläufig den Charakter der Grundrechts-Verfassungsgerichtsbarkeit und schafft zudem neue oder verschärft zumindest alte Legitimationsprobleme. Die jährlich abertausendfache Erledigung der Verfassungsbeschwerden verstrickt sich mit einer gewissen Zwangsläufigkeit in dem täglichen Klein-Klein der Fallnormbildung und des Subsumtionsgeschäfts und verschärft damit die Funktions-Abgrenzungsprobleme zur Fachgerichtsbarkeit: Besteht dieses Risiko in der Verfahrensart der Urteilsverfassungsbeschwerde ohnehin immer und notwendigerweise, so führt die *massenhafte* Befassung mit Gerichtsentscheidungen erst recht und umso mehr zu einer in der Sache eben doch rechtsmittelverfahrensartigen Kommunikation zwischen BVerfG (zuallererst seinen Kammern) und „beaufsichtigten“ Fachgerichten, also zu einer nicht mehr nur punktuell-gelegentlichen, sondern permanenten und prägenden Einwirkung auf die fachgerichtlichen Dogmatikstrukturen, umgekehrt auch zur Aneignung fachdogmatischer Argumentationsmuster durch das BVerfG (Bildung und Sammlung bereichsspezifischen Erfahrungswissens und Erlangung quasi fachgerichtlicher Expertise), also insgesamt zu einer weiteren Erosion der Grenzen zwischen den verschiedenen Maßstab-Ordnungen (Verfassungsrecht, einfaches Recht) und zwischen den Funktionen beider Gerichtsbarkeiten. Sicherlich kann man dieser Routinenbildung unter dem Gesichtspunkt der Expertise umgekehrt auch wieder etwas abgewinnen: Der Erfahrungs-Rückstand der Richter

---

[46] *Jestaedt*, Phänomen (Anm. 21), S. 77 (107ff.).

des Bundesverfassungsgerichts gegenüber der „Fachgerichtsbarkeit" schwindet naturgemäß mit der Menge der Befassungsfälle.[47]

c) Senate und Kammern

Die nicht unproblematische Schwerpunktverlagerung der Rechtsprechungstätigkeit von den Senaten auf die Kammern (die nicht die Senatskompetenzen haben, ihre gesetzlich an sich begrenzt angelegte Aufgabe aber bekanntlich – vorsichtig formuliert – jedenfalls nicht durchweg zurückhaltend interpretieren) gerade im Bereich der Verfassungsbeschwerde ist vielfach beschrieben worden.[48] Die „Kammermusik" (*Ernst Benda*[49]) ist aber wohl – auch mit der praktizierten extensiven Tendenz – unvermeidlich, um der Senatsrechtsprechung und damit der eigentlichen Verfassungsgerichtsbarkeit überhaupt den Rücken für ihre Tätigkeit freizuhalten und so deren Funktionsfähigkeit auf dem gerade das BVerfG auszeichnenden, besonderen Wissenschaftlichkeits-Niveau zu sichern.

Das Annahmeverfahren als Strategie der Bewältigung des Massenproblems ist von jenen die Funktion der Grundrechtsrechtsprechung objektivierenden Zugangskriterien geprägt, die die dem Verfassungsbeschwerdeverfahren eigentümliche Ambivalenz von subjektiver und objektiver Funktion[50] verstärken. Jede kapazitätsbezogene, also im Ziel quantitative Obergrenze, die als Begrenzungsmaßstab gleichwohl qualitative Kriterien einsetzt (z. B. § 93a BVerfGG: „grundsätzliche verfassungsrechtliche Bedeutung", „besonders schwerer Nachteil") endet in einem strukturellen Dilemma:[51] Die Selektionsleistung der Annahmekriterien ist nicht auf den tatsächlichen, von den Kapazitätsgrenzen her bestimmten Beschränkungsbedarf abgestimmt. Immerhin schwächt die Akzentuierung der objektiven Funktion der Verfassungsbeschwerde in den Kriterien dieses Dilemma ab: Insbesondere die „grundsätzliche verfassungsrechtliche Bedeutung" eröffnet Möglichkeiten einer kapazitätsgerechten Steuerung, die so weit von einem Konzept der freien Annahme wohl nicht mehr entfernt sind.

Für diese stärkere und sogar primäre Akzentuierung der objektiven Funktion der Verfassungsbeschwerde sprechen auch in der Sache gute Gründe,[52] zumal heute, da das BVerfG auf den legitimitätsstiftenden Mythos des Grundrechtspatrons im Einzelfall weniger angewiesen sein sollte als früher und die Fachgerichte in aller

[47] *Jestaedt*, Phänomen (Anm. 21), S. 77 (110).

[48] S. hier nur *Löwer* (Anm. 4), § 70 Rn. 166 f. m. w. N.

[49] *Ernst Benda*, Kammermusik, NJW 1995, 429.

[50] BVerfGE 33, 247 (258 f.); 98, 218, Rn. 108; zur „doppelten Funktion" der Verfassungsbeschwerde näher *Schlaich/Korioth*, Bundesverfassungsgericht (Anm. 3), § 70 Rn. 272; kritisch (objektive Funktion als „Camouflage für notwendig geglaubte Entlastungseffekte") *Benda/Klein*, Verfassungsprozessrecht (Anm. 20), Rn. 438.

[51] *Roellecke*, Problem (Anm. 1), 117 f.: nicht aufzulösender „Widerspruch zwischen Quantität und Qualität".

[52] *Zuck*, Stellung (Anm. 9), 385; *Schlaich/Korioth*, Bundesverfassungsgericht (Anm. 3), Rn. 275.

Regel gute, auch routiniert grundrechtsbewusste Entscheidungen liefern. Der umfassende grundrechtliche Gesetzlichkeitsschutz jedweder Freiheitsverkürzung ist eben prozessual nicht auf die Verfassungsbeschwerde beschränkt und darauf regelmäßig auch nicht angewiesen. Die Verfassungsbeschwerde ist daher nicht eigentlich (oder eben nur außerordentlicher) Rechts*behelf* – und die Befassungsvoraussetzung einer individuellen Beschwerde-Disposition bei individueller Betroffenheit hat so gesehen nur instrumentelle Zuliefer-Bedeutung.[53]

Allerdings passt dazu nicht recht die eben doch „flächendeckende“ (wenn auch überwiegend in Nichtannahmebeschlüssen endende) Befassungspflicht, die individuelle Rechtsschutzgewährung verheißt, ohne sie in der Breite tatsächlich einzulösen.[54] Nicht passt dazu auch die von den Senaten und Kammern in nur schwer vorhersehbarer Weise in Anspruch genommene Befugnis, in Einzelfällen doch wie ein Rechtsmittelgericht korrigierend Individualrechtsschutz zu gewähren, und zwar gelegentlich eben auch dann, wenn die aufgehobenen fachgerichtlichen Entscheidungen im Ergebnis durchaus vertretbar und auch ordentlich begründet erscheinen,[55] und auch, obwohl die stattgebende Entscheidung keineswegs notwendige wichtige Beiträge zur Fortbildung oder Durchsetzung objektiven Verfassungsrechts leistet. Die objektive Rechtsfortbildungs- (Maßstabsetzungs-) und die subjektive Rechtsschutz-Funktion sind gewiss eher pragmatisch denn konzeptionell schlüssig miteinander verschränkt.[56] Insoweit gäbe es wohl durchaus Potenziale eines kohärenteren Selbstverständnisses (von Prozessgesetzgeber und/oder Gericht) der verfassungsgerichtlichen Funktion im Urteilsverfassungsbeschwerdeverfahren.

5. *Verfassungsgerichtsbarkeit und „Fachgerichte“*

Damit ist übergeleitet zum Dauerproblem der Abgrenzung von Verfassungsgerichtsbarkeit und „Fachgerichtsbarkeit“.[57] Die Kultivierung dieses Problems in der deutschen Rechtslehre mag Reflex einer typisch deutschen Justizfixierung sein.

---

[53] *Löwer* (Anm. 4), § 70 Rn. 171 f.; *Schlaich/Korioth*, Bundesverfassungsgericht (Anm. 3), Rn. 275 ff.; dazu passen die vom BVerfG angenommenen Einschränkungen der Dispositionsmaxime, BVerfGE 98, 218, Rn. 108; *Matthias Cornils*, Zur Rücknahme der Verfassungsbeschwerde, NJW 1998, 3624.

[54] *Schlaich/Korioth*, Bundesverfassungsgericht (Anm. 3), Rn. 195 („innere Spannung, die in der Verfahrensart der Verfassungsbeschwerde angelegt ist“).

[55] Bekanntes Beispiel: BVerfG (K), NJW 2007, 1666 – „Verkehrsunfallflucht“; s. ferner – stichprobenhaft herausgegriffen aus dem Feld des Äußerungsrechts – BVerfG (K), Beschl. v. 4.8.2016 – 1 BvR 2619/13 – „Aufhebung wegen einer offensichtlich (?) fehlerhaften Einordnung einer Äußerung als Tatsachenbehauptung“; BVerfG (K), NVwZ 2016, 761.

[56] Betonung der verschiedenen Legitimationslogiken beider Rationalitäten bei *Möllers*, Legalität (Anm. 11), S. 281 (369 ff.).

[57] S. dazu hier nur die Referate von *Robert Alexy*, *Philip Kunig*, *Werner Heun* und *Georg Hermes* auf der Staatsrechtslehrertagung 2001, VVDStRL 61 (2002), 7 ff.; *Ralf Alleweldt*, Bundesverfassungsgericht und Fachgerichtsbarkeit, 2006; *Markus Kenntner*, Vom Hüter der Verfassung

Gering schätzen sollte man es gleichwohl nicht: Die Sicherung (und damit auch Abgrenzung) der gerichtlichen Funktionsbereiche ist ein wichtiges Anliegen, wohl in der Tat weniger wegen einer allerdings fragwürdigen Schutzbedürftigkeit der Fachgerichtsbarkeiten, durchaus aber wegen der damit eng zusammenhängenden Verpflichtung auf möglichst weitgehende Maßstäbeklarheit (also in den Auswirkungen auf das Verständnis des materiellen Rechts). Und so sollte die Bemühung um die Identifizierung des Maßstabs „spezifischen Verfassungsrechts“[58] und seine Unterscheidung von den nur einfachrechtlichen Festsetzungen, die sich als solche im grundrechtlichen Spielraum bewegen,[59] nicht schon als von vornherein vergeblich aufgegeben werden: Ganz ist der Selbstand des einfachen Rechts noch nicht unter verfassungsrechtlicher Überformung zusammengeschmolzen, jedenfalls nicht in allen Rechtsbereichen. Skrupulosität bei der Bestimmung des Prüfmaßstabs im Verfassungsbeschwerdeverfahren kann auch disziplinierend wirken gegenüber der Entfaltung und Behauptung definitiver Entscheidungsregeln aus der Verfassung für jeden fachrechtlichen Streit. Soweit hier Rationalisierungspotentiale für verfassungsgerichtliche Zurückhaltung liegen – also in möglichst konsequenter Entfaltung der Leitlinie der *Schumannschen* Formel[60] – sollten sie nicht vorschnell verworfen werden.

Das Ausweichen auf strukturell (noch) unschärfere, ganz in der Hand des Gerichts liegende funktionelle Begrenzungen ([abgestufter] Rückzug in der Kontrolldichte) ist hingegen logisch immer die nachrangige Option;[61] zu ihr sollte daher wirklich auch nur bei (gerichtsbarkeitenübergreifender) Maßstäbekongruenz Zuflucht genommen werden, also dann, wenn und soweit der Fall tatsächlich nach Grundrechts- (oder sonstigen Verfassungs)maßstäben zu entscheiden ist und dazu also Fachgerichte und BVerfG (im Ausgangspunkt, vorab funktioneller Selbstbeschränkung des BVerfG) gleichermaßen berufen sind.

---

zum Pannenhelfer der Nation? Zur Kontrolldichte im Verfahren der Urteilsverfassungsbeschwerde, DÖV 2005, 269; *Roth*, Überprüfung (Anm. 36), 544 ff.

[58] S. dazu BVerfGE 18, 85, Rn. 22: „Allgemein wird sich sagen lassen, daß die normalen Subsumtionsvorgänge innerhalb des einfachen Rechts so lange der Nachprüfung des Bundesverfassungsgerichts entzogen sind, als nicht Auslegungsfehler sichtbar werden, die auf einer grundsätzlich unrichtigen Anschauung von der Bedeutung eines Grundrechts, insbesondere vom Umfang seines Schutzbereichs beruhen und auch in ihrer materiellen Bedeutung für den konkreten Rechtsfall von einigem Gewicht sind.“ [Heck'sche Formel]; zu den Schwierigkeiten der Identifizierung „spezifischen Verfassungsrechts“ aus Richtersicht *Hassemer*, Politik (Anm. 30), 2.

[59] In der Begrifflichkeit *Robert Alexys*: einfachrechtliche Festsetzungen in *strukturellen Spielräumen* des Verfassungsrechts, *Alexy* (Anm. 57), 7 (16 ff.).

[60] *Ekkehard Schumann*, Verfassungs- und Menschenrechtsbeschwerde gegen richterliche Entscheidungen, Berlin 1963, S. 206: „Eine (angebliche) Fehlinterpretation einfachen Gesetzesrechtes ist für das BVerfG irrelevant, wenn der einfache Gesetzgeber bei der Regelung der betreffenden Materie ohne grundrechtliche Beanstandung zu derselben Rechtsfolge wie die (angeblich) unrichtige Auslegung hätte kommen können.“; *Löwer* (Anm. 4), Rn. 206.

[61] In der Begrifflichkeit *Alexys*: gesetzgeberische und/oder fachgerichtliche Beurteilungsprärogative in *epistemischen Spielräumen*, *Alexy* (Anm. 57), 7 (27 ff.).

Die Konjunktur der (an sich nachrangigen) Option funktionell-rechtlicher Zuständigkeitsabgrenzung, vor allem auch ihre undurchsichtige Verflechtung mit dem Maßstab spezifischen Verfassungsrechts, auch und gerade in der Rechtsprechung des BVerfG, unterwerfen allerdings praktisch weite Bereiche fachgerichtlicher Entscheidungen a priori dem Prüf- und potentiellen Korrekturzugriff des BVerfG – aus dem sie dann mehr oder weniger weitgehend erst wieder entlassen werden müssen. Sie hat ihren Grund sicherlich auch in einem problematischen, aber weithin zugrunde gelegten Verständnis der materiellen Grundrechtswirkungen in den und auf die einfachrechtlich geregelten Kollisionsfälle(n):[62] Die Zuständigkeit des BVerfG zur Einzelfalllösung deckt sich immer dann vollauf mit derjenigen des Fachgerichts, wenn die Rechtsfindung als genuin verfassungsrechtliche Grundrechtskollisionsentscheidung begriffen oder ausgegeben wird: Ergibt sich etwa die Lösung äußerungsrechtlicher Konflikte in *allen* Fällen „punktgenau" aus der Abwägung des grundgesetzlichen und konventionsrechtlichen Persönlichkeitsrechts mit den Kommunikationsgrundrechten (Art. 5 GG, Art. 10 EMRK), sind *alle* diese Entscheidungen (und nicht nur die Fälle einer eindeutigen grundrechtlichen Vorzugsrelation, etwa – einerseits – bei Schmähkritik[63] oder – andererseits – bei amtsfunktionsbezogener Politikerkritik[64]) verfassungsrechtlicher Art und damit solche, die an sich auch dem BVerfG offenstehen. Hinzu kommen immer weiter verfeinerte verfassungsrechtliche Tatsachenermittlungs-, Argumentations- und Begründungslasten, deren Verfehlung eine fachgerichtliche Entscheidung auch dann zur Grundrechtsverletzung kompromittiert, wenn sich ihr Ergebnis an sich „objektiv" verfassungsrechtlich durchaus rechtfertigen ließe. Auch dafür mag beispielhaft die Äußerungs- (oder anders gewendet: Ehrenschutz-)Rechtsprechung stehen, die heute bei fast jedem Schritt, angefangen von der Deutung des Kommunikats über die Frage der Einordnung als Tatsachenbehauptung oder Meinungsäußerung, die Beurteilung als Schmähkritik oder nur „einfache", abwägungsfähige Persönlichkeitsrechtsbeeinträchtigung bis hin zu den Abwägungskriterien und Beweislastregeln auf grundrechtliche, rechtsstaatliche und konventionsrechtliche Vorgaben stößt, die sie zu beachten hat. Das Verfassungsrecht (ähnlich auch das Konventionsrecht in der Rechtsprechung des EGMR) zielt hier immer mehr auf fachgerichtliche Begründungsperfektion, sie beschränkt sich nicht – was ja auch denkbar

[62] *Benda/Klein*, Verfassungsprozessrecht (Anm. 20), Rn. 480: „Im Prüfungsmaßstab wirkt auf diese Weise das materielle Verfassungsverständnis der entscheidenden Personen fort."

[63] Z. B. BVerfG (K) ZUM-RD 2006, 127 – „Zigeunerjude".

[64] EGMR, Urt. v. 8.7.1986, § 42, Series A – Lingens v. Austria, Ziff. 103; Urt. v. 14.3.2013, Nr. 26118/10 – EON v. Frankreich, Ziff. 59: „there is little scope under Article 10 § 2 for restrictions on freedom of expression in the area of political speech or debate – where freedom of expression is of the utmost importance – or in matters of public interest".

wäre[65] – auf die Garantie objektiver (insoweit natürlich jedenfalls verfassungsgerichtlich prüfbarer!) Vertretbarkeit der fachgerichtlichen Entscheidungen.

Bei so weit getriebener Fall-Maßstäblichkeit des Verfassungsrechts kann der Zuständigkeitsverzicht des Bundesverfassungsgerichts (oder des EGMR) und also die Einräumung eines Beurteilungsvorrangs der Fachgerichte als Grundrechtsgerichte in der Tat nur funktionell-rechtlich begründet und insoweit dann auch wieder ausdifferenziert werden (etwa nach dem Maß der Intensität der Grundrechtsbetroffenheit) mit der bekannten Folge der (relativen) Unberechenbarkeit des je zugrunde gelegten strengeren oder zurückhaltenderen Kontrollmaßstabs.[66]

Erst dieses Verständnis begünstigt die zuständigkeitseröffnenden Hochzonung aller einfachrechtlichen Kollisionsfälle zu Grundrechtsfällen. Ob die Prägekraft der Grundrechte und namentlich von deren Abwägungsgebot der Verhältnismäßigkeit im engeren Sinne damit nicht zumindest immer wieder deutlich überschätzt und überdehnt wird, ist doch eine berechtigte Frage: Es ist eben nicht jede Kollisionsentscheidung eine nach Grundrechtsmaßstäben – als Ergebnis einer Grundrechtsabwägung – zu treffende verfassungsrechtliche Entscheidung, nur weil der Spielraum für die anzuwendende oder richterlich zu setzende[67] (einfachrechtliche!) Kollisionsregel irgendwo durch Grundrechte begrenzt wird.

In den Ausdifferenzierungen entwickelter moderner Grundrechtstheorie ist diese zu beobachtende praktische Hochspannung (Überspannung?) des Konzepts grundrechtlicher Abwägung auch keineswegs notwendig angelegt, daher auch nicht die daraus resultierende Erweiterung der (erst funktionell-rechtlich wieder zurückzunehmenden) Zugriffspotenzen des BVerfG bei der Urteilsverfassungsbeschwerde: Weder eine weite Tatbestandstheorie der Grundrechte noch die Anerkennung mehrdimensionaler Grundrechtswirkungen müssen zum Diktat alles durchdringender Einzelfall-Entscheidung nach Grundrechtsmaßstäben führen; die Einsicht in eine begrenzte Leistungsfähigkeit und Bindungskraft grundrechtlicher Argumentationen (Rahmencharakter der Verfassung) ist vielmehr mit dem Konzept pluridimensionaler Grundrechtswirkungen, sogar in prinzipientheoretischer Deutung (bei Annahme von Grundrechten als Prinzipien mit Optimierungsgebot), durchaus vereinbar.[68]

---

[65] Nur auf die Prüfung verfassungsrechtlicher Vertretbarkeit der Ergebnisse wird man das BVerfG indes kaum begrenzen können, wenn und soweit auch der Vorgang der Rechtsauslegung und -anwendung – wie im Beispiel des Äußerungsrechts – schon grundrechtlichen Vorgaben unterliegt, *Roth*, Überprüfung (Anm. 36), 569 f. Kritik könnte hier in der Tat nur an der verfassungsrechtlichen Aufladung der Rechtsmaßstäbe selbst ansetzen.

[66] S. zur Inkompatibilität des (funktionellen) Schwerekriteriums mit dem (materiellen) Maßstab des spezifischen Verfassungsrechts nur *Roth*, Überprüfung (Anm. 36), 550 ff.

[67] Kritisch gegenüber neuen, angeblich aus Verfassungsrecht folgenden Beschränkungen richterlicher fachrichterlicher Rechtsfortbildungskompetenz in Auseinandersetzung mit BVerfGE 138, 377 – „Auskunftsanspruch des Scheinvaters" *Jörg Neuner*, Die Kontrolle zivilgerichtlicher Entscheidungen durch das Bundesverfassungsgericht, JZ 2016, 435 ff.

[68] *Alexy* (Anm. 57), 7 ff.

Insoweit bleibt die Bewahrung und auch Rückgewinnung von (verloren gegangenen) Spielräumen einfachrechtlicher Kollisionsregeln eine bisher trotz vieler Mahnungen nicht eingelöste, wichtige juristische Aufgabe, auch gerade für die Schärfung des Verständnisses dessen, was eigentlich das nur „spezifische" Verfassungsrecht als Maßstab im Urteilsverfassungsbeschwerdeverfahren ist.

Einzuräumen ist freilich, dass sich viele ablehnende Entscheidungen des BVerfG in Urteilsverfassungsbeschwerdeverfahren (Nichtannahme oder Unbegründetheit der Beschwerde), die mit den gängigen Formeln der zurückgenommenen Kontrolle zunächst den Anschein funktionell-rechtlicher Kompetenz-Beschränkung erwecken, durchaus auch so lesen lassen, dass in diesen Fällen die angegriffene fachgerichtliche Entscheidung schlechterdings nicht grundrechtlich bedingt (als Ergebnis einer grundrechtlichen Abwägung) war. Die grundrechtliche „Vertretbarkeit" der fachgerichtlichen Entscheidung meint so verstanden nicht erst die Anerkennung einer Prärogative des Fachgerichts bei der Verhältnismäßigkeitsbeurteilung, sondern schon die Aussage, dass sich den Grundrechten bei den gegebenen Fallumständen objektiv kein Urteil über die Verhältnismäßigkeit oder Unverhältnismäßigkeit entnehmen lässt und das BVerfG in dieser Situation eines grundrechtsargumentativen „Patts" ein solches Urteil daher auch nicht treffen kann.

Und auf der anderen Seite finden sich unter den immerhin relativ seltenen stattgebenden Kammerbeschlüssen eben doch zu einem erheblichen Teil „Ausreißer"-Entscheidungen der Fachgerichte, über die man nur den Kopf schütteln kann,[69] die also eindeutig Grenzen des grundrechtlichen Abwägungsspielraums überschreiten und deren Aufhebung dann in der Tat auch notwendig zur Wiederherstellung des Vertrauens in den Grundrechtsschutz des Grundgesetzes ist. Auch und gerade in diesen Evidenzfällen geht es indes nicht nur um die individualrechtsschützende Funktion, sondern vor allem um die Durchsetzung objektiver verfassungsrechtlicher Standards: Derartige aufsehenerregende Kassationen aus Karlsruhe haben naturgemäß erhebliche Signalwirkung in die fachgerichtliche Szene hinein; und ihr Vorkommen zeigt an, dass die Fachgerichte eben offenbar immer wieder einmal auch an jene eigentlich bereits etabliert geglaubten Standards erinnert werden müssen.[70] Besonderes Gewicht hat diese verfassungsgerichtliche Grundrechtsaufsicht naturgemäß dort, wo aufgrund von Beschränkungen des Rechtsmittelrechts eine Möglichkeit fach-, ober- oder höchstgerichtlicher Disziplinierung (namentlich durch das Bundesgericht der jeweiligen Gerichtsbarkeit) ausfällt, das BVerfG mithin tatsächlich auch funktional in eine Revisionsgerichts-Ersatzrolle gerät.

Funktional kann man der vielkritisierten Unschärfe oder Unklarheit in der Handhabung des Kontrollzugriffs im Übrigen sogar auch Vorteile abgewinnen – und

[69] *Löwer* (Anm. 4), § 70 Rn. 208; *Schlaich/Korioth*, Bundesverfassungsgericht (Anm. 3), Rn. 284 („Pannenhilfe").

[70] Z. B.: nicht nur gelegentliche Korrektur fachgerichtlicher Einordnungen von Äußerungen als Schmähkritik unter Verkennung der insoweit geltenden strengen verfassungsrechtlichen Kriterien, z. B. BVerfG (K), NJW 2017, 1460 – „Obergauleiter".

vielleicht ein Motiv für das Gericht, daran auch nicht wirklich etwas ändern zu wollen: Wenn unsicher ist, ob und in welchen Fällen es bei den Formeln zum „spezifischen“ Verfassungsrecht und zu den verschiedenen Kontrollstufen eigentlich wirklich um die Maßstäbeabgrenzung hin zum einfachen Recht oder um prozessuale Selbstbeschränkung geht, die dann wieder nach Selbstbeurteilung des BVerfG fallgruppen- oder sogar fallbezogen elastisch abgestuft werden kann, entsteht daraus auch wieder so etwas wie produktive Unruhe; das ist ein für die Wirksamkeit der Grundrechtsaufsicht im Verfassungsbeschwerdeverfahren nicht zu unterschätzender Faktor: Die Schwer- oder gar Unberechenbarkeit des Prüfzugriffs[71] hält das BVerfG in seiner Grundrechtsschutz-Koordinationsaufgabe beweglich – und erschwert auf der anderen Seite den Fachgerichten die allzu formelhafte Einübung verfassungsrechtlich nur scheinbar tadelloser Begründungsmuster: Ganz sicher können sie sich gegenüber dem Risiko verfassungsgerichtlicher Intervention eben nie sein.

6. Das Legitimationsproblem der Diskrepanz von subjektivem Rechtsschutzverfahren und objektivem (objektiviertem) Grundrechtsmaßstab

Ein hauptsächliches Legitimationsproblem der Urteilsverfassungsbeschwerde ist darin erblickt worden, dass gerade hier die Eigenheiten eines justiziellen Individualrechtsschutz-Verfahrens mit Entscheidungswirkungen verkoppelt seien, die über die Einzelfallentscheidung und die im Verfahren beteiligten Personen oder Institutionen hinausreichen.[72] Die gerichtsförmige institutionelle Struktur des Verfahrens – bezogen und begrenzt auf Einzelfallentscheidungen hinsichtlich einer konkret-individuellen Beschwer – passt danach nicht zu den einzelfallübergreifend getroffenen verfassungsrechtlichen Aussagen, zur quantitativ und qualitativ überragend bedeutsamen Maßstäbebildung im Urteilsverfassungsbeschwerdeverfahren. Die (eingeschränkte) Interessenrepräsentation im verfassungsgerichtlichen Verfahren entspricht nicht der weiter ausgreifenden, Güter und Interessen Dritter sowie der Allgemeinheit betreffenden Bedeutung der Entscheidungen.

Diese Diskrepanz von materieller Rechtskonkretisierungskompetenz (Maßstäbeentwicklung) von objektiver, quasi-normativer Bedeutung der sich weiter verselbständigenden und aus konkreten Entscheidungskontexten lösenden Obersatzformeln und -ketten in den Entscheidungen des BVerfG,[73] und dem gerichtsförmigen, auf die Entscheidung nur mehr von Einzelfällen zugeschnittenen Verfahren verschärft sich danach noch im Maße der Erweiterung materieller Grundrechtstheorie und -dogmatik: Wird im Urteilsverfassungsbeschwerdeverfahren nicht nur

---

[71] *Benda/Klein* (Anm. 20), Rn. 480 („uneinheitliche Handhabung des Prüfmaßstabs durch das BVerfG [stellt sich] jedenfalls im Grenzbereich nach außen als beliebig dar“).

[72] *Möllers*, Legalität (Anm. 11), 318 ff.: „legitimatorisches Grundproblem“, s. auch ebd. S. 399 ff.

[73] S. dazu namentlich *Oliver Lepsius*, Die maßstabsetzende Gewalt, in: Das entgrenzte Gericht (Anm. 6), S. 159 ff.

das subjektive grundrechtliche Abwehrrecht des Beschwerdeführers verhandelt, sondern werden dabei immer auch Schutzgüter Dritter (Schutzpflichten, sonstige Leistungsrechte!) oder objektive Verfassungsgüter (Institutsgarantien, Staatsziele, funktionale Grundrechtsgehalte, subjektivierte staatsrechtliche Prinzipien) einbezogen, vertieft sich, so die Kritik, das sich aus inkongruenter Interessenrepräsentation – in einem demnach gewissermaßen seinem Entscheidungsinhalt inadäquaten Verfahren – ergebende Legitimationsproblem.[74]

Diese Beobachtung ist vordergründig einleuchtend, greift aber zu kurz:

Dies gilt zum einen, soweit sie das aus der Inkongruenz von (elaborierten, überdehnten?) Maßstäben sowie Urteilswirkungen und gerichtlichem Verfahren sich ergebende Legitimationsproblem gerade (nur) beim Urteilsverfassungsbeschwerdeverfahren ausmacht. Zwar ist das Urteilsverfassungsbeschwerdeverfahren ein wichtiger Faktor für den praktischen Erfolg einer hochentwickelten, weit über den individuellen status-negativus-Schutz hinausreichenden Grundrechtstheorie in Deutschland gewesen und eröffnet umgekehrt diese Grundrechtstheorie dem Urteilsverfassungsbeschwerdeverfahren sehr weitreichenden Zugriff auf die reguläre Justizpraxis. Insofern gibt es selbstverständlich einen – wechselbezüglichen – Zusammenhang zwischen expandierendem Grundrechtsdenken und Urteilsverfassungsbeschwerde.

Jedoch: Wird der nun einmal erreichte Stand von Grundrechtstheorie und -dogmatik nicht als solcher in Frage gestellt, kann der Einwand inadäquater Verarbeitung komplexer Verfassungsrechtsfragen in auf Individualrechtsschutz angelegten Gerichtsverfahren doch nicht spezifisch das Bundesverfassungsgericht treffen. Das Problem tritt nicht anders – oder sogar eher noch gravierender – auch in fachgerichtlichen Verfahren auf. Die mehrdimensionale und auch die Berücksichtigung von nicht im Prozess repräsentierten Rechtspositionen oder Belangen fordernde Grundrechtsdeutung erreicht gleichermaßen jedes „Fachgericht" als Grundrechtsgericht.[75] Dieses Argument ist also allenfalls geeignet, in allgemeinen Gewaltenteilungsdiskursen eine sich aus materiell-rechtlichen Maßstäben ergebende Überspannung der Rechtsprechungsfunktion auf Kosten legitimatorisch besser geeigneter Funktionsträger (Parlamente?) zu diskutieren.[76] Es trägt aber nichts spezifisch gegenüber dem Urteilsverfassungsbeschwerdeverfahren aus. Dieses ist kraft seiner konzentrierenden Wirkung (s. o.) und übergreifenden institutionellen Perspektive wohl sogar eher als fachgerichtliche Grundrechtsprozesse imstande, für

---

[74] *Möllers*, Legalität (Anm. 11), 346 ff.

[75] Richtige Betonung des allgemeineren, weit über die Institution des BVerfG hinausgreifenden Charakters des Problems bei *Schlaich/Korioth*, Bundesverfassungsgericht (Anm. 3), Rn. 18 ff.

[76] Legitimationstheoretische Rekonstruktion der Gewaltenteilung bei *Christoph Möllers*, Gewaltengliederung, 2005, S. 40 ff., *ders.*, Die drei Gewalten, 2007, S. 57 ff.; kritisch dazu *Matthias Cornils*, § 20 – Gewaltenteilung, in: Otto Depenhheuer/Christoph Grabenwarter (Hrsg.), Verfassungstheorie, 2010, S. 657 (687 ff.).

eine angemessene Berücksichtigung aller relevanten Rechtspositionen und Folgen auch über die konkret im Verfahren vertretenen Interessen hinaus zu sorgen.

Soweit zum anderen hinter der konstatierten Diskrepanz von Verfahren und Entscheidung doch eine Kritik an der expansiven Grundrechtsdogmatik steckt (auch wenn sie sich nur auf das legitimationstheoretische Problem beschränken will), trägt der Einwand erst recht nicht. Jede Mahnung, sich im Urteilsverfassungsbeschwerdeverfahren wieder stärker oder gar nur auf die individuellen Grundrechte des Beschwerdeführers zu beschränken, liefe sogar auf eine Verschärfung des Problems hinaus: Jedes Grundrechtskonzept – auch eine einfache, „ursprüngliche" Sicht auf die Grundrechte nur als individuell-subjektive Eingriffsabwehrrechte – bedeutet immer ein Konzept zur Zuteilung von Freiheit,[77] ist mithin ohne Aus- und Rückwirkungen auf Drittinteressen nicht zu denken. Anspruchsvollere Konzepte, die grundrechtliche Schutzpflichten oder objektiv-institutionelle Gewährleistungsgehalte einbeziehen und Abwägungspflichten postulieren, sind der Versuch, diese unvermeidlich mitbetroffenen Drittinteressen einzubeziehen und zu verarbeiten. Wer (praktisch heute sowieso illusorisch) die Grundrechtswirkungen auf das Abwehrrecht oder vielleicht noch den Schutzanspruch des Beschwerdeführers zurückstutzen will, endet gerade bei der Nichtberücksichtigung fremder Interessen. Die beklagte Nichtrepräsentanz im Verfahren verschärfte sich in diesem Fall zur materiellen Unbeachtlichkeit mitbetroffener Güter und Interessen. Dass auch Gerichte in grundrechtlichen Argumentationen in beteiligtenübergreifende umfassende Folgenabschätzungen und Abwägungsprozesse eintreten müssen, entspricht daher gerade einer die Rechte Dritter und der Allgemeinheit besser berücksichtigenden und daher legitimatorisch sogar überlegenen Konzeption, der keine allzu engen gewaltenteiligen und demokratischen Funktionsvorbehalte entgegengehalten werden sollten.

III. Schlussbemerkung

Wenn nicht alles täuscht, hat sich die Diskussion um die Urteilsverfassungsbeschwerde beruhigt, ihre immer schon eher unwahrscheinliche Abschaffung steht nicht bevor. Die letzte Reform der Annahmevoraussetzungen mit dem Ziel der Eindämmung der Verfahrensflut liegt nun auch schon bald 25 Jahre zurück. Aus dem Vorschlag, ein freies Annahmeverfahren einzuführen, ist nichts geworden. Man scheint sich mit der Urteilsverfassungsbeschwerde endgültig eingerichtet oder abgefunden zu haben, auch wenn die Grundsatzzweifel nicht überall erloschen sind.

[77] Ganz zutreffend konstatiert („kantische Einsicht") bei *Möllers*, Legitimation (Anm. 11), der aber gerade nicht den hier daraus gezogenen Schluss teilt, vielmehr auf eine Relation von subjektiven Rechten (und subjektivierten, damit im Verfassungsbeschwerdeverfahren verhandelbar gemachten verfassungsrechtlichen Positionen) und Verteilungsproblem abstellt: Je mehr Rechte desto größer das (Legitimations-)Problem.

Ihnen lassen sich aber, das sollten die hier skizzierten Überlegungen noch einmal bestätigt haben, eben auch gute Gründe entgegenhalten. Gewiss braucht man die Urteilsverfassungsbeschwerde nicht unbedingt, es ginge auch hierzulande ohne sie, heute, da Grundrechtsrechtsprechung zur Hauskompetenz eines jeden Amtsgerichts geworden ist, wohl sogar eher als früher. Aber die – neben den (wichtigen!) diffus-metajuridischen Integrationswirkungen – eigentliche Funktion des BVerfG im Urteilsverfassungsbeschwerdeverfahren, nämlich diejenige der zentralen Steuerung des Grundrechtsschutzes bei der Rechtsanwendung, hat sich ja nicht erledigt, sondern bleibt eine immerwährende Aufgabe.[78] Je besser das arbeitsteilige Schutzsystem insgesamt funktioniert, umso mehr kann diese Aufgabe freilich in den Hintergrund treten.

Und schließlich: Die Integrationsbedeutung der Urteilsverfassungsbeschwerde, die ja keine eigentlich juridische ist, entzieht sich sowieso verlässlicher Einschätzung. Ob das Verfassungsgericht mit seinen Entscheidungen weiterhin den Bürgerprotest gegen das Rechtssystem in am Ende sogar systemstabilisierende Akzeptanz umlenken kann, ist daher möglich, aber keineswegs sicher.

---

[78] *Jestaedt*, Phänomen (Anm. 21), S. 147: „auch nach 60 Jahren verfassungsgerichtlicher Kontrolle der Fachgerichtsbarkeit noch nicht der Punkt erreicht […], an dem diese exponierte Form der Grundrechtskontrolle überflüssig geworden ist"; s. auch *Kloepfer*, Verfassungsbeschwerde (Anm. 15), 680 f.

Pro et contra der Urteilsverfassungsbeschwerde – Kommentar aus japanischer Sicht

Kazuhiko Matsumoto

I. Fragestellung

Die Urteilsverfassungsbeschwerde ist dem japanischen Justizsystem fremd. Wie gut bekannt ist, gibt es in Japan kein Verfassungsgericht, das als ein spezialisiertes Gericht für die Kontrolle der Verfassungsmäßigkeit von Rechtsakten zuständig ist. Nicht nur eine verselbständigte Verfassungs-, sondern auch eine Fachgerichtsbarkeit haben wir nicht. Es gibt nur ein eindimensionales Justizsystem, das in drei Instanzen gestuft wird. Innerhalb dieses Justizsystems befinden sich ein Oberster Gerichtshof und die vielen anderen unteren Gerichtsinstanzen. Alle Gerichte können, ähnlich wie in den USA, ihre eigene Prüfungsbefugnis über die Verfassungsmäßigkeit von Gesetzen oder Verwaltungsakten ausüben, soweit sie in realen und konkreten Fällen vor Gericht geprüft werden, und zwar soweit die Ausübung der Befugnis notwendig ist, um die betreffenden Rechtsfälle zu entscheiden. Wenn diese etwa verfassungsrechtliche Probleme enthalten, können sie, insofern keine Hinderungsgründe vorliegen, vor den Obersten Gerichtshof gebracht werden, der auch für Fragen dieser Art die letzte Instanz ist (Art. 81 JV), obwohl die Revision tatsächlich selten gelingt und meistens zurückgewiesen wird.

Anders als in Deutschland muss sich die japanische Justiz mit den Problemen der Urteilsverfassungsbeschwerde unmittelbar gar nicht beschäftigen. Aus Mangel an Unterscheidung von Verfassungs- und Fachgerichtsbarkeit bedarf es keiner Beschäftigung mit der Abgrenzung beider Funktionsbereiche. Angesichts der vielfältigen deutschen Diskussionen können wir jedoch vielleicht einige gemeinsame Problemfelder identifizieren. Zwar scheint es auf den ersten Blick dieselbe Frage in beiden Ländern nicht zu geben. Wenn es aber gelänge, die in Deutschland und Japan gemeinsamen Aufgaben herauszuarbeiten, könnten wir auch auf diesem Problemfeld zusammenarbeiten und Beiträge zu gemeinsamen Lösungen leisten.

Als gemeinsame Aufgaben werde ich hier aus japanischer Sicht nur zwei Probleme aufzeigen und kommentieren.

Das erste Problem bezieht sich auf eine Frage der verfassungskonformen Auslegung von Gesetzen.[1] In diesem Bereich überschneiden sich die Bereiche von Verfassungsrecht und einfachem Recht. Nach der allgemeinen Lehre dieser Auslegungsmethode kann das Verfassungsgericht durch Verfassungsinterpretation auf Gesetzesinhalte einwirken, gegebenenfalls sie ergänzen, begrenzen, erweitern oder modifizieren. Auch Fachgerichte können insoweit durch Verfassungsinterpretation Gesetzesinhalte mit Verfassungswerten verbinden und jene gegebenenfalls merklich verändern. Ohne eine Trennung von Verfassungs- und Fachgerichtsbarkeit existiert allerdings auch kein Kompetenzkonflikt beider Gerichtsbarkeiten. Dennoch bleibt bei der verfassungskonformen Auslegung das Problem der Abgrenzung von Verfassungsrecht und einfachem Recht. Deswegen werde ich in einem ersten Schritt diesem Problem in dem hier verfügbaren Rahmen nachgehen.

Als zweiten Punkt beschäftige ich mich mit dem Problem der demokratischen Legitimation des richterlichen Prüfungsrechts. Das heißt: Warum dürfen Richter demokratisch legitimierte Gesetze für nichtig erklären? Die Frage ist nicht nur in Deutschland und in Japan, sondern auch in anderen Ländern, insbesondere in den USA viel diskutiert – und wohl noch nicht endgültig zu lösen. Zwar ist dieses Problem nicht spezifisch für die Urteilsverfassungsbeschwerde. Wie Matthias Cornils dargelegt hat,[2] soll jedoch (zumindest in Deutschland) gerade dieses Verfahren sich der Frage nach seiner Legitimation ausgesetzt sehen. Schon deshalb ist die Urteilsverfassungsbeschwerde der Rede wert, obwohl ich sie hier nur kurz kommentieren kann.

II. Verfassungsrecht und einfaches Recht in verfassungskonformer Auslegung

Die Gesetzesauslegung, bei der normative Gebote des Verfassungsrechts berücksichtigt werden sollen, kann man als die verfassungskonforme Auslegung des Gesetzes bezeichnen. Im Rahmen einer dualistisch gegliederten Gerichtsverfassung gehört die Gesetzesauslegung zum Kernbereich der Fachgerichte, während die Verfassungsrechtsauslegung die eigentliche Aufgabe des Verfassungsgerichts ist. Diese zwei Auslegungsweisen finden auf den ersten Blick an klar getrennten Gegenständen statt. Durch die Einführung der verfassungskonformen Auslegung wurde diese klare Trennung relativiert.

---

[1] Die Frage der verfassungskonformen Auslegung wurde auf dieser Tagung schon von Go Koyama gestellt, ausführlich analysiert und erläutert. Dieser Beitrag beschränkt sich daher auf einige wenige Ergänzungen.

[2] *M. Cornils*, Pro et contra der Urteilsverfassungsbeschwerde, in diesem Band S. 77–99.

Vor allem interessant ist aus japanischer Sicht die graduelle Entgrenzung von Verfassungsrecht und einfachem Recht in der Rechtspraxis Deutschlands, weil ein ähnliches Phänomen auch in Japan beobachtet werden kann. Mit der verfassungskonformen Auslegung des Gesetzes kann der Richter Ziele, Bedeutungen oder Werte des Verfassungsrechts in die Gesetzestexte integrieren und so dessen eigentliche Inhalte ergänzen, begrenzen, erweitern oder modifizieren. Ob eine solche Auslegungsweise in der Tat im doppelten Sinne grenzüberschreitende Einwirkungen auf Gesetze bedeutet, ist ja eine heikle Frage. Hier möchte ich nur darauf aufmerksam machen, dass die Folgen der verfassungskonformen Auslegung von Gesetzen zum Wandel der Gesetzesrechtsordnungen oder der Gesetzesrechtswissenschaft führen können.

Erstens wird die Frage gestellt, ob die richterliche Berücksichtigung der verfassungsrechtlichen Ziele oder Werte bei der Gesetzesauslegung die Rechtsordnungen des einfachen Rechts (Zivil-, Straf- oder Verwaltungsrecht) verzerren kann. Auch im eindimensionalen Justizsystem ist der Richter oft gezwungen, unter Berücksichtigung des Verfassungsrechts Bestimmungen des einfachen Rechts zu interpretieren, etwa wenn unbestimmte Rechtsbegriffe oder Generalklauseln des Gesetzes ausgelegt werden müssen. Dabei vermag der Richter nicht nur einzelne Gesetzesbestimmungen ausfüllen, sondern auch die Gesetzesrechtsordnungen als solche ausgestalten. Kritik entzündet sich aber, wenn und weil überflüssige Berücksichtigungen des Verfassungsrechts die Gesetzesrechtsordnungen übermäßig konstitutionalisieren.

Zweitens ist danach zu fragen, wie man den Einfluss der Konstitutionalisierung auf die Gesetzesrechtswissenschaft einschätzen soll. Einzelbereiche der Rechtswissenschaft, zum Beispiel die Strafrechtswissenschaft, sind relativ unabhängig und eigenständig systematisiert. Der Wandel der Gesetzesrechtsordnungen kann aber gegebenenfalls auch eine Umbildung der Rechtswissenschaft vom einfachen Recht herbeiführen, weil die Rechtswissenschaft und die Rechtsordnung miteinander in Zusammenhang stehen. Alle Einzelbereiche der Rechtswissenschaft würden damit gewissermaßen zur verfassungsmäßigen Rechtswissenschaft. Insofern könnte es zu Widerstand der konservativen Teile der Rechtswissenschaft kommen, die das Verfassungsrecht für einen Fremdkörper erachten und dessen Einflüsse auf die Gesetzesrechtsordnungen so gering wie möglich halten wollen.

Hinsichtlich beider Aspekte können hier Fallbeispiele aus Japan für die Reaktionen der Rechtspraxis und Rechtswissenschaft auf die Konstitutionalisierung des einfachen Rechts angeführt werden. Zwei Entscheidungen des OGH drängen sich auf: das Horikoshi-Urteil[3] und das Tachikawa-Urteil[4]. In beiden Fällen stellte sich die Frage, ob ein strafrechtlicher Tatbestand unter Berücksichtigung der Grundrechte ausgelegt und erläutert werden muss, um die Strafbarkeit von

[3] Urteil des OGH vom 7.12.2012.

[4] Urteil des OGH vom 11.4.2008. Vgl. auch Urteil des OGH vom 30.11.2009.

Handlungen der Angeklagten zu klären, die sich als Ausübung ihrer Meinungsfreiheit (Art. 21 Abs. 1 JV) darstellen ließen, weil sie in politischer Absicht Flugblätter verteilt haben.

Im ersten Fall (Horikoshi-Urteil) hat der Oberste Gerichtshof schließlich den Angeklagten freigesprochen, obwohl der Täter ein öffentlich Bediensteter war und sich daher wegen widerrechtlicher politischer Tätigkeit gemäß § 102 Abs. 1 des Staatsbeamtengesetzes auf den ersten Blick strafbar gemacht zu haben schien. Der Paragraph bestimmt, dass „allen öffentlich Bediensteten alle politischen Betätigungen untersagt werden, außer der Ausübung des Wahlrechts". Nach der bisherigen Rechtsprechung des OGH (Sarufutsu-Urteil)[5] müsste das Verhalten des Angeklagten strafbar sein. Trotzdem wurde er freigesprochen, weil seine Handlungen (das Verteilen von Flugblättern) den Tatbestand der Strafbestimmung nicht betreffen würden. Der Oberste Gerichtshof hat unter Berücksichtigung der Relevanz der politischen Betätigungen den Paragraphen offenbar einschränkend ausgelegt. Er führte aus, „politische Betätigungen" heißen nur diejenigen Handlungen, die die Neutralität der Amtsführung der Beamten nicht bloß ideell, sondern auch tatsächlich und sachlich beeinträchtigen können. Mit dieser Auslegung hat der OGH zwar weder den Text des Staatsbeamtengesetzes verändert noch Präzedenzfälle explizit missachtet, aber in verfassungsinduzierter Weise den Gesetzesinhalt geändert.

Im zweiten Fall (Tachikawa-Urteil) hat der Oberste Gerichtshof im Kontrast zum ersten Fall die Angeklagten verurteilt, welche den Boden der Wohngebäude für die Soldaten und ihre Familien, aber keine Wohnräume als solche, betreten und trotz der Einwände des Wohnverwalters in die dortigen Briefkästen Flugblätter eingeworfen hatten, um zum Widerstand gegen den Irak-Krieg aufzurufen. Die Handlungen der Angeklagten stellten nach Ansicht des OGH wegen des unbefugten Betretens einen strafbaren Hausfriedensbruch dar. Das Strafgesetzbuch sieht im § 130 den Hausfriedensbruch als ein Verbrechen vor. Zwar erfolgten die Handlungen in Ausübung der politischen Meinungsfreiheit, was auch der OGH anerkannte. Unter Berücksichtigung der Grundrechte hätte er sie eventuell für unschuldig halten können, hat sich eine solche verfassungskonforme Auslegung aber nicht gestattet.

Die verfassungsrechtswissenschaftliche Literatur hat sich tendenziell für das erste, aber gegen das zweite Urteil des OGH ausgesprochen. In Bezug auf die Berücksichtigung der verfassungsrechtlichen Ziele oder Werte bei der Interpretation des einfachen Rechts bewertet sie wahrscheinlich das erste als befriedigend, das zweite als ungenügend.[6] Es ist methodisch zwar umstritten, wie der Richter den Tatbestand des Strafrechts verfassungskonform auslegen kann. Innerhalb der Verfassungswissenschaft herrscht jedoch die einstimmige Meinung, dass auch bei der richterlichen Auslegung des Strafrechts die verfassungsrechtlichen Ziele oder Werte, insbesondere die Grundrechte, zu berücksichtigen sind. Demgegenüber verhält

---

[5] Urteil des OGH vom 6.11.1974.

[6] Vgl. *G. Shishido,* An Introduction to Legal Interpretation, ergänzte Aufl. 2018, S. 202 ff.

sich die Strafrechtswissenschaft zurückhaltend[7] und sieht das Strafrechtssystem in seiner Eigengesetzlichkeit. Deswegen sollte es ohne Hilfe des Verfassungsrechts innerhalb der Gesetzesordnung systematisch ausgelegt werden. Die verfassungskonforme Auslegung des einfachen Rechts verträgt sich mit diesem Anliegen nicht immer notwendigerweise.

Das Strafrecht hat insoweit eine längere Tradition als das Verfassungsrecht, als das Strafgesetzbuch älter ist als die geltende Verfassung. Die Gesetzesrechtsordnung des Strafrechts scheint von außen betrachtet relativ eigenständig und unabhängig. Der Vorrang der Verfassung vor den anderen Rechtsgebieten wird zwar im Allgemeinen anerkannt. Aber allein mit dem Verfassungsrecht sind die eindeutigen Auslegungsergebnisse des einfachen Rechts nicht zu ändern oder zu korrigieren, weil aus dem Vorrangprinzip nicht die Verfassungskonformität des einfachen Rechts abgeleitet werden kann. Je weniger sich die Rechtsgebiete bei der Systembildung auf das Verfassungsrecht beziehen, desto ablehnender wirken sie tendenziell gegenüber der verfassungskonformen Auslegung. Die Berücksichtigung des Verfassungsrechts stellt sich aus Sicht von Strafrechtsexperten vielmehr öfter als auslösendes Moment für die Systemverwirrung im einfachen Recht und daher als riskant dar.

III. Demokratische Legitimation des richterlichen Prüfungsrechts

Greifen wir nun das nächste Thema, „die demokratische Legitimation des richterlichen Prüfungsrechts" auf. Die demokratische Legitimationsfrage von „judicial review" wird seit längerem vor allem in den USA viel und heftig diskutiert.[8] Sie scheint aber noch nicht befriedigend beantwortet, obwohl zahlreiche Vorschläge für eine Lösung gemacht wurden. Als Hauptaufgabe der Justiz erscheint der Individualrechtsschutz. Die Reichweite von Gerichtsentscheidungen beschränkt sich in der Regel auf die am Verfahren beteiligten Personen, auf welche die zu rechtfertigende Gewalt der Justiz fokussiert wird. Die Auswirkungen der Verfassungsrechtsprechung reichen jedoch unvermeidlich über die Einzelfallentscheidung weit hinaus. Man muss sagen, dass diese weitgehende und die Allgemeinheit betreffende Kraft der öffentlichen Gewalt der demokratischen Legitimation bedarf, welche der Justiz nur eingeschränkt zukommt.

Im Urteilsverfassungsbeschwerdeverfahren tritt dasselbe Problem auf, weil in diesem Verfahren von einer potenziellen Überrepräsentation der Prozessbeteiligten und ihrer Anliegen gesprochen werden kann,[9] auch wenn nicht immer

---

[7] Vgl. *S. Shimada,* An Introduction to Legal Interpretation, ergänzte Aufl. 2018, S. 191 ff.

[8] Vgl. vor allem *J. H. Ely,* Democracy and Distrust, 1980.

[9] *C. Möllers,* Legalität, Legitimität und Legitimation des Bundesverfassungsgerichts, in: Das entgrenzte Gericht, 2011, S. 281–422 (318 f.).

inzident eine Verfassungsmäßigkeitsprüfung des zugrunde liegenden Gesetzes erfolgt. Kernargument der Infragestellung der demokratischen Legitimation von dieser Art des „judicial review" ist, dass weitgehende und die Allgemeinheit betreffende Entscheidungen grundsätzlich vom demokratischen Gesetzgeber als Volksrepräsentation getroffen und nicht, durch in diesem Verfahren aus demokratischer Sicht überrepräsentierte Prozessbeteiligte veranlasst, durch Gerichte aufgehoben werden sollten.

In Japan ist diese Frage aber bisher, mit einigen Ausnahmen[10], noch nicht so weitläufig diskutiert worden, weil die Gerichte, besonders der Oberste Gerichtshof, Gesetze fast nie für verfassungswidrig und nichtig erklärten. Sie nahmen die Haltung eines „judicial-restraint" ein. Sie schienen sich seit der Entstehung der Japanischen Verfassung von 1946 immer der Gefahr eines „judicial aktivism" bewusst gewesen zu sein und haben vor dem Gesetzgeber Respekt gezeigt. Dagegen war die verfassungsrechtswissenschaftliche Literatur viel kritischer und behauptete, wenigstens im Bereich der Meinungs- und der sonstigen politischen Freiheit sollten die Gerichte viel aktiver sein, weil in diesem Bereich die demokratischen Prozesse als solche vor dem demokratischen Gesetzgeber geschützt werden müssen. Auch der Oberste Gerichtshof hat sich schon vor längerem darauf festgelegt, dass die Verfassungsmäßigkeit der die Meinungs- oder Versammlungsfreiheit einschränkenden Gesetzgebung richterlich strikt geprüft werden soll,[11] hat in diese Grundrechte eingreifende Gesetzgebungsakte aber noch nicht wegen Verfassungswidrigkeit aufgehoben.

Anders als in diesen Bereichen hat der Oberste Gerichtshof in neuerer Zeit auf den Gebieten des Wahlrechts und Familienrechts einige Gesetzesbestimmungen für verfassungswidrig erklärt. Beim Wahlrecht geht es vor allem um die Gleichheit des Stimmenwertes zwischen den Wahlkreisen.[12] Zwar scheinen selbstverständlich alle Stimmen der Wahlberechtigten als gleichwertig behandelt werden zu müssen, aber für den Gesetzgeber ist es schwer, zwischen allen Wahlkreisen den Stimmenwert gleich zu verteilen und die gleiche Größe der Wahlkreise immer aufrechtzuerhalten, weil selbst die kleinen Veränderungen der Wahlkreise die Wahlchancen der Abgeordneten beeinflussen und auf sie nachteilig wirken mögen. Angesichts der Passivität des Gesetzgebers in diesem Bereich ist es notwendig, ihn zur Gleichheitswahrung justiziell strikt zu verpflichten. Auf diesem Rechtsgebiet sollte der „judicial aktivism" daher vorzugsweise erwünscht sein.[13]

---

[10] *S. Matsui,* A Theory of the Double Standard, 1994.

[11] Urteil des OGH vom 22.11.1972; Urteil des OGH vom 30.4.1975; Urteil des OGH vom 8.3. 1989.

[12] Hinsichtlich der Unterhauswahl, Urteil des OGH vom 23.3.2011; Urteil des OGH vom 20.11. 2013; Urteil des OGH vom 25.11.2015; hinsichtlich der Oberhauswahl, Urteil des OGH vom 17.10. 2012; Urteil des OGH vom 26.11.2014.

[13] Danach hat der OGH die Reformbemühungen des Gesetzgebers in gewissem Maße bewertet und die Größe der Wahlkreise hinsichtlich der Oberhauswahl am 27.9.2017 und der

Auf dem Gebiet des Familienrechts (im weiteren Sinne) traf der Oberste Gerichtshof drei wichtige Entscheidungen, die streitrelevante Gesetzesbestimmungen für verfassungswidrig erklärten: erstens diejenige über die Staatsangehörigkeit nichtehelicher Kinder,[14] zweitens diejenige über das Erbrecht nichtehelicher Kinder,[15] drittens diejenige über die Frist des Wiederverheiratungsverbots nur für Frauen.[16] Verfassungsrechtlich kam es bei diesen Fällen auf den Gleichheitssatz an. Von verfassungsrechtswissenschaftlicher Seite wurde erkannt, dass die Entscheidungen rechtlich im Wesentlichen richtig sind, aber teilweise politisch umstritten, weil sich die betreffenden Gesetzestexte mit der traditionellen ständischen Ideologie verbinden und von konservativen Politikern unterstützt wurden. Hinter diesen konservativen Politikern stehen ja auch die Bevölkerungsteile mit konservativem moralischem Bewusstsein.

In den genannten Fällen geht es daher in Wirklichkeit um den Konflikt zwischen diesem festgebliebenen Moralbewusstsein und den Grundfreiheiten der Minderheiten. Solche Konflikte auszugleichen ist der Gesetzgeber nicht besonders befähigt, weil es politisch riskant scheint, sich zum Schutze von Minderheiten mit moralisch-ideologischen Problemen zu befassen. Der unabhängige Richter scheint dafür besser geeignet. Zwar ist auch er für das gesellschaftliche Moralbewusstsein sensibel und entscheidet nicht dessen ungeachtet, aber zunächst nur den vorliegenden Fall und nicht abstrakt-generell. Eingedenk des Ziels der Fallentscheidung kann er den Umfang der Prüfung begrenzen und muss ihn nicht mehr als notwendig erweitern. Er kann sich damit an der Fall-Lösung orientieren und auf den Minderheitenschutz im vorliegenden Fall konzentrieren.

Oliver Lepsius bemerkt, bei „Verfassungsbeschwerden wird das Geschehen auf eine konkrete Verletzung subjektiver Rechte überprüft […]. Es steht daher zu erwarten, dass die Kontrolldichte bei Verfassungsbeschwerden zunimmt, weil es hier um die Abwehr individueller Grundrechtseingriffe geht, dafür aber die generell-abstrakte Entscheidungswirkung abnimmt, weil ein konkreter Fall entschieden wird und nicht die Rechtslage zur Gänze."[17] Diese Sätze gelten eher für den japanischen „judicial review". Die justizielle Verfassungsmäßigkeitsprüfung soll in der Fallentscheidung hauptsächlich zum Schutz der konkreten subjektiven Grundrechte erfolgen. Insoweit könnte den Gefahren der Überrepräsentation der Prozessbeteiligten entgangen werden. Zwar scheint es unmöglich, die demokratische Legitimationsfrage gegenüber dem „judicial review" endgültig zu erledigen, aber möglich, sie leidlich zu managen. Wichtig ist ja keine Endlösung, sondern gutes Management.

Unterhauswahl am 19.12.2018 für verfassungsmäßig erklärt. Diese Urteile sind jedoch von mehreren Sondervoten begleitet.

[14] Urteil des OGH vom 4.6.2008.

[15] Urteil des OGH vom 4.9.2013.

[16] Urteil des OGH vom 16.12.2015.

[17] *O. Lepsius*, Die maßstabsetzende Gewalt, in: Das entgrenzte Gericht, 2011, S. 159–279 (262).

IV. Schlussbemerkung

Beim Anblick des Problemfeldes der Urteilsverfassungsbeschwerde, die es so in Japan nicht gibt, können aus japanischer Sicht dennoch zwei gemeinsame Aufgabenkreise des Verfassungsrechts von Deutschland und Japan identifiziert werden. Das sind die Fragen zur verfassungskonformen Auslegung von Gesetzen einerseits und zur demokratischen Legitimation des richterlichen Prüfungsrechts andererseits. Beide Fragen haben Bezug zueinander. Denn die Wege der verfassungskonformen Auslegung ohne Kassation des Gesetzes könnten sich wegen des richterlichen Respekts vor dem Gesetzgeber als Antwort auf das Demokratiedefizit des Gerichts darstellen. Dass die Richter tendenziell diese Wege der Verfassungswidrigkeitserklärung vorziehen, ist mir verständlich. Die Sache liegt allerdings nicht so einfach.

Die Gerichte haben in der Verfassungsmäßigkeitsprüfung den Frontalzusammenstoß mit dem Gesetzgeber tendenziell vermieden, wenn auch in Rechtsbereichen, in denen die Richter aktiver sein sollten. Dies folgte nur daraus, dass die Richter mit kartographischer Schärfe die unterschiedlichen Seiten der Fälle gesehen und die verschiedenen Aspekte berücksichtigt haben (sogenannter all-things-considered approach), so formuliert es der ehemalige oberste Richter Chiba.[18] Aber eine solche individuelle „Fall-zu-Fall-Denkweise" scheint mir prinzipienlos und dann legitimationstheoretisch nicht gerechtfertigt. Mit den richterlichen Bemühungen allein ist das Legitimationsproblem nicht zu überwinden. Andererseits waren die Gerichte bei der verfassungskonformen Auslegung von Gesetzen nicht immer zurückhaltend. Sie haben vielleicht versucht, die Gesetze oder den Gesetzgeber nicht von vorne anzugreifen, sondern von hinten auf ihn einzuwirken, so könnte man das verstehen.

---

[18] *K. Chiba,* Die justizielle Verfassungsmäßigkeitsprüfung, 2017, S. 197.

Teil IV

Die verfassungskonforme Auslegung

Verfassungskonforme Auslegung im deutschen Verfassungsrecht

Christian Walter

I. Einleitung

Die verfassungskonforme Auslegung steht etwas quer zum Oberthema des 2. Deutsch-Japanischen Verfassungsgesprächs, das der „Entwicklung des Verfassungsrechts durch die Verfassungsgerichtsbarkeit" gewidmet ist. Einerseits sind Entstehung und Entwicklung der verfassungskonformen Auslegung als Interpretationsinstrument unzweifelhaft maßgeblich durch die Rechtsprechung des Bundesverfassungsgerichts geprägt. Insofern ist es völlig richtig, die verfassungskonforme Auslegung in die Überlegungen miteinzubeziehen. Auf der anderen Seite darf man aber auch nicht übersehen, dass es in Bezug auf die verfassungskonforme Auslegung kein Monopol des Bundesverfassungsgerichts gibt, sondern jede an die Verfassung gebundene Stelle, also gerade auch Behörden und Fachgerichte, zur verfassungskonformen Rechtsanwendung und damit gegebenenfalls eben auch zur verfassungskonformen Auslegung des einfachen Rechts verpflichtet sind. Der folgende Beitrag zeichnet den „Siegeszug der verfassungskonformen Auslegung"[1] als unvermeidlich nach (II.) und macht anschließend auf das daraus resultierende besondere Spannungsverhältnis zum Gesetzgeber aufmerksam,

[1] *M. Jestaedt*, Verfassungskonforme Auslegung – Kollisionsvermeidung durch Konformauslegung, in: Juristische Studiengesellschaft Karlsruhe, Jahresband 2016, 1 ff. (1).

welches als generelles Problem einer verfassungskonformen Auslegung gelten darf (III.). Ein besonderer Akzent wird auf die Auswirkungen auf das Verhältnis zur Fachgerichtsbarkeit gelegt, weil sich diese Probleme nur in einem System mit zentralisierter verfassungsgerichtlicher Kontrolle stellen und insofern anzunehmen ist, dass die hier zwischen Deutschland und Japan bestehenden Unterschiede diese Teilthematik für eine deutsch-japanische verfassungsrechtliche Diskussion besonders interessant machen (IV.). Der Beitrag schließt mit einem Plädoyer für einen zurückhaltenden Umgang mit dem Instrument der verfassungskonformen Auslegung sowohl durch das Bundesverfassungsgericht wie durch die Fachgerichtsbarkeit (V.).

II. Entstehung und Entwicklung des Grundsatzes der verfassungskonformen Auslegung in der Rechtsprechung des Bundesverfassungsgerichts

Die verfassungskonforme Auslegung erweist sich bei genauem Hinsehen als geradezu unvermeidliche Konsequenz aus einerseits dem sich seit dem 19. Jahrhundert herausbildenden Grundsatz des Vorrangs der Verfassung[2] und andererseits der im Gewaltenteilungsgrundsatz wurzelnden Achtung der Judikative vor der Legislative. Dringt der Vorrang der Verfassung darauf, mit ihr unvereinbares einfaches Gesetzesrecht für unanwendbar und nichtig anzusehen, so verlangt andererseits die Zuweisung eines solchen verfassungsrechtlichen Prüfungsrechts an die Judikative von dieser einen besonderen Respekt vor der eigenständigen Einschätzung und verfassungsrechtlichen Bewertung durch die Legislative, die – will man ihr nicht einen bewussten Verfassungsbruch unterstellen – von der Vereinbarkeit ihrer Gesetzgebungsakte mit dem Verfassungsrecht ausgehen muss. Diese Spannung wird schon in der berühmten Entscheidung *Marbury v. Madison* des U. S. Supreme Court deutlich[3] und ist auch in der deutschen Debatte der Weimarer Zeit über das damals so genannte „richterliche Prüfungsrecht" (der Vereinbarkeit von Gesetzen mit der Verfassung) gut erkennbar.[4]

---

[2] *R. Wahl*, Der Vorrang der Verfassung, Der Staat 20 (1981), 485 ff. (491 ff.).

[3] United States Reports, Bd. 5, 137 ff.; siehe auch *W. Brugger*, JuS 2003, 320 ff.; *ders.*, Grundrechte und Verfassungsgerichtsbarkeit in den Vereinigten Staaten von Amerika (1987), 5 ff.; *W. Heun*, Der Staat 42 (2003), 267 ff.; *M. Kau*, United States Supreme Court und Bundesverfassungsgericht: Die Bedeutung des United States Supreme Court für die Errichtung und Fortentwicklung des Bundesverfassungsgerichts, 2007, 266 f.

[4] Siehe im Einzelnen die Nachweise bei *C. Walter*, in: Maunz/Dürig, Art. 93 GG Rn. 26 (für die zweite Hälfte des 19. Jahrhunderts) und Rn. 35 (für die Weimarer Zeit).

In seiner für die verfassungskonforme Auslegung unter dem Grundgesetz zentralen Entscheidung zum Notaufnahmegesetz hat das Bundesverfassungsgericht das Gebot der verfassungskonformen Auslegung eher apodiktisch[5] wie folgt abgeleitet:

„[Es ist] notwendig, diese Vorschrift [zur Notaufnahme] so auszulegen und anzuwenden, daß auch alle anderen Normen über das Recht auf Freizügigkeit – *insbesondere die höhere Norm des Art. 11 Abs. 2 GG* – im Notaufnahmeverfahren gewahrt werden. Dies ist um so mehr erforderlich, als schon allgemein der Grundsatz gilt, daß ein Gesetz nicht für nichtig zu erklären ist, wenn es im Einklang mit der Verfassung ausgelegt werden kann; denn es spricht nicht nur eine Vermutung dafür, daß ein Gesetz mit dem Grundgesetz vereinbar ist, *sondern das in dieser Vermutung zum Ausdruck kommende Prinzip verlangt auch im Zweifel eine verfassungskonforme Auslegung des Gesetzes.*“[6]

War in dieser Entscheidung die verfassungskonforme Auslegung noch ein methodisches Instrument des Verfassungsgerichts selbst, das in einem Verfahren der konkreten Normenkontrolle die zur Prüfung gestellte Norm im Wege der verfassungskonformen Auslegung für verfassungsmäßig erachtete, so sah es später in der Nichtvornahme einer verfassungskonformen Auslegung durch ein Fachgericht einen Verfassungsverstoß.[7] Nicht zuletzt unter dem Eindruck gestiegener Verfahrenszahlen wurde diese fachgerichtliche Pflicht zu einer Zulässigkeitsvoraussetzung konkreter Normenkontrollverfahren ausgebaut und die Fachgerichtsbarkeit damit geradezu zur verfassungskonformen Auslegung gedrängt.[8] Auf diesen Aspekt ist im Rahmen der Erörterung des Verhältnisses zur Fachgerichtsbarkeit noch einmal zurückzukommen.[9]

Insgesamt lässt sich festhalten, dass mit wenigen dogmatischen Argumenten aus dem Vorrang der Verfassung und dem letztlich im Gewaltenteilungsgrundsatz und im Demokratieprinzip verwurzelten Respekt vor dem Gesetzgeber der Grundsatz der verfassungskonformen Auslegung durch die Rechtsprechung des Bundesverfassungsgerichts etabliert wurde und anschließend in der Lehre recht breite Anerkennung gefunden hat.[10] Auch wenn in jüngerer Zeit die Zahl kritischer

---

[5] Vgl. *A. Voßkuhle*, Theorie und Praxis der verfassungskonformen Auslegung von Gesetzen durch Fachgerichte, in: AöR 125 (2000), 177 ff. (182), der zutreffend darauf hinweist, dass das Gericht nicht erklärt, worauf es seine Vermutung für die Verfassungsmäßigkeit von Gesetzen stützt; die Argumentation mit der Vermutung findet sich bis in die jüngste Rechtsprechung, vgl. BVerfG, Beschluss des Zweiten Senats vom 22. März 2018 – 2 BvR 780/16 – Rn. 150.

[6] BVerfGE 2, 266 (282) – Hervorhebungen vom Verfasser.

[7] BVerfGE 32, 373 (383 f.): „[D]as Gebot verfassungskonformer Gesetzesauslegung verlangt, von mehreren möglichen Normdeutungen, die teils zu einem verfassungswidrigen, teils zu einem verfassungsmäßigen Ergebnis führen, diejenige vorzuziehen, die mit dem Grundgesetz in Einklang steht [...]. Gegen dieses Gebot hat das Landgericht verstoßen. § 97 Abs. 2 Satz 1 StPO läßt in der hier entscheidenden Frage eine verfassungskonforme Auslegung zu.“

[8] Ausführliche Nachweise bei *Voßkuhle*, Theorie und Praxis (Anm. 5), 199 f.; zum Erfordernis in der neueren Rechtsprechung etwa BVerfGE 124, 251 (262); 141, 143 (161).

[9] Unten IV.

[10] *K. Schlaich/S. Korioth*, Das Bundesverfassungsgericht, 11. Aufl. 2018, Rn. 440 ff.; *C. Degenhart*, Staatsrecht I, 34. Aufl. 2018, Rn. 853; *H. Maurer*, Staatsrecht I, 6. Aufl. 2010, Rn. 67 ff.

Analysen und Positionen zugenommen hat,[11] so konzentrieren sich die daraus abgeleiteten Folgerungen auf eine verstärkte Betonung der Grenzen einer verfassungskonformen Auslegung. Grundsätzlich ablehnende Positionen gibt es kaum.[12]

Auch das Bundesverfassungsgericht selbst betont die Grenzen der verfassungskonformen Auslegung in seiner Rechtsprechung. Hintergrund dieser Rechtsprechung sind die bereits genannten entgegenstehenden Verfassungsgrundsätze der Gewaltenteilung und des Demokratieprinzips. Beide Grundsätze führen dazu, dass der (im Gesetz zum Ausdruck gebrachte) Wille des Gesetzgebers eine begrenzende Rolle einnehmen soll. In einer jüngeren Entscheidung wird dies wie folgt formuliert:

> „Grenzen der verfassungskonformen Auslegung ergeben sich allerdings aus den anerkannten Auslegungsmethoden. Ein Normverständnis, das im Widerspruch zu dem klar erkennbar geäußerten Willen des Gesetzgebers steht, kann auch im Wege der verfassungskonformen Auslegung nicht begründet werden […]. Eine verfassungskonforme Auslegung scheidet auch aus, wenn der Vorschrift ein vom Gesetzgeber gewollter und hinreichend bestimmter Regelungsgehalt nicht zu entnehmen ist".[13]

Diesen sehr allgemein formulierten Maßstäben wird man auf einer abstrakten Ebene ohne Weiteres zustimmen können. Praktische Probleme zeigen sich aber bei ihrer Anwendung auf konkrete Gesetzgebungsverfahren.[14] Zum einen fehlt es vielfach an der geforderten klar erkennbaren Äußerung des gesetzgeberischen Willens. Zum anderen erweist es sich als Problem, dass es „*den* Willen" des Gesetzgebers vielfach auch dann nicht gibt, wenn sich die Motive der Abgeordneten feststellen lassen. Das soll im Folgenden aufgezeigt werden.

III. Verhältnis zum Gesetzgeber: Verfassungskonforme Auslegung als Problem des Demokratieprinzips und der Gewaltenteilung

Die zitierten Formulierungen des Bundesverfassungsgerichts zielen erkennbar darauf ab, dem im Gesetz zum Ausdruck kommenden Willen des demokratisch legitimierten Gesetzgebers Beachtung zu schenken. Deshalb soll die verfassungs-

---

[11] Früh: *K. A. Bettermann*, Die verfassungskonforme Auslegung – Grenzen und Gefahren, 1986, später dann *Voßkuhle*, Theorie und Praxis (vgl. Anm. 5).

[12] Siehe aber *U. Lembke*, Einheit aus Erkenntnis, 2009, 185 ff., die bis auf die Feststellung eines verfassungsrechtlich gebotenen Anwendungsausschlusses durch das Bundesverfassungsgericht alle Formen der verfassungskonformen Auslegung kritisiert und ablehnt; *Jestaedt*, Auslegung (Anm. 1), 19–21 in Bezug auf die verfassungskonforme Auslegung durch die Fachgerichtsbarkeit und 21–23 für zumindest weite Teile der verfassungskonformen Auslegung durch das Bundesverfassungsgericht.

[13] BVerfG, Beschluss des Zweiten Senats vom 22. März 2018 – 2 BvR 780/16 – Rn. 150 (Wiedergabe ohne Nachweise).

[14] Vgl. *Walter* (Anm. 4), Rn. 113.

konforme Auslegung nur innerhalb der Grenzen des Wortlauts und bei mehreren konkurrierenden Auslegungsalternativen zulässig sein.[15] Ferner soll der klar erkennbar geäußerte entgegenstehende Wille eine verfassungskonforme Auslegung ausschließen.[16] Aus diesem Grund wird auch in der Literatur immer wieder betont, das verfassungskonform auslegende Gericht dürfe sich nicht selbst an die Stelle des Gesetzgebers setzen und vom Rechtsanwender zum Gesetzgeber mutieren.[17]

Eine zentrale Schwierigkeit bei der konkreten Anwendung dieser abstrakt unmittelbar einleuchtenden Grenzen besteht darin, dass der Wille *des* Gesetzgebers vielfach nicht leicht feststellbar ist. Die über die Bundestagsdrucksachen mitgelieferte Begründung stellt oft nur *eine* von möglicherweise sehr unterschiedlichen Begründungen oder Motiven dar, welche die Abgeordneten bei der Zustimmung zu einem Gesetz bewogen haben mögen. Die Problematik lässt sich besonders gut an den in Baden-Württemberg und Nordrhein-Westfalen in der Folge des ersten Kopftuch-Urteils des Bundesverfassungsgerichts aus dem Jahr 2003[18] beschlossenen Regeln über das äußerlich sichtbare Tragen von Zeichen religiöser Zugehörigkeit durch Lehrerinnen und Lehrer illustrieren.[19] In dieser ersten Kopftuch-Entscheidung hatte das Bundesverfassungsgericht die Landesgesetzgeber für befugt gehalten, durch gesetzliche Vorgaben eine mehr oder weniger strikte religiöse Neutralität im Schulleben einzufordern.[20] Sowohl in Baden-Württemberg wie auch in Nordrhein-Westfalen verfolgten die gesetzlichen Regelungen ihrem Wortlaut nach das Ziel, christlich-abendländische Bildungs- und Kulturwerte oder Traditionen vom Verbot auszunehmen. Beide Gesetze sahen deshalb entsprechende Ausnahmen vor.[21] Vor diesem Hintergrund ging es beim Erlass der betreffenden Regelungen auch um die Frage, ob mit ihnen eine weitreichende Laizisierung des schulischen Lebens verbunden sein soll oder nicht. In Bezug auf die fehlende Durchsetzung des Verbots gegenüber einer katholischen Nonne entschied das VG Stuttgart auf der Basis einer vorangegangenen Entscheidung des Bundesverwaltungsgerichts, dass die Ausnahmeregelung im Wege der verfassungskonformen Auslegung eng zu verstehen sei und äußere religiöse Symbole des christlich-abendländischen Kulturkreises nicht erfasse.[22] Im Ergebnis müsse – bei verfassungskonformer Interpretation anhand von Art. 3 Abs. 1 GG – der Verbotstatbestand auch auf das Ordenshabit der Nonne angewendet werden.

---

[15] *Schlaich/Korioth*, Bundesverfassungsgericht (Anm. 10), Rn. 449; vgl. die Darstellung bei *Lembke*, Einheit (Anm. 12), 117 ff.

[16] BVerfGE 54, 277 (299 f.); 90, 263 (274 f.); 110, 226 (267); kritisch zu diesem Kriterium *Jestaedt*, Auslegung (Anm. 1), 11 f.

[17] *Bettermann*, Auslegung (Anm. 11), 13; *Voßkuhle*, Theorie und Praxis (Anm. 5), 198.

[18] BVerfGE 108, 282.

[19] Vgl. zum Ganzen *C. Walter/A. von Ungern-Sternberg*, Verfassungswidrigkeit des nordrhein-westfälischen Kopftuchverbots für Lehrerinnen, in: DÖV 2008, 488 ff.

[20] BVerfGE 108, 282 (309 ff.).

[21] § 38 Abs. 2 Satz 3 SchG Baden-Württenberg; § 57 Abs. 4 Satz 3 SchulG NRW.

[22] VG Stuttgart NVwZ 2006, 1444 (1446 f.) unter Bezugnahme auf BVerwGE 121, 140 (150 ff.).

Durch diese verfassungskonforme Auslegung wurde ein allgemeines Verbot äußerer Zeichen religiöser Zugehörigkeit eingeführt, obwohl die Gesetzgebungsmaterialien durchaus Anlass zu der Annahme gaben, dass gerade diese Konsequenz vermieden werden sollte.[23] Auch die Durchsicht der baden-württembergischen Materialien zeigt, dass der Erhalt christlich-abendländischer Symbole für viele ein wichtiger Faktor war. Mit dem allgemeinen Verbot bei gleichzeitiger Privilegierung der christlich-abendländischen Symbole wurde so ein Kompromiss beschlossen, dessen verfassungsrechtliche Risiken dem Gesetzgeber durchaus bewusst waren.[24] Mit der vom Bundesverwaltungsgericht gewählten verfassungskonformen Auslegung wird dieser (aus der Sicht des Gerichts: verfassungswidrige) Kompromiss zugunsten eines vollständigen Verbots aller religiösen Zeichen aufgelöst. Damit setzt das Gericht aber seine Entscheidung an die Stelle derjenigen des Gesetzgebers. Ob dieser – vor die Alternative gestellt: entweder alle oder kein Symbol religiöser Zugehörigkeit zu verbieten – sich wirklich für das vollständige Verbot entschieden hätte, bleibt auch deswegen unklar, weil sich nicht feststellen lässt, wievielen Abgeordneten die grundsätzliche Offenheit der Schule für religiöse Symbolik ein wichtiges Anliegen gewesen wäre. Es ist insofern bezeichnend, dass das Bundesverfassungsgericht bei Verstößen gegen den Gleichheitssatz üblicherweise die betreffende Norm nicht für nichtig, sondern nur für mit dem Grundgesetz unvereinbar erklärt, um dem Gesetzgeber die Freiheit zu belassen, wie er den Gleichheitsverstoß korrigieren möchte.[25]

Das Bundesverfassungsgericht führt hier für gewöhnlich aus, dass „[d]ie bloße Unvereinbarkeitserklärung einer verfassungswidrigen Norm regelmäßig geboten [ist], wenn der Gesetzgeber verschiedene Möglichkeiten hat, den Verfassungsverstoß zu beseitigen. Das ist grundsätzlich bei Verletzungen des Gleichheitssatzes der Fall."[26] In vergleichbarer Weise hätte im Kopftuch-Fall die Achtung vor dem Demokratieprinzip und dem Gewaltenteilungsgrundsatz gegen eine verfassungskonforme Auslegung gesprochen.[27]

---

[23] NRW LT-Drs. 14/569 vom 31.10.2005, 8 f.

[24] Bad.-Württ. LT-Drs. 13/2793 vom 14.1.2004, 5 ff.

[25] Vgl. BVerfGE 61, 43 (68); 98, 365 (402); BVerfGE 138, 136 (249); aktuell BVerfG, Urteil des Ersten Senats vom 10. April 2018 – 1 BvL 11/14 – Rn. 164 ff. Zu dieser Praxis allgemein *Lembke*, Einheit (Anm. 12), 203 ff.

[26] Aus der jüngeren Rechtsprechung; BVerfG, Urteil des Ersten Senats vom 19. Dezember 2017 – 1 BvL 3/14 – Rn. 252; BVerfG, Urteil des Ersten Senats vom 10. April 2018 – 1 BvL 11/14 – Rn. 165 f.

[27] *Walter/von Ungern-Sternberg*, Verfassungswidrigkeit (Anm. 19), 494 f.

IV. Verhältnis zur Fachgerichtsbarkeit: Verfassungskonforme Auslegung durch die Fachgerichtsbarkeit als verfassungsgerichtliche Systemfrage

Das Verhältnis zur Fachgerichtsbarkeit bedarf nur in einem System mit einer spezialisierten Verfassungsgerichtsbarkeit näherer Betrachtung. Wird die verfassungsgerichtliche Kontrolle – wie etwa in den USA – vollständig durch die „normale" Gerichtsbarkeit übernommen, so stellen sich von vorneherein keine derartigen Probleme. Aber auch in Mischsystemen, die zwar eine eigene Verfassungsgerichtsbarkeit kennen, aber der Fachgerichtsbarkeit eine stärkere Eigenständigkeit bei der Verfassungskontrolle von Gesetzen zuweisen,[28] ist die Situation entspannter. Gerade im deutschen System, das dem Bundesverfassungsgericht zwar ein Normverwerfungsmonopol zuerkennt, den Fachgerichten aber über das konkrete Normenkontrollverfahren des Art. 100 Abs. 1 GG ein Prüfungsrecht und eine Prüfungspflicht überträgt,[29] führt die verfassungskonforme Auslegung zu Friktionen, die sowohl die Rolle des Bundesverfassungsgerichts in Bezug auf das einfache Recht (1.) als auch diejenige der Fachgerichtsbarkeit in Bezug auf das Verwerfungsmonopol des Bundesverfassungsgerichts betreffen (2.).

1. Die Gefahr der Superrevisionsinstanz

Die Aussage, das Bundesverfassungsgericht sei keine „Superrevisionsinstanz",[30] sondern müsse sich auf die Anwendung „spezifischen Verfassungsrechts" beschränken,[31] ist inzwischen ebenso fest etabliert wie in ihrer konkreten Bedeutung umstritten.[32] Bei der Kritik an diesen Formeln darf aber nicht übersehen werden, dass hinter den Formeln die für die deutsche Rechtsentwicklung unter dem Grundgesetz zentrale Konstitutionalisierung der gesamten Rechtsordnung[33] steht, die eine trennscharfe Abgrenzung zwischen einfachem Recht und Verfassungsrecht

---

[28] Siehe zu unterschiedlich ausgestalteten Mischsystemen die knappen Hinweise bei *Walter* (Anm. 4), Rn. 63.

[29] Vgl. generell zum Verhältnis der Gerichtsbarkeiten *G. Robbers*, NJW 1998, 935 ff.

[30] Siehe etwa BVerfGE 2, 336 (339); 21, 209 (216); 53, 30 (53); 122, 248 (285).

[31] Schon ganz früh in den allerersten Entscheidungen des Gerichts verwendet: BVerfGE 1, 418 (420); nicht ausdrücklich, aber in der Sache entsprechend BVerfGE 1, 4 (5); 1, 7 (8).

[32] Siehe etwa *H.-J. Papier*, „Spezifisches Verfassungsrecht" und „einfaches Recht" als Argumentationsformel des Bundesverfassungsgerichts, in: FG BVerfG, Bd. 1 (1976), 432 (450); *R. Zuck*, Das Recht der Verfassungsbeschwerde, 5. Aufl. 2017, Rn. 579 ff.; *A. Voßkuhle*, in: v. Mangoldt/Klein/Starck, Bd. 3, 7. Aufl. 2018, Art. 93 Rn. 55.

[33] *G. F. Schuppert/C. Bumke*, Die Konstitutionalisierung der Rechtsordnung: Überlegungen zum Verhältnis von verfassungsrechtlicher Ausstrahlungswirkung und Eigenständigkeit des „einfachen" Rechts, 2000.

unmöglich macht.[34] Seit der durch die Lüth-Entscheidung im Jahr 1958[35] begründeten Ausstrahlungswirkung der Grundrechte in das einfache Recht lässt sich ein Hineingreifen der verfassungsgerichtlichen Rechtsprechung in die Auslegung des einfachen Rechts strukturell nicht mehr vermeiden.[36]

Die verfassungskonforme Auslegung ist ein zentrales Instrument in diesem Spannungsfeld, weil – jedenfalls wenn sie durch das Bundesverfassungsgericht erfolgt – bei ihrer Anwendung eine Auslegung des einfachen Rechts durch das Bundesverfassungsgericht unvermeidlich ist. Das Bundesverfassungsgericht hat über die Jahre freilich die Wirkungen dieses Instruments stark genutzt und ganze Rechtsgebiete damit verfassungsrechtlich überformt. Immer wieder wird im Tenor eine verfassungskonforme Auslegung des einfachen Rechts nach Maßgabe der Entscheidungsgründe vorgegeben.[37] In der Literatur ist deshalb als Gegenmaßnahme vorgeschlagen worden, jedenfalls bis zur Grenze der Willkür eine Bindung des Bundesverfassungsgerichts an die Auslegung des einfachen Rechts durch die Fachgerichtsbarkeit anzunehmen.[38] Das Bundesverfassungsgericht wäre dann im Wesentlichen darauf beschränkt, das einfache Recht in seiner Auslegung durch die Fachgerichtsbarkeit auf seine Vereinbarkeit mit dem Grundgesetz hin zu überprüfen.

Dieser Vorschlag hat zwar den Charme einer stärkeren Trennung der Aufgaben von Verfassungsgericht und Fachgerichtsbarkeit, aber er stößt nicht nur auf die tatsächliche Grenze der entgegenstehenden fest etablierten verfassungsgerichtlichen Praxis. Vielmehr ist er auch auf konzeptioneller Ebene nicht uneingeschränkt überzeugend. Die Bedenken beginnen damit, dass der Vorschlag letztlich voraussetzt, dass die Fachgerichtsbarkeit ihrerseits von einer verfassungskonformen Auslegung absieht. Andernfalls wäre das Bundesverfassungsgericht daran gehindert, eine aus seiner Sicht unzutreffende verfassungsrechtliche Erwägung, die das Fachgericht bei der verfassungskonformen Auslegung herangezogen hat, seinerseits im Wege der – dann abweichenden – verfassungskonformen Auslegung zu korrigieren. Stattdessen müsste es die Norm (unter Umständen sogar gerade wegen der vom Fachgericht vorgenommenen Auslegung) für nichtig erklären und der Gesetzgeber

---

[34] Siehe zu den hier angestellten Überlegungen etwas ausführlicher *Walter* (Anm. 4), Rn. 152.

[35] BVerfGE 7, 198 (205).

[36] Prägnant und überzeugend *D. Grimm*, Diskussionsbemerkung, VVDStRL 61 (2002), 180 ff. (181).

[37] BVerfG, Beschluss des Ersten Senats vom 6. Juni 2018 – 1 BvL 7/14; BVerfGE 141, 220 (Bundeskriminalamtsgesetz); BVerfGE 138, 377; eine Auslegung im Tenor selbst findet sich beispielsweise bei BVerfGE 110, 226.

[38] *Voßkuhle*, Theorie und Praxis (Anm. 5), 196 f.; *Bettermann*, Auslegung (Anm. 12), 33 ff.; den Gedanken aufnehmend *Jestaedt*, Auslegung (Anm. 1), 22; das Bundesverfassungsgericht lehnt dies ab, wobei eine eigenständige Prüfung der Rechtslage nach dem einfachen Recht als notwendig dafür erachtet wird, die Vereinbarkeit der maßgeblichen Vorschriften mit dem Grundgesetz zu beurteilen, vgl. nur BVerfGE 22, 28 (33); 35, 263 (277).

müsste erneut tätig werden.[39] Diese sehr umständliche Konsequenz will nicht recht einleuchten. In der weiteren Folge müsste man also auch die verfassungskonforme Auslegung durch die Fachgerichtsbarkeit ausschließen.[40] Eine solche „Radikalkur" erscheint überzogen. Auch hier greift die zu Beginn dieses Abschnitts angestellte Erwägung: Mit der Ausstrahlung der Verfassung auf das einfache Recht geht notwendigerweise ein Hineingreifen des Bundesverfassungsgerichts in die Auslegung und Anwendung des einfachen Rechts einher. Ursächlich ist also auch hier die mit der Konstitutionalisierung verbundene Verzahnung von Verfassungsrecht und einfachem Recht. Der damit einhergehenden strukturellen Herausforderung lässt sich nicht durch Abschaffung der verfassungskonformen Auslegung begegnen. Diese erscheint vielmehr geradezu umgekehrt als angemessenes Instrument zur Problembewältigung – das freilich mit Augenmaß eingesetzt werden muss. Auf diesen Punkt ist am Ende nochmals zurückzukommen. Zuvor soll noch das umgekehrte Problem einer Umgehung des verfassungsgerichtlichen Normverwerfungsmonopols durch die Fachgerichtsbarkeit erörtert werden.

2. Die Gefahr einer Umgehung des Verwerfungsmonopols bei einer zentralisierten Normenkontrolle

Es liegt auf der Linie der gerade beschriebenen Zusammenhänge, dass eine verfassungskonforme Auslegung durch die Fachgerichtsbarkeit auf den ersten Blick als völlig unproblematische Umsetzung der Konstitutionalisierung der Rechtsordnung erscheint. Was sollte dagegen sprechen, wenn die Fachgerichte (und möglicherweise sogar vor ihnen schon die Exekutive) bei der Anwendung und Auslegung des einfachen Rechts Vorgaben aus dem Grundgesetz beachten? Die Problematik lässt sich sehr gut an einer jüngeren Entscheidung des Bundesverwaltungsgerichts festmachen:

In seinem Urteil vom 2.3.2017 hatte das Bundesverwaltungsgericht über die Frage zu entscheiden, ob schwer und unheilbar kranken Menschen in bestimmten Härtefällen ausnahmsweise der Zugang zu einer tödlichen Dosis eines Betäubungsmittels gestattet werden muss. Das zuständige Bundesamt für Arzneimittel und Medizinprodukte (BfArM) hatte dies zunächst unter Hinweis auf § 5 Abs. 1 Nr. 6 BtMG abgelehnt. Die Vorschrift lautet im relevanten Teil:

„Die Erlaubnis nach § 3 ist zu versagen, wenn […] die Art und der Zweck des beantragten Verkehrs nicht mit dem Zweck dieses Gesetzes, die notwendige medizinische Versorgung

---

[39] Dann würde das Bundesverfassungsgericht bei unrichtiger Auslegung durch das Fachgericht über einen „fiktiven rechtlichen Tatbestand" und nicht über das tatsächlich geltende Recht entscheiden, wie schon die Entscheidung BVerfGE 7, 45 (50) klarstellt. Zu einem praktischen Beispiel einer fragwürdig weit gehenden verfassungskonformen Auslegung sogleich anhand der Entscheidung BVerwG, NJW 2017, 2215.

[40] In diese Richtung tatsächlich sowohl die Tendenz bei *Voßkuhle*, Theorie und Praxis (Anm. 5), 184 ff. als auch bei *Jestaedt*, Auslegung (Anm. 1), 19 ff.

der Bevölkerung sicherzustellen, daneben aber den Missbrauch von Betäubungsmitteln oder die missbräuchliche Herstellung ausgenommener Zubereitungen sowie das Entstehen oder Erhalten einer Betäubungsmittelabhängigkeit soweit wie möglich auszuschließen, vereinbar ist".

Für die von ihm vorgenommene verfassungskonforme Interpretation ging das Bundesverwaltungsgericht davon aus, dass das allgemeine Persönlichkeitsrecht aus Art. 2 Abs. 1 i. V. m. Art. 1 Abs. 1 GG „auch das Recht eines schwer und unheilbar kranken Menschen [umfasst], zu entscheiden, wie und zu welchem Zeitpunkt sein Leben enden soll, vorausgesetzt, er kann seinen Willen frei bilden und entsprechend handeln."[41] Der Grundrechtsschutz beschränke sich dabei nicht auf Fälle, in denen infolge des Endstadiums einer tödlichen Krankheit der Sterbeprozess bereits begonnen habe oder unmittelbar bevorstehe, sondern schließe auch die freiverantwortlich getroffene Entscheidung schwer kranker Menschen ein, ihr Leben vor Erreichen der Sterbephase oder losgelöst von einem tödlichen Krankheitsverlauf beenden zu wollen. Aufgrund dieser Interpretation des allgemeinen Persönlichkeitsrechts hielt das Bundesverwaltungsgericht eine verfassungskonforme Auslegung von § 5 Abs. 1 Nr. 6 BtMG für erforderlich, derzufolge der Erwerb eines Betäubungsmittels für eine Selbsttötung ausnahmsweise mit dem Zweck des Gesetzes vereinbar sei, die notwendige medizinische Versorgung der Bevölkerung sicherzustellen, „wenn sich der suizidwillige Erwerber wegen einer schweren und unheilbaren Erkrankung in einer extremen Notlage befindet."[42]

Die Entscheidung hat in der Literatur eine größere Zahl von Besprechungen hervorgerufen, von denen viele überzeugend eine Überschreitung der Grenzen einer verfassungskonformen Auslegung kritisieren.[43] Dieser Punkt soll hier nicht weiter verfolgt werden. Für das Verhältnis von Verfassungsgerichtsbarkeit und Fachgerichtsbarkeit ist ein anderer Gesichtspunkt interessanter: Das Bundesverfassungsgericht wurde im konkreten Rechtsstreit nicht mehr mit der Sache befasst, was an der prozessualen Konstellation gelegen haben dürfte. Da die Revisionsentscheidung für den Kläger des Ausgangsverfahrens günstig war, bestand für ihn kein Anlass das Bundesverfassungsgericht anzurufen. Der Verwaltung steht aber die Verfassungsbeschwerde grundsätzlich nicht zur Verfügung.

Der Fall illustriert damit auf eindrückliche Weise ein Problem der verfassungskonformen Auslegung: Das Bundesverwaltungsgericht hat durch diesen methodischen Ansatz eine Verfassungsfrage von erheblicher Tragweite (Gewährt das all-

---

[41] BVerwG, NJW 2017, 2215 Rn. 24.

[42] Ebd., Rn. 28.

[43] *C. Hillgruber*, Die Erlaubnis zum Erwerb eines Betäubungsmittels in tödlicher Dosis für Sterbenskranke – grundrechtlich gebotener Zugang zu einer Therapie „im weiteren Sinne"?, in: JZ 2017, 777 ff. (782 ff.); *A. K. Weilert*, Urteilsanmerkung, DVBl. 2017, 910 ff.; *U. Di Fabio*, Erwerbserlaubnis letal wirkender Mittel zur Selbsttötung in existenziellen Notlagen, Rechtsgutachten zum Urteil des Bundesverwaltungsgerichts vom 2. März 2017 – 3 C 19/15, 2017, 50 ff.; *K. F. Gärditz*, Suizidale Betäubungsmittelautonomie, in: ZFL 2017, 38 ff. (52 ff.).

gemeine Persönlichkeitsrecht einen Anspruch auf staatliche Unterstützung bei der Selbsttötung?) selbst und damit gewissermaßen am Bundesverfassungsgericht vorbei entschieden. Man kann in einer solchen kreativen Form der verfassungskonformen Auslegung eine Aushöhlung der Vorlagepflicht aus Art. 100 Abs. 1 GG[44] sehen, zu der das Bundesverfassungsgericht durch seine Zulässigkeitsrechtsprechung zur konkreten Normenkontrolle[45] freilich nicht unwesentlich beigetragen hat.[46] Etwas polemisch zugespitzt mag man das Vorgehen des Bundesverwaltungsgerichts als Reaktion der obersten Bundesgerichte auf die ins einfache Recht hinuntergreifende verfassungsgerichtliche Rechtsprechung deuten. Der Gegenschlag besteht in einem Hinaufgreifen der Fachgerichtsbarkeit in Grundsatzfragen des Verfassungsrechts durch die Luke der verfassungskonformen Auslegung. Zum vollständigen Bild gehört noch der Hinweis, dass das Bundesverfassungsgericht über Art. 101 Abs. 1 Satz 2 GG bereits eine Gegenstrategie entwickelt hat. In der fehlenden Vorlage nach Art. 100 Abs. 1 GG kann gerade bei einer verfassungskonformen Auslegung, welche die oben skizzierten Grenzen überschreitet, ein Verstoß gegen das Grundrecht auf den gesetzlichen Richter liegen. Auf dieses Prozessgrundrecht können sich nicht nur private Rechtsträger sondern ausnahmsweise auch die öffentliche Hand im Wege der Verfassungsbeschwerde berufen.[47]

Warum das Bundesamt für Arzneimittel und Medizinprodukte diesen Weg im Fall der vom Bundesverwaltungsgericht bejahten Sterbehilfe nicht gegangen ist, lässt sich von außen nicht erkennen. Der gesamte Fall macht aber eindrücklich auf die Schwierigkeiten aufmerksam, die im Bereich der verfassungskonformen Auslegung für das Verhältnis von Fachgerichtsbarkeit und Bundesverfassungsgericht inzwischen entstanden sind.

V. Ausblick: Zur Notwendigkeit eines Judicial Self-Restraint bei der verfassungskonformen Auslegung

Gerade die zuletzt genannten Spannungen machen deutlich, dass es sich beim Instrument der verfassungskonformen Auslegung um ein zweischneidiges Schwert handelt. Schon gegenüber dem Gesetzgeber ist es keineswegs immer so, dass der Weg über eine verfassungskonforme Auslegung der Nichtigerklärung wegen des Verfassungsverstoßes vorzuziehen ist. Das zeigt das oben zur Illustration

[44] Der nach st. Rspr. des Bundesverfassungsgerichts gerade dazu dient, die Autorität des parlamentarischen Gesetzgebers im Verhältnis zur Rechtsprechung zu wahren und zu verhindern, dass sich ein Gericht über den Willen des Bundes- oder Landesgesetzgebers hinwegsetzt, vgl. BVerfGE 4, 331 (340); 63, 131 (141); 90, 263 (274).

[45] Vgl. oben die Nachweise in Anm. 9; ein weiteres Beispiel für die restriktive Rechtsprechung stellt BVerfGE 79, 240 dar.

[46] *Jestaedt*, Auslegung (Anm. 1), 19 f.

[47] Vgl. zum Ganzen BVerfGE 138, 64 (81 ff.); vgl. auch *Hillgruber*, Erlaubnis (Anm. 43), 783.

herangezogene Kopftuchbeispiel. Manchmal ist es aus Gründen der demokratischen Legitimation notwendig, den Gesetzgeber selbst neu entscheiden zu lassen.

Darüber hinaus muss jedenfalls im System des Grundgesetzes neben den Auswirkungen auf das Verhältnis des Bundesverfassungsgerichts zu Exekutive und Legislative vor allem auch das Verhältnis zur Fachgerichtsbarkeit in die Bewertung einbezogen werden. Anders als bei der Normverwerfung besteht für die verfassungskonforme Auslegung gerade kein Monopol des Bundesverfassungsgerichts. Das macht sie auch im Verhältnis von Fachgerichtsbarkeit und Bundesverfassungsgericht zu einem ambivalenten Instrument. Die vollständige Aufgabe der verfassungskonformen Auslegung erscheint angesichts der geschilderten Konstitutionalisierung allerdings als ein zu radikaler Schritt. Letztlich hilft nichts anderes, als den jeweils zur Entscheidung berufenen Spruchkörper daran zu erinnern, dass seine Entscheidung immer auch Rückwirkungen auf die institutionelle Tektonik der Staatsgewalten untereinander und zwischen den Gerichtsbarkeiten hat. Deshalb sollte mit dem Instrument der verfassungskonformen Auslegung behutsam, also mit dem nötigen self-restraint, umgegangen werden.

Teil V

Reaktionsweisen des Gesetzgebers auf verfassungsgerichtliche Entscheidungen

Reaktionsweisen des Gesetzgebers auf verfassungsgerichtliche Entscheidungen

Oliver Lepsius

I. Konzeptionelle Schwierigkeiten des Themas

1. Wer ist der Gesetzgeber?

Das mir gestellte Thema, Reaktionsweisen des Gesetzgebers auf verfassungsgerichtliche Entscheidungen, weist einige konzeptionelle Schwierigkeiten auf. Erstens: Wer ist der „Gesetzgeber", der hier reagiert? Unsere Fragestellung setzt voraus, den Gesetzgeber als Akteur zu verstehen, nicht, wie sonst überwiegend, als eine entindividualisierte und abstrahierte Abfolge von beteiligten Organen im Gesetzgebungsverfahren. Man kann den Gesetzgeber, der auf Gerichtsentscheidungen reagiert, daher nicht abstrakt, sondern muss ihn als Handelnden betrachten. Wer aber handelt, wenn vom Gesetzgeber die Rede ist? Gesetzgebung ist ein abgestufter Prozess, an dem bis zum Beschluss des Gesetzes (Art. 78 GG) zahlreiche

Verfassungsorgane teilnehmen, die unter dem Oberbegriff „Gesetzgeber" zusammengefasst werden: Bundesregierung, Bundesrat und Bundestag als diejenigen Organe, die das Gesetzesinitiativrecht haben und den Prozess in Gang setzen können. Der Bundestag als die im engeren Sinn gesetzgebende Körperschaft, sodann der Bundesrat als das Zustimmungsorgan (unter Umständen mit einem Einspruchsrecht). Im Falle eines Konflikts zwischen Bundestag und Bundesrat tritt der Vermittlungsausschuss (Art. 77 Abs. 2 GG) hinzu. In ihm werden nicht selten übergreifende Kompromisse geschnürt, zwischen Bund und Ländern, zwischen den linken und rechten Mehrheiten (Regierungs- und Oppositionsfraktionen im Bundestag bzw. A- und B-Länder im Bundesrat). Das Endprodukt „Gesetz" kann also viele Mütter und Väter haben und wird sich, zumal in heiklen Fragen in der Regel als Kompromisslösung darstellen, für die kein Organ alleine die Verantwortung trägt. Die Notwendigkeit, Mehrheiten zu beschaffen, zwingt zum doppelten Kompromiss: jenem im Bundestag sowie jenem mit dem Bundesrat. Betrachtet man die Frage parteipolitisch, entfernt sie sich von der klaren Zuordnung zu den Organen: Eine Reaktion des Bundestages stellt sich unter den Bedingungen des parlamentarischen Regierungssystems in der Regel als eine Reaktion der Regierungsfraktionen dar. Die Vorstellungen der Oppositionsfraktionen erwachsen mangels Mehrheitschance nicht zum Gesetz. Der Begriff des parlamentarischen Gesetzgebers umfasst formell natürlich alle Mitglieder des Bundestages. Zum parlamentarischen Gesetzgeber im tatsächlichen Sinne werden in der Regel freilich oft nur diejenigen, die als Mitglieder der Regierungsfraktionen eine Mehrheit im Gesetzgebungsverfahren auf die Beine stellen können.

Der bei der Gesetzesinterpretation oft beschworene „Wille des Gesetzgebers" erweist sich auch in anderer Hinsicht als schwer bestimmbar. Selbst wenn man die am Gesetzgebungsverfahren beteiligten Verfassungsorgane nach ihrem Willen befragen wollte, erhebt sich das Problem, wen genau man fragen könnte: Am einfachsten lässt sich dies für die Bundesregierung beantworten. Hier erteilt regelmäßig der Ressortminister Auskunft, was man auch an den Sachverhaltsberichten ablesen kann, die das Bundesverfassungsgericht in seinen Entscheidungen unter dem Gliederungsbuchstaben A. abdruckt. Regelmäßig wird in den Entscheidungen des BVerfG die Rechtsauffassung des Ressortministeriums aus den Schriftsätzen zusammengefasst. Für den Bundestag ist dies erheblich schwieriger. Der Bundestagspräsident eignet sich kaum als Gewährsmann. Wessen Ansicht sollte das Gericht zitieren, wenn es den „Willen" des parlamentarischen Gesetzgebers referieren will? Auf Seiten des Gerichts ist hier Geschick gefragt, eine repräsentative Auskunftsperson zu finden. So wurden etwa im Verfahren um den Versorgungsausgleich im Scheidungsrecht 1982, ein Verfahren, auf das ich als Beispiel unten noch zurückkommen werde, für den Bundestag die Abgeordneten Dr. Emmerlich (SPD) und Engelhard (FDP) befragt – damals die Vorsitzenden der beteiligten Ausschüsse des Deutschen Bundestags, des Ausschusses für Arbeit und Soziales sowie des

Rechtsausschusses.[1] Man griff also auf die Vorsitzenden der Ressortausschüsse zurück, die zufällig auch den beiden damaligen Koalitionsfraktionen angehörten. Wie aber wäre ausgewählt worden, wenn der Vorsitzende des Rechtsauschusses Mitglied der CDU/CSU-Bundestagsfraktion gewesen wäre – der seinerzeitigen Oppositionsfraktion? Muss das Gericht, wenn es den „Willen" des Bundestages eruieren möchte, auf diejenigen Abgeordneten zurückgreifen, die in der Sache das Gesetz „betreut" haben, es durch den innerparlamentarischen Prozess bugsierten (durch die Arbeitsgruppen der Fraktionen, durch die Fraktionssitzungen, durch Koalitionsrunden, durch die Ausschüsse und schließlich erst durchs Plenum), oder sollte sich das Gericht nach rein formellen Kriterien diejenigen Abgeordneten anhören, die die Funktionsträger innerhalb des Parlaments sind, also Ausschussvorsitzende? Im Falle des Versorgungsausgleichs fügte es sich, dass diejenige Abgeordnete, die innerhalb des Parlamentes die Gesetzgebungsarbeit koordinierte und die Fäden in der Hand hielt, vom Gericht gleichfalls angehört wurde, allerdings nicht in ihrer Funktion als Mitglied des Bundestages, sondern als Vertreterin der Arbeitsgemeinschaft sozialdemokratischer Frauen (AsF). Mit anderen Worten: Indem der Senat eine Parteiorganisation wie die AsF zu einer Stellungnahme aufforderte, ermöglichte er es, dass der parlamentarische Sachverstand auf diesem Umweg in die Verhandlung einbezogen werden konnte. Das Gericht könnte ja kaum begründen, warum es neben den Vorsitzenden der Ressortausschüsse zusätzlich einzelne Abgeordnete anhört, auch wenn es weiß, dass deren Ideen das Gesetzgebungsverfahren geprägt haben. Es kann dies der Sache nach aber auf dem Umweg über die Beteiligung weiterer Akteure und Interessengruppen gleichwohl tun. Trotzdem bleibt ein caveat: Selbst wenn es dem Gericht durch das Einholen von schriftlichen Stellungnahmen und mündliche Verhandlungen gelingt, auch die materiell entscheidenden Akteure des Gesetzgebungsverfahrens zu hören, so können diese doch nie beanspruchen, als Einzelne für das Organ zu sprechen.

Den Bundestag als Organ anzuhören, kann daher nicht gelingen. Die Vorsitzenden seiner Ausschüsse können nur für diese Untergliederung sprechen, nicht für das Plenum, und selbst in dieser Funktion geben sie eine persönliche Einschätzung ab, die nicht an die Beschlusslage gebunden ist, denn der Abgeordnete ist frei und nur seinem Gewissen unterworfen (Art. 38 Abs. 1 Satz 2 GG). Woher wollten die Ausschussvorsitzenden überdies wissen, was die anderen Ausschussmitglieder wollten? Sie können über den Gang der Beratungen berichten und Protokolle erläutern. Man darf dabei jedoch nicht übersehen, dass solche Stellungnahmen keine objektive Qualität haben. Hier zeigt sich ein Charakteristikum des repräsentativen Prinzips: Der Bundestag ist ein Repräsentationsorgan, dessen Aufgabe es unter anderem ist, die Vorstellungen der einzelnen Abgeordneten zu einem Organwillen zu entwickeln. Der Organwille wird den Mitgliedern des Organs zugerechnet; er ist nicht als empirische Addition individueller Ansichten

[1] BVerfGE 57, 257 (286) [1980].

misszuverstehen. Die abstrahierende Leistung des Organwillens als „Produkt" des Repräsentationsorgans kann nicht rückwirkend wieder in Einzelstimmen aufgelöst werden, die sich als Willenserklärungen erheben lassen. Aus Sicht des BVerfG wird daher kaum eine andere Möglichkeit bleiben, als durch eine geschickt formalisierte Auswahl gerade diejenigen Mitglieder des Bundestages einzubeziehen, die in der Sache etwas beitragen können. Hier wird jedes Gesetzgebungsverfahren andere Auswahlkriterien mit sich bringen.

Ähnlich stellt sich die Problematik für den Bundesrat dar, wobei dieses Kollegialorgan aufgrund seiner überschaubaren Mitgliederzahl leichter zu befragen ist. Fragt man nach dem Willen des Gesetzgebers oder nach seinen Reaktionen, wird man aufgrund dieser Zurechnungsproblematik nicht auf einzelne Personen abstellen, sondern auf die beschlossenen Texte und die ihnen zugrundeliegenden Anträge und Beschlussempfehlungen. Der „Wille des Gesetzgebers" ist daher letztlich das Produkt einer hermeneutischen Textexegese auf einer personell verbreiterten Interpretationsgrundlage, nicht aber das Ergebnis einer Parteivernehmung oder eines Zeugenbeweises.

Bislang habe ich nur vom „Gesetzgeber" auf Bundesebene gesprochen. Im Bundesstaat gesellen sich ihm 16 weitere Gesetzgeber in den Ländern an die Seite, sodass wir es nicht nur mit einem schon in sich höchst diversen Bundesgesetzgeber, sondern überdies mit 16 weiteren Gesetzgebern in den Ländern zu tun haben. Der „Gesetzgeber" ist also ein artifizieller Begriff zum Zwecke juristischer Vereinfachung. Im politischen Leben verbergen sich hinter diesem Begriff viele und unterschiedliche Akteure – es gibt nicht „den" Gesetzgeber, sondern das Wort ist als Synonym für die Akteure im Gesetzgebungsverfahren zu verstehen, angefangen von der Gesetzesinitiative über das Gesetzgebungsverfahren im Bundestag bis zur Mitwirkung des Bundesrates.

2. Reaktionen auf verfassungsgerichtliche Entscheidungen

Probleme bereitet auch die Frage, was eine Reaktion auf verfassungsgerichtliche Entscheidungen konkret bedeutet. Gerichtsentscheidungen intendieren keine „Reaktion", sondern erwachsen in Rechtskraft und werden vollzogen. Freilich weisen verfassungsgerichtliche Entscheidungen Besonderheiten auf. Ihre Bindungswirkung ist mit § 31 BVerfGG nur unvollständig umschrieben, denn sie wirken gerade auch über ihre Gründe und die Maßstabssetzung bei der Verfassungsauslegung. Es griffe zu kurz, wollte man die Reichweite einer Karlsruher Entscheidung bloß nach ihrer förmlichen Bindungswirkung taxieren, wie weit man diese im Einzelfall auch ziehen mag.[2]

---

[2] Dazu näher *Wolfgang Hoffmann-Riem*, Beharrung oder Innovation – zur Bindungswirkung verfassungsgerichtlicher Entscheidungen, Der Staat 13 (1974), 335 (339f.), auch in: ders., Offene Rechtswissenschaft, 2010, 311ff.; *Norbert Achterberg*, Bundesverfassungsgericht und Zurückhaltungsgebote, DÖV 1977, 649, auch in: ders., Theorie und Dogmatik des Öffentlichen Rechts,

Die Implementation der Bundesverfassungsgerichtsentscheidungen setzt eine hohe Bereitschaft der anderen Staatsgewalten voraus, diese umzusetzen. Dem Bundesverfassungsgericht steht bekanntlich keine Vollzugsbehörde zur Seite und es kann bei Vollzugsdefiziten seinerseits keinen Rechtsschutz erlangen. Im Vertrauen auf den letztlich freiwilligen Vollzug seiner Entscheidungen liegt eine Besonderheit der Verfassungsgerichtsbarkeit. Diese Besonderheit diente Alexander Hamilton schon 1787 zur Rechtfertigung der Höchstgerichtsbarkeit. Seine klassische Rechtfertigung von *judicial review* im Federalist Nr. 78 gründet auf drei Argumenten: Die Gerichte können nur auf Antrag tätig werden und folglich nur Fälle und daher nur retrospektiv entscheiden; die Richter haben keine eigenen Interessen am Ergebnis des Rechtsstreits und, schließlich, die Gerichte könnten ihre Entscheidungen nicht eigenständig durchsetzen, sie hätten „neither force nor will, but merely judgement. And [the judiciary] most ultimately depends upon the aid of the executive arm even for the efficacy of its judgments". Hamilton lässt seine Rechtfertigung in dem berühmten Satz kulminieren, die Verfassungsgerichtsbarkeit sei „the least dangerous branch" – und genau deshalb könne man ihr das Recht der Letztentscheidung überlassen. Die vermeintliche Schwäche der Verfassungsgerichtsbarkeit, ihre Entscheidungen nicht vollstrecken zu können, wird zu einem theoretischen Argument, mit dem die herausgehobene Stellung der Verfassungsgerichtsbarkeit gegenüber den anderen Staatsgewalten gerechtfertigt werden kann.

Die Funktionsstruktur der Verfassungsgerichtsbarkeit setzt daher – anders als bei anderen Gerichten – ein besonderes Verhältnis zu den anderen Staatsgewalten voraus. Ein Verfassungsgericht ist auf andere Verfassungsorgane angewiesen, um seine Entscheidungen durchzusetzen. Das gilt in besonderem Maße, wenn es um Entscheidungen geht, die in die legislative Sphäre eingreifen, weil im Verhältnis dieser Gewalten, anders als im Verhältnis zwischen Verfassungsgericht und Exekutive oder zwischen Verfassungsgericht und Judikative, die Ebene der demokratischen Legitimation und die Präeminenz der Politik aufgeworfen wird. Die Handlungsform des Gesetzes bedingt eine weitere Eigenheit, die auf die Kontrolle durch Verfassungsgerichte zurückwirkt: Der Gesetzgeber handelt prinzipiell in der Form

---

1980, 396 (408 ff.; 416 ff.); *Christoph Gusy*, Parlamentarischer Gesetzgeber und Bundesverfassungsgericht, 1985, 245 ff.; *Helmuth Schulze-Fielitz*, Wirkung und Befolgung verfassungsgerichtlicher Entscheidungen, in: FS 50 Jahre BVerfG, Bd. I, 2001, 385 ff.; *Oliver Lepsius*, Zur Bindungswirkung von Bundesverfassungsgerichtsentscheidungen, in: R. Scholz u. a. (Hrsg.), Realitätsprägung durch Verfassungsrecht, 2008, 103 ff.; *Peter Häberle*, Verfassungsgerichtsbarkeit zwischen Politik und Rechtswissenschaft (1979), in: ders., Verfassungsgerichtsbarkeit – Verfassungsprozessrecht, 2014, 49 (56 f., 68 f.); *Werner Heun*, Die politischen Wirkungen verfassungsgerichtlicher Entscheidungen (2008), in: ders., Verfassung und Verfassungsgerichtsbarkeit im Vergleich, 2014, 301 ff.; *Hans Vorländer*, Die Deutungsmacht des Bundesverfassungsgerichts, in: R. C. van Ooyen/M. H. W. Möllers (Hrsg.), Handbuch Bundesverfassungsgericht im politischen System, 2. Aufl. 2015, 299 ff.; *ders.*, Macht als Deutungsmacht, in: Gert Melville (Hrsg.), Dimensionen institutioneller Macht, 2012, 197–215. Zur praktischen Dogmatik vgl. *Jan Felix Sturm*, Gesetzeskraft und Bindungswirkung von Entscheidungen des Bundesverfassungsgerichts, JURA 2018, 682–693.

abstrakt-genereller Rechtssätze, die wiederum zu ihrer Umsetzung einen Vollzugsakt benötigen, sei es in Gestalt eines behördlichen Verwaltungsakts, sei es in Gestalt eines gerichtlichen Urteils. Welche konkreten Rechtspflichten aus einem Gesetz folgen, entscheidet nicht der Gesetzgeber, sondern Behörden und Gerichte.[3] Gesetzgeber und Verfassungsgerichtsbarkeit teilen also die Erfahrung, auf andere Organe angewiesen zu sein um ihre Kernkompetenz umsetzen zu können. Insofern sind Eingriffe in den legislativen Gestaltungsspielraum mittelbar Eingriffe in die Aufgaben der Exekutive und Judikative als Vollzugsbehörden. Anders ausgedrückt: Betrifft eine Verfassungsgerichtsentscheidung ein Gerichtsurteil oder einen Verwaltungsakt, wird in der Regel ein individuell-konkreter Rechtsakt beanstandet. Hier geht es um Einzelfälle. Betrifft eine Entscheidung allerdings ein Gesetz, so wird ein abstrakt-genereller Rechtssatz beanstandet. Es geht nicht um einen Einzelfall, sondern ums Allgemeine – um die normative Grundstruktur, die der Individualität der Subsumtion vorausliegt. Es geht daher immer auch um zum Gesetz abstrahierte Politik. Es bedarf wohl keiner weiteren Darlegungen, dass das Verhältnis zum Gesetzgeber für Verfassungsgerichte das prekärste ist; die Fallhöhe ist hier am größten.

3. *Verfahrensarten und Tenorierungen*

Hinzuweisen ist schließlich auf Eigenheiten, die aus den Verfahrensarten und den jeweiligen Tenorierungen folgen. Sie engen die Reaktionsmöglichkeiten des Gesetzgebers ein. Insofern steuert das Bundesverfassungsgericht bereits durch den Entscheidungsausspruch die Reaktionsmöglichkeiten des Gesetzgebers.

Bei den Verfahrensarten geraten in erster Linie Normenkontrollen in den Blick, weil sie unmittelbar das Produkt der Gesetzgebung angreifen. Quantitativ fallen sie allerdings unter den Verfahrensarten in Karlsruhe gegenüber den Urteilsverfassungsbeschwerden, die den überragend großen Anteil der Verfahren ausmachen, wenig ins Gewicht. Auch diese dienen, obwohl sie subjektive Rechtsschutzinteressen verfolgen, zur inzidenten Verfassungskontrolle des Gesetzes und erfüllen einen objektiven Rechtsschutzauftrag. Das muss nicht so sein: Man könnte subjektive und objektive Rechtsschutzinteressen auch abschotten. Doch hat das BVerfG schon seit jeher die Verfassungsbeschwerde als Ermächtigung zur objektiven Kontrolle der Verfassungsmäßigkeit verstanden und die Verfassungsbeschwerde zum Normenkontrollanspruch des Bürgers umgestaltet.[4] Demgegenüber sind die

---

[3] Vgl. zu dieser abgestuften, relationalen Natur von Rechtsakten *Oliver Lepsius*, Relationen, 2016, 10 ff.

[4] BVerfGE 6, 32 – Elfes [1957]. Zur Entwicklung *Helmut Goerlich*, Wertordnung und Grundgesetz, 1973; *Rainer Wahl*, Die objektiv-rechtliche Dimension der Grundrechte im internationalen Vergleich, in: Handbuch der Grundrechte, Bd. I, 2004, § 19; 613–631; *Herbert Bethge*, Die Grenzen grundrechtlicher Subjektivierung objektiven Verfassungsrechts, in: FS Josef Isensee, 2007, 613–631; *Hans D. Jarass*, Die Konstitutionalisierung des Rechts, insb. durch die Grundrechte, in:

staatsorganisationsrechtlichen Verfahren im engeren Sinne – Organstreit, Bund-Länder-Streit sowie die anderen Verfahren – für unsere Fragestellung nicht einschlägig, weil hier die Organe selbst mit ihrer organschaftlichen Rechtsstellung im Verfassungsstreit stehen, nicht jedoch der Gesetzgeber mit seinem Produkt „Gesetz".

Die Reaktionsform auf verfassungsgerichtliche Entscheidungen hängt nicht nur von den Verfahrensarten, sondern auch von der Tenorierungsform ab, die das Gericht in seiner Entscheidung gewählt hat. Das BVerfG kann über die nähere Bestimmung der Rechtsfolge erheblichen Einfluss auf den politischen Prozess und die Reaktionen der anderen Verfassungsorgane nehmen. Bei den Tenorierungen hat sich im Laufe der Zeit ein Katalog unterschiedlicher Rechtsfolgen herausgebildet; prototypisch lassen sich unterscheiden:[5]

- die Norm wird für nichtig erklärt (ganz/teilweise),
- die Norm wird nur für unvereinbar mit der Verfassung erklärt (ganz/teilweise),
- es kommt zu einer abgeschwächten Beanstandung (die Norm ist noch verfassungsgemäß, aber es sollte etwas geschehen, sog. Appellentscheidung),
- die Norm wird verfassungskonform ausgelegt, bzw. der Normtext wird reduziert,
- das Gericht setzt Übergangsregelungen fest, die für einen latent verfassungswidrigen Zwischenzustand gelten,
- das Gericht erteilt Gesetzgebungsaufträge.

Je nach Tenorierung ist der Gesetzgeber mit unterschiedlichen Erwartungen konfrontiert. Bei der verfassungskonformen Auslegung der Norm liegt der schwarze Peter bei den Gerichten. Der Gesetzgeber kann auf eine solche Entscheidung hin zwar den Normwortlaut präzisieren; dies liegt aber in seinem Entschließungs- und Auswahlermessen. Freilich darf dies nicht darüber hinwegtäuschen, dass dem Gesetzgeber bei der verfassungskonformen Auslegung der Norm spezifische Reaktionsmöglichkeiten genommen sind, weil er zwar den Wortlaut der Norm, nicht aber die Auslegung der Norm ändern kann.[6] Insofern ist die, gelegentlich mit dem Argument des Respekts vor dem Gesetzgeber gerechtfertigte verfassungskonforme

---

R. Scholz u. a. (Hrsg.), Realitätsprägung (Anm. 2), 75 ff.; *Oliver Lepsius*, Die maßstabsetzende Gewalt, in: M. Jestaedt u. a., Das entgrenzte Gericht, 2011, 157 (182 ff.); *Michaela Hailbronner*, Traditions and Transformations. The Rise of German Constitutionalism, 2015, 100–125.

[5] Für Feinheiten der Tenorierungsvarianten vgl. *Klaus Schlaich/Stefan Korioth*, Das Bundesverfassungsgericht, 10. Aufl. 2015, 285 ff.; *Andreas Voßkuhle*, in: v. Mangoldt/Klein/Starck, GG, Bd. 3, 6. Aufl. 2010, Art. 93 Rn. 46–52; *Jörn Ipsen*, Die Rechtsfolgen der Verfassungswidrigkeit von Norm und Einzelakt, 1980; *Christoph Gusy*, Parlamentarischer Gesetzgeber und Bundesverfassungsgericht, 1985, 182–223. In vergleichender Perspektive siehe *Werner Heun*, Rechtliche Wirkungen verfassungsgerichtlicher Entscheidungen (2006), in: ders., Verfassung und Verfassungsgerichtsbarkeit im Vergleich, 2014, 286 ff.

[6] Vgl. die Kritik von *Ulrike Lembke*, Einheit aus Erkenntnis? Die Unzulässigkeit der verfassungskonformen Gesetzesauslegung als Methode der Normkompatibilisierung durch Interpretation, 2009.

Auslegung eine prekäre Tenorierung, weil sie Reaktionen des Gesetzgebers erschwert. Anders liegt es bei der „noch für verfassungsgemäß" erklärten Norm. Ein solcher Ausspruch darf als Warnung verstanden werden. Der Gesetzgeber sollte die Angelegenheit im Auge behalten und tunlichst tätig werden bevor schärfere Beanstandungen drohen. Bei der Unvereinbarerklärung der Norm ist der Gesetzgeber zum Handeln aufgefordert, weil diese Tenorierung typischerweise mit einer Frist verknüpft wird, nach deren Ablauf die Verfassungswidrigkeit der Norm eintritt. Das Gericht belässt dem Gesetzgeber eine Kulanzfrist, um den Verfassungsverstoß zu beseitigen. Es tut dies weniger aus institutioneller Rücksicht auf die gesetzgebenden Organe als aus materieller Rücksicht auf die Rechtsordnung im Ganzen. Erklärte es die Norm nämlich für nichtig, verlöre sie sofort ihre Geltung, was eine Regelungslücke in die Rechtsordnung risse. Der entstehende Regelungsschaden kann größer sein als die vorübergehende Hinnahme eines verfassungswidrigen Zustands. Kommt das Gericht hier jedoch zu einer anderen Abwägung (der Verfassungsverstoß überwiegt) oder ist der Verfassungsverstoß unheilbar (fehlende Gesetzgebungskompetenz), wird das Gericht die Nichtigkeit der Norm aussprechen. Diese Tenorierung im Sinne der negativen Gesetzgebungskompetenz ist wiederum eine, die den Gesetzgeber nicht zur Reaktion zwingt. Insofern ist die Nichtigkeitsfolge vielleicht für die Einheit der Rechtsordnung oder das Funktionieren des Rechtsstaats nachteilig, für die Wahrung der Autonomie des Gesetzgebers aber vorteilhaft. Es sei nur daran erinnert, dass Hans Kelsen die Verfassungsgerichtsbarkeit primär als negativen Gesetzgeber rechtfertigte – womit zugleich die institutionelle Selbständigkeit der Legislative gewahrt blieb.[7]

Heikler schließlich sind vom Gericht erteilte Gesetzgebungsaufträge oder getroffene Übergangsregelungen. Gesetzgebungsaufträge zwingen den Gesetzgeber zum Handeln, er hat kein Entschließungsermessen. Auch in der Sache werden aus den Gründen der Gerichtsentscheidung materielle Vorfestlegungen folgen, die den Gesetzgeber tendenziell in die Position des verfassungsnachzeichnenden Normgebers drängen. Sein Auswahlermessen ist reduziert. Bei Übergangsregelungen engt sich das Auswahlermessen der Gesetzgebung noch weiter ein, weil das Verfassungsgericht naturgemäß keine verfassungswidrigen Übergangsregelungen trifft und schon deswegen eine Übergangsregelung den politischen Opportunitätsspielraum zugunsten eines Normgehorsams einschränkt. Fälle, die mit Gesetzgebungsaufträgen und Übergangsregelungen enden, in Einzelfällen sogar zu einer gerichtlichen Vollregelung übergehen (z. B. Straflosigkeit der DDR-Spione) lösen scharfe Institutionenkonflikte zwischen Verfassungsgerichtsbarkeit und Parlament aus. Solche Tenorierungen werden auch im Gericht aus institutioneller Perspektive kritisch gesehen und pflegen kraftvolle Sondervoten auszulösen.[8]

[7] Vgl. *Hans Kelsen*, Wesen und Entwicklung der Staatsgerichtsbarkeit, VVDStRL 5 (1929), 30 (44 ff.); *ders.*, Wer soll Hüter der Verfassung sein? (1930), hrsg. v. R. C. van Ooyen, 2008, 58 (64 ff.).

[8] BVerfGE 39, 1 (68 ff.) – Abtreibung I [1975], Sondervotum Simon und Rupp-v. Brünneck; 92, 277 (341 ff.) – DDR-Spione [1995], Sondervotum Klein, Kirchhof, Winter.

Für die Zwecke dieser Untersuchung konzentriere ich mich auf Reaktionen des Bundestages – in den Blick gerät also nur der Bundesgesetzgeber und bei diesem nur das Parlament. Es entfallen dadurch jene Materien, für die die Länder die Gesetzgebungskompetenz besitzen, also weitgehend das Verwaltungsrecht, insbes. das Polizei- und Sicherheitsrecht (mit weiten Bereichen der Anti-Terrorismusgesetzgebung). Zu beachten ist also, dass es sich hier um einen Ausschnitt handelt, der die Gesetzgebungstätigkeit nur teilweise berücksichtigt.

II. Adressaten der Verfassungsgerichtsbarkeit

Schon 1968 konstatierte Heinz Laufer, als er das BVerfG als einen Akteur im politischen Prozess analysierte, dass die Karlsruher Rechtsprechung zu einer fortschreitenden Einschränkung des gesetzgeberischen Handelns führe.[9] Die Klage, das Gericht mische sich zu sehr in den politischen Handlungsspielraum des Gesetzgebers ein, es nehme ihm Entscheidungsfreiheit, begleitet das Bundesverfassungsgericht seit seiner Entstehung. Der Gesetzgeber wird geradezu als der prototypische Gegenspieler des Bundesverfassungsgerichts gesehen. Immer wieder sind es Gericht und Gesetzgeber, die in eine Konfliktlage gestellt werden. Dabei unterstellt Art. 1 Abs. 3 GG alle Staatsgewalt der Grundrechtsbindung, nicht nur und auch nicht primär die Legislative. Art. 20 Abs. 3 GG stuft die Bindung an höherrangiges Recht sorgfältig ab, indem die Gesetzgebung die am wenigsten gebundene Staatsgewalt ist. Sie ist nämlich nur an die Verfassung gebunden, während die vollziehende und die rechtsprechende Gewalt überdies an Gesetz und Recht gebunden sind.

Warum der Gesetzgeber als der prototypische Gegenspieler des Bundesverfassungsgerichts im Gefüge der Staatsgewalten angesehen wird, ist nicht ohne weiteres klar. Betrachtet man die Herkunft der in Karlsruhe zu entscheidenden Fälle, so nehmen Gesetzgebungsakte dort nur eine geringe Rolle ein. Bekanntlich sind 96 % der Verfahren Verfassungsbeschwerden. Sie richten sich gegen Vollzugsakte in Gestalt (letztinstanzlicher) Urteile. Ganz überwiegend angegriffen werden in Karlsruhe Urteile und Verwaltungsakte, also Akte der Zweiten und Dritten Gewalt. Demgegenüber nehmen Normenkontrollen gegen Gesetze, also Rechtsbehelfe, die sich explizit gegen Gesetzgebungsakte richten, einen äußerst geringen Teil der Rechtsprechungstätigkeit ein, nur rund 1,6 % der Verfahren sind Normenkontrollen.

Freilich geben diese Zahlen kein wirklich aufschlussreiches Bild über die Wichtigkeit und verfassungsrechtliche Relevanz der Verfahrensarten ab. Hinter dem mit der Verfassungsbeschwerde angegriffenen Urteil steht ein Gesetz und ob sich die Verfassungsbeschwerde gegen die bloße im Einzelfall verfassungswidrige Anwendung des Gesetzes richtet oder implizit die Verfassungswidrigkeit des Gesetzes als solchem behauptet, erschließt sich aus den Zahlen nicht. In Ausnahmefällen

---

[9] *Heinz Laufer*, Verfassungsgerichtsbarkeit und politischer Prozess, 1968, 23.

lässt das Bundesverfassungsgericht bekanntlich auch Verfassungsbeschwerden zu, die sich ohne Vollzugsakt direkt gegen das Gesetz richten. Man bedenke auch, dass die allermeisten Verfassungsbeschwerden durch Kammerbeschlüsse erledigt werden, während Normenkontrollen zu Senatsentscheidungen führen.[10] Da Senatsentscheidungen in der öffentlichen Wahrnehmung der Karlsruher Spruchtätigkeit eine zu Recht größere Wirkung zukommt, treten naturgemäß Verfahren in den Vordergrund, die sich direkt mit Legislativakten beschäftigen.

Doch sollte dies nicht darüber hinwegtäuschen, dass der Gesetzgeber nicht der prototypische Kontrahent des Bundesverfassungsgerichts ist. Er ist es rein statistisch nicht: Hier liegt eindeutig die Judikative vorne. Die meisten verfassungswidrigen Akte sind von der Judikative selbst zu verantworten und so könnte man mit Fug und Recht sagen, der typische Adressat einer Entscheidung des Bundesverfassungsgerichts ist nicht der Gesetzgeber und auch nicht der politische Prozess, der typische Adressat ist ein anderes Gericht. Zu einem großen Teil wirkt das Bundesverfassungsgericht in die Dritte Gewalt hinein und sichert die Verfassungsbindung der Fachgerichte. In dieser Funktion ist das Bundesverfassungsgericht geradezu ein Verbündeter der Gesetzgebung. Das verdeutlicht eine kurze Überlegung: Das Parlament kann nämlich die rechtsprechende Gewalt nicht zwingen, die Gesetze auch tatsächlich anzuwenden. Was sollte der Deutsche Bundestag tun, wenn ein Gericht gegenüber dem Gesetz renitent wäre oder sich auf höheres Recht beriefe um es umgehen oder ausschalten zu können? Hier kann sich das Parlament der Hilfe Karlsruhes sicher sein. Denn die Verfassungsbindung des Art. 20 Abs. 3 GG umfasst für die Behörden und Gerichte den Gehorsam gegenüber dem parlamentarischen Gesetz. Wird dieses nicht oder in einem falschen, vulgo verfassungswidrigen Sinne angewendet, verstoßen diese Behörden und Gerichte gegen die Verfassung in Gestalt des Art. 20 Abs. 3 GG – und dieser Verstoß ist dann mit der Verfassungsbeschwerde durch den einzelnen Bürger angreifbar. Man kann es auch so formulieren: Die Verfassung erlaubt dem Bürger, über die Verfassungsbeschwerde die Gerichte zu kontrollieren. Der Bürger nimmt über die Gerichtskontrolle gewissermaßen eine Wächterfunktion auch im Sinne des Parlamentes ein, das wiederum keine rechtlichen Möglichkeiten hätte, die Gerichte zum Vollzug der Gesetze zu zwingen. Bürger, Bundesverfassungsgericht und Gesetzgeber bilden in dieser Perspektive also ein „Team", das Verfassungsschutz gegen die Judikative gewährleistet. In dieser Perspektive sind Gesetzgeber und Verfassungsgericht geradezu Verbündete in Sachen Verfassungsvollzug. Und das wird durch die Entwicklung der Verfassungsrechtsprechung auch dokumentiert, wie wir sogleich sehen werden.

Vergessen wir nicht, dass die großen Verfahren der 1950er Jahre, mit denen das Bundesverfassungsgericht sein materielles Verfassungsverständnis begründete und

[10] Interessante Aufschlüsse über die Kammerrechtsprechung liefern *Wolfram Höfling/Stephan Rixen*, Stattgebende Kammerentscheidungen des BVerfG, 1986–1998, AöR 125 (2000), 428–476; *Anna Schäfer*, Grundrechtsschutz im Annahmeverfahren. Zur Senatsakzessorietät der Kammerjudikatur des Bundesverfassungsgerichts, 2015.

mit denen die Grundrechtsbindung durchgesetzt wurde, nicht gegen den Gesetzgeber gerichtet waren.[11] Der Verfassungsverstoß drohte nicht aus dem Parlament, sondern aus den Behörden und Gerichten. Das war übrigens zu erwarten, weil das Personal in den Gerichten, aber auch in den Ministerien und Oberbehörden, in den 1950er Jahren aus dem Nationalsozialismus stammte und sich aus Juristen zusammensetzte, die ihre juristische Ausbildung und Karriere im NS-Recht absolviert hatten.[12] Diesen Juristen (und dementsprechend auch den damaligen Gerichten) konnte man nicht bedenkenlos vertrauen. Die Abgeordneten des Deutschen Bundestages hingegen wiesen einen erheblich geringeren Anteil derjenigen auf, die bereits im Nationalsozialismus in Amt und Würden waren. Die Mitglieder des Deutschen Bundestages waren, so ließe sich plakativ sagen, in den 1950er und 1960er Jahren in geringerer Zahl/geringerem Umfang nationalsozialistisch sozialisiert worden als die deutschen Richter. Das hat natürlich auch mit der parteipolitisch heterogenen Zusammensetzung des Parlaments zu tun, während die Justiz nach 1950 noch politisch homogen zusammengesetzt war. Anders gesprochen: Woher sollte im Jahre 1950 ein sozialdemokratisch gesinnter Richter kommen?

Auch was die personelle Zusammensetzung anbelangt, erweist sich das Bundesverfassungsgericht in der Frühphase als Bundesgenosse des Bundestages. Bei den Richterwahlen zum Bundesverfassungsgericht achtete man darauf, den Anteil von Karrierejuristen aus dem Nationalsozialismus gering zu halten. Entsprechend weist die Erstbesetzung des Bundesverfassungsgerichts einen eindrucksvollen Anteil von Richtern auf, die in der inneren und äußeren Emigration gewesen waren und zum Teil auch Verbindungen zum Widerstand hatten. Insofern kann man in der politischen Wirkungsgeschichte das Bundesverfassungsgericht als Verbündeten des Deutschen Bundestages für die Demokratisierung der frühen Bundesrepublik bezeichnen.[13]

Diese stillschweigende Bundesgenossenschaft bildet sich übrigens auch in den großen Karlsruher Leitentscheidungen ab, die zunächst auf Kosten der rechtsprechenden und vollziehenden Gewalt gingen. Man denke nur an Elfes oder Lüth[14] – die Adressaten dieser Entscheidungen waren die vollziehende und die

---

[11] Instruktiv *Justin Collings*, Democracy's Guardian. A History of the German Federal Constitutional Court, 1951–2000, 2015.

[12] *Manfred Görtemaker/Christoph Safferling* (Hrsg.), Die Rosenburg. Das Bundesministerium der Justiz und die NS-Vergangenheit – eine Bestandsaufnahme, 2013; *dies.*, Die Akte Rosenburg. Das Bundesministerium der Justiz und die NS-Zeit, 2. Aufl. 2016; *Hubert Rottleuthner*, Karrieren und Kontinuitäten deutscher Justizjuristen vor und nach 1945, 2010; *Klaus-Detlev Godau-Schüttke*, Der Bundesgerichtshof – Justiz in Deutschland, 2005; *Ingo Müller*, Furchtbare Juristen, 1987, 203 ff., *Norbert Podewin* (Hrsg.), Braunbuch. Kriegs- und Naziverbrecher in der Bundesrepublik. Staat, Wirtschaft, Armee, Verwaltung, Justiz, Wissenschaft, 3. Aufl. 2002 (1. Aufl. Berlin/Ost 1965).

[13] Vgl. *Karl Loewenstein*: Verfassungslehre, 1959, 263: „Das Gericht übernahm die Rolle der strengen Gouvernante."; *Christoph Schönberger*, Anmerkungen zu Karlsruhe, in: M. Jestaedt u. a., Das entgrenzte Gericht, 2011, 9 (27): „Geburtshelfer der zweiten deutschen Demokratie".

[14] Zu diesen Entscheidungen siehe jetzt *Thomas Darnstädt*, Verschlusssache Karlsruhe, 2018, 129 ff., 199 ff., der die jetzt zugänglichen Akten des BVerfG im Bundesarchiv auswertete. Zum

rechtsprechende Gewalt. Jedenfalls ist auffällig, dass die Grundrechtsbindung vom Bundesverfassungsgericht in erster Linie gegenüber diesen Gewalten durchgesetzt werden musste. Grundrechtsverstöße der Gesetzgebung sind in den ersten Jahrzehnten der Bundesrepublik selten. Es handelt sich dann meist um wirtschaftsrechtliche Materien, die am Maßstab des Art. 12 GG, oder um steuerrechtliche Belange, die am Maßstab des Art. 3 GG gemessen werden. Im Übrigen geht es, wenn Gesetze beanstandet werden, um fehlende Gesetzgebungskompetenz (deren Randbereiche und Abgrenzungen anfangs unklar waren) oder um die Rüge vorkonstitutionellen Rechts, für das der Deutsche Bundestag ohnedies keine Verantwortung trug. Die Situation ändert sich erst am Ende der 1960er Jahre, man kann auch sagen: mit Beginn der sozialliberalen Koalition. Nun häufen sich plötzlich Entscheidungen, die die Grundrechtsbindung des Gesetzgebers schärfen.[15] Es ist bemerkenswert, dass der Gesetzgeber ab dem Zeitpunkt schärfer kontrolliert wurde, als das politische System der Bundesrepublik mit seinem ersten Regierungswechsel eine Reifeprüfung bestanden hatte und dem demiautoritären System der Adenauer-Zeit[16] entwachsen war.

Ein Meilenstein war insofern die Entscheidung vom 29.1.1969 zur Umsetzung des Verfassungsauftrags zur Gleichstellung der nichtehelichen Kinder aus Art. 6 Abs. 5 GG.[17] Karlsruhe hatte in diesem Zusammenhang schon 1958 von einem bindenden Auftrag an den Gesetzgeber gesprochen, die Gleichstellung in angemessener Frist auszuführen[18] und daran fünf Jahre später erinnert.[19] Als weitere fünf Jahre später immer noch keine gesetzliche Gleichstellung der nichtehelichen mit den ehelichen Kindern erfolgt war, griff das Gericht zu harten Bandagen und setzte dem Bundestag eine recht kurze Frist zur Umsetzung, indem es die Gleichstellung bis zum Ende der Legislaturperiode anmahnte, die im Herbst desselben Jahres ablief. Die Entscheidung war auch in der Sache überdeutlich und zeigte kein Verständnis für weitere Verzögerungen. Zwar sei der Gesetzgeber im ersten Jahrzehnt der Bundesrepublik außerordentlich belastet gewesen durch Gesetzgebungsvorhaben, die der allgemeinen Existenzsicherung, der Wiedergutmachung und der Beseitigung der Kriegsfolgen sowie der internen Konsolidierung des Staatswesens dienten, doch seien seitdem zahlreiche Gesetze verabschiedet worden, die von der Wertordnung der Verfassung gesehen weniger bedeutsam und weniger dringlich waren, weshalb jetzt jede angemessene Frist für den Erlass eines Anpassungsgesetzes abgelaufen sei.[20] Der Gesetzgeber wird in dieser Frage also harsch an die

Lüth-Urteil vor allem *Thomas Henne/Arne Riedlinger* (Hrsg.), Das Lüth-Urteil aus (rechts-)historischer Sicht, 2005.

[15] Vgl. *Collings* (Anm. 11), 109 ff.

[16] So die Einschätzung *Loewensteins* (Anm. 13), 93.

[17] BVerfGE 25, 167 [1969].

[18] BVerfGE 8, 210 (216) [1958].

[19] BVerfGE 17, 148 (155) [1963].

[20] BVerfGE 25, 167 (186, 185, 182).

Kandare genommen und mit der Drohung zum Normerlass gezwungen, andernfalls müsse die Rechtsprechung der Wirkung des Art. 6 Abs. 5 GG selbst Rechnung tragen und diesen ohne gesetzliche Zwischenstufe direkt anwenden. In der Tat schaffte es der Gesetzgeber in dem der Legislaturperiode verbleibenden Halbjahreszeitraum, ein Anpassungsgesetz zu verabschieden. Sein Entscheidungsdruck war nämlich nicht so groß, wie man vermuten könnte, und das hat mit der politischen Konstellation in der 1966–1969 regierenden ersten großen Koalition zu tun (Bundeskanzler Kiesinger [CDU]; Außenminister und Vizekanzler Brandt [SPD]). Schon 1967 hatte Bundesjustizminister Heinemann (SPD), der spätere Bundespräsident, den Entwurf eines Gesetzes über die rechtliche Stellung unehelicher Kinder vorgelegt,[21] der im Januar 1968 in erster Lesung beraten worden war, in den Ausschussberatungen dann aber steckenblieb. In der Großen Koalition zwischen CDU/CSU und SPD konnte der sozialdemokratische Justizminister zwar einen Gesetzentwurf vorlegen, im Ausschuss freilich bestand eine christdemokratische Mehrheit, die schon in den 20 Jahren zuvor sich nicht in der Lage sah, die verfassungsrechtlich gebotene Anpassung vorzunehmen, weil sie mit den erbrechtlichen Konsequenzen der Gleichstellung nichtehelicher Kinder haderte. Vor diesem Hintergrund konnte der Senat in Karlsruhe drastische Worte wählen, wissend, dass er damit ein ins Stocken geratenes Gesetzgebungsvorhaben über entscheidende parlamentarische Hürden heben würde. Die Reaktionsweise des Gesetzgebers, der nun schnell das geforderte Anpassungsgesetz verabschiedete, kann man als eifrigen Gehorsam bezeichnen. Es kann sich aber auch um den Fall einer Blockade innerhalb einer Regierungskoalition handeln, die durch den Karlsruher Machtspruch aufgelöst wird. Blickt man in dieser Weise auf die Entscheidung, so stellt sie sich weniger als Übergriff auf den Gesetzgeber dar, sondern als arbeitsteiliger Reformimpuls für den politischen Prozess. Was als harsche Tenorierung erscheint und wegen der Übergriffsdrohung aus Karlsruhe einen Institutionenkonflikt auslösen könnte, stellt sich politisch gesehen entspannter dar. Der Bundesjustizminister und das Bundesverfassungsgericht ziehen am gleichen Strang; Karlsruhe verschafft dem Minister die Mehrheit im Gesetzgebungsverfahren.

Nach dem Regierungswechsel zur sozialliberalen Koalition im Herbst 1969 verschärft sich allerdings der Ton Karlsruhes gegenüber dem sozialliberalen Reformgesetzgeber. Wohl in keiner anderen Phase hat das Gericht den Gesetzgeber bei seinen politischen Anliegen stärker gebremst.[22] Das Gericht hat in den zwanzig Jahren seines Bestehens ersichtlich an Selbstvertrauen gewonnen und sieht sich in der Situation der Stärke, der Gesetzgebung Schranken zu setzen. Es beginnt unter dem Präsidenten Ernst Benda, zuvor Rechtspolitiker der CDU, die aktivistische Phase

---

[21] BT-Drs. 5/23709.

[22] Die zeitgenössische Stimmung fangen ein: *Rolf Lamprecht/Wolfgang Malanowski*, Richter machen Politik. Auftrag und Anspruch des Bundesverfassungsgerichts, 1979.

in der Entwicklung des Bundesverfassungsgerichts.[23] Man warf dem Gericht vor, politische Funktionen usurpiert zu haben.[24] Die Konfrontation Karlsruhes mit der sozialliberalen Regierungskoalition in Bonn ist mehrfach beschrieben worden.[25] Sie kulminiert in Entscheidungen wie jener zum Grundlagenvertrag 1973, als das Gericht den Vertrag verfassungskonform uminterpretierte,[26] oder der 1. Abtreibungsentscheidung 1975, als das Gericht den Gesetzgeber zu einer strafrechtlichen Lösung zwang mit dem Gedanken, nur so der grundrechtlichen Schutzpflicht genügen zu können.[27] Bekanntlich fand diese Haltung auch im Gericht selbst kraftvollen Widerspruch.[28]

---

[23] Vgl. im Rückblick *Ernst Benda*, Verfassungskontrolle durch Verfassungsgerichtsbarkeit, in: D. Merten/R. Morsey (Hrsg.), 30 Jahre Grundgesetz, 1979, 103–117, der den Konflikt beschwichtigt und darauf verweist, dass „eigentlich nur 11 Verfahren [verbleiben], deren Gegenstand von erheblicher politischer Brisanz war und bei denen, wenn überhaupt, von einer ‚Fortsetzung der politischen Auseinandersetzung mit den Mitteln der abstrakten Normenkontrolle' gesprochen werden könnte." (108). „Von dieser Handvoll Verfahren bleiben im Grunde nur drei, die immer wieder zitiert werden: die Entscheidungen zum Grundlagenvertrag aus dem Jahre 1973, zur Fristenregelung aus dem Jahre 1975 und zur Wehrpflichtnovelle vom April [1978]. Und im Blick auf kritisierte Entscheidungen aus anderen Verfahrensarten darf ich nur anmerken, daß es auch insoweit nur ganz wenige der immerhin rund 20 000 Druckseiten umfassenden Senatsentscheidungen sind, auf welche die Kritik mit all ihren Vermutungen und wie ich meine gefährlichen Verallgemeinerungen jedenfalls bis vor kurzem zurückgegriffen hat." (109).

[24] So *Konrad Zweigert*, Einige rechtsvergleichende und kritische Bemerkungen zur Verfassungsgerichtsbarkeit, FS 25 Jahre BVerfG, 1976, 63 (74); vgl. auch *Hans-Jochen Vogel*, Videant judices! Zur aktuellen Kritik am Bundesverfassungsgericht, DÖV 1978, 665 ff.; *Martin Kriele*, Recht und Politik in der Verfassungsrechtsprechung, NJW 1976, 2089 ff. sowie die Zusammenfassung der Debatte durch *Hans-Jürgen Papier*, Diskussionsbemerkung, in: Merten/Morsey (Hrsg.), 30 Jahre Grundgesetz (Anm. 23), 118. Vgl. zur kategorialen Aufbereitung des konfliktbeladenen Verhältnisses von Gericht und Gesetzgeber insbes. auch *Klaus Schlaich*, Die Verfassungsgerichtsbarkeit im Gefüge der Staatsfunktionen, VVDStRL 39 (1981), 99 (105–111); *Christoph Gusy*, Parlamentarischer Gesetzgeber und Bundesverfassungsgericht, 1985.

[25] Lebendige Schilderung des Konflikts zwischen dem BVerfG und der sozialliberalen Koalition bei *Uwe Wesel*, Der Gang nach Karlsruhe, 2004, 223–275; *Collings* (Anm. 11), 109–182; siehe auch *Richard Häußler*, Der Konflikt zwischen Bundesverfassungsgericht und politischer Führung, 1994, 52–74. Allgemeinere Zugänge etwa bei *Donald P. Kommers*, Judicial Politics in Western Germany. A Study of the Federal Constitutional Court, 1976; *Michael Wrase/Christian Boulanger* (Hrsg.), Die Politik des Verfassungsrechts. Interdisziplinäre und vergleichende Perspektiven auf die Rolle und Funktion von Verfassungsgerichten, 2013.

[26] BVerfGE 36, 1, 24 ff.: „Im einzelnen ist zur verfassungsrechtlichen Beurteilung des Vertrages noch folgendes auszuführen:" sowie 35 ff.: „Abschließend bedarf es zur Klarstellung der Bedeutung dieser Begründung des Urteils noch folgender Bemerkungen:".

[27] BVerfGE 39, 1 [1975].

[28] BVerfGE 39, 1, 68 ff., Sondervotum Rupp-v. Brünneck und Simon: „[…] droht die Gefahr, daß die verfassungsgerichtliche Kontrolle sich nicht auf die Nachprüfung der vom Gesetzgeber getroffenen Entscheidung beschränkt, sondern diese durch eine andere, vom Gericht für besser gehaltene ersetzt. […] Der Gedanke der objektiven Wertordnung darf aber nicht zum Vehikel werden, um spezifisch gesetzgeberische Funktionen in der Gestaltung der Sozialordnung auf das Bundesverfassungsgericht zu verlagern." (72).

Grundrechtstheoretisch ist die Abtreibungsentscheidung prekär, weil sie über den Schutzpflichtengedanken Grundrechte zur Ermächtigungsgrundlage für Freiheitseingriffe umbildet und ihnen dadurch die klassische Abwehrfunktion teilweise nimmt. Das Gericht überträgt die objektiven Grundrechtslehren, die es 1958 im Lüth-Urteil mit dem Ziel begründet hatte, die Grundrechtsbindung der Rechtsprechung sicherzustellen, nun auf das Handeln des Gesetzgebers, für den die objektiven Grundrechtslehren aber ursprünglich nicht gedacht waren.[29] Hier findet eine institutionelle Verschiebung statt, weil eine grundrechtliche Figur, die für die Verfassungsbindung der Judikative geschaffen worden war, auf die gesetzgebende Gewalt ausgedehnt wird, gegenüber der sie aber nicht begründet worden war. Wenn ich recht sehe, ist die Rechtfertigung dafür, dass der Gesetzgeber über Schutzpflichten objektiv gebunden sein soll, vom Gericht auch nie ausdrücklich gegeben, sondern nur vorausgesetzt worden. Sehr viel später hat der Erste Senat die grundrechtlichen Schutzpflichten des Gesetzgebers mit einer gesellschaftlichen Machtkontrolle gerechtfertigt: Der Gesetzgeber müsse Freiheitsverlusten entgegentreten, die durch gesellschaftliche Machtstellungen drohten, anders gesagt, die durch privatrechtliche Kontrollverluste ausgelöst werden. In dieser Perspektive engen Schutzpflichten nicht den politischen Gestaltungsspielraum der hoheitlichen Organe ein, sondern den privatrechtlichen Spielraum der gesellschaftlichen Akteure.[30] Schutzpflichten sind dann eine verkappte Form der Grundrechtsbindung Privater.[31] Von der genuinen Schutzpflichtenbindung des politisch gestaltenden Gesetzgebers hat das BVerfG indes stillschweigend Abstand genommen. Die Schutzpflichten sind zu einem verfassungsrechtlichen Souvenir geworden, das gelegentlich herausgeholt wird und mit den Worten, der Gesetzgeber habe einen weiten Spielraum, die Schutzpflicht umzusetzen, wieder in den Schrank zurückgestellt wird.

Zurück in die 1970er Jahre: Der Konflikt zwischen dem Bundesverfassungsgericht und der sozialliberalen Koalition (1969–1982) wird in der Folge über eine Reihe von Entscheidungen ausgetragen, die Herbert Wehner, den Fraktionsvorsitzenden der SPD-Bundestagsfraktion, zu der Äußerung hingerissen haben soll: „Wir lassen uns von den A[...] in Karlsruhe nicht unsere Regierungspolitik kaputt machen". Die Situation entspannte sich erst 1979 durch das Urteil zur Mitbestimmung. Konrad Hesse, der Berichterstatter im Ersten Senat, findet eine Formel, wie sich die Grundrechtskontrolle des Bundesverfassungsgerichts und die Gestaltungsprärogative der Politik miteinander vereinbaren lassen. Der Gesetzgeber

---

[29] Zur Analyse vgl. *Rainer Wahl*, Die objektiv-rechtliche Dimension der Grundrechte im internationalen Vergleich, in: D. Merten/H.-J. Papier (Hrsg.), Handbuch der Grundrechte in Deutschland und Europa, Bd. 1, 2004, 745–781.

[30] Vgl. BVerfGE 81, 242 – Handelsvertreter [1990]; 89, 214 – Bürgschaft [1993]. Zu den Hintergründen dieser Rechtsprechung vgl. *Thomas Dieterich*, Ein Richterleben im Arbeits- und Verfassungsrecht, 2016, 193 ff.; *Dieter Grimm*, „Ich bin ein Freund der Verfassung", 2017, 141.

[31] Vgl. dazu auch *Claus-Wilhelm Canaris*, Grundrechte und Privatrecht, AcP 184 (1984), 201–246.

habe bei Prognoseentscheidungen einen weiten Prognosespielraum und eine Einschätzungsprärogative.[32] Mit dieser Formel, die als „Entscheidungs- und Beurteilungsspielraum" inzwischen zum rhetorischen Stammrepertoire des Bundesverfassungsgerichts zählt, auch wenn sie oft einen gönnerhaften Unterton trägt, gelang es, den Konflikt zu beenden. Das Gericht behält sich eine Grundrechtskontrolle vor und belässt doch dem Gesetzgeber die politischen Freiräume. Die materielle Grundrechtsbindung wird durch einen prozessualen Gedanken relativiert, nämlich die von Peter Lerche so genannte Kontrolldichte: Sie lässt sich graduell verschärfen oder lockern, je nach dem Institutionenarrangement des jeweiligen Falles, je nach dem Anteil von tatsächlich erfolgten Grundrechtseingriffen und bloß prognostizierbaren Wirkungen, die der politischen Einschätzung und Beeinflussung unterliegen.[33]

III. Reaktionsweisen – politisch betrachtet

Viele, wenn nicht die meisten Entscheidungen des Bundesverfassungsgerichts werden von den politischen Organen treu befolgt, widerspruchslos hingenommen und umgesetzt.[34] Für den Zweck dieser Abhandlung interessanter ist es, sich mit den gestalterischen Reaktionen des Gesetzgebers auf Karlsruher Entscheidungen zu befassen. Die Beanstandung (i.w.S.) eines Gesetzes durch das Bundesverfassungsgericht setzt den politischen Prozess in Gang ohne dass das politische System dieses aus freien Stücken täte. Der Sache nach nimmt das BVerfG ein Gesetzesinitiativrecht über den Kreis der in Art. 76 Abs. 1 GG genannten Verfassungsorgane hinaus in Anspruch. Während normalerweise das Entschließungsermessen zur Gesetzgebung bei den politischen Verfassungsorganen liegt, wird es nun durch das BVerfG ersetzt.[35] Insofern stellt sich die Frage, wie der politische Prozess bei seinem Auswahlermessen auf Vorgaben aus Karlsruhe reagiert: Werden diese als

[32] BVerfGE 50, 290 (331 f.) – Mitbestimmung [1979]. Dazu auch *Wesel* (Anm. 25), 265–268; *Collings* (Anm. 11), 177–181; *Klaus Ritgen*, in: J. Menzel/R. Müller-Terpitz (Hrsg.), Verfassungsrechtsprechung, 3. Aufl. 2017, 327–333.

[33] Vgl. dazu demnächst *Michael Goldhammer*, Die Prognoseentscheidung im öffentlichen Recht, Teil 3 Kap. D.

[34] Vgl. statt vieler *Christoph Gusy*, Parlamentarischer Gesetzgeber und Bundesverfassungsgericht, 1985, 261 f.; *Kostas Chryssogonos*, Verfassungsgerichtsbarkeit und Gesetzgebung. Zur Methode der Verfassungsinterpretation bei der Normenkontrolle, 1987, 68, bezeichnet die Verfassungsorgane als „Vollstreckungsausschüsse".

[35] Das BVerfG kontrolliert den von ihm erteilten Auftrag an den Gesetzgeber zur Normreparatur selbstbewusst. Wenn Umsetzungsfristen ergebnislos abzulaufen drohen, weist das BVerfG schon einmal im Wege einer Pressemitteilung darauf hin, sich mit der Sache erneut zu befassen, sollte der Gesetzgeber nicht bald eine Lösung finden; so etwa nach dem 3. Beschluss zum Erbschaftsteuerrecht, vgl. Pressemitteilung 41/2016 v. 14.7.2016. Scharfe Sanktionsandrohungen (wegen des Bevorstehens der Wahl) etwa auch bei der Neuregelung des Bundeswahlrechts, vgl. BVerfGE 131, 316 (369–372, 376) – Überhangmandate [2012].

verbindliche verfassungsrechtliche Eckpunkte betrachtet oder dienen sie als ein auch politisches Argument, mit dem im neu angestoßenen politischen Prozess Argumente begründet oder zurückgewiesen werden oder die Beweislast verteilt wird?[36]

Bei den Reaktionsweisen des Gesetzgebers kann man, betrachtet man diese nicht im engeren Sinne rechtlich, Nachwirkungen und Vorwirkungen unterscheiden. Die politikwissenschaftliche und rechtssoziologische Forschung hat hier verschiedene Konstellationen herausgearbeitet.[37] Unter Vorwirkungen versteht man die Instrumentalisierung der Karlsruher Rechtsprechung im Gesetzgebungsprozess. In den Parlamentsberatungen, den Ausschuss- wie den Plenumsdebatten, ist der Verweis auf Entscheidungen des Gerichts integraler Bestandteil.[38] Dabei lassen sich wiederum verschiedene Formen der Vorwirkung unterscheiden:

1. Die Drohung

Eine gängige Form der Vorwirkung ist das Drohen im politischen Prozess, ein Gesetz nach seiner Verabschiedung in Karlsruhe angreifen zu wollen, bzw. allgemeiner gesprochen, die drohende Behauptung, ein Gesetz sei verfassungswidrig und werde deshalb keinen Bestand haben. Eine solche Drohung setzt naturgemäß das Argumentieren mit Karlsruher Rechtsprechung voraus, gründet also auf der Interpretation der Entscheidungen. Denn in den seltensten Fällen lässt sich eine Vorwirkung im Sinne der Verfassungswidrigkeit unmittelbar aus einem Urteil ableiten und auf ein neues Gesetz übertragen, zumal der Gesetzgebungsprozess explizit verfassungswidrige Gesetze vermeiden wird. Die Drohung mit der Verfassungswidrigkeit setzt daher eine Interpretation der Verfassungsrechtsprechung voraus, die typischerweise kontrovers sein wird. Die Wirkung der Verfassungsrechtsprechung im politischen Prozess ist also keine, die sich in der Bindung an eine Entscheidung

---

[36] Für Überblicke über politische Reaktionsweisen siehe *Peter Häberle*, Verfassungsgerichtsbarkeit zwischen Politik und Rechtswissenschaft (1979), in: ders., Verfassungsgerichtsbarkeit – Verfassungsprozessrecht, 2014, 49–70; *Uwe Volkmann*, Grundzüge einer Verfassungslehre der Bundesrepublik Deutschland, 2013, 174–180; *Helmuth Schulze-Fielitz*, Theorie und Praxis parlamentarischer Gesetzgebung, 1988, 542–547; *Gusy* (Anm. 34).

[37] Vgl. *Christine Landfried*, Bundesverfassungsgericht und Gesetzgeber, 1984, 51 ff. (zur Vorwirkung); *Jürgen Jekewitz*, Bundesverfassungsgericht und Gesetzgeber, Der Staat 19 (1980), 535 ff.:, *Eberhard Luetjohann*, Nicht-normative Wirkungen des Bundesverfassungsgerichts, 1991; *Thomas Gawron/Ralf Rogowski*, Effektivität, Implementation und Evaluation. Wirkungsanalyse am Beispiel von Entscheidungen des Bundesverfassungsgerichts, ZfRSoz 17 (1996), 177 ff.; *dies.*, Die Wirkung des Bundesverfassungsgerichts. Rechtssoziologische Analysen, 2007; *Georg Vandenberg*, Verfassungsgerichtsbarkeit und Gesetzgebung: Zum politischen Spielraum des BVerfG, in: Steffen Ganghof/Philip Manow (Hrsg.), Mechanismen der Politik. Strategische Interaktion im deutschen Regierungssystem, 2005, 183–213.

[38] So *Thomas Gawron/Ralf Rogowski*, Die Wirkung des Bundesverfassungsgerichts, in: Robert Chr. van Ooyen/Martin H. W. Möllers (Hrsg.), Handbuch Bundesverfassungsgericht im politischen System, 2. Aufl. 2015, 153 (161).

erschöpft, sondern vielmehr eine neu angestoßene Verfassungsinterpretation, die auf einzelne Karlsruher Entscheidungen als Argumente zurückgreift, um Pflöcke in die politische Diskussion einzurammen. Man kann es auch so formulieren: Die Entscheidungen des Bundesverfassungsgerichts erhalten in der politischen Diskussion eine politische Gestalt, die sich auf die juristische Natur der Entscheidungen beruft, um den Argumenten erhöhte Glaubwürdigkeit und Verbindlichkeit zu vermitteln. Ob das politische Argument der Verfassungswidrigkeit in der Sache überzeugt, hängt von der Geschicklichkeit und Autorität der Interpreten ab. Die Drohung mit der Verfassungswidrigkeit verfängt jedenfalls in verfahrensrechtlicher Hinsicht, denn sie kündigt in der Regel ein dem Gesetzgebungsverfahren nachgeschaltetes Normenkontrollverfahren an. In diesem Verfahren sind die Arenen ausgetauscht: an die Stelle der politischen Mehrheit tritt die juristische Begründetheit. Politische Überlegungen der Zweckmäßigkeit oder Gerechtigkeit treten gegenüber den juristischen Kriterien der Verfassungsmäßigkeit zurück. Ob die Drohung mit der Verfassungswidrigkeit im Gesetzgebungsprozess materiell Erfolg haben wird, ob sich also die Mehrheit von der behaupteten Verfassungswidrigkeit beeindrucken lässt und den Gesetzesvorschlag im Sinne der Drohenden ändern wird, hängt von der Überzeugungskraft der vorgebrachten Argumente, die für die Verfassungswidrigkeit sprechen, ab. Hier schlägt im Parlament die Stunde der Juristen, die in der Regel über das größere Geschick verfügen, die vorhandene Rechtsprechung so zu interpretieren, dass der Vorwurf der Verfassungswidrigkeit überzeugt. Im parlamentarisch-politischen Prozess berufen sich gerade Juristen gerne auf Argumente, die sie aus der Verfassungsrechtsprechung ableiten – mit der Absicht, ihre Haltung nicht als politisch zweckmäßig oder gerecht rechtfertigen, sondern als rechtlich zwingend verkaufen zu können. Die Behauptung der Verfassungswidrigkeit wird letztlich zu einem politischen Argument, das vor allem den juristisch versierten Parlamentariern zur Verfügung steht.

2. Antizipierte Verhältnismäßigkeit

Wird im parlamentarischen Gesetzgebungsverfahren bereits mit einer Normenkontrolle gedroht oder ist aufgrund von zivilgesellschaftlichem Widerstand gegen das Gesetz mit einer Verfassungsbeschwerde zu rechnen, die zur impliziten Normenkontrolle des Gesetzes führen wird, mit anderen Worten: weiß der Gesetzgeber im Gesetzgebungsverfahren bereits, dass sein Gesetz vor dem Richterstuhl in Karlsruhe verteidigt werden muss, dann kann dies auch zu einer prozeduralen Vorwirkung im Gesetzgebungsverfahren führen: Im verfassungsgerichtlichen Verfahren wird Karlsruhe vom Gesetzgeber bestimmte Informationen abfragen, in erster Linie, um die Verhältnismäßigkeit der gewählten Mittel überprüfen zu können. Die Zweck-Mittel-Kontrolle der Verhältnismäßigkeit setzt auf Seiten des Gerichts nämlich bestimmte Informationen voraus: Das Gericht muss zunächst den Zweck des Gesetzes ermitteln können, denn an diesem wird das Mittel schließlich gemessen werden.[39] Von der Bestimmung des Zwecks hängt daher implizit die Kontrollintensität ab, denn lässt sich für den Zweck des Gesetzes ein besonders wichtiges Rechtsgut anführen, erleichtert dies naturgemäß die Rechtfertigung des Eingriffs. Ein versierter Gesetzgeber wird also in Kenntnis einer nachgeschalteten Verfassungskontrolle bereits im Gesetzgebungsverfahren dafür Sorge tragen, dass der Regelungszweck verfassungsfest gemacht wird, indem er auf hochrangige und wichtige Gemeinschaftsrechtsgüter gestützt wird.[40]

Ähnlich wird der versierte Gesetzgeber im Hinblick auf die Rechtfertigung des Mittels verfahren und tunlichst schon im Gesetzgebungsverfahren in den entsprechenden Materialien darlegen, warum das Mittel besonders geeignet ist und warum mildere Mittel, die gleichen Erfolg versprechen nicht erkennbar waren (empirische Wirkungsforschung).[41] Das Sammeln von Material, von Statistiken und soliden Prognosegrundlagen, wird die Rechtfertigung eines Mittels erleichtern, zumal wenn es sich um Maßnahmen handelt, die auf eine Zukunftswirkung zielen, also prognostischer Natur sind. Bei der Rechtskontrolle von Prognosen sind Gerichte in einer institutionell schwächeren Position als bei der Rechtskontrolle von zurückliegenden Eingriffen, weil ihnen die entsprechende Tatsachenbasis fehlt. Bei Prognosen ist letztlich unsicher, welches Rechtsgut wie intensiv zum Schutz welchen anderen Rechtsguts betroffen sein wird. Die Verhältnismäßigkeitsprüfung verliert dort Hand und Fuß der Tatsachenbasis und geht über in eine Kalkulation konkurrierender Prognosen.[42] Dies erleichtert die Rechtfertigung des Gesetzes, wenn der Gesetzgeber seine Prognose hinreichend plausibilisieren, also darlegen kann, warum alternative Verlaufsszenarien unglaubwürdig sind oder warum er ganz grundsätzlich einen nur eingeschränkt justiziablen Einschätzungs- und Prognosespielraum beanspruchen darf. Umgekehrt ist das Gericht in der schwierigen Position darlegen zu müssen, wieso acht Richter über eine bessere Prognosefähigkeit verfügen sollen als die Bundestagsmehrheit, assistiert durch die Expertise in den Bundesministerien mit ihren Mitteln und Fähigkeiten. Ist die Zukunft unsicher, kann ein Gericht seine Rechtskontrolle nicht durchführen, denn es verfügt weder über eine Tatsachenbasis noch über einen subsumtionsfähigen normativen Maßstab in Zukunftsdingen. Ein versierter Gesetzgeber stellt diese Eigenheit einer verfassungsgerichtlichen Kontrolle prognostischer Entscheidungen dadurch in Rechnung, dass für die gewählten Mittel hinreichend Material gesammelt, erhoben und ausgewertet wird, welches später dann in Karlsruhe präsentiert werden kann – sei

[39] Vgl. *Christoph Engel*, Das legitime Ziel in der Praxis des Bundesverfassungsgerichts, in: M. Jestaedt/O. Lepsius (Hrsg.), Verhältnismäßigkeit, 2015, 97–128.

[40] Zu den damit verbundenen Schwierigkeiten für den Gesetzgeber vgl. *Sebastian Seedorf*, Der Grundsatz der Verhältnismäßigkeit bei der Gesetzgebung, in: Jestaedt/Lepsius (Hrsg.), Verhältnismäßigkeit (Anm. 39), 129–156 (139 ff.); *Matthias Jestaedt*, Verhältnismäßigkeit als Verhaltensmaß, in: ebd., 293–302 (297–300).

[41] Vgl. *Armin Steinbach*, Rationale Gesetzgebung, 2017, 75 ff., 231 ff.

[42] Vgl. *Goldhammer*, Die Prognoseentscheidung (Anm. 33), Teil 4 I.

es zur Plausibilisierung des gewählten Mittels, sei es zur Bekräftigung eines eigenständigen Beurteilungsspielraums. Solches Material lässt sich zu einem guten Teil im Vorfeld produzieren und in Auftrag geben: Besteht ein politischer Wille, ein bestimmtes Mittel im Gesetz vorzusehen, lässt sich die Mittelauswahl durch entsprechend selektive Expertise, leicht tendenziöse Erhebungen und eine Auswahl der passenden Statistiken vorbereiten. Sozialwissenschaftliche Forschung erfolgt nicht zweckfrei. Statistiken lassen sich arrangieren, so dass Ergebnisse günstig oder ungünstig präsentiert werden. Sozialwissenschaftliches Material ist nicht prinzipiell neutral, sondern vom Erkenntnisinteresse abhängig. Diesen Umstand kann sich ein vorausschauender Gesetzgeber zu eigen machen.

IV. Etwas Statistik

Wenn ein Gesetz für verfassungswidrig oder gar für nichtig erklärt wurde, löst dies eine Reaktion des Gesetzgebers aus: Das Gesetz muss „repariert" werden. Eine Normbeanstandung in Karlsruhe bewirkt eine erneute Befassung des Gesetzes im politischen Prozess. Doch wie oft kommt dies eigentlich vor? Versuchen wir, den Einfluss des Bundesverfassungsgerichts daher etwas zu quantifizieren anhand der Entscheidungen, die Gesetze für nichtig oder für mit der Verfassung unvereinbar erklären und setzen dies ins Verhältnis zur Zahl der verabschiedeten Gesetze.

1. Karlsruher Normbeanstandungen

Zuerst ein Blick auf die Zahlen aus Karlsruher Sicht, wie sie auf der Internetseite des BVerfG publiziert werden. Danach hat das BVerfG im Zeitraum vom 7.9.1951 bis zum 31.12.2016 insgesamt 226.107 Verfahren abgeschlossen. Davon machen die Verfassungsbeschwerden 96,61 % aus (sie sind zu 2,3 % erfolgreich, Tendenz fallend); die Zahl der Normenkontrollen beträgt 1,68 %, die Zahl der anderen Verfassungsstreitigkeiten (Organstreit, Bund-Länder-Streit und anderes) beträgt 1,69 %. Schon aus diesen Zahlen folgt, dass das Bundesverfassungsgericht prozessual ganz überwiegend mit subjektivem Rechtsschutz befasst ist, und dieser richtet sich wieder ganz überwiegend gegen letztinstanzliche gerichtliche Entscheidungen (denn die Erschöpfung des Rechtswegs ist eine Regelvoraussetzung für das Einlegen einer Verfassungsbeschwerde). Nur in Ausnahmefällen ist die Verfassungsbeschwerde unmittelbar gegen ein Gesetz zulässig. Das heißt: Gesetze werden in der großen Mehrzahl der Fälle, die Karlsruhe zu entscheiden hat, nicht angegriffen; es geht um Einzelakte, seien es Verwaltungs- oder Gerichtsentscheidungen. Freilich können in solchen Verfahren Gesetze, auf die Verwaltungs- und Gerichtsentscheidungen gestützt werden, auf ihre Verfassungsmäßigkeit überprüft werden. Auch Urteilsverfassungsbeschwerden können daher zur Verfassungswidrigkeit oder Nichtigkeit einer Norm führen; doch ist dieses Ergebnis eher nicht zu erwarten, weil ein Verfassungsverstoß auch aus der verfassungswidrigen Anwendung einer an sich verfassungsgemäßen Norm entstehen kann, etwa wegen Verletzung des Grundsatzes der Verhältnismäßigkeit durch die vollziehende oder rechtsprechende Gewalt. Auch kann das Bundesverfassungsgericht in den Fällen verfassungswidriger Normanwendung auf die verfassungskonforme Auslegung der Norm ausweichen, also aussprechen, dass ein Gesetz mit den denkbaren Interpretationsmethoden in einer Weise auszulegen ist, die den Verfassungsverstoß vermeidet. Ich will nur darauf hinweisen, dass die in Karlsruhe präsenteste Verfahrensart aus prozessualen Gründen eher nicht zur Beanstandung der Norm führt.

Das zeigt sich konkret, wenn man die Fallzahlen derjenigen Entscheidungen in den Blick nimmt, die tatsächlich Gesetze für verfassungswidrig oder für nichtig erklärt haben. Über den gesamten Zeitraum von rund 65 Jahren seit 1951 sind dies mit Stand 31.12.2016 714 Gesetze, darunter 492 Bundesgesetze und 222 Landesgesetze. Es fällt auf, dass der Erste Senat insgesamt mehr Normen beanstandet hat als der Zweite, nämlich bei den Bundesgesetzen 309 zu 183 – worin sich seine Zuständigkeit als „Grundrechtssenat" widerspiegelt. Im Schnitt wurden damit seit 1951 jährlich rund 11 Gesetze beanstandet, davon im Schnitt 7,5 Bundes- und 3,5 Landesgesetze.[43] In der ganz überwiegenden Zahl der Fälle wurden überdies nur einzelne Normen des Gesetzes und nicht das Gesetz im Ganzen beanstandet: In 65 Jahren wurden nur 29 Bundesgesetze vollends aufgehoben – hier dürfte es sich um Fälle fehlender Gesetzgebungskompetenz handeln. Im Übrigen wurden Einzelnormen beanstandet, und unter diesen Entscheidungen überwiegen die bloß teilweisen Beanstandungen gegenüber den vollständigen (266 „bloß verfassungswidrig" zu 177 nichtig). Man könnte aus den nackten Zahlen daher den Schluss ziehen, dass die Kontrolle des Gesetzgebers sich im Wesentlichen auf die Teilbeanstandung von Einzelnormen erstreckt, das gesetzliche Regelungsprogramm im Ganzen in der Regel nicht betrifft und sich auch quantitativ in einem überschaubaren Rahmen bewegt. Freilich sagen diese Zahlen nichts über die politische Bedeutung der punktuell beanstandeten Normen aus. Die qualitative Wirkung der Beanstandungen mag ihren quantitativen Ausweis überschreiten.

2. Verabschiedete Gesetze

Gleichen wir zunächst jedoch diese Zahlen mit der Anzahl der verabschiedeten Gesetze ab. Was bedeutet es, wenn durchschnittlich 7,5 Bundesgesetze (meist Einzelnormen) pro Jahr beanstandet werden? Fällt dies bei der jährlichen Gesetzesproduktion ins Gewicht? Überblickt man die Zahl der verabschiedeten Gesetze, so ergibt sich im Mittel der Legislaturperioden etwa ein Wert von rund

[43] Seit 2011 wurde kein Bundesgesetz mehr komplett beanstandet und auch bei den beanstandeten Einzelnormen liegen die Fallzahlen der Bundesgesetze im einstelligen Bereich: 2011: fünf Einzelnormen, 2012: elf; 2013: vier; 2014: acht; 2015: zwei; 2016: fünf.

400 verabschiedeten Gesetzen pro Legislaturperiode, also im Mittel rund 100 Gesetze pro Jahr.[44] Das hieße, rein schematisch betrachtet, dass in den 100 per annum verabschiedeten Gesetzen in 7,5 Fällen Normen beanstandet werden. So betrachtet fällt die Kontrolle durch das Bundesverfassungsgericht durchaus ins Gewicht: Rein rechnerisch wird jedes 14. Gesetzesvorhaben erfolgreich angegriffen, so dass zumindest eine Einzelnorm erfolgreich beanstandet wird. Freilich handelt es sich hierbei nur um eine tendenzielle Aussage, die mit Vorsicht zu genießen ist, weil sich die verglichenen Zahlen nicht entsprechen. Bei den verabschiedeten Gesetzen kann es sich um ganz Unterschiedliches handeln: Von der punktuellen Detailkorrektur über die Neubekanntmachung eines Gesetzes mit Totalrevision bis hin zu einem sog. Artikelgesetz, in dem punktuelle Änderungen in einer Vielzahl von Gesetzen formell als ein Gesetzespaket verabschiedet werden, das dann in der Statistik nur als eine Fallziffer erfasst wird, während es sich der Sache nach um die Änderung mehrerer selbständiger Gesetze handelt. Wenn man also davon ausgeht, dass im Schnitt etwa 100 Gesetze pro Jahr verabschiedet werden, kann es sich tatsächlich jedoch um weit mehr Einzelgesetze handeln, die geändert wurden. Die Zahl von 7,5 beanstandeten Gesetzen pro Jahr muss also auf eine höhere Zahl von tatsächlich veränderten Gesetzen bezogen werden. Hinzu kommt das Problem der vorkonstitutionellen Gesetze. Nicht alle in Karlsruhe beanstandeten Gesetze sind ja vom Deutschen Bundestag verabschiedet worden; in vielen Fällen handelt es sich um sog. vorkonstitutionelle Gesetze, die aus der Zeit vor der Gründung der Bundesrepublik stammen, also etwa des Nationalsozialismus oder – etwa im Falle des Familienrechts und des BGB – im Kaiserreich verabschiedet worden sind. Diese Gesetze werden bei der Zahl der beanstandeten Normen mitgezählt, tauchen bei der Zahl der verabschiedeten Gesetze naturgemäß aber nicht auf. Beide Faktoren führen dazu, dass das Verhältnis beanstandeter zu verabschiedeten Normen verzerrt wird mit dem Effekt, dass das numerische Gewicht beanstandeter Gesetze zu hoch erscheint. Das exakte Verhältnis von beanstandeten Einzelnormen und erlassenen Einzelnormen ist folglich nicht bestimmbar. Eine rein quantitative Analyse stößt hier an Grenzen.

Wenn es um Reaktionsweisen des Gesetzgebers bei einer quantitativen Analyse geht, sollte man überdies berücksichtigen, von wem das verabschiedete und schließlich beanstandete Gesetz eingebracht wurde. Wie eingangs schon dargetan, zählen zur Institution „Gesetzgeber“ verschiedene Organe und Akteure, die wiederum

[44] Diese Daten beziehen sich auf den Zeitraum von 1949–1999, vgl. Datenhandbuch Deutscher Bundestag 1949–1999, 3 Bände, 1999, Kap. 11.5. Manche Legislaturperioden stechen heraus: in der 1. und 2. WP wurden jeweils über 500 Gesetze verabschiedet, was mit dem hohen Reformbedarf in der Frühzeit der Bundesrepublik erklärlich ist. Auch die 7. WP (1972–1976) kommt auf über 500 verabschiedete Gesetze: hier schlagen sich die Reformen der sozialliberalen Koalition nieder. Nach der deutschen Einheit kam es in der 12. WP (1990–1994) erneut zu über 500 verabschiedeten Gesetzen. Deutlich weniger Gesetze als im Durchschnitt verabschiedete die 9. WP (1980–1983, verkürzt durch die Wahl Helmut Kohls zum Bundeskanzler 1982 und die Auflösung des Bundestages 1983) sowie die 10. WP (1983–1987), die Legislaturperiode der sog. „geistig-moralischen Wende“.

verschieden reagieren können. Bekanntlich wird die weit überwiegende Zahl an Gesetzen von der Bundesregierung eingebracht. Gesetzentwürfe des Bundestages machen etwa 20 % aus, solche des Bundesrates liegen deutlich darunter. Von den Gesetzen, die von der Bundesregierung eingebracht wurden, werden über die Jahre im Schnitt betrachtet über 90 % tatsächlich verabschiedet. Bei den Gesetzen, die aus dem Bundestag eingebracht werden, liegt die Verabschiedungsquote bei etwas unter 50 %; von den Gesetzen, die der Bundesrat eingebracht hat, sind es hingegen nur 20 %, die am Ende verabschiedet werden.[45] Wollte man die Reaktionsweisen des Gesetzgebers quantifizieren, so müsste man die beanstandeten Normen den beteiligten Verfassungsorganen zurechnen: Wer trägt für die Beanstandung die Verantwortung, auf wessen Vorschlag geht der in Karlsruhe festgestellte Verfassungsverstoß zurück – auf die Bundesregierung, den Bundestag oder den Bundesrat als das jeweilige Organ, welches das Gesetz eingebracht hat? Doch welche Wendung hat das eingebrachte Gesetz im Gesetzgebungsverfahren genommen? Auf wen gehen Änderungsvorschläge, Kompromissformeln und Ähnliches zurück, die am Ende in Karlsruhe zur Beanstandung führen? Handelt es sich bei den Gesetzgebungsinitiativen des Bundestages letztlich nicht überwiegend um solche der Oppositionsfraktionen, während die Regierungsfraktionen den Weg über eine Regierungsvorlage wählen können? Aus diesen Erwägungen ist auch eine quantitative Korrelation von gerichtlicher Beanstandung und politischer Verantwortung nicht möglich.

3. *Bevorzugte Thematiken*

Allerdings lässt sich die Zahl der beanstandeten Normen in thematischer Hinsicht quantitativ auswerten. Das Datenhandbuch zur Geschichte des Deutschen Bundestages enthält eine chronologische Liste mit allen in Karlsruhe beanstandeten Normen. Ich habe eine Stichprobe vorgenommen und die im Zeitraum von 1994 bis 1999 beanstandeten Normen nach ihren Regelungsbereichen untersucht. Von den in diesem Zeitraum beanstandeten 34 Normen zählen neun zum Steuerrecht und 14 zum Bereich des Sozialrechts bzw. zu Leistungsgesetzen. Das Übergewicht von sozial- und steuerrechtlichen Normen unter den beanstandeten Gesetzen zeigt sich nicht nur in dieser Zeitspanne, sondern ist ein zeitübergreifendes Phänomen; so zählt das Einkommensteuergesetz zu den von Anbeginn an kontinuierlich beanstandeten Normen. Als Trend kann man feststellen, dass von den beanstandeten Normen rund zwei Drittel zum Sozial- und Steuerrecht zählen. Dabei handelt es sich häufig um Rechtsfragen, deren Behandlung Spezialisten erfordert, sowohl auf Seiten des Gesetzgebers als auch auf Seiten des kontrollierenden Senats. In solchen Rechtsgebieten ist das Bundesverfassungsgericht mit speziellen Fragen konfrontiert. Will es die Verfassungskontrolle in solchen Materien ernst nehmen, muss es sich auf die Ebene der Detailkontrolle begeben. In der Tat hat die Kontrolldichte im

[45] Vgl. Datenhandbuch zur Geschichte des Deutschen Bundestages, 1999, Kap. 11.5.

Sozialrecht[46] und mehr noch im Steuerrecht[47] bisweilen ein erstaunliches Niveau erreicht. Es lohnte sich jedenfalls, die verfassungsgerichtliche Kontrolldichte einmal thematisch auszuwerten: Hier würden materiellrechtliche Schwerpunkte ins Auge fallen: neben dem Steuer- und Sozialrecht in jüngster Zeit auch das Sicherheitsrecht (Polizeirecht, Strafrecht) oder das Wahlrecht. Die thematische Auswertung der beanstandeten Normen verweist auf eine qualitative Analyse.

4. Supplement: beanstandete Bundesgesetze[48]

LP	*Jahr*	*Besonderheiten*	*nichtig/ teilnichtig*	*unvereinbar*	*teilweise unvereinbar*
1.	1949–1953		31	26	5
2.	1953–1957		34	22	12
3.	1957–1961		26	19	7
4.	1961–1965		20	7	13
5.	1965–1969		22	7	15
6.	1969–1972	verkürzt – Misstrauensvotum Brandt	8	3	5
7.	1972–1976	Reformgesetze sozialliberale Koalition	36	14	22
8.	1976–1980		14	6	8
9.	1980–1983	verkürzt – Vertrauensfrage Kohl	16	5	11
10.	1983–1987	„geistig-moralische Wende“	13	3	10
11.	1987–1990	verkürzt – deutsche Einheit	19	8	11
12.	1990–1994	Gesetzgebung deutsche Einheit	26	7	19
13.	1994–1998		18	5	13
14.	1998–2002		12	7	5
15.	2002–2005	verkürzt – Vertrauensfrage Schröder	7	2	5
16.	2005–2009		4	1	3
Summe			306	142	164

Überblickt man diese Statistik, stechen einige Auffälligkeiten ins Auge: In den ersten zehn Jahren ergehen die meisten Nichtigerklärungen, was auf vorkonstitutionelle Gesetze zurückgeführt werden kann. Bemerkenswert ist dann ein Anstieg bei

[46] BVerfGE 115, 25 – Ersatzpflicht bei neuer Behandlungsmethode, sog. Nikolausbeschluss [2005]; BVerfGE 103, 225 und 242 – Pflegeversicherung [2001]; 102, 127 – Berechnung von Lohnersatzleistungen bei Einmalzahlungen [2000]. Einigen Grundsatzurteilen, die Maßstäbe errichten, stehen dann zahlreiche nicht erfolgreiche Verfahren gegenüber, die einem Befund intensiver Gängelung des Gesetzgebers entgegenlaufen. Gibt man etwa in die Suchmaske des Bundesverfassungsgerichts den Begriff „Pflegeversicherung“ ein, werden über 60 diesbezügliche Entscheidungen registriert, von denen freilich nur eine sehr geringe Zahl erfolgreich war.

[47] Überblick bei *Christian Waldhoff*, Steuerrecht und Verfassungsrecht, Die Verwaltung 41 (2008), 259–294.

[48] Quelle: Datenhandbuch zur Geschichte des Deutschen Bundestages, 1999, 2388 f., 2495–2511, 4377, Bd. 2, 2005, 574, 594–600, Bd. 3, 2010, Auswertung zitiert nach *Gawron/Rogowski* (Anm. 38), S. 160.

den Nichtigerklärungen in den Jahren 1972–1976. Die damaligen Zahlen wurden seitdem nie wieder erreicht. Hier schlägt sich der schon konstatierte Karlsruher Aktivismus unter der Präsidentschaft Ernst Bendas mit dessen Aversion gegenüber sozialliberalen Reformgesetzen nieder. Die nächste Auffälligkeit entsteht nach der deutschen Einheit mit einer signifikanten Erhöhung der Unvereinbarkeitserklärungen, die erst ab 1998 deutlich zurückgehen. Seitdem scheinen Gesetze deutlich seltener beanstandet oder gar aufgehoben zu werden, denn es sind überwiegend einstellige Werte zu verzeichnen. Dabei muss freilich noch ein anderer Effekt in Rechnung gestellt werden. Nach 2000 sind nämlich nur wenige Sicherheits- und Antiterrorismusgesetze in Karlsruhe unbeanstandet geblieben.[49] Die Verfassungskontrolle im Bereich der präventiven Gefahrenabwehr hat deutlich zugenommen. Das schlägt sich in dieser Statistik nicht nieder, weil die meisten Sicherheitsgesetze Landesgesetze sind.

V. Typenbildung: ein qualitativer Versuch

1. Die Interaktion zwischen Gericht und Gesetzgeber im politischen Prozess

Tritt man schließlich einer qualitativen Analyse näher, sollte man zwischen den spektakulären Fällen und solchen Fällen unterscheiden, die eher Normallagen kennzeichnen. Wie bereits dargelegt, ist der Gesetzgeber vor allem in eher technischen Spezialmaterien (Steuerrecht, Sozialrecht, Sicherheitsrecht, Wirtschaftsrecht) zu gesetzgeberischen Reaktionen auf Karlsruher Entscheidungen aufgefordert. Man gewinnt ein für das politische System im Ganzen und für die tatsächliche Wirkung von BVerfGE im politischen Prozess realistischeres Bild, wenn man solche Themenfelder berücksichtigt und sich nicht nur auf thematisch besonders herausragende Einzelentscheidungen konzentriert. Angemerkt sei überdies: Die Themenfelder, die gegenüber dem Gesetzgeber eine besonders hohe Relevanz aufweisen, müssen nicht den Themenfeldern entsprechen, auf denen typischerweise Verwaltungsentscheidungen oder judikative Akte vom Bundesverfassungsgericht beanstandet werden. In der Karlsruher Spruchpraxis nehmen Verletzungen des rechtlichen Gehörs (Art. 103 Abs. 2 GG) den mengenmäßig größten Umfang ein. Diese (i.d.R. Kammer-)Entscheidungen haben aber nicht den Gesetzgeber zum Adressaten, sondern die Dritte Gewalt. Auch im Versammlungsrecht spielt die Musik heute überwiegend in Kammerentscheidungen, d.h. Adressaten der Entscheidungen sind in erster Linie die Versammlungsbehörden. Im Arbeitsalltag eines Senats in Karlsruhe mögen also auch andere Themenfelder dominieren, doch diese müssen sich nicht

---

[49] Vgl. für eine inzwischen leicht veraltete Bestandsaufnahme *Oliver Lepsius*, Sicherheit und Freiheit – ein zunehmend asymmetrisches Verhältnis, in: G.F. Schuppert/W. Merkel/G. Nolte/M. Zürn (Hrsg.), Der Rechtsstaat unter Bewährungsdruck, 2010, 23–54.

decken mit jenen Feldern, die typischerweise Legislativakte beanstanden und eine Reaktion des Gesetzgebers auslösen.

Konzentriert man sich auf die Felder, auf denen der Gesetzgeber tätig werden muss, fallen zwei Konstellationen auf, die konträr liegen: Die eine Konstellation (etwa im Wirtschaftsrecht) ist dadurch gekennzeichnet, dass ein Gesetz an einem Freiheitsgrundrecht gemessen wird mit dem Effekt, dass die Regelung im Einzelfall zu unverhältnismäßigen Freiheitseingriffen führt. Das Bundesverfassungsgericht mahnt in diesen Fällen Nachbesserungen an, etwa Härtefallregelungen, um der Vielfalt der Eingriffskonstellationen besser Rechnung zu tragen. Die andere Konstellation (etwa im Steuerrecht) misst gesetzliche Regelungen am Gleichheitssatz und kommt hier angesichts der Vielzahl der Sachverhaltskonstellationen zu dem Ergebnis, dass der Gesetzgeber unter dem Gesichtspunkt der Gleichheit vor dem Gesetz unzulässige Differenzierungen vorgenommen habe. Der Gesetzgeber wird folglich mit unterschiedlichen verfassungsrechtlichen Erwartungen konfrontiert, weil die Nachbesserungsaufträge in konträre Richtungen zeigen: mal ist der Gesetzgeber zur Differenzierung aus Gründen der Verhältnismäßigkeit aufgefordert, mal ist er aus Gleichheitsgründen aufgefordert, Differenzierungen zu unterlassen. Die erste Konstellation liegt eher dann vor, wenn ein Freiheitsgrundrecht als Maßstab dient, die zweite Konstellation im Falle einer Gleichheitsprüfung. Für beide Konstellationen möge ein Beispiel herangezogen werden um zu verdeutlichen, in welche Schwierigkeiten der nachbessernde Gesetzgeber geraten kann und welche Weiterungen ein vermeintlich einfacher Reparaturauftrag Karlsruhes im politischen Prozess nach sich zieht.

a) Erstes Beispiel: Versorgungsausgleich, also das Splitting von in der Ehe erworbenen Rentenanwartschaften bei der Scheidung, §§ 1587 ff. BGB.[50] Durch den Versorgungsausgleich erhalten typischerweise Hausfrauen, die keine eigenen Rentenansprüche begründet haben, den während der Ehe vom Ehemann erworbenen Rentenanteil angerechnet, den dieser wiederum verliert. Der Versorgungsausgleich wird mit Urteil vom 28.2.1980 vom BVerfG grundsätzlich akzeptiert: Er sei zwar ein Eingriff in grundrechtlich geschützte sozialrechtliche Positionen, der allerdings aufgrund von Art. 6 Abs. 1 und 3 Abs. 2 GG gerechtfertigt werden könne.[51] Allerdings mahnt das Gericht für atypische Härtefälle eine Regelung an, um nachträglich eintretenden grundrechtswidrigen Auswirkungen des Versorgungsausgleichs zu begegnen[52] und spricht von der Pflicht des Gesetzgebers, für näher umrissene Konfliktlagen eine verfassungskonforme „Ergänzungsregelung" zu treffen. In welcher

---

[50] Näher zu den Regelungen *Franz Ruland*, Der Versorgungsausgleich, NJW 1976, 1713–1721.

[51] BVerfGE 53, 257 [1980]. Vgl. *Dietrich Katzenstein*, Eigentumsschutz sozialrechtlicher Positionen, in: FS Helmut Simon, 1987, 847–864; *Peter Krause*, Zum Urteil des BVerfG v. 28.2.1980 betr. den Versorgungsausgleich, FamRZ 1980, 534–540; *Fritz Ossenbühl*, Der Eigentumsschutz sozialrechtlicher Positionen in der Rechtsprechung des Bundesverfassungsgerichts. Eine Zwischenbilanz, in: Festschrift für Wolfgang Zeidler, 1987, 625–644.

[52] BVerfGE 53, 257 (300 ff., 306 f.).

Weise die Regelungen über den Versorgungsausgleich zu ergänzen sind, habe der Gesetzgeber zu entscheiden.[53] Das Verfassungsgericht hatte die Fallgruppen relativ detailliert vorgegeben, sodass bei den Konstellationen kaum politischer Spielraum verblieb. Es hatte allerdings auch ausgeführt, dass eine Ergänzungsregelung nur dann notwendig sei, wenn bei dem Verpflichteten eine spürbare Kürzung der Versorgung eintrete, welche nicht beim Berechtigten ankomme. Zugleich forderte es den Gesetzgeber auf, eine „alsbaldige", unter Umständen auch vorläufige Regelung zu erlassen, weil nicht auszuschließen sei, dass es bereits zu verfassungswidrigen Härten gekommen sei.[54]

Der Gesetzgeber machte sich ans Werk und entwickelt Härtefallregelungen. Die Beratung der Gesetzesnovelle gelang nicht mehr in der zu Ende gehenden Legislaturperiode und wird zunächst durch die Bundestagswahl 1980 aufgehalten. Die weitere Beratung geriet schließlich in die Zeit des konstruktiven Misstrauensvotums gegen Helmut Schmidt und der Wahl Helmut Kohls zum Bundeskanzler Ende 1982 mit der Folge, dass der noch von der SPD/FDP-Regierung verantwortete Regierungsentwurf im Bundestag keine Mehrheit mehr hatte und der Bundestag noch vor dem vorzeitigen Ende der Legislaturperiode 1983 ein Gesetz zur Regelung von Härtefällen im Versorgungsausgleich auf der Basis eines Gegenentwurfs der CDU/CSU-Fraktion verabschiedete. Die „Reparatur des Gesetzes" erfolgte nun also mit vertauschten politischen Rollen: Die CDU/CSU konnte in den Versorgungsausgleich Aspekte einbringen, mit denen sie zuvor als Opposition gescheitert war. Der Gesetzgeber, der das ursprüngliche Gesetz erarbeitete, und jener, der es nun nachbesserte, sind nicht derselbe, nicht nur, weil durch zwischenzeitliche Wahlen ein anderer Bundestag besteht, sondern auch im Hinblick auf die vertauschten politischen Mehrheiten.

Wie die Senatsentscheidung von 1980 in den Beratungen des Deutschen Bundestages verwertet wurde, ist aufschlussreich und soll beispielhaft etwas näher geschildert werden. Das Karlsruher Urteil dient sowohl als rechtspolitisches Argument als auch als verfassungsrechtliche Grenzmarke. Die politische Verarbeitung der Entscheidung schwankt zwischen einer Interpretation, die Gestaltungsfreiräume öffnet und Handlungsanweisungen, die sie wieder unterbinden. Dabei fällt auf, dass die Regierungsfraktionen tendenziell den Interpretationsspielraum betonen, während die Oppositionsfraktionen von einem eingeengten Handlungsauftrag ausgehen: Die politische Stellung im Gesetzgebungsverfahren beeinflusst also den Umgang mit dem Urteil oder anders gesagt: Das Urteil wird jenseits seiner unmittelbaren Tenorierung zu einem Gegenstand der Interpretation. An die Stelle des Urteilswortlauts tritt zunehmend die Interpretation dieses Wortlauts. Und diese Interpretation folgt nicht juristischen Auslegungskautelen, sondern den politischen Zwecken. Schlussendlich wird sich erweisen, dass die vom BVerfG erteilten

[53] BVerfGE 53, 257 (312–313).

[54] BVerfGE 53, 257 (313).

Reparaturaufträge vom Gesetzgeber, bei allem guten Willen, in der Regel nicht so erfüllt werden konnten, wie von Karlsruhe beabsichtigt. So eindeutig sich Härtefälle in der Ruhe des Karlsruher Gerichtssaals als grundrechtlicher Regelungsauftrag darstellten, so uneindeutig bleibt, wie man unter den Bedingungen des politischen Prozesses und im Zusammenhang der gesetzlichen Regelung im Gesamten eine tragfähige Lösung erarbeiten kann. Das Versorgungsausgleichshärtefallregelungsgesetz erweist sich als ein Beispiel, wie ein vermeintlich kompakter Karlsruher Regelungsauftrag den politischen Prozess überfordert, dieser aber auch wieder in der Lage ist, sich von den verfassungsrichterlichen Aufträgen zu lösen und eigenständig zu agieren. Eine kurze Zusammenfassung der Beratungen im Deutschen Bundestag soll dies verdeutlichen:

Eine Härtefallkonstellation betraf den Fall, dass nach der Scheidung die Rentenanwartschaften zugunsten der Ehefrau gesplittet wurden, d.h. der ausgleichspflichtige Mann verlor die Hälfte seiner Rentenanwartschaften, die geschiedene Frau verstarb aber bevor der Versicherungsfall eingetreten war oder kurz danach. Der Mann begehrte die Rückübertragung seiner Rentenanwartschaften, weil die verstorbene geschiedene Ehefrau keine oder nur kurzzeitig eine Rente erhalten hatte. Eine solche Rückübertragung widerspricht aber dem Solidargrundsatz im Rentenrecht: Ob es trotz Beitragszahlung je zur Zahlung der Rente kommt, weiß der Versicherte nicht (der Zufall des Todes vor Eintritt der Rente gilt in jeder Konstellation). Das BVerfG hatte gleichwohl angemahnt, dass die aus Art. 6 Abs. 1 und 3 Abs. 2 GG folgende Rechtfertigung des Eingriffs in die nach Art. 14 Abs. 1 GG geschützte rentenrechtliche Position entfalle, wenn beim Ausgleichspflichtigen eine spürbare Kürzung der Rentenansprüche erfolgt, ohne dass sich das beim Berechtigten angemessen auswirkt.[55] Darunter konnte man die o.g. Konstellation subsumieren oder auch nicht. In der Sache geht es letztlich um die Frage, ob Lebensschicksale durchschlagen (so der Ansatz der CDU/CSU) oder ob sich rentenrechtliche Systemgrundsätze durchsetzen (in diese Richtung die Argumentation der SPD, die als Regierungsfraktion die Finanzierbarkeit im Auge hatte). Im Gesetzgebungsprozess berufen sich die Akteure gegenseitig auf eine drohende Verfassungswidrigkeit – die Karlsruher Entscheidung wird im politischen Prozess ummodelliert zu einem interpretationsfähigen Eckpunkt. Beide Fraktionen konnten ihre jeweilige Position auf die Karlsruher Entscheidung stützen: Die CDU/CSU reklamierte genauso, dem Karlsruher Urteil Rechnung zu tragen wie die SPD, die wiederum der CDU/CSU vorwarf, das Grundanliegen der gerichtlich verpflichteten Ergänzungsregelung zu verkennen. In der ersten Beratung des Härtefallregelungsgesetzes im Dezember 1980, also noch zur Zeit der SPD/FDP-Koalition, legt die SPD die Urteilsgründe tendenziell weit aus, was den legislativen Gestaltungsspielraum erhöht, während die Redner der CDU/CSU die Maßgaben deutlich enger interpretieren. Die Redner der SPD-Fraktion betonten, dass der

[55] BVerfGE 53, 257 (302).

Versorgungsausgleich für verfassungskonform erklärt worden war. Der gerichtlich angeordneten Härtefallregelung wurde entgegengehalten, sie stehe im Gegensatz zum Solidaritätsprinzip. Die gesetzliche Rentenversicherung kenne das Instrument der Rückzahlung nicht und eine entsprechende Regelung sei im Ausschuss diskutiert, dann aber bewusst verworfen worden.[56]

Aufgrund einer konservativen Mehrheit im Bundesrat konnte die Regierungsmehrheit die Sache nicht ohne Zustimmung der Union durchsetzen.[57] Im Sommer 1981 brachte die CDU/CSU-Fraktion einen eigenen Gesetzentwurf ein, so dass sich in der Plenarberatung zwei Gesetzentwürfe gegenüberstanden.[58] Die CDU/CSU-Fraktion rechtfertigte ihren Ansatz mit dem Auftrag des Bundesverfassungsgerichts aus dem Urteil von 1980 und bezog sich auf anhängige Verfassungsbeschwerden, um die von ihr präferierte Härtefallregelung zu rechtfertigen.[59] In der Debatte warf die SPD der Union vor, sie gebärde sich als „Gralshüter des Urteils".[60] Die Vertreter der SPD und der Bundesjustizminister argumentierten mit dem offenen Auftrag des Gerichtes und dem politischen Anliegen, eine Lösung zu finden, die angesichts knapper Kassen auch finanzierbar sei. Die Union kritisierte die Unfähigkeit der Regierungsmehrheit, eine dem Auftrag des Bundesverfassungsgerichtes entsprechende Regelung zu finden.[61] Beide Seiten beharrten auf ihren jeweiligen Härtefallregelungen, die auf den unterschiedlich weiten Urteilsinterpretationen beruhten. Ein weiteres Jahr verstrich. Am 17. September 1982 brachten die Fraktionen von SPD und FPD schließlich einen neuen Gesetzentwurf ein, der über die Härtefallergänzungen hinaus eine partielle Neuregelung des Versorgungsausgleichs durch Beitragszahlung vorsah.[62] Dies betraf Ausgleichsfälle bei nicht-gesetzlichen Versorgungsansprüchen (Betriebsrenten u.ä.). Hier konnten bei der Scheidung erhebliche Einzahlungen des Mannes zugunsten der ausgleichsberechtigten Frau fällig werden. Verfassungsrechtlich ging es also nicht um die Rechtfertigung eines Eingriffs in Art. 14 GG, sondern um eine Handlungspflicht. In der Zwischenzeit waren nämlich gegen den Versorgungsausgleich durch Beitragsentrichtung verfassungsrechtliche Bedenken erhoben worden und Verfahren in Karlsruhe anhängig, während bei der Entscheidung aus dem Jahr 1980 das Splitting von Rentenanwartschaften, also ein eigentumsrechtlicher Eingriff, im Zentrum stand. Die Rechtsfragen waren hier ganz andere: Die bisweilen hohen und i. d. R. sofort fälligen Einmalzahlungen, mit denen beim Geschiedenen eine neue Rentenanwartschaft begründet wurde, konnten zu unbeabsichtigten Härten bei den Ausgleichspflichtigen

---

56 Deutscher Bundestag, 9. Wahlperiode, 12. Sitzung v. 18.12.1980, BT-Plenarprot. 9/12, S. 375 ff.

57 Das verschachtelte Gesetzgebungsverfahren wird zusammengefasst in BVerfGE 71, 364 (367–370) [1986].

58 Regierungsentwurf: BT-Drucks. 9/34; Gesetzentwurf der CDU/CSU: BT-Drucks. 9/562.

59 Deutscher Bundestag, 9. Wahlperiode, 46. Sitzung v. 25.6.1981, BT-Plenarprot., S. 2683 D.

60 Schmude (SPD), Bundesminister der Justiz, Deutscher Bundestag, 9. Wahlperiode, 46. Sitzung v. 25.6.1981, BT-Plenarprot., S. 2685A.

61 Deutscher Bundestag, 9. Wahlperiode, 46. Sitzung v. 25.6.1981, BT-Plenarprot., S. 2683 ff.

62 BT-Drucks. 9/1981.

führen. An der Einbeziehung dieser Fälle in ein Reformgesetz hatte die Union ein Interesse, weil sie ihre Klientel ungleich häufiger betrafen als jene der SPD. Der Gesetzentwurf der Union vom Sommer 1981 war darauf bereits eingegangen, worauf die SPD nun mit ihrem Entwurf vom September 1982 reagierte, zusätzlich angetrieben durch die zwischenzeitlich erhobenen Verfassungsbeschwerden in dieser Sache. Nun wurde das politische Regelungsfeld also um den schuldrechtlichen Versorgungsausgleich erweitert, was die Komplexität erhöhte (es existierten rund 150 verschiedene Zusatzversorgungen) und den verfassungsrechtlichen Fokus verschob: von der Reparatur der in Karlsruhe schon entschiedenen Fälle zur Abwehr der in Karlsruhe neu anhängigen Fälle. Man wollte mit der Neuregelung einer erneuten Nachbesserungsverpflichtung aus Karlsruhe zuvorkommen und zugleich unter Beweis stellen, dass die Legislative eigenständige Verbesserungen ohne Karlsruher Vorzeichnungen zu finden in der Lage war.

Mitten in die Beratungen fiel der Regierungswechsel: Am 1. Oktober 1982 wurde Helmut Kohl zum Bundeskanzler gewählt. Damit wechseln die politischen Fronten: Die SPD-Fraktion muss ihren Gesetzentwurf nicht mehr verteidigen, sondern nun denjenigen der CDU/CSU angreifen und umgekehrt. Auf der Basis des CDU/CSU-Entwurfs wurde eine Beschlussempfehlung im Bundestag beraten, die über den Reparaturauftrag aus 1980 deutlich hinausgeht und auch eine Reform des Versorgungsausgleichs durch Beitragszahlung umfasst. Um deren verfassungsrechtliche Bewertung kreiste nun der Streit. Über den Auftrag des BVerfG hinaus hatte der Bundestag eine Neuregelung für den Versorgungsausgleich von Zusatzversorgungen des öffentlichen Dienstes, bei Betriebsrenten und sonstigen Altersversorgungseinrichtungen außerhalb der gesetzlichen Rentenversicherung und der Beamtenversorgung beschlossen. Der neue Gesetzentwurf beseitigt den im Falle der Scheidung sofortigen Barausgleich der nicht-gesetzlichen Rentenanwartschaften, mit denen eigenständige Rentenanwartschaften begründet wurden, zugunsten eines Ausgleichs im Rentenfall. Anders als beim Rentensplitting kann die Rentenanwartschaft des Ausgleichsberechtigten (meist der Ehefrau) vom Eintritt des Rentenfalls abhängen, so etwa bei Betriebsrenten. Stirbt der geschiedene Ausgleichspflichtige vorher, geht der Ausgleichsberechtigte leer aus. In der Plenardebatte[63] warf die inzwischen zur Opposition gewordene SPD der CDU vor, ihre Neuregelung sei aufgrund von strukturellen Benachteiligungen der ausgleichsberechtigten Frauen („männerbetonte Ideologie") verfassungswidrig und prophezeite eine Niederlage vor dem BVerfG.[64] Unter Enthaltung der SPD-Fraktion beschloss der Bundestag nun das Reformgesetz auf der Basis des Vorschlags der Union; dieses Gesetz passierte problemlos im Februar 1983 den Bundesrat. Die CDU/CSU/FDP-Koalition

[63] Deutscher Bundestag, 9. Wahlperiode, 140. Sitzung v. 16.12.1982, BT-Plenarprot., S. 8825–8832.

[64] Ebd., S. 8828D.

hatte dabei selbst eingeräumt, dass weitere Nachbesserungen nötig seien und bis 1986 erfolgen sollten.[65]

Seit dem Urteil des BVerfG waren drei Jahre vergangen: „Alsbald", wie von Karlsruhe beauftragt, konnte man den Erlass des Gesetzes kaum mehr nennen. Die Zeitverzögerung erklärt sich freilich durch die Eckdaten des politischen Prozesses (Wahlen, Regierungswechsel), die thematische Erweiterung um den schuldrechtlichen Teil sowie die Perspektive, sich angesichts neuer Verfassungsbeschwerden keine weitere Niederlage in Karlsruhe einfangen zu wollen. Durch die Notwendigkeit, die Härtefälle beim Rentensplitting aus dem Urteil von 1980 gesetzlich umzusetzen, ergab sich nun ein Zeitdruck, der die Behandlung des schuldrechtlichen Versorgungsausgleichs erschwerte.

Eine im April 1983 ergangene weitere Entscheidung des BVerfG hatte auf den parlamentarischen Prozess keine Auswirkungen mehr. Sie beanstandete Härtefälle beim Versorgungsausgleich durch Beitragszahlung nach dem alten Recht.[66] 1986 entschied das Bundesverfassungsgericht über die von der CDU/CSU/FDP zu verantwortende Neuregelung und erklärt diese, wie von der SPD vorausgesagt, für verfassungswidrig, weil sie eine Härte beseitige, indem sie eine weitere Härte in Kauf nehme, die sich aber ausschließen lasse.[67] Das BVerfG sah einen Gleichheitsverstoß bei der Differenzierung von Betriebsrenten und gesetzlichen Renten.[68] Die vom Gesetzgeber gewählte Regelung sei zu starr; eine Vermeidung der Ungleichbehandlung wäre leichthin möglich gewesen.[69] Das Gesetz wird für nichtig erklärt. Konkrete Reparaturaufträge erteilt der Senat nicht. In welcher Weise die Regelungen über den Versorgungsausgleich zu ergänzen sind, habe der Gesetzgeber zu entscheiden. „Das BVerfG hat dem Gesetzgeber nicht vorzuschreiben, welche Lösungen insoweit als richtig oder wünschenswert vorzusehen sind."[70]

Der Versorgungsausgleich kommt bei einem weiteren Urteil 1989, drei Jahre später, zum vierten Mal auf den verfassungsgerichtlichen Prüfstand.[71] Hier geht es um Härtefälle bei der Beamtenversorgung, die Rechtsfragen drehen sich nun wieder um Art. 14 Abs. 1 GG. Der Senat gibt den Verfassungsbeschwerden und konkreten Normenkontrollen nicht statt. Im Zusammenhang dieses Verfahrens resümiert das BVerfG den langjährigen Diskussions- und Reformprozess und reflektiert dabei auch seine eigene Rolle: „Der Verlauf des Gesetzgebungsverfahrens zeigt, daß der dem Gesetzgeber durch das Bundesverfassungsgericht erteilte Auftrag, eine

---

[65] Engelhard (FDP), Bundesminister der Justiz, Deutscher Bundestag, 9. Wahlperiode, 140. Sitzung v. 16.12.1982, BT-Plenarprot., S. 8831C: „Mut zur Lücke".

[66] BVerfGE 63, 89 (91 ff.) [1983]. Das BVerfG monierte, der Gesetzgeber habe durch die ausnahmslose Anordnung des Versorgungsausgleichs durch Beitragszahlung den Interessen des Ausgleichspflichtigen nicht ausreichend Rechnung getragen. Es habe schonendere Mittel gegeben.

[67] BVerfGE 71, 364 [1986].

[68] BVerfGE 71, 364 (384 ff.).

[69] BVerfGE 71, 364 (389 ff.).

[70] BVerfGE 71, 364 (394).

[71] BVerfGE 80, 297 [1989].

Härtefallregelung zu schaffen, nur unter Schwierigkeiten auszuführen war."[72] Auch in diesem Fall wurde die Härtefallregelung durch die Ressortminister wieder mit Verweis auf die Ausgangsentscheidung des BVerfG begründet.[73]

Überblickt man die vier Karlsruher Entscheidungen zum Versorgungsausgleich (1980, 1983, 1986, 1989), so zeigt sich, wie das erste Urteil, das den politischen Prozess zur Härtefallgesetzgebung aufforderte, einen Ping-Pong-Prozess auslöste, in dem die verschiedenen politischen Akteure immer wieder auf die Karlsruher Entscheidung zurückgreifen, sie jeweils interpretieren und als Argument in ihre jeweilige politische Begründung einbauen. An die Stelle des Urteils tritt zunehmend die Interpretation des Urteils, die den politischen Akteuren mehrere Deutungen offenlässt und entsprechenden Gestaltungsspielraum ermöglicht. Obwohl sich alle Seiten auf die Karlsruher Vorgaben beziehen, sind die gewählten Lösungen im Ergebnis recht uneinheitlich. Da die Ergebnisse wieder vor dem Karlsruher Richterstuhl landen, muss sich das Bundesverfassungsgericht nun nicht nur mit dem Gesetz, sondern auch mit der Interpretation seiner früheren Entscheidung befassen, auf welche die Gesetzesregelung abstellt. Das Bundesverfassungsgericht sieht sich mit einer Situation konfrontiert, indem es seine eigene Entscheidung in einer politischen Interpretation wieder vorgehalten bekommt. In dem Hin und Her von vermeintlich aufgegebenen Reparaturen, die um neue Reformen ergänzt werden, wird das Gericht zu einem „Gesprächspartner" der politischen Akteure im Gesetzgebungsverfahren – ein „Gespräch", das sich über rund zehn Jahre und mehrere aneinandergereihte Gerichtsverfahren entwickelt.

b) Zweites Beispiel: Erbschaftsteuer. Einen ähnlichen Fall stellt die dreimalige Beanstandung des Erbschaftsteuergesetzes dar. 1995 erklärte das Gericht weite Teile des Erbschaftsteuergesetzes in der seit 1987 geltenden Fassung für verfassungswidrig.[74] Anlass war die ungleiche Besteuerung von Grundbesitz und Kapitalvermögen. Grundstücke wurden nur mit Einheitswerten bewertet, die jahrzehntelang unverändert geblieben waren und nicht mehr den Preisen entsprachen. Die Neuregelung wollte der Steuergesetzgeber zum Anlass nehmen, das Steuerrecht insgesamt zu vereinfachen.[75] Der Reparaturauftrag aus Karlsruhe führte auch hier dazu, das Thema insgesamt auf die rechtspolitische Agenda zu heben und inhaltlich mehr anzugehen als verfassungsrechtlich angezeigt war. So enthielt das Änderungsgesetz einerseits eine Neuberechnung des Wertes von Grundstücken. Andererseits kamen in das Erbschaftsteuerrecht Verschonungsregeln hinein für Familienunternehmen. Die CDU/CSU/FDP-Koalition wollte das Familiengebrauchsvermögen von der Erbschaftsteuer freihalten, dadurch den Unternehmensübergang erleichtern, die internationale Wettbewerbsfähigkeit der mittelständischen Firmen erhalten und

[72] BVerfGE 80, 297 (300).
[73] BVerfGE 80, 297 (306, 308).
[74] BVerfGE 93, 165 [1995].
[75] Vgl. BT-Drs. 13/4839, S. 38.

dadurch Arbeitsplätze sichern.[76] Die Erbschaftsteuerreform wurde noch 1996, kurz vor Ablauf der vom BVerfG gesetzten Frist, mit dem Jahressteuergesetz 1997 verabschiedet. Das neu gefasste Erbschaftsteuerrecht wurde 2006 aufgrund einer konkreten Normenkontrolle auf Vorlage des BFH erneut für verfassungswidrig erklärt, weil jetzt die unterschiedliche Bewertung von anderen Vermögensgegenständen (Grundvermögen, Betriebsvermögen) zu Gleichheitsverstößen führte.[77] Das BVerfG nahm die Bewertungsfragen zum Anlass für eine weitreichende Grundsatzentscheidung und wollte den Gesetzgeber nicht nur zu punktuellen Anpassungen zwingen. Der Vorsitzende des Ersten Senats erläuterte in einer steuerrechtlichen Zeitschrift, die Entscheidung sei als ein Appell zu besserer Gesetzgebungskultur und mehr Systemgerechtigkeit im Steuerrecht zu verstehen. Dem Gesetzgeber werde verfassungsgerichtlich ein höheres Maß an Transparenz abverlangt. Er habe ein System zu schaffen, welches die Begünstigungen folgerichtig umsetzt. Darin sei eine allgemeine Maxime des Steuerrechts zu sehen.[78]

Erneut musste der Gesetzgeber zumindest die Bemessungsgrundlagen ändern und erneut führte der politische Prozess zu einer Erweiterung des Reparaturauftrags: Die Lobby der Familienunternehmen sah in der erneut anstehenden Reform des Erbschaftsteuerrechts eine Gelegenheit, weitreichendere Verschonungsregelungen vorzuschlagen, die im parlamentarischen Prozess dann auch Gehör fanden.[79] Insbesondere Politiker der CSU machten sich die Forderungen der Familienunternehmen zu eigen. Das Reformgesetz wird dadurch zum Ausdruck von Klientelpolitik und nicht, wie es sich das BVerfG vorgestellt hatte, zu einem folgerichtigen Systementwurf. Auch dieses Gesetz bestand die verfassungsgerichtliche Prüfung 2014 nicht. Das erneute Reformgesetz hatte nämlich weitgehende Verschonungsregelungen bei mittelständischen Unternehmen eingeführt, die das BVerfG als Gleichheitsverstoß aufhob; überdies wurde die praktische Undurchführbarkeit der Regelung moniert.[80] In dieser dritten Entscheidung zur Erbschaftsteuer nahm das BVerfG die zuvor erhobenen Anforderungen der Folgerichtigkeit in der Sache zurück. Es konzentrierte sich auf eine Weiterentwicklung der Dogmatik zum allgemeinen Gleichheitssatz, welche inzwischen durch die steuerrechtlichen

---

[76] Vgl. Begründung des Gesetzesentwurfs, BT-Drs. 13/4839 sowie die Aussprache im Deutschen Bundestag, 13. Wahlperiode, 111. Sitzung v. 14.6.1996; 135. Sitzung v. 7.11.1996, BT-Plenarprot. 13/111 und 13/135.

[77] BVerfGE 117, 1 [2006]. Das Reformgesetz hatte zwar die vom BVerfG beanstandeten Bewertungsgrundsätze geändert, dabei aber die Vermögenswerte nicht „realitätsgerecht", also ungleich berücksichtigt.

[78] *Hans-Jürgen Papier*, Steuerrecht im Wandel – verfassungsrechtliche Grenzen der Steuerpolitik, DStR 2007, 973 ff.

[79] Gesetzentwurf: BT-Drs. 16/7918. Der Entwurf wurde in den Ausschussberatungen erheblich ergänzt, vgl. die Plenardebatte Deutscher Bundestag, 16. Wahlperiode, 190. Sitzung v. 27.11.2008, BT-Plenarprot. 16/190. Damals schon zweifelnd: *Detlev J. Piltz*, Wird das Erbschaftsteuergesetz 2009 Bestand haben?, DStR 2010, 1913 ff.

[80] BVerfGE 138, 136 [2014].

Entscheidungen unüberschaubar geworden war und auch zwischen den Karlsruher Senaten nicht mehr einheitlich gehandhabt wurde.[81] Man kann zusammenfassen: Seit 1987 gab es kein in Gänze verfassungsmäßiges Erbschaftsteuerrecht. So gesehen stellt das Bundesverfassungsgericht dem Gesetzgeber ein schlechtes Zeugnis aus, auch weil es dem Gesetzgeber offenbar nicht gelingt, einen Reparaturauftrag zu erfüllen, ohne dabei ein neues verfassungsrechtliches Problem zu schaffen.[82]

Man kann die kontinuierliche Beanstandung des Erbschaftsteuerrechts aber auch anders bewerten, nämlich als verfassungsrechtlichen Dialog zwischen Gesetzgeber und Verfassungsgericht. Durch seine Rechtsprechung zwingt das Gericht den Gesetzgeber, sich alle acht bis zehn Jahre wieder mit der Novellierung des Erbschaftsteuerrechts zu befassen. Es treibt, so könnte man die Entwicklung resümieren, den Gesetzgeber zur Beobachtung und Anpassung an. Das ist deshalb von Nutzen, weil der politische Prozess ohne die Reformaufträge aus Karlsruhe sich wohl kaum damit befassen würde: Die Materie ist politisch undankbar und für Wahlkämpfe ungeeignet; sie löst Widerstände sowohl in der Bevölkerung als auch der mittelständischen Wirtschaft aus. Der Bundesgesetzgeber hat auch deswegen an der Regelung nur geringes Interesse, weil die Länder die Empfänger der Steuer sind. Warum soll er sich einseitig zugunsten der Länder abmühen? Mit anderen Worten: Die Eigenrationalitäten des politischen Prozesses bewirken eine Vernachlässigung des Erbschaftsteuerrechts. Wenn nicht das BVerfG zur Novellierung zwäge, täte sich wenig. Indem das Gericht das Steuergesetz rund alle acht Jahre teilweise beanstandet, erfüllt es objektiv eine politische Funktion, weil es stets von neuem Reformimpulse setzt und den politischen Prozess antreibt. Das mag bei einer Materie, die ansonsten im politischen Prozess vernachlässigt wird, durchaus wünschenswert sein, zumal das Erbschaftsteuerrecht einen starken Gerechtigkeitsbezug aufweist, der zudem in jeder Generation wieder neu und anders aufgeworfen wird: Heute bestimmen Erbschaften viel stärker als in früheren Jahrzehnten den sozialen Status des Einzelnen und die damit verbundenen ökonomischen Handlungsmöglichkeiten. Erbschaften erzeugen heute soziale Ungleichheit. Auch wenn die Rechtsprechung zum Erbschaftsteuerrecht objektiv dem politischen Prozess nützt und einem sozialen Zweck dient, so verfolgt das BVerfG doch subjektiv nicht solche Ziele: In seiner Selbstwahrnehmung geht es primär um die Weiterentwicklung der Dogmatik zum allgemeinen Gleichheitssatz sowie um das Herstellen einer Steuerrechtssystematik.[83]

---

[81] Vgl. die Analyse durch *Oliver Lepsius*, Constitutional Review of Tax Laws and the Unconstitutionality of the German Inheritance Tax Law, German Law Journal 16 (2015), 1191–1225.

[82] Vgl. zur Analyse etwa *Michael Holtz*, Erbschaftsteuerreform 2016, NJW 2016, 3750–3755; *Roman Seer/Klaus Michalowski*, Die erbschaftsteuerrechtliche Behandlung des Unternehmensvermögens nach neuem Recht – unkalkulierbar und nach wie vor im verfassungsrechtlichen Fokus, GmbHR 2017, 609–623. Allgemeiner und auf die ältere Rspr. bezogen: *Waldhoff*, Steuerrecht und Verfassungsrecht (Anm. 47); *Olaf Köppe*, Bundesverfassungsgericht und Steuergesetzgebung, in: van Ooyen/Möllers (Hrsg.), Handbuch (Anm. 2), 785–802.

[83] Das wird besonders deutlich in den Einlassungen von *Hans-Jürgen Papier*, Steuerrecht im Wandel – verfassungsrechtliche Grenzen der Steuerpolitik, DStR 2007, 973 (976, 978): Papier war

2. Austesten des Möglichen

Der Bundestag sieht sich aber nicht immer als Reparateur. In bestimmten Materien begreift er das BVerfG wie eine nachträgliche Korrekturstelle, die es ihm erlaubt, mit seinen Regelungen immer ans Maximum zu gehen im Vertrauen, das Bundesverfassungsgericht werde diese dann schon auf das zulässige Maß zurechtstutzen. Zu dieser Fallgruppe gehören die modernen Anti-Terrorismus- und Sicherheitsgesetze. In kaum einem anderen Themenfeld hat das Bundesverfassungsgericht dem Gesetzgeber so konsequent begrenzende Maßstäbe entgegengehalten.[84] Der Bundes- und die Landesgesetzgeber reagierten hier allerdings typischerweise mit Nachfolgeregelungen, die das Maximum des Möglichen austesteten. Auch dies führt zu einer kontinuierlich neuen Beschäftigung des Gerichts mit der Materie und einem Dialog, bei dem allerdings das Gericht in der reaktiven Position ist. Der Effekt der Verfassungskontrolle kann hier auch im Sinne einer Enthemmung des politischen Prozesses saldiert werden: Die politischen Organe konzentrieren sich einseitig auf die Sicherheitsbelange und können die Freiheitsbelange vernachlässigen in der Gewissheit, dass das BVerfG diesen in der typischerweise nachgeschalteten Überprüfung des Gesetzes schon Rechnung tragen werde. Die intensive Karlsruher Kontrolldichte mag dann de facto zu einer Vereinseitigung des politischen Prozesses führen. Man stelle sich alternativ vor, das Gericht hätte Gesetze mit erheblicher Freiheitseinschränkung passieren lassen: Die Freiheitskontrolle wäre unweigerlich auch ein politisches Anliegen geblieben. Die sicherheitsverfassungsrechtliche Praxis der letzten 20 Jahre führt dazu, dass in der allgemeinen Wahrnehmung die Berücksichtigung von Sicherheit und Freiheit unterschiedlichen Verfassungsorganen zugetraut wird.

3. Renitenz und Trotz

Unter den Reaktionen auf verfassungsgerichtliche Entscheidungen lassen sich auch Beispiele für Renitenz und Trotz des Gesetzgebers finden. So reagierte der Wahlgesetzgeber auf die Entscheidungen zur Sperrklausel im Europawahlrecht uneinsichtig (und konnte dafür gute Gründe anführen). 1979 noch wurde die 5 %-Klausel im Europawahlrecht vom BVerfG unproblematisch hingenommen,[85] 2011 wurde sie dann beanstandet.[86] Der Gesetzgeber wich auf eine 3 %-Klausel aus, die vom

---

Vorsitzender desjenigen Ersten Senats, der das Zweite Erbschaftsteuerverfahren (BVerfGE 117, 1) entschied. Papier erläuterte, der Beschluss sei als ein Beitrag zur Gesetzgebungskultur im Steuerrecht zu verstehen. Er zwinge den Gesetzgeber zur Schaffung eines transparenten Systems, welche Vermögensgegenstände er begünstigen wolle. Die Entscheidung sei ein Beitrag zu mehr Systemgerechtigkeit.

[84] Die von der Rspr. entwickelten Maßstäbe wurden zusammengeführt in der Grundsatzentscheidung zum BKA-Gesetz, vgl. BVerfGE 141, 220–378 [2016].

[85] BVerfGE 51, 222 [1979].

[86] BVerfGE 129, 300 [2011].

Gericht gleichfalls beanstandet wurde.[87] Letztlich hing die verfassungsrechtliche Beurteilung von der Prognose ab, wie sich eine Parteienzersplitterung auf die Arbeitsfähigkeit des Europaparlaments auswirke. Das Gericht akzeptierte nicht die Prognose des Bundestages, weil dieser in eigener Sache gewissermaßen befangen sei, und wollte die weitere Entwicklung abwarten. Komme es zu Fehlfunktionen, stellte das Gericht in Aussicht, seine Haltung zu überdenken.

4. Reaktion: Wandel der Rechtsprechung

Anpassungsbedarf zeigt sich folglich nicht immer prinzipiell auf der Seite des Gesetzgebers. Es lassen sich auch Konstellationen anführen, in denen das Gericht seine Rechtsprechungslinie änderte, sei es, weil es sich von tatsächlichen Entwicklungen beeindruckt zeigte, sei es, weil sich die weitere Rechtslage geändert hatte. Ein bekanntes Beispiel ist die Parteienfinanzierung, zu welcher der Senat seine Linie nach sechs Jahren umdrehte, so wie es ein Sondervotum vorbereitet hatte.[88] Ein anderes Beispiel liefert die Rechtsprechung zum Schwangerschaftsabbruch. Der strikten Linie von 1975, die aus einer grundrechtlichen Schutzpflicht des Staates zum Schutz des ungeborenen Lebens eine Pflicht zur Bestrafung abgeleitet hatte,[89] folgte unter dem Eindruck der inzwischen vollzogenen deutschen Einheit (und der Fristenlösung im Recht der DDR) eine gemäßigtere Entscheidung, welche die Rechtsfolgen der ersten aufgab.[90]

Als drittes Beispiel sei das kürzlich ergangene Urteil zum NPD-Parteiverbot angeführt: Nach Art. 21 Abs. 2 GG entscheidet das Bundesverfassungsgericht über das Verbot von Parteien, die „nach ihren Zielen oder nach dem Verhalten ihrer Anhänger darauf ausgehen, die freiheitliche demokratische Grundordnung zu beeinträchtigen oder zu beseitigen oder den Bestand der Bundesrepublik Deutschland zu gefährden".[91] In der Geschichte der Bundesrepublik hatte es zwei erfolgreiche Parteiverbotsverfahren gegeben, das Verbot der rechtsextremistischen Sozialistischen Reichspartei (SRP) 1952 sowie das Verbot der KPD 1956.[92] In diesen Entscheidungen aus den frühen 1950er Jahren hatte das Bundesverfassungsgericht

---

[87] BVerfGE 135, 259 [2014].

[88] BVerfGE 73, 40 [1986] mit Sondervotum Böckenförde/Mahrenholz (103 ff.); Rechtsprechungswandel durch BVerfGE 85, 264 (314 f.) [1992]: Die Regelung des Sondervotums erwächst jetzt zur Mehrheitsmeinung, nachdem sich die Zusammensetzung des Senats weitgehend geändert hatte.

[89] BVerfGE 39, 1 – Abtreibung I [1975].

[90] BVerfGE 88, 203 [1993].

[91] Der Wortlaut des Art. 21 Abs. 2 wurde inzwischen geändert sowie neue Abs. 3 und 4 eingefügt. Der vormalige Abs. 3 wurde zum Abs. 5. Gesetz zur Änderung des Art. 21 GG v. 13.7. 2017, BGBl. 2017 I, S. 2346.

[92] BVerfGE 2, 1 – SRP-Verbot [1952]; 5, 85 – KPD-Verbot [1956]. Zu den (überkommenen) Maßstäben *Hartmut Maurer*, Das Verbot politischer Parteien, AöR 96 (1971), 203; *Martin H. W. Möllers/Robert C. van Ooyen* (Hrsg.), Parteienverbotsverfahren, 3. Aufl. 2011.

Merkmale aufgestellt, wie der grundgesetzliche Tatbestand näher auszulegen sei. An diesen Merkmalen orientierten sich dann spätere Parteiverbotsanträge wie auch die NPD-Verbotsanträge von 2000[93] und 2012. Schon in den Entscheidungen aus den 1950er Jahren war strittig, ob das Tatbestandsmerkmal „darauf ausgehen" eine bestimmte Tätigkeit, also mehr als nur eine Absicht erfordere. Das BVerfG hatte damals die Hürden geringer gesetzt: Art. 21 Abs. 2 GG verlange kein konkretes Unternehmen (wie etwa § 81 StGB – Hochverrat gegen den Bund). Eine Partei könne auch dann verboten werden, wenn „nach menschlichem Ermessen keine Aussicht darauf besteht, daß sie ihre verfassungswidrige Absicht in absehbarer Zukunft werde verwirklichen können."[94] Daran hielt das BVerfG 2017 explizit nicht mehr fest: Ein Parteiverbot sei kein Gesinnungs- oder Weltanschauungsverbot. Vielmehr sei ein Überschreiten der Schwelle zur Bekämpfung der freiheitlichen demokratischen Grundordnung durch die Partei notwendig. Dies setze in Abkehr vom KPD-Urteil ein planvolles Handeln voraus, das im Sinne einer qualifizierten Vorbereitungshandlung auf die Beeinträchtigung oder Beseitigung der freiheitlich demokratischen Grundordnung gerichtet ist.[95] Das Bundesverfassungsgericht ersetzte den früheren Maßstab durch einen neuen, der an der „Potentialität" ausgerichtet ist, und es stellte ausdrücklich fest, am Maßstab aus dem KPD-Urteil nicht festzuhalten.

Die Motive dieses Rechtsprechungswandels sind vielschichtig:[96] Der zeitliche Abstand zu Maßstäben, die vor über 60 Jahren entwickelt wurden, erleichtert die Abkehr von diesen. Niemand erwartet eine Rechtsprechungskohärenz, die die Gründungsphase der damals jungen Bundesrepublik und den Kalten Krieg überdauert. Hinzu kommt eine politische Folgenbewertung, die in der Entscheidung aus dem Jahr 2017 zwischen den Zeilen deutlich wird: Ein Parteiverbot führt nicht zu den intendierten Folgen, nämlich eine systemzerstörerische Bewegung zu schwächen, weil sie dieser über einen Märtyrerstatus im Zweifel nur hilft und sie in andere, graue Organisationsformen oder zu Alternativgründungen zwingt. Das Ziel des Verbotsantrags, die NPD von Formen der staatlichen Parteienfinanzierung auszunehmen, also zu verhindern, dass mit öffentlichen Mitteln eine systemfeindliche Organisation unterstützt wird, ließ sich auf milderem Wege herstellen, indem das BVerfG einen verfassungsändernden Regelungsspielraum für die gesetzlichen

---

[93] Das Verfahren wurde eingestellt durch BVerfGE 107, 339 (346 ff.) – NPD-Verbotsverfahren I [2003], weil an den vorgebrachten Beweisen für die Verfassungsfeindlichkeit der NPD V-Leute des Verfassungsschutzes mitgewirkt hatten.

[94] BVerfGE 5, 85 (143) – KPD-Verbot [1956].

[95] BVerfGE 144, 20 (225) – NPD-Verbotsverfahren II [2017].

[96] Vgl. die Analysen in der Literatur, darunter: *Christoph Gusy*, Verfassungswidrig, aber nicht verboten!, NJW 2017, 601; *Christian Hillgruber*, Verfassungsfeindlich, aber nicht verfassungswidrig, JA 2017, 398; *Jörn Ipsen*, Verfassungswidrig, aber nicht verboten, RuP 2017, 3; *Tobias Linke*, Verbotsunwürdige Verfassungsfeinde, DÖV 2017, 483; *Robert C. van Ooyen*, Rechtspolitik durch verfassungsgerichtliche Maßstabsverschiebung, RuP 2017, 486.

Finanzierungsfragen eröffnete.[97] Mit anderen Worten: Der Verbotsmaßstab konnte verschärft werden, weil die Voraussetzungen für eine Kürzung der staatlichen Parteienfinanzierung gelockert wurden. Schließlich wäre das BVerfG mit seinem alten Maßstab in einen Konflikt mit der Rechtsprechung des EGMR zu Parteienverboten geraten. Ersichtlich ist das NPD-Urteil daran interessiert, eine Übereinstimmung mit der Rechtsprechung des EGMR zu erzielen um einer möglichen Beanstandung seiner Entscheidung in Straßburg vorzubeugen.[98]

5. *Ignoranz*

Gelegentlich folgt auch keine Reaktion auf eine Entscheidung des BVerfG. Ein Beispiel bietet die Verfassungsmäßigkeit der Vermögensteuer: Die konkreten Bewertungsregeln, nicht aber die Steuer an sich, wurden 1995 für mit dem GG unvereinbar erklärt. Dem Gesetzgeber trug das BVerfG eine Neuregelung bis zum 31.12. 1996 auf.[99] Sie erging aber nie, mit dem Effekt, dass das Gesetz in Kraft blieb und dennoch nicht angewendet werden konnte (denn aufgehoben wurde es ja nicht), so dass seit 1997 keine Vermögensteuer nach einem noch geltenden Vermögensteuergesetz mehr erhoben wird.

Ein anderes Beispiel bietet das Staatshaftungsrecht: Das neue einheitliche Staatshaftungsgesetz wurde 1981 für nichtig erklärt, weil keine Gesetzgebungskompetenz des Bundes bestand.[100] Der Gesetzgeber blieb untätig. Zu einer Verfassungsänderung ist es 1994 gekommen, die Gesetzgebungskompetenz wurde bisher aber nicht betätigt.

In diese Fallgruppe zählt auch noch die Abschussbefugnis im Luftsicherheitsgesetz: vom BVerfG für nichtig erklärt,[101] hat es der Gesetzgeber bislang unterlassen, einen weiteren Regelungsverstoß zu unternehmen.

6. *Kurzes Fazit*

Insgesamt zeigt sich eine große Bandbreite an Reaktionsmöglichkeiten des Gesetzgebers. Der Gesetzgeber bessert nach, der Gesetzgeber zeichnet nach, der Gesetzgeber lässt es sein, der Gesetzgeber testet es aus oder sucht ein Schlupfloch, der Gesetzgeber wird aktiviert und erhält einen Auftrag. Der Gesetzgeber erweist sich in der Befolgung von Bundesverfassungsgerichtsentscheidungen als insgesamt vorbildlich: Sie werden regelmäßig respektiert. Ob das Bundesverfassungsgericht dem

---

[97] BVerfGE 144, 20 (202, 241 f.). Dazu *Michael Kloepfer*, Parteienfinanzierung und NPD-Urteil. Zum Ausschluss der staatlichen Teilfinanzierung für verfassungsfeindliche Parteien, NVwZ 2017, 913; *Martin Morlok*, Kein Geld für verfassungsfeindliche Parteien, ZRP 2017, 66.

[98] BVerfGE 144, 20 (234–245).

[99] BVerfGE 93, 121 [1995].

[100] BVerfGE 61, 149 [1982].

[101] BVerfGE 115, 188 [2006].

Gesetzgeber genügend eigenständigen Spielraum bei den Reaktionen belässt angesichts eingehender verfassungsrechtlicher Maßstäbe, insbesondere rechtsstaatliche Optimierungsgebote wie Folgerichtigkeit, Widerspruchsfreiheit oder Systemgerechtigkeit, ist eine andere, hier nicht zu beantwortende Frage. Auch mag der Gedanke lohnen, ob das Gericht dem Gesetzgeber nicht gelegentlich Zielkonflikte auferlegt, wenn es seine grundrechtlichen Rationalitäten in einem politischen Prozess verwirklicht sehen will, der anderen Rationalitäten genügen muss, etwa Mehrheiten im Kompromisswege beschaffen muss und dafür konsequente systemgerechte Lösungen preisgibt. Die gerichtliche und die politische Entscheidungslogik decken sich bisweilen nicht, und das Gericht muss in solchen Konstellationen institutionelle Rücksicht üben. Denn die Verfassung enthält ja nicht nur grundrechtliche Maßstäbe, sondern regelt auch die Eigenständigkeit der demokratisch-politischen Willensbildung. Man darf insoweit nicht den staatsorganisationsrechtlichen Teil der Verfassung gegen den grundrechtlichen Teil ausspielen. Insofern ist auch das Bundesverfassungsgericht aufgefordert, bei seinen Anmutungen an den Gesetzgeber dasjenige Maß einzuhalten, das es dem Gesetzgeber umgekehrt bei der Grundrechtskontrolle abverlangt. Für die Verfassungswirklichkeit unter dem Grundgesetz zeigt sich eines jedenfalls deutlich: Gericht und Gesetzgeber sind nicht prinzipiell Antagonisten. Eher passt auf sie das Bild kommunizierender Röhren.

Kommentar: Legitimität und Sicherstellung der Verfassungsordnung

Verfassungsrechtliche Einwirkungen einer gerichtlichen Entscheidung gegenüber politischen Gewalten[1]

Koichi Akasaka

[1] Die Vortragsfassung wurde im Wesentlichen beibehalten und nur durch wenige Anmerkungen ergänzt.

Meine Damen und Herren, ich möchte mich bei Ihnen dafür bedanken, mir die Gelegenheit zu geben, hier über den Diskussionsstand zu einem der wichtigsten Verfassungsprobleme Japans einen Überblick zu geben.

Ich möchte insbesondere Herrn Prof. Jestaedt und Frau Prof. Suzuki, die diese Veranstaltung so schön organisiert haben, und Herrn Prof. Lepsius, der mein fehlerhaftes Manuskript wohlwollend korrigiert hat, meinen herzlichen Dank aussprechen.

Leider war es unmöglich, das Manuskript von Herrn Lepsius' Hauptbericht vorab zu erhalten – weil er in diesem Sommer nach Münster fahren musste –, deswegen möchte ich, dem Rat von Herrn Jestaedt folgend, Ihnen die Diskussionslage in Japan über dieses Thema kurz vorstellen.

I. Fragestellung

Ich möchte davon sprechen, wie man in Japan über eine gerichtliche Entscheidung denkt, die ein demokratisches Gesetz aufgehoben hat. Wie wirkt sie sich verfassungsrechtlich auf die politischen Gewalten und auch auf die allgemeine Bindungskraft dieses Gesetzes aus? Dabei ist erneut darauf hinzuweisen, dass der OGH und sonstige untergeordnete Gerichte Japans die Verfassungsmäßigkeit staatlicher Handlungen, z. B. demokratische Gesetze und auf Grund dieser getroffenen Maßnahmen, nur insoweit überprüfen, wie dies notwendig ist, um konkrete rechtliche Konflikte beizulegen.

1. Schutz der individuellen Rechte

Im sogenannten Verfassungsgerichtssystem, dessen Hauptzweck es ist, die Verfassungsordnung zu sichern, finden sich verfassungsrechtliche Beurteilungen nicht in den Gründen, sondern im Tenor. Anders ist das im Integrationsmodell, dessen Hauptzweck ist, individuelle Rechte vor möglichen Eingriffen seitens des Staates oder anderer Privatsubjekte zu schützen: Dort werden verfassungsrechtliche Beurteilungen erst in den Gründen aufgezeigt, soweit dies notwendig ist, um konkrete rechtliche Konflikte beizulegen[2].

Ist der institutionelle Zweck, einzelnen konkreten rechtlichen Streitigkeiten zu begegnen und individuelle Rechte zu schützen, kann es logisch erscheinen, wenn diese verfassungsrechtlichen Entscheidungen, die demokratische Gesetze aufgehoben haben, nur in jener konkreten Konstellation Wirkungen entfalten, aber im Prinzip keinen Einfluss auf die politischen Gewalten oder die allgemeine Bindungskraft dieser Gesetze haben.

---

[2] *Makoto Oishi*, Verfassungslehre, Bd. 1, 3. Aufl. S. 240 (auf Japanisch).

2. Allseitige Verfassungswidrigkeit eines Gesetzes

Jedoch hat der OGH Japans, nachdem er die Verfassungsmäßigkeit eines Gesetzes auf der Grundlage des konkreten Sachverhalts überprüft hat, die Verfassungswidrigkeit (einer Bestimmung) dieses Gesetzes mehrmals bestätigt, nicht nur im Verhältnis zu dem Sachverhalt, sondern darüber hinausgehend in allen Anwendungsbeziehungen (der Bestimmung) des Gesetzes.

Wenn die Anwendung (einer Bestimmung) eines Gesetzes nicht nur im Verhältnis zu einem Sachverhalt, sondern auch in anderen Konstellationen verfassungswidrig erscheint, dann ist nicht völlig unvorstellbar, dass das Gericht die Verfassungswidrigkeit des Gesetzes in allen Anwendungsbeziehungen vorhersieht und dessen Bindungskraft allgemein verneint. Denn es wäre unnötig, wenn das Gericht z. B. die Verfassungswidrigkeit eines Gesetzes, das die Meinungsfreiheit eines Beamten strafrechtlich, nicht disziplinarisch bedroht, nur für Beamte im Dienst feststellen und nur insoweit die Bindungskraft des Gesetzes verneinen würde, obwohl es die Bestimmung des Gesetzes in allen Fällen für verfassungswidrig befindet, z. B. auch in Bezug auf niedere Beamte oder auf die Ausübung der Meinungsfreiheit, die nicht als Teil einer Gewerkschaftsbewegung betrachtet werden kann. In diesen Fällen genügt es, wenn das Gericht die Bindungskraft des Gesetzes anlässlich des rechtlichen Streits allgemein (*erga omnes*) verneint[3].

3. Partielle Verfassungswidrigkeit eines Gesetzes

Es gibt noch andere Fälle, in denen das Gericht die Anwendung eines Gesetzes nur insoweit für verfassungswidrig befindet, als es auf bestimmte konkrete Sachverhalte angewendet wird, ohne dass die Gesetzeskraft als solche berührt wird (sogenannte „Anwendungsprüfung"). Man kann dies auch als partielle Verfassungswidrigkeit eines Gesetzes betrachten und es gab in der Tat einen Fall, in dem ein Gesetz geändert wurde, um auf ein Urteil, das diese Art von Verfassungswidrigkeit aussprach, schnell zu reagieren (28.11.1962).

4. Die Bindungskraft eines gerichtlich für verfassungswidrig erklärten Gesetzes

Die Problematik kann also folgendermaßen formuliert werden: Kann die Bindungskraft eines gerichtlich für verfassungswidrig erklärten Gesetzes nur im Verhältnis zum konkreten Sachverhalt oder auch für andere Anwendungsbeziehungen allgemein verneint werden?

---

[3] *George Shishido*, Entwicklung der Verfassungsinterpretationstheorie, 2. Aufl. 2014, S. 300 f. (auf Japanisch).

II. Diskussionsstand

In der japanischen Literatur, die die Auffassung der nur individualisierten Wirkung eines für verfassungswidrig erklärten Gesetzes anerkennt, hat dies lange als herrschende Meinung gegolten, in letzter Zeit aber nicht ohne Modifizierungen. Es gibt insgesamt zwei verschiedene Auffassungen, die aber neuerdings einige Assimilationstendenzen zeigen: die (Nur-)Individualisierte Wirkungstheorie (II.1) zum einen, die Allgemeine Wirkungstheorie (II.2) zum anderen.

1. Die (Nur-)Individualisierte Wirkungstheorie

Nach dieser Auffassung verliert eine als verfassungswidrig beurteilte Gesetzesbestimmung nur in der Beziehung zum konkreten Sachverhalt ihre Bindungskraft, behält aber noch allgemeine Bindungskraft. Diese Auffassung beruht auf zwei eng miteinander zusammenhängenden Gründen: zum einen die Legitimität der Judikative (II.1.a), zum anderen die Achtung der demokratischen Legitimität des Parlaments, der direkt vom Volk gewählten Volksvertretung (II.1.b)[4].

a) Legitimität der Judikative

§ 76 Abs. 1 der japanischen Verfassung bestimmt, dass die Gerichte die rechtsprechende Gewalt ausüben[5]. Unter Einfluss der amerikanischen Verfassung betont die herrschende Meinung, dass ein konkreter rechtlicher Konflikt vorliegen muss, damit die rechtsprechende Gewalt tätig werden darf (Case-or-Controversy Requirement). Dieses Erfordernis kann man inhaltlich in zwei Punkte trennen: zum einen das Erfordernis des subjektiven Rechts (II.1.aa), zum anderen das der „Entscheidungsreife" (II.1.bb).

aa) Erfordernis des subjektiven Rechts

Das Erfordernis des subjektiven Rechts verlangt, dass in einem Gerichtsverfahren nur rechtliche Streitigkeiten um ein konkretes und subjektives Recht behandelt werden. Das entspricht dem institutionellen Zweck der Judikative, die Individualrechte vor staatlichen und sonstigen Eingriffen zu schützen. Darüber hinaus hat sie auch noch andere Zwecke, z. B. die Sicherung der Selbstbestimmung der Beteiligten oder auch allgemein die Sicherung eines *due process*, also beispielsweise sicherzustellen, dass rechtliche Entscheidungen grundsätzlich nur die an ihrer Entstehung Beteiligten binden.

---

[4] *Masakazu Doi*, Rule of Law und die Rechtsprechende Gewalt: Topos der Freiheit und autonomer Rechtserzeugung, in: Koji Sato et al. (Hrsg.), Perspektive des japanischen Verfassungsrechts zum Andenken an sein 50. Geburtsjahr, Yuhikaku, 1998, S. 117 ff. (auf Japanisch).

[5] „Alle rechtsprechende Gewalt liegt bei einem Obersten Gerichtshof und den nach Gesetz errichteten unteren Gerichten."

bb) Erfordernis der „Entscheidungsreife"

Was das Erfordernis der „Entscheidungsreife" angeht, liegt das Ziel darin, die Grundlage für eine empirisch ausreichend fundierte gerichtliche Entscheidung zu sichern. Empirische und retrospektive Entscheidungen - das sind die Gründe, die für die Ansicht angeführt werden, dass Gerichte, obwohl ihnen die demokratische Legitimität fehlt, Rechtsbeziehungen zwischen Individuum und Staat und auch zwischen Individuen bestimmen können und u. U. demokratische Gesetze aufheben dürfen. Auch wenn diese empirisch fundierten Entscheidungen mitunter sehr leicht erscheinen mögen, ($P \rightarrow Q$: Annahme 1 $\rightarrow$ Konsequenz 1), setzen sie normalerweise viele Faktoren voraus ($P_1 \cap P_2 \cap P_3 \ldots \cap P_N \rightarrow Q$). Der demokratische Gesetzgeber kann diese empirischen Entscheidungen nicht treffen, er beschränkt sich im Wesentlichen auf eine Prognose. Im Gegensatz dazu wird die Legitimität der Entscheidung der Judikative im Prinzip nur insoweit anerkannt, als sie nachträglich, retrospektiv und in einem individualisierten Verfahren getroffen wird.[6]

b) Rücksicht auf die demokratische Legitimität

Es ist grundsätzlich die Aufgabe des demokratischen Gesetzgebers, über künftige Sachverhalte prognostisch allgemeine Entscheidungen zu treffen[7]. Diese Prognose kann mitunter irrig sein, weshalb der Gesetzgeber tief in ein Netzwerk von Verantwortungen eingegliedert ist. Wenn in dieser Verflechtung selbständige, nicht demokratisch legitimierte Gerichte allgemeine prognostische Entscheidungen träfen, würde in die der Legislative vorbehaltenen Sphären stark eingegriffen.

Würde eine gerichtliche Entscheidung, welche die Verfassungswidrigkeit eines Gesetzes feststellt, ohne weiteres die allgemeine Ungültigkeit dieses Gesetzes verursachen, könnte dies der demokratischen Legitimität der Legislative u. U. schaden.

2. Die Allgemeine Wirkungstheorie

Zum Zweiten, laut der Allgemeine Wirkungstheorie, verlieren vom OGH für verfassungswidrig erklärte Gesetzesbestimmungen ohne weiteres auch über den vom Gericht zu entscheidenden Sachverhalt hinaus in allen Anwendungsbeziehungen allgemein ihre Gesetzeskraft, ohne dass es eines Aufhebungsverfahren seitens des Parlaments bedarf.

Soweit ersichtlich, wird diese Theorie in ihrer reinen Form nur selten vertreten. Auffassungen, die irgendeine allgemeinere Wirkung der gerichtlichen Entscheidungen anerkennen, basieren grundsätzlich auf der Individualisierten

---

[6] Vgl. *Doi Masakazu*, Die Bedeutung des Willens des Verfassungsgebers bei der Verfassungsinterpretation, in: Hogaku-Ronso 131 (6), 1992, S. 1 ff. (auf Japanisch).

[7] In der Zeit der Ungewissheit wird die Steuerung durch Gesetze immer schwerer und problematischer. Das ist die Problematik der Wissensgenerierung. Hier nur *Katharina Reiling*, Das Hybride, Tübingen (Mohr Siebeck) 2016.

Wirkungstheorie und versuchen nur ergänzend darauf hinzuweisen, dass gerichtliche Entscheidungen, die Gesetzesbestimmungen als verfassungswidrig aufgehoben haben, von Verfassungs wegen irgendeine „spezielle" Wirkung gegeben werden dürfen (II.2.a).

a) Spezielle Bindungskrafttheorie

Diese Auffassung erklärt, auf § 31 Abs. 1 BVerfGG[8] aufmerksam machend, dass gerichtliche Entscheidungen, die Gesetzesbestimmungen für verfassungswidrig erklärt haben, über eine konkrete Konstellation hinausgehend auch gegenüber den vollziehenden Organen oder dem Gesetzgeber eine spezielle Bindungskraft haben, das heißt, es obliegt diesen staatlichen Organen, die dem Inhalt der Entscheidungen entsprechenden notwendigen Maßnahmen zu treffen.

Zwei Gründe liegen dieser Auffassung zugrunde. Zum Ersten die Notwendigkeit, zwischen „Eingang" und „Ausgang" der gerichtlichen Entscheidungen zu unterscheiden (II.2.aa)/bb). Zum Zweiten die Notwendigkeit der Aktivierung der gerichtlichen Kontrolle der Verfassungsmäßigkeit (II.2.cc)/dd)[9].

aa) Unterscheidung zwischen „Eingang" und „Ausgang"

Zum Ersten, wie dargestellt, ist es zwar notwendig, die Legitimität der rechtsprechenden Gewalt zur Prüfung von Staatshandlungen an das Vorliegen eines konkreten Sachverhalts zu knüpfen (→ II.1.a). Daraus folgt aber *nicht*, dass die gerichtlichen Entscheidungen notwendigerweise nur individualisierte Wirkungen haben müssen. Die Existenz eines konkreten Rechtsstreits ist demnach eine notwendige Voraussetzung für die Legitimität der Judikative, die Auswirkungen der Entscheidung können aber noch weitergehenden Einfluss ausüben.

Bei z. B. in die Meinungsfreiheit eingreifenden Gesetzen oder Strafgesetzen soll, so die herrschende Meinung, angesichts des Abschreckungseffekts die Bindungskraft allgemein verneint werden (void on its face: Overbreadth Doctrine/Void-for-Vagueness doctrine). Zudem, wie dargestellt, geben nicht wenige Wissenschaftler und auch die gerichtliche Praxis zu, dass Gesetzesbestimmungen anlässlich eines konkreten Rechtsstreits auch allseitig für verfassungswidrig erklärt werden können.

In diesen Fällen werden der Judikative, aus der Perspektive der Sicherstellung der Verfassungsordnung, allgemeinere, über konkreten Sachverhalt hinausgehende Entscheidungsspielräume zugestanden.

bb) Annäherung von der Seite der Individualisierten Wirkungstheorie

Auch auf der Seite der Individualisierten Wirkungstheorie zögern einige Wissenschaftler nicht, zuzugeben, auf die Kritik seitens der Speziellen Wirkungstheorie

---

[8] „Die Entscheidungen des Bundesverfassungsgerichts *binden* die Verfassungsorgane des Bundes und der Länder sowie alle Gerichte und Behörden."

[9] *Masayuki Atarashi*, Verfassungsprozessrechtslehre, 2. Aufl., Shinzansya, 2010, S. 607–611 (auf Japanisch).

(II.2.aa) reagierend, dass gerichtliche Entscheidungen, die Gesetzesbestimmungen für verfassungswidrig erklärt haben, gegenüber politischen Gewalten „bestimmte" Wirkungen von Verfassungs wegen haben können.[10]

Auch laut dieser Auffassung hat eine gerichtliche Entscheidung im Prinzip nur eine individualisierte Wirkung auf die im Rechtsstreit zu entscheidende konkrete Konstellation. Allerdings ist die Exekutive – zwar nicht rechtlich, aber zumindest politisch – aufgefordert, die für verfassungswidrig erklärten Gesetzesbestimmungen nicht mehr anzuwenden und die Legislative, diese zu ändern oder aufzuheben.

cc) Sicherstellung der Verfassungsordnung und Legitimität

Es ist aber sehr problematisch, wenn die Judikative so weitgehende, allgemeine Entscheidungen trifft. Herr Möllers hat in seinem berühmten Buch dazu Folgendes geschrieben: „Andererseits ist die Befugnis eines Gerichts, demokratische Gesetze aufzuheben, aus der Perspektive der Gewaltengliederung sehr bedenklich, denn dadurch werden in einem individualisierenden retrospektiven Verfahren allgemein geltende demokratische Entscheidungen aufgehoben."[11] Hier sind das Interesse an der Sicherstellung der Verfassungsordnung und an der individuellen und demokratischen Legitimität einander entgegengesetzt.

dd) Notwendigkeit der Aktivierung der gerichtlichen Kontrolle über die Verfassungsmäßigkeit

Allerdings erkennt diese Auffassung die „spezielle Bindungskraft" der gerichtlichen Entscheidungen und insoweit auch eine verfassungsgerichtsähnliche Funktion der Judikative an. Hier ist auf eigene, auffällige Praktiken Japans hinzuweisen. Vermutlich wegen der Kontrollfunktion des Cabinet Legislative Büros und des sehr vagen Regelungszustandes der japanischen Verfassung, gibt es in Japan nur wenige OGH-Entscheidungen, die Gesetze für verfassungswidrig erklärt haben (insgesamt 10). Deswegen war und ist es immer eine aktuelle Aufgabe, verfassungsgerichtliche Entscheidungen zu aktivieren.

Wenn gerichtliche Entscheidungen die Gesetzesbestimmungen ohne weiteres allgemein (erga omnes) aufhöben, übten sie einen sehr starken Einfluss auf den politischen Prozess aus, sodass es für den OGH schwieriger würde, demokratische Gesetze wegen ihrer Verfassungswidrigkeit aufzuheben. Deshalb versuchte man, den Wirkungen gerichtlicher Entscheidungen eine gewisse Flexibilität zu geben (z. B. zukünftige Wirkung, Declaratory Judgment usw.) und auf Reaktionen der politischen Gewalten zu warten.

---

[10] *Atarashi* (Anm. 9), S. 606 f.

[11] *Christoph Möllers*, Die Drei Gewalten. Legitimation der Gewaltengliederung in Verfassungsstaat, europäischer Integration und Internationalisierung, Weilerswist (Velbrück Wissenschaft) 2008, S. 148.

III. Legitimität und Verfassungsordnung

Wie dargestellt, wird die Frage nach der Bindungskraft eines gerichtlich für verfassungswidrig erklärten Gesetzes zwischen zwei Polen untersucht: zum einen die Beachtung der individuellen und demokratischen Legitimität, zum anderen die Notwendigkeit der Sicherstellung der Verfassungsordnung.

Im Folgenden möchte ich nun auf den Fall einer Wahlanfechtung hinweisen, in der sich diese ambivalente Beziehung zwischen Legitimität und Sicherstellung der Verfassungsordnung gut zu zeigen scheint.

1. Sicherung der demokratischen Spielregeln und Schutz der Grundrechte

a) Form des Prozesses

Im Wahlgesetz Japans ist eine Form der Wahlanfechtung vorgesehen. Der Gegenstand dieser Klageform ist die Gültigkeit einer im Verstoß gegen das Wahlgesetz durchgeführten Wahl, nicht die Verfassungsmäßigkeit des Wahlgesetzes an sich. Das ist eine Form der Popularklage (Citizen Actions), die ausnahmsweise die *objektive* Legalität einer staatlichen Handlung sichern soll, obwohl die Hauptaufgabe der japanischen rechtsprechenden Gewalt der Schutz von subjektiven individuellen Rechten ist.

Bis heute gibt es in Japan keine Verfahren, in denen man direkt um die Verfassungsmäßigkeit der Bestimmungen des Wahlgesetzes streiten kann.

b) Prüfung der Verfassungsmäßigkeit auf Grundlage der Grundrechte

Daher sucht der OGH, seinen Blick auf die Grundrechte, insbesondere auf die Gleichheit des Stimmengewichts werfend, die oben erwähnte Form der Wahlanfechtung zu verwerten. Hier ist aber darauf hinzuweisen, dass der Gesetzgeber seinen demokratischen Legitimitätsanspruch erst geltend machen kann, wenn die demokratischen „Spielregeln" beachtet werden. Nochmal laut Herrn Möllers: „[...] finden sich verfassungstheoretische Argumente, um die Einrichtung von Verfassungsgerichten zu rechtfertigen. Diese können den demokratischen Legitimationsanspruch des Gesetzgebers bewahren, der auch von der Einhaltung bestimmter Verfahrensregeln abhängt [...]. Am heikelsten erscheint die Legitimation von Verfassungsgerichten bei der Anwendung von Grundrechten gegen Entscheidungen des Gesetzgebers, denn hier wird das inklusive Gesetzgebungsverfahren im Namen eines individualisierten Anliegens derogiert."[12]

Der OGH hat das subjektive Grundrecht der Gleichheit des Stimmengewichts herangezogen, um der Unvollständigkeit der positiven Streitformen zu begegnen. Die objektive Klage, die den demokratischen Prozess der Gesetzgebung zu bewah-

---

[12] *Möllers* (Anm. 11), S. 148.

ren und die Legitimität des Gesetzgebers zu sichern sucht, wird eigenartigerweise erst möglich, wenn das subjektive Grundrecht herangezogen wird. Hier kann man eine ambivalente Beziehung zwischen der individuellen und der demokratischen Legitimität erkennen.

2. Verfassungsprüfung als „Gespräch"

a) Gestaltungspielräume des Wahlsystems und Legitimität

In diesem Zusammenhang möchte ich nur noch eines erwähnen. Auch in Bezug auf den Entscheidungsmaßstab der Verfassungswidrigkeit stehen die Legitimität der Legislative und der Judikative in einem Spannungsfeld. Wie dargestellt, ist die objektive Klage, die den demokratischen Prozess der Gesetzgebung zu bewahren sucht, erst möglich geworden, indem das subjektive Grundrecht herangezogen wurde. Bei der Einschätzung der Verfassungsmäßigkeit der Bestimmungen des Wahlgesetzes wurde aber dem Gesetzgeber ein weitgehendes Gestaltungsermessen eingeräumt, weil die Gleichheit des Stimmengewichts nach ständiger Rechtsprechung mit anderen politischen Erwägungsfaktoren wie der Bevölkerungsdichte oder der Verkehrslage in jeder Hinsicht gleichrangig ist.

Hier werden die beiden Arten der Legitimität nur ungenügend gesichert: einerseits die individuelle Legitimität im Sinne des ausreichenden Grundrechtsschutzes, andererseits die demokratische, im Schutz der demokratischen Spielregeln wurzelnden Legitimität des Gesetzgebers.

b) Rationeller Zeitraum

Die Gestaltung des Wahlsystems wird im Prinzip als Aufgabe des Gesetzgebers angesehen, sodass eine gerichtliche Entscheidung, die eine Bestimmung des Wahlgesetzes für verfassungswidrig erklärt, nicht ohne weiteres die Nichtigkeit dieser verursacht. Nach ständiger Rechtsprechung dürfen die Gerichte die Nichtigkeit von Bestimmungen des Wahlgesetzes und der aufgrund dieser durchgeführten Wahlen erst nach dem Ablauf eines „rationellen Zeitraums" anordnen.

Dies kann als eine Aufforderung an den Gesetzgeber und die Exekutive gedeutet werden, notwendige Maßnahmen in einem rationellen Zeitraum zu treffen. Werden trotz dieser Warnung notwendige Maßnahmen nicht rechtzeitig getroffen, wird andererseits eine striktere Reaktion seitens des OGHs erwartet. Ob diese Phänomene der „Subjektivierung der Verfassungswidrigkeit" notwendiges Übel oder erwünschtes Gespräch zwischen Judikative und politischen Gewalten ist, ist immer noch stark umstritten.

c) Abweisung der Klage aufgrund der speziellen Umstände

Das Wahlgesetz Japans bestimmt, dass illegale Wahlen nie Wirkung haben dürfen. Allerdings kann die Nichtigkeit einer Wahl aufgrund der Verfassungswidrigkeit der Bestimmungen des Wahlgesetzes große Schwierigkeiten verursachen. Denn 1) die Verwirklichung verfassungsmäßiger Wahlen bedarf letztendlich der Änderung des Wahlgesetzes. Die Nichtigkeit der Wahl kann die Probleme nicht gut lösen. 2) Diese Änderung und auch alle anderen künftigen Parlamentstätigkeiten müssen durchgeführt werden, ohne dass die Abgeordneten in dem für verfassungswidrig erklärten Wahlkreis gewählt werden. 3) Die Nichtigkeit der Wahl in einem Wahlkreis kann, nach ständiger Rechtsprechung, die Nichtigkeit von Wahlen in anderen Wahlkreisen zur Folge haben (d.h. die Untrennbarkeit der Wahlen, z.B. die Änderung der Mandatsverteilung in einem Wahlkreis beeinflusst notwendigerweise auch andere Wahlkreise).

Infolgedessen möge der OGH in ausdrücklichem Verstoß gegen positive gesetzliche Bestimmungen lieber die Methoden, mit welchen die Bestimmungen des Wahlgesetzes für verfassungswidrig erklärt werden, ändern, statt den auf ihrer Grundlage erfolgten Wahlen ihre Wirkung zu nehmen.

d) Verfassungsprüfung als „Gespräch"

Das Hauptproblem der Prüfung von Bestimmungen des Wahlgesetzes scheint darin zu liegen, dass es eigentlich sehr problematisch ist, in einem individualisierenden retrospektiven Verfahren die erwünschte Gestalt der allgemeinen demokratischen Spielregeln zu bewahren. Insbesondere wäre es bedenklich, wenn ein Gericht aus der Perspektive der Grundrechte und in einem individualisierenden und exklusiven Verfahren Normen, die für den demokratischen Prozess unmittelbar relevant sind, für verfassungswidrig erklären und die Wirkung der aufgrund dieser Regeln durchgeführten Wahlen verneinen würde. Etwaige Kläger/-innen hätten auch kein Mandat, die Rechte von Millionen Wahlberechtigten in betroffenen Wahlkreisen geltend zu machen[13].

Hier handelt es sich wiederum um die Gegenüberstellung der demokratischen und der individuellen Legitimität sowie um die Schwierigkeiten der Sicherstellung der Verfassungsordnung, insbesondere im Namen des Schutzes eines Grundrechts, also im Namen der individuellen Legitimität.

[13] *Yoshito Obuki*, Casebook Verfassungsrecht: Einführung, Yuhikaku, 1986, S. 112 (auf Japanisch).

Teil VI

Entscheidung in unterschiedlichen Spruchkörpern

Entscheidung in unterschiedlichen Spruchkörpern

Einblicke in die innere Verfassung des Bundesverfassungsgerichts

Johannes Masing

Die Frage nach der Bedeutung unterschiedlicher Spruchkörper eines Gerichts wird erstaunlich selten gestellt. Sie ist für das Entstehen und damit auch das Verstehen gerichtlicher Entscheidungen indes von großer Bedeutung.

Dabei möchte ich das Thema hier nicht abstrakt, sondern spezifisch mit Blick auf die innere Gestalt des Bundesverfassungsgerichts angehen: Als Analyse von Bauart, Funktion und Verhältnis seiner Spruchkörper zueinander und damit zugleich als Einblick in die Innenverhältnisse des Gerichts, die hieraus resultieren. Es soll folglich um die Bedeutung der Binnenorganisation des Bundesverfassungsgerichts für das Verhältnis der Richterinnen und Richter untereinander, die Balance der Machtverhältnisse, das Selbstverständnis des Gerichts und die Entscheidungsfindung gehen. Selbstverständlich legen solch institutionelle Ausgestaltungen deren tatsächliche Folgen für die Zusammenarbeit im Gericht nicht einlinig kausal und unveränderbar fest. Der Umgang mit ihnen ist immer auch eine Frage von auf Traditionen beruhender Prägung und Gerichtskultur, um die es deshalb gleichfalls gehen soll. Die institutionellen Strukturen sind aber doch das Gerüst, das eine Gerichtskultur verarbeiten muss und das auf sie maßgeblich einwirkt. Diese Wechselwirkung zu begreifen, soll zugleich dazu beitragen, das Bundesverfassungsgericht und seine Bedeutung für die politische Ordnung besser zu begreifen.

I. Der Rahmen

Bekanntlich besteht das Bundesverfassungsgericht aus zwei Senaten mit jeweils acht Richtern.[1] Weiter werden in jedem Senat drei Kammern gebildet.[2] Sie bestehen aus jeweils drei Richterinnen oder Richtern. Ein Richter sitzt folglich in zwei Kammern. Das ist oft, aber nicht immer der Vorsitzende des jeweiligen Senats.

Senate und Kammern haben grundlegend verschiedene Funktionen: Die wichtigen Entscheidungen sind im Senat zu treffen – genauer: in dem jeweils zuständigen Senat. Eine Entscheidung neuer Rechtsfragen obliegt den acht Mitgliedern des jeweiligen Senats gemeinsam. Allein die Senatsentscheidungen gelten als vollwertige Entscheidungen: Nur diese entfalten Bindungswirkung nach § 31 BVerfGG,[3] nur der Senat kann Gesetze verwerfen[4] und nur der Senat kann Grundsatzentscheidungen treffen.[5] Demgegenüber ist die Aufgabe der Kammern deutlich untergeordnet. Ihnen obliegt zum einen die Nichtannahme von aussichtslosen Verfassungsbeschwerden;[6] als bloße Entscheidungen über die *Annahme* verbleiben sie ihrer Konzeption nach noch im Vorfeld einer echten verfassungsrechtlich abschließenden Prüfung. Zum anderen obliegt ihnen die Durchsetzung von Entscheidungen, die auf grundsätzlicher Ebene bereits im Senat getroffen wurden. Kammerentscheidungen setzen dabei stets Einstimmigkeit voraus.

Die institutionelle Ausgestaltung unterscheidet sich damit nicht nur grundlegend von dem traditionellen Supreme Court-Modell, bei dem stets alle Mitglieder des Gerichts gemeinsam entscheiden,[7] sondern auch von einem sonst in

---

[1] Vgl. § 2 Abs. 1 BVerfGG; zum Aufbau des Bundesverfassungsgerichts vgl. *Sachs*, Verfassungsprozessrecht, 4. Aufl. 2016, Rn. 30 ff.; *Benda/Klein*, Verfassungsprozessrecht, 3. Aufl. 2012, Rn. 144 ff.; *Schmidt*, Verfassungsprozessrecht, 1. Aufl. 2010, Rn. 8 ff.; *Haase/Struger*, Verfassungsgerichtsbarkeit in Europa, 1. Aufl. 2009, Rn. 78 ff.; vgl. auch die Ausführungen zu § 2 Abs. 1 BVerfGG in: Maunz/Schmidt-Bleibtreu/Klein/Bethge, Bundesverfassungsgerichtsgesetz, Stand: 51. EL. Mai 2017; *Lenz/Hansel*, Bundesverfassungsgerichtsgesetz, 2. Aufl. 2015; Barczak, BVerfGG, Mitarbeiterkommentar zum Bundesverfassungsgerichtsgesetz, 1. Aufl. 2017.

[2] Vgl. § 15a BVerfGG; die Bildung von *drei* Kammern ist nicht gesetzlich vorgeschrieben, entspricht aber der ständigen Praxis in den Senaten, vgl. *Ulsamer*, in: Maunz/Schmidt-Bleibtreu/Klein/Bethge, Bundesverfassungsgerichtsgesetz, Stand: 51. EL. Mai 2017, § 15a Rn. 5.

[3] Mittelbar lösen auch stattgebende Kammerentscheidungen nach § 93c Abs. 1 S. 1 BVerfGG die Bindungswirkung des § 31 Abs. 1 BVerfGG aus. Allerdings handelt es sich dabei nur um eine unselbständige, von der Senatsrechtsprechung abgeleitete Entscheidung, vgl. *Bethge*, in: Maunz/Schmidt-Bleibtreu/Klein/Bethge, Bundesverfassungsgerichtsgesetz, Stand: 51. EL. Mai 2017, § 31 Rn. 84.

[4] Vgl. §§ 31 Abs. 2, 93c Abs. 1 S. 3 BVerfGG.

[5] Vgl. §§ 93c Abs. 1 S. 1, 93a Abs. 2 Buchst. b) BVerfGG; vgl. auch *Lenz/Hansel*, Bundesverfassungsgerichtsgesetz, 2. Aufl. 2015, § 93c Rn. 5.

[6] Vgl. § 93b S. 1 1. Alt. BVerfGG.

[7] Vgl. zu den USA: *Kau*, United States Supreme Court und Bundesverfassungsgericht, 55 f.; zu Kanada: Supreme Court Act 1985, Section 4, Para. 1; zu Australien: Der High Court entscheidet bei wichtigen verfassungsrechtlichen Entscheidungen mit allen Richtern, so *Aroney*, The High Court of Australia: Textual Unitarianism vs. Structural Federalism, in: Aroney/Kincaid, Courts in

Europa weit verbreiteten Modell, bei dem innerhalb eines Gerichts verschiedene Sitzgruppen vorgesehen sind, wie bei den beiden europäischen Gerichten oder etwa auch in Polen, Großbritannien oder Japan.[8] Dort werden Entscheidungen auf verschieden große, personell oftmals wechselnde Sitzgruppen verteilt, die dann aber in der Regel volle Entscheidungskompetenz haben; die Strukturen sind dort fluide, und je nach Bedeutung des Falls wird eine verschieden große Zahl von Richterinnen oder Richtern einbezogen.[9] Demgegenüber hat das Bundesverfassungsgericht eine feste Struktur. Die Unterscheidung in zwei Senate ist strikt und die Aufgabenverteilung zwischen Senaten und Kammern funktional klar unterschieden. Fluide bleibt allein die Ausgestaltung der Kammern innerhalb eines Senats.[10]

II. Entscheidung zu acht

Die vollwertigen Entscheidungen des Bundesverfassungsgerichts werden also stets zu acht getroffen. Das setzt eine anspruchsvolle Interaktion voraus. Mit acht Kolleginnen und Kollegen gemeinsam zu entscheiden, ist schwierig: Wie Juristen wissen, kann fast jedes Verfahren zu jedem Ergebnis führen, dabei aber nicht auf jede Argumentation und jede Aussage gestützt werden. Freilich besteht aber auch über die Frage, welches Argument und welche Aussagen zulässig sind, vielfach keine Einigkeit. Vor diesem Hintergrund zu einer gemeinsamen Entscheidung mit acht Personen zu finden, ist schwer. Das gilt erst recht, wenn diese Personen von ihren gesellschaftspolitischen Grundvorstellungen her ein weites, völlig heterogenes Spektrum aufweisen, und auch nicht – wie sonst Berufsrichter – durch ihre berufliche Laufbahn über einen langen Zeitraum vergleichbar sozialisiert sind.[11] Schwierig ist das erst recht, wenn, wie oft, Entscheidungen mit weitreichenden Folgen in Frage stehen.

Federal Countries – Federalists or Unitarianists?, 29 (45 f.); zu Neuseeland: Senior Court Act of New Zealand 2016 No. 48, Part 4, Section 66, Para. 2.

[8] Vgl. zu Polen: *Garlicki*, Die Verfassungsgerichtsbarkeit in Polen, in: Luchterhandt/Starck/Weber, Verfassungsgerichtsbarkeit in Mittel- und Osteuropa, Teilband I: Berichte, 75 (81); zu Großbritannien: United Kingdom Constitutional Reform Act 2005, Chapter 4, Part 3, Section 42; zu Japan: *Hasebe*, The Supreme Court of Japan: Its adjudication on electoral systems and economic freedoms, Int'l J. Const. L. 5 (2007), 296 (297); zum EuGH: Art. 16, 17 des Protokolls über die Satzung des Gerichtshofes der Europäischen Union (EuGH-Satzung), zum EuG: Art. 50 des Protokolls über die Satzung des Gerichtshofes der Europäischen Union (EuGH-Satzung).

[9] Vgl. ebd.

[10] Nicht weiter eingegangen wird hier auf die relativ neue und in der Praxis nur begrenzt bedeutsame Beschwerdekammer. Vgl. §§ 97c, 97d BVerfGG. Vgl. *Benda/Klein*, Verfassungsprozessrecht, 3. Aufl. 2012, Rn. 172 ff.

[11] Ein wichtiges Charakteristikum des Bundesverfassungsgerichts – wie vieler anderer Verfassungsgerichte auch (im Unterschied zu dem Supreme Court-Modell) – liegt darin, dass die Mehrzahl der Richterinnen und Richter keine Richterlaufbahn hinter sich haben und damit aus anderen juristischen Berufen, quasi „von außen", und nur für eine begrenzte Zeit an das Gericht kommen. Nur drei Richter oder Richterinnen jedes Senats entstammen der regulären Gerichtsbarkeit

1. Auf Diskussion hin angelegte Entscheidungsabläufe

Es wäre ein eigenes – auch insbesondere rechtsvergleichend spannendes – Thema, diesbezüglich die Entscheidungsabläufe zu analysieren. Das ist nicht das Thema dieses Beitrags. Aber auch eine Fokussierung auf die Bedeutung der Spruchkörper bedarf vorab zumindest einer kurzen Zusammenfassung der Grundparameter des gemeinsamen Entscheidens, die den Rahmen für die Beratung zu acht bilden: Prägend ist dabei – im Unterschied zum kontradiktorischen Beibringungsprozess der USA – der Anspruch des Gerichts auf eigenständige Sachdurchdringung (es fehlt hierzu bisher ein passender Begriff; wegen der Befugnis des Bundesverfassungsgerichts zur Tatsachenermittlung wird zwar allgemein der auch im Verwaltungsprozess geltende Untersuchungsgrundsatz für anwendbar gehalten; die Praxis des Bundesverfassungsgerichts bei der Tatsachenermittlung unterscheidet sich jedoch grundlegend von der der Verwaltungsgerichte, sodass der dem Verwaltungsprozess entlehnte Begriff des Untersuchungsgrundsatzes die Spezifika des verfassungsgerichtlichen Verfahrens nicht erfasst).[12] Wichtig ist hierfür zum einen die Einschaltung eines Berichterstatters. Er schafft mit einem Votum eine gemeinsame Grundlage für das Verständnis nicht nur des Falls, sondern auch der dem Fall zugrundeliegenden tatsächlichen wie gesellschaftspolitischen Zusammenhänge sowie der in Frage stehenden Konsequenzen. Das Votum hat dabei den Anspruch, die

---

und haben damit eine Richterlaufbahn hinter sich, vgl. § 2 Abs. 3 BVerfGG. Dies prägt das Gericht und seine Diskussionen erheblich. Allerdings darf nie vergessen werden, dass die einheitliche Juristenausbildung und deren Ziel – die „Befähigung zum Richteramt" – eine wesentliche Grundlage bildet, ohne die die derzeitige Balance von Fachlichkeit und Offenheit sowie zwischen Homogenität und Heterogenität in dieser Form nicht möglich wäre.

[12] Ausgehend von § 26 Abs. 1 BVerfGG gilt nach allgemeiner Meinung der Untersuchungsgrundsatz, vgl. nur *Klein*, in: Maunz/Schmidt-Bleibtreu/Klein/Bethge, Bundesverfassungsgerichtsgesetz, Stand: 9. EL. Januar 1987, § 26 Rn. 1; *Lenz/Hansel*, in: dieselben, Bundesverfassungsgerichtsgesetz, Handkommentar, 1. Aufl. 2013, § 26 Rn. 1; *Meskouris*, in: Barczak, BVerfGG, Mitarbeiterkommentar zum Bundesverfassungsgerichtsgesetz, 1. Aufl. 2017, § 26 Rn. 2 m. w. N. Freilich wird auch darauf hingewiesen, dass das BVerfG insbesondere in den Verfahren der Urteilsverfassungsbeschwerde grundsätzlich die Feststellungen der angegriffenen Entscheidungen zugrunde legt, solange die Fachgerichte bei ihren Feststellungen nicht spezifisches Verfassungsrecht verletzt haben (vgl. *Meskouris*, a. a. O., § 26 Rn. 8 ff.).

Förmliche Beweiserhebungen führt das Gericht in den die Rechtspraxis prägenden Verfahren nicht (anders etwa in Parteiverbotsverfahren). Für die Beurteilung der konkreten Umstände des Einzelfalls stützt sich das Gericht vielmehr grundsätzlich auf die fachgerichtlichen Feststellungen. Insbesondere soweit es jedoch um die Beurteilung des rechtstatsächlichen Umfelds geht, verschafft sich das Gericht – auf der Grundlage des Vorbringens und der Stellungnahmen der verschiedenen Beteiligten und in das Verfahren einbezogenen Personen – ein eigenes Bild, vgl. *Klein*, in: Maunz/Schmidt-Bleibtreu/Klein/Bethge, Bundesverfassungsgerichtsgesetz, Stand: 9. EL. Januar 1987, § 26 Rn. 6 ff.; *Kluth*, Beweiserhebung und Beweiswürdigung durch das Bundesverfassungsgericht, in: NJW 1999, 3513; *Meskouris*, in: Barczak, BVerfGG, Mitarbeiterkommentar zum Bundesverfassungsgerichtsgesetz, 1. Aufl. 2017, § 26 Rn. 4 ff.; *Roderburg*, ebenda, § 33 Rn. 18 ff.; *Voßkuhle*, Der Rechtsanwalt und das Bundesverfassungsgericht – Aktuelle Herausforderungen der Verfassungsrechtsprechung, in: NJW 2013, 1329 (1333 f.).

Sachprobleme realitätsgerecht aufzubereiten und möglichst unvoreingenommen alle denkbaren rechtlichen Lösungswege zu diskutieren. Die Rekonstruktion der Wirklichkeit und damit letztlich der zu entscheidenden Probleme liegt folglich beim Gericht, nicht bei den Parteien. Zum anderen basiert die Entscheidung dann auf einer intensiven Diskussion im Senat – sowohl über das Votum als auch, gegebenenfalls, über das Ergebnis der mündlichen Verhandlung sowie schließlich (und letztlich Wort für Wort) über das Urteil selbst. Ich kenne kein Gericht, das sich so viel Zeit für die gemeinsame Diskussion nimmt.

Freilich kenne ich auch kein Gericht, dessen Verfahren so schwerfällig sind. Schon die Erarbeitung des Votums dauert in der Regel sechs bis zwölf Monate und kostet Kraft wie eine Dissertation (sein Umfang liegt bei Großverfahren zwischen 400 und 800 Seiten). Dem folgen tagelange Diskussionen im Senat. Dann schließt sich eine (zwar nur seltene, dann aber ausführliche) mündliche Verhandlung an, in der die verschiedensten Interessengruppen zu Wort kommen. Weiter geht es mit erneut langen Diskussionen über die Entscheidung dem Grunde nach. Dann bedarf es mehrerer Wochen, zum Teil auch Monate, für die Erarbeitung des Urteils. Anschließend folgen Änderungsvorschläge aller Kolleginnen und Kollegen, die wiederum vom Berichterstatter in einen neuen Text (die sogenannte konsolidierte Fassung) aufzunehmen sind, sowie schließlich dann die Endberatung, in der nicht selten erneut auch die Grundsatzfragen nochmals aufflammen und dann bis zu banalen stilistischen Einzelfragen hin gemeinsam der Text erarbeitet und abgestimmt wird. Selbst kleinere Verfahren dauern auf diese Weise oft ein Jahr, große in aller Regel wesentlich länger.

2. Intensive Auseinandersetzungen – Gewinn und Grenzen

Hier soll es indes nicht um die Vor- und Nachteile dieser Verfahrensabläufe gehen. Das Interesse zielt in diesem Beitrag auf die Dynamik innerhalb der Senate, die sich vor diesem Hintergrund entfaltet: Eine solche Beratung zu acht ist intensiv. Sie schafft zwischen den Kolleginnen und Kollegen Nähe und zugleich Distanz. Auf lange Zeit gemeinsam in gleicher Besetzung verbunden, muss man sich unweigerlich intensiv mit den Eigenheiten der verschiedenen Personen auseinandersetzen. Man lernt nicht nur deren Grundpositionen kennen, sondern auch deren Stärken und Schwächen, deren Temperament und deren Marotten. Je nach Sachbereich sind Wertungsunterschiede vorhersehbar, bilden sich aber auch innerhalb des Senats gemeinsame Überzeugungen oder zumindest Problemverständnisse.

Vieles hängt dabei von den konkreten Personen ab und ist Frage des konkreten Umgangs miteinander, der sich im Laufe der Zeit auch ändert. Die große Verantwortung der Politik für die Auswahl der Richter und Richterinnen kann nicht oft genug betont werden. Es hat sich in Karlsruhe aber doch eine Kultur herausgebildet, die durch solch intensive Art der Beratung in einem feststehenden Spruchkörper zumindest sehr gestützt wird und – auf je eigene Weise – für beide Senate gilt: Die Beratung zielt in der Regel nicht auf Entscheidung durch Majorisierung, sondern auf ein Zusammenwirken und Aufeinanderzugehen. Es wird auch dann noch nach gemeinsamen Wegen und Kompromissen gesucht, wenn sich Mehrheitsverhältnisse abzeichnen. Diese stehen dann naturgemäß im Schatten der Gesamtstimmung, können aber durchaus auch zu sachhaltigen Änderungen führen. Man weiß, in der nächsten Woche wird man über einer neuen Frage wieder zusammensitzen und auch dann auf die Kooperation der Kollegen angewiesen sein. Auch wissen alle, dass eine breit getragene Entscheidung mehr Überzeugungskraft hat als auseinanderlaufende Einzelansichten – bei aller Heterogenität versteht sich insoweit jeder Senat doch als Einheit. Nur ergänzend sei bemerkt, dass dieser Zusammenhalt und dieses Zusammenwirken im Tieferen auch von einem gemeinsamen Verständnis von Recht und Rechtsanwendung getragen wird, das sich etwa von dem in den USA grundlegend unterscheidet – aber dies kann hier nicht vertieft werden.[13]

Wir haben also jeweils innerhalb der Senate eine intensive Gesprächskultur – eine Intensität der Diskussion, wie ich sie aus der Wissenschaft nicht kenne. Gezwungen auf eine Festlegung im konkreten Fall greift man Argumente auch im Detail auf. Die Diskussion ist fast immer sehr kontrovers und in der Sache schonungslos. Offener Widerspruch ist ihr ständiger Modus, und auch dort, wo im Ergebnis vielleicht Einigkeit herrscht, werden hinsichtlich der genauen Begründungselemente, Akzente und Begriffe, Abgrenzungen geltend gemacht und eingefordert.

Das heißt allerdings nicht, dass das Argumentationsniveau immer überragend hoch ist: Zu acht hat eine Diskussion auch Grenzen: Nicht selten wird aneinander vorbeigeredet, versteht man einander nicht, werden dogmatische Abschichtungen nicht nachvollzogen oder für irrelevant erachtet, werden Stichworte genutzt, um zu ähnlich klingenden anderen Problemen zu führen und fällt die Diskussion auseinander: Die Entgegnung auf Einwände ist schwierig, wenn man in der Rednerfolge erst dann wieder an der Reihe ist, wenn die Diskussion zu anderen Fragen übergegangen ist – eine Replik ist dann manchmal unmöglich. Auch unterscheiden sich die Aufmerksamkeit für verschiedene Aspekte und die ihnen zugewiesene Bedeutung, die Fähigkeiten und Begabungen und zum Teil auch die Kriterien für das, was als „gute" Entscheidung angesehen wird, immer wieder – von der Darstellung bis zur Art der Argumentationsweise (– wobei Inhalt und Form naturgemäß nur begrenzt zu trennen sind). Ebenso kann eine bestimmte Ausdrucksweise oder deren Vermeidung – allein sprachlich – den einen als für den Geist der Entscheidung oder als gesellschaftspolitisch angemessene Problemverarbeitung höchst bedeutsam erscheinen, während andere sie für juristisch belanglos oder für verunklarend halten – und manchmal kann man diesbezüglich Wünsche der Kollegin oder des Kollegen vielleicht auch gar nicht ganz nachvollziehen. Die Beratungen

[13] Vgl. dazu nur *Kischel*, Diskursvergleich im internationalen und nationalen Recht, VVDStRL 77 (2018); zur Juristenausbildung in den USA generell vgl. *ders.*, Rechtsvergleichung, 1. Aufl. 2015, § 5 Rn. 114 ff.

in einem solch großen, auf intensive Diskussion hin angelegten Spruchkörper sind so für jeden immer wieder eine Herausforderung. Sie sind anregend, aber auch frustrierend, sie können befriedigend sein, stoßen aber auch immer wieder auf Grenzen dessen, was zwischen acht Personen noch kommunizierbar ist. Der Umgang miteinander ist – bei wohl erheblichen Unterschieden in der Geschichte des Gerichts und dessen Senaten – sehr kollegial, aber unter ihm verbergen sich auch erhebliche Spannungen. Jeder schätzt diese Arbeit im Senat, leidet aber auch an ihr.

Das ändert nichts daran, dass diese breite Gesprächskultur in einem achtköpfigen Gremium den Entscheidungen jedenfalls eine breite Basis gibt und ihnen doch zugutekommt. Zwar scheint mir durch das institutionelle Arrangement nicht automatisch gesichert, dass immer eine gute Entscheidung herauskommt; ob das gelingt, liegt an vielen anderen Faktoren, vor allem an einer umsichtigen, wirklich an Qualität orientierten Richterauswahl. Aber die Entscheidungen nehmen so zumindest viele verschiedene Sichtweisen in sich auf, arbeiten wenigstens die zentralen Argumente der öffentlichen Diskussion juristisch rationalisierend ab und führen sie zu einem Kompromiss zusammen. Nicht selten gelingt es auch, konstruktive neue Wege offenzulegen. Viel mehr wird man von einem Gericht kaum erwarten können.

Zu acht in dieser Weise zu entscheiden ist grenzwertig. Es erfordert einen erheblichen Aufwand – kann dann aber gelingen. Die Interaktion zu acht verbindet dabei. Nicht im Sinne eines ungebrochenen Näheverhältnisses und schon gar nicht kumpelhaft. Aber sie verbindet doch emotional und intellektuell durch die Wahrnehmung einer alle gemeinsam betreffenden und umtreibenden Aufgabe.

Bei der Gliederung des Gerichts in zwei als eigene Einheiten verfestigte Spruchkörper bleibt diese Auseinandersetzung dabei aber naturgemäß auf den jeweiligen Senat bezogen und begrenzt. Sie erfolgt in Distanz auch zu den Mitgliedern des anderen Senats, denen zwar die gleiche Aufgabe aufgetragen ist, die diese aber in einem eigenen Kommunikationszusammenhang wahrnehmen.

III. Die zwei Senate

Ich bin damit bei meinem nächsten Punkt: Eine Sonderheit des Bundesverfassungsgerichts ist die Untergliederung in zwei Senate, die organisatorisch strikt getrennt sind. Es handelt sich insoweit nicht um eine durchlässige Gliederung in verschiedene Sitzgruppen (siehe oben S. 179), sondern um zwei selbständige Formationen, man mag fast sagen, zwei Gerichte in einem: das, wie es oft heißt, Zwillingsgericht.[14] Schon nach dem formellen Ernennungsakt ist jede Richterin oder jeder Richter nur

[14] Vgl. BVerfGE 1, 14 (29); vgl. auch *Hömig*, in: Maunz/Schmidt-Bleibtreu/Klein/Bethge, Bundesverfassungsgerichtsgesetz, Stand: 51. EL. Mai 2017, § 2 Rn. 4.

in einen der beiden Senate gewählt. Ein Wechsel ist nicht möglich.[15] Jeder Senat hat eigene Zuständigkeiten, und deren konsequente Abgrenzung wird durch die Garantie des gesetzlichen Richters abgesichert.[16] Senatsübergreifende Entscheidungsformationen gibt es – praktisch – nicht.[17] Auch die Kammern sind jeweils nur Untereinheiten eines Senats und können die Senatsgrenzen nicht überschreiten.

Diese deutliche Trennung betrifft zugleich die Leitung der Senate: Auch der Präsident des Gerichts leitet nur seinen Senat, der andere Senat wird durch den Vizepräsidenten geleitet. Wenn nach außen das Gericht als Ganzes durch den Präsidenten vertreten wird, beschränkt sich diese Gesamtvertretung auf eine Repräsentationsfunktion. Im Inneren entsprechen dem zwar gewisse Verwaltungsfunktionen. Die richterliche Aufgabenwahrnehmung jedoch bleibt auf den eigenen Senat beschränkt: Auf die Entscheidungsabläufe des anderen Senats hat der Präsident keinerlei Einfluss. Er hat keinen Einfluss darauf, welche Verfahren dort beraten werden, hat keinen Zugang zu den Voten und weiß nicht, wo der andere Senat gedanklich steht. Das Beratungsgeheimnis gilt auch zwischen den Senaten. Der Präsident kennt folglich auch die Mitglieder des anderen Senats nicht aus deren richterlicher Tätigkeit.[18]

In Folge dieser organisatorischen Trennung entwickeln die Senate hinsichtlich der Gestaltung ihrer Arbeit ein Eigenleben. Die Organisation der Abläufe, die Gestaltung der Diskussion und letztlich wohl auch das Selbstverständnis unterscheiden

[15] Ausnahme: Punktuelle Mitwirkung im anderen Senat, wenn dort ein Richter wegen Befangenheit nicht mitwirkt, vgl. § 19 Abs. 4 S. 1 BVerfGG. Die Ablehnung bzw. Selbstablehnung eines Richters wegen Befangenheit (vgl. § 19 BVerfGG) will das Recht der Verfahrensbeteiligten auf den gesetzlichen Richter i. S. d. Art. 101 Abs. 1 S. 2 GG sicherstellen. Denselben Schutzzweck verfolgt auch die Regelung des § 18 BVerfGG, der ebenfalls Gründe für den Ausschluss eines Richters nennt. Während bei § 18 BVerfGG der Ausschluss des Richters allerdings schon kraft Gesetzes erfolgt, führt bei einer Ablehnung bzw. Selbstablehnung des Richters wegen Befangenheit erst eine stattgebende Entscheidung der übrigen Richter zu einem Ausschluss, vgl. hierzu *Lenz/Hansel*, Bundesverfassungsgerichtsgesetz, 2. Aufl. 2015, § 18 Rn. 2. Im Fall der Ausschließung eines Richters nach § 18 BVerfGG entscheidet der Senat in verminderter Besetzung, § 19 Abs. 4 BVerfGG ist nicht analog anzuwenden, vgl. BVerfGE 140, 115 (137); 111, 54 (80); *E. Klein*, in: Benda/Klein, Verfassungsprozessrecht, 3. Aufl. 2012, § 11 Rn. 239; *Kliegel*, in: Barczak, BVerfGG, Mitarbeiterkommentar zum Bundesverfassungsgerichtsgesetz, 1. Aufl. 2017, § 18 Rn. 36; *Lenz/Hansel*, Bundesverfassungsgerichtsgesetz, 2. Aufl. 2015, § 18 Rn. 21; *Sauer*, in: Walter/Grünewald, BeckOK BVerfGG, Stand: 5. Edition 01.06.2018, § 18 Rn. 27; wohl a. A. *F. Klein*, in: Maunz/Schmidt-Bleibtreu/Klein/Bethge, Bundesverfassungsgerichtsgesetz, Stand: 16. EL. März 1998, § 18 Rn. 13.

[16] Vgl. hierzu *Lenz/Hansel*, Bundesverfassungsgerichtsgesetz, 2. Aufl. 2015, § 14 Rn. 1; *Benda/Klein*, Verfassungsprozessrecht, 3. Aufl. 2012, Rn. 146.

[17] Ausnahmen bilden die Beschwerdekammer (siehe oben Anm. 10) und der Sechserausschuss (dazu unten S. 186).

[18] Die gelegentlich bei präsidialen Ansprachen genutzte Floskel „*wir* sind der Ansicht, dass …", hat damit – sofern es nicht um die Wiedergabe einer senatsübergreifenden Rechtsprechung geht – strenggenommen keine Substanz. Sie mag vielleicht Ausdruck der Stimmung einer Mehrheit in einem Senat sein. Für das Gericht als Ganzes sind solche Aussagen indes schon mangels diesbezüglicher Kommunikationsebene ohne Grundlage – und dürften in solcher Zusammenfassung kaum je wirklich treffen.

sich – trotz gleicher gesetzlicher Grundlagen und Geschäftsordnung – erheblich. Das beginnt mit der internen Zuständigkeitsverteilung: Während in einem Senat jedes Mitglied von Anfang an ein gehaltvolles, sachlich definiertes Dezernat für grundsätzlich die gesamte Amtszeit zugeteilt bekommt (und es in der Regel von seinem Vorgänger übernimmt), werden im anderen Senat bei jedem Richterwechsel die Zuständigkeiten neu verteilt und hierbei ein Zugriffsrecht nach Anciennität gewährt. Die Unterschiede setzen sich in der Diskussion und Sitzordnung fort. Während es in einem Senat keine vorgegebene Redeordnung gibt und sich die verschiedenen Positionen Schritt für Schritt erst während der Diskussion entfalten (d.h. auch lange unklar und offen ist, in welche Richtung die Mehrheit tendiert), gibt es im anderen Senat die Regel, dass zu Beginn der Diskussion jedes Mitglied eine Gesamteinschätzung des Falles vorträgt – beginnend bei dem Dienstjüngsten. Eine erste Tendenz liegt danach gleich zu Beginn der Diskussion auf dem Tisch. Die Betonung der Anciennität als – quasi hierarchisierendes – Ordnungsinstrument findet sich dort auch in der Sitzordnung, die sich bei jedem Richterwechsel ändert, indessen sie im anderen Senat stets gleich bleibt. Entsprechende Unterschiede bestehen bei der Verteilung von Aufgaben, die im einen Senat mehr und im anderen weniger egalitär verteilt werden. Die Unterschiede betreffen aber auch die Häufigkeit und Dauer der Beratungen, die nur in einem Senat praktizierte Beauftragung anderer Mitglieder zu ergänzenden Voten sowie unterschiedliche Arten der Zusammenführung der verschiedenen Änderungsvorschläge zu einem „konsolidierten" Urteilsentwurf durch den Berichterstatter. Durch diese Abläufe sind die Gestaltungsmöglichkeiten des Einzelnen – sei es als Berichterstatter, als Dienstjüngster oder Dienstältester oder auch als Vorsitzender – in den Senaten deutlich verschieden.

Es nimmt nicht Wunder, dass hierüber innerhalb der Senate dann auch ein eigener Geist entsteht. Pointiert lässt sich sagen: Es entsteht insoweit jeweils ein eigener Korpsgeist, auch in Abgrenzung von der Arbeitsweise des anderen Senats – wobei man diese freilich nur vom Hörensagen kennt. Inhaltlich verstärkt sich das dadurch, dass seit geraumer Zeit in einigen gesellschaftspolitisch brisanten Konfliktfeldern wie Staat-Religion, Europa, Familie, Freiheit und Sicherheit, Kontrolle der Geheimdienste, Freiraum des Staates bei der Besteuerung in den Senaten bei Gesamtbetrachtung mehrheitlich jeweils tendenziell gegenläufige Grundüberzeugungen vorherrschen (– interessant ist, dass dies schon mehr als eine Richtergeneration überdauert hat). In der Tat ist nicht auszuschließen, dass zum Teil auch große und politisch bedeutsame Entscheidungen im anderen Senat nicht nur in Details zu anderen Ergebnissen geführt hätten. Jedenfalls gibt es immer wieder Entscheidungen, auf die die Kolleginnen und Kollegen des anderen Senats – wie sich als Eindruck aus privaten und freilich immer nur begrenzt informierten Gesprächen ergeben kann – mehrheitlich mit Unverständnis blicken.

Freilich wird das innerhalb des Gerichts nicht oder jedenfalls eher andeutungsweise und am ehesten noch unter vier Augen diskutiert. An den Senatsgrenzen enden eben die Diskussionszusammenhänge – und die Anspannung der Auseinandersetzung in schwierigen Rechtsfragen muss nicht ohne Not noch auf weitere Felder und Personen erstreckt werden. Das gilt umso mehr, als einerseits jeder um die inneren Zwänge von Senatsdiskussionen weiß und anderseits Kritik von Kollegen an eigenen Entscheidungen, die nach den schwierigen, endlich abgeschlossenen internen Diskussionen von außen ohne Kenntnis der genauen Entscheidungsgrundlagen vorgebracht wird, in der Regel nicht als weiterführend aufgenommen wird.

Ein spezifisches Konfliktfeld zwischen den Senaten ist die Geschäftsverteilung. Der Sache nach aktualisiert sich dieses Konfliktfeld glücklicherweise selten, da die Zuständigkeiten ziemlich klar voneinander abgegrenzt sind und man zunächst für die Zuteilung Einigkeit sucht, was insbesondere in Fällen, die keine politisch polarisierten Grundsatzfragen betreffen, oft auch gelingt – und in aller Regel auch darüber hinaus. Wenn es aber Unklarheiten und Divergenzen gibt – und es geht dabei dann stets um positive Kompetenzkonflikte – wird es schwierig. Zu Entscheidungen berufen ist dann der „Sechserausschuss",[19] in dem die beiden Vorsitzenden sowie die beiden Dienstältesten der jeweiligen Senate sitzen. Hier nun wird es politisch und drohen juristische Argumente ihr Gewicht zu verlieren. Interessanterweise überlagern dabei die Bindungskräfte innerhalb der Senate in der Regel alle anderen Bindungskräfte. Wenn sich – wie überwiegend – in dem Ausschuss keine Mehrheit findet, gibt die Stimme des Präsidenten den Ausschlag. In dieser Befugnis liegt die einzige richterliche Entscheidungskompetenz des Präsidenten, bei der er mehr als *primus inter pares* ist. Er kommt dadurch in eine schwierige Lage und steht jedenfalls unter erheblichem Druck seines Senats, dem gegenüber eine unabhängige Position zu beziehen in dieser Lage anspruchsvoll ist. Der politische Charakter dieser Entscheidungen zeigt sich insbesondere darin, dass die Entscheidung ohne förmliches Verfahren und vor allem ohne formalisierte Begründung ergeht. Akten werden in diesem Verfahren nicht geführt. Präjudizien können folglich nicht geschaffen werden. Warum wann welches Verfahren an welchen Senat ging, lässt sich später anhand juristischer Argumente nicht mehr nachvollziehen.

Angesichts der Trennung bleibt die Frage nach der Einheit der Rechtsprechung. Theoretisch kann zur Überbrückung divergierender Rechtsprechung das Plenum angerufen werden. Nach Möglichkeit wird das jedoch vermieden. In der gesamten Geschichte des Gerichts gab es erst fünf Plenarentscheidungen, davon die meisten beschränkt auf Verfahrensfragen und nur eine zu einem materiell verfassungsrechtlich gewichtigen Problem.[20] Eine Entscheidung mit 16 Personen zu schwierigen

---

[19] Vgl. § 14 Abs. 5 BVerfGG.

[20] Es handelt sich hierbei um das Problem von Bundeswehreinsätzen im Inland (vgl. BVerfGE 132, 1); im Übrigen ging es eher um Fragen, die direkt oder mittelbar das Verfahren betrafen, vgl. BVerfGE 4, 27 (Stellung politischer Parteien im Organstreitverfahren); 54, 277 (verfassungsrechtliche Beurteilung des § 554b ZPO a. F.); 95, 322 (Spruchgruppen in überbesetzten gerichtlichen Spruchkörpern); 107, 395 (Anspruch auf rechtliches Gehör vor Gericht).

Fragen vor dem Hintergrund zweier sonst verselbständigter Spruchkörper mit je eigener Kommunikationskultur ist qualitätsvoll kaum zu leisten und hat hohe soziale Kosten. Das mag sich einmal anders darstellen, wenn sich über die Senate in einer Frage der Fortentwicklung des Rechts ein breiter gemeinsamer, neuer Grundkonsens abzeichnet. Im Übrigen aber herrscht der *horror pleni*.

Liegt in Plenarentscheidungen folglich nicht die Lösung, so sucht man sie – notfalls – in feinsinnigen Unterscheidungen und Abgrenzungen der verschiedenen Fallkonstellationen (*distinguishing*). Für Kollegen der Zunft, die eine fallübergreifende Konsistenz der Rechtsprechung durch einheitliche Maßstäbe eher als Bedrohung der Demokratie denn als eine Errungenschaft ansehen,[21] dürfte das sehr befriedigend sein. Wer indes eine kohärente Rechtsprechung, die ihre Maßstäbe möglichst vorhersehbar konsistent entwickelt, für einen Wert hält, wird das eher als Problem wahrnehmen. Die Entscheidungen der Senate und ihre Bemühung um Rechtssicherheit schaffende, grundsätzliche Klärungen werden hierdurch entwertet. In der Tat gibt es Felder, in denen die Rechtsprechung schlingert. Bisher blieben diese Konflikte aber glücklicherweise begrenzt. Zum einen gibt es nur einzelne Überschneidungsbereiche, in denen die Gefahr divergierender Wertungen ernsthaft zum Tragen kommt, zum anderen ist jeder Senat doch bemüht, mit diesem Problem letztlich verantwortlich umzugehen.

Solche vereinzelten Reibungspunkte ändern nichts daran, dass innerhalb des Gerichts zwischen den Kolleginnen und Kollegen auch über die Senatsgrenzen hinaus ein ehrlich freundlicher Umgang herrscht. Es gibt in Form von gemeinsamen Veranstaltungen, Kontakten mit anderen deutschen, europäischen oder ausländischen Gerichten sowie bei Besuchskontakten mit anderen Verfassungsorganen wie dem Parlament, der Bundesregierung oder dem Bundespräsidenten,[22] auch intern lebendige Diskussionen. Gemeinsame Veranstaltungen, die durch den Richterverein organisiert werden, tragen zu einem anregenden und auch offenen Austausch bei. Das einheitliche Zusammenwirken in einem gemeinsamen Gericht, bei dem jeder weiß, dass Entscheidungen aus Kommunikationszusammenhängen heraus entstehen, die niemand allein in der Hand hat, verbindet so auch über die Senatsgrenzen hinaus.

Nimmt man die Untergliederung des Gerichts in zwei Senate noch einmal zusammenfassend in den Blick, so lässt sich sicher sagen, dass sie ohne Zweifel mit Kosten verbunden ist (– und nicht zufällig wurde sie bisher von keinem anderen Gericht übernommen). Sie vermindert die Vorhersehbarkeit von Entscheidungen, führt dazu, dass verschiedene Signale nach außen gesendet werden und trägt in das Gericht Spannungen, die dort nicht ausgetragen werden. Allerdings hat diese Aufspaltung des Gerichts doch auch erhebliche Vorteile. Zunächst liegen sie darin,

[21] *Lepsius*, Die maßstabsetzende Gewalt, in: Jestaedt/Lepsius/Möllers/Schönberger, Das entgrenzte Gericht, Eine kritische Bilanz nach sechzig Jahren Bundesverfassungsgericht, 159 (174 ff.); *ders.*, Entscheiden durch Maßstabsbildung, in: van Ooyen/Möllers (Hrsg.), Handbuch Bundesverfassungsgericht im politischen System, 2. Aufl. 2015, 119 (122).

[22] Über solche Veranstaltungen wird stets durch eine Pressemitteilung berichtet.

dass nur so die große Arbeitslast des Gerichts überhaupt bewältigt werden kann und hierbei nicht die politische Balance des Gerichts durch fluide wechselnde Sitzgruppen gestört wird. Ein Modell wechselnder Sitzgruppen würde auch die Kontinuität der Diskussionen innerhalb der Senate erheblich beeinträchtigen – und könnte noch viel weniger Rechtssicherheit schaffen. Die Zweiteilung hat darüber hinaus aber auch eine innere Vernunft: Sie ist eine Form von *checks and balances*. Sie verhindert, dass sich das Gericht als kleine Gruppe von Entscheidungsbevollmächtigten versteht, die letztlich ihre Vorstellung von Recht und Gerechtigkeit immer zur Durchsetzung bringen kann. Anders gewendet: Sie verhindert einen überhandnehmenden Korpsgeist des Gerichtes als Ganzes. Die Notwendigkeit, die Entscheidungen des anderen Senats auch dann anzuerkennen und zugrunde zu legen, wenn man sie nicht für überzeugend hält, relativiert die einseitige Gestaltungsmacht des Gerichts. Sie fordert im Umgang nach innen und nach außen doch ein Stück Bescheidenheit und bricht die Arroganz des letzten Wortes.

IV. Die Kammern

Eine völlig andere Bedeutung kommt den Kammern zu. Sie sind nicht fest gefügt, ihre Zusammensetzung wechselt und hier finden keine Grundsatzauseinandersetzungen statt. Identitätsprägend wie die Senate sind sie nicht.

1. Funktion

Dabei soll zunächst noch einmal etwas genauer auf die Funktion der Kammern eingegangen werden. Ihre erste Funktion ist die eines Filters im Massenbetrieb: Durch jede Kammer laufen im Jahr zwischen 1.000 und 1.500 Verfahren. Mehr als 90 % werden im Wege der unbegründeten Nichtannahme entschieden.[23] Die Fälle werden hierbei allerdings genauer geprüft, als man den Entscheidungen ansieht: Die Mitarbeiter investieren sehr viel Zeit, jedes Verfahren sachhaltig aufzubereiten und fast immer auch verfassungsrechtlich zu prüfen – ein Verfahren, über dessen Sinn man streiten kann und gestritten hat. Es gäbe gute Gründe, hier die Annahmekriterien freier zu handhaben und die Kapazitäten des Gerichts – auch ohne solchen Aufwand – von vorneherein auf die bedeutsameren Fälle zu konzentrieren. Die Intensität der gerichtlichen Prüfung hat indes trotz der gesetzlichen Öffnung des Annahmeverfahrens große Beharrungskraft entfaltet.[24] Das ändert freilich nichts

---

[23] Vgl. § 93b S. 1 1. Alt BVerfGG; zu den Zahlen vgl. die Statistiken des Gerichts zu den Verfahrenserledigungen von Verfassungsbeschwerden der letzten fünf Geschäftsjahre, abrufbar auf der Homepage des BVerfG unter http://www.bundesverfassungsgericht.de/DE/Verfahren/Jahresstatistiken/2016/gb2016/A-IV-1.pdf?__blob=publicationFile&v=2 (zuletzt abgerufen am 07.12.17).

[24] Vgl. den Bericht der Kommission zur Entlastung des Bundesverfassungsgerichts, in: Bundesministerium der Justiz (Hrsg.), Entlastung des Bundesverfassungsgerichts, 1998, 36; Gründe für

daran, dass die richterliche Prüfung hier insgesamt aber doch sehr kurz ausfällt: Entschieden wird auf der Basis von Voten der Mitarbeiter und im Umlaufverfahren. Eine Diskussion findet nicht statt.

Neben der Filterfunktion haben die Kammern aber auch sachlich anspruchsvolle Aufgaben. Zwar können die Kammern keine Gesetze verwerfen, ansonsten haben sie jedoch uneingeschränkt die Befugnis, Entscheidungen erforderlichenfalls aufzuheben, und sind dabei für die Durchsetzung des Verfassungsrechts im Alltag von großer Bedeutung. Zum einen geht es hier um die Durchsetzung rechtsstaatlicher Mindeststandards, wenn Fachgerichte im Einzelfall aus Bequemlichkeit, Voreingenommenheit oder flagranter Inkompetenz sich über Grundrechte hinwegsetzen. Auch wenn insoweit auf eine Willkürkontrolle oder die Kontrolle von Verfahrensrechten begrenzt, ist dieses doch ein Mittel, um eklatanten Fehlurteilen und Entgleisungen, manchmal auch der Gefahr von Selbstherrlichkeit einzelner unterer Gerichte wirklich oder symbolisch entgegenzutreten. Das Bestehen einer solchen Kontrolle, die einem Einreißen von Standards im Alltag entgegenwirkt, dürfte gerade auch in ihrer Vorwirkung erhebliche Bedeutung haben.

Darüber hinaus aber kommt den Kammerentscheidungen vor allem die Aufgabe zu, die Senatsrechtsprechung durchzusetzen. Naturgemäß gibt es Senatsentscheidungen, die in der Fachgerichtsbarkeit partiell auf Widerstand stoßen. Gäbe es hier nicht die Möglichkeit stattgebender Kammerentscheidungen, bestünde die Gefahr, dass die Senatsentscheidungen mehr symbolische denn reale Bedeutung entfalteten. Denn der Senat selbst könnte die Durchsetzung seiner Entscheidungen schon kapazitätsmäßig in keiner Weise leisten. Die Kammerrechtsprechung erlaubt es, die Implementation der eigenen Rechtsprechung jedenfalls in den Grundlinien sicherzustellen.

Auch wenn die Kammern eine klar untergeordnete Rolle haben, scheinen sie mir deshalb von großer Bedeutung: Dass die Entscheidungen des Gerichts auch in der Wirklichkeit ankommen und auf die Rechtskultur der Fachgerichte einwirken, stellen erst die Kammerentscheidungen sicher. Die Möglichkeit, einzelne Entscheidungen der Gerichte zu kontrollieren, sichert nicht nur die Leitkraft des Gerichts gegenüber den anderen Bundesgerichten, sondern wirkt in die Justiz insgesamt hinein. Die Konstitutionalisierung der Rechtsordnung verdankt sich insbesondere der Kammerrechtsprechung.

---

das Beharren an dem aufwändigen Verfahren werden in der Kraft der Routinemechanismen, dem Verständnis der Verfassungsbeschwerde als Mittel des Individualrechtsschutzes und in einem persönlichen Verantwortungsbewusstsein der Richter, das auch die Prüfung von unbedeutenden Grundrechtsverletzungen verlange, gesehen; vgl. *Albers*, Freieres Annahmeverfahren für das BVerfG?, in: ZRP 1997, 198 (201 f.). Zu der Diskussion über eine Reform des Annahmeverfahrens vgl. *Böckenförde*, Die Überlastung des Bundesverfassungsgerichts, in: ZRP 1996, 281; *Wahl/Wieland*, Verfassungsrechtsprechung als knappes Gut, in: JZ 23 (1996), 1137; *Wieland*, Der Zugang des Bürgers zum Bundesverfassungsgericht und zum U. S. Supreme Court, in: Der Staat 29 (1990), 333.

2. Entscheidung in der Kammer

Der Entscheidungsmodus in der Kammer unterscheidet sich von dem des Senats grundlegend. Insbesondere sind die Verfahrensabläufe unkompliziert und auf Schnelligkeit hin angelegt: Der Berichterstatter legt hier sofort einen urteilsreifen Beschlussentwurf vor, eine gemeinsame Diskussion gibt es nicht, die Akten gehen im Umlaufverfahren um und werden meistens direkt unterschrieben.

Das Kammerverfahren ist insoweit vom Massenbetrieb und Erledigungsdruck geprägt. Es ist die Alltagsarbeit, die man möglichst zu komprimieren versucht und die erheblich auf der Vorbereitung der Mitarbeiter beruht. Ausgangspunkt ist hier der weithin zunächst fachrechtliche und dann verfassungsrechtlich gefilterte Nachvollzug sachlicher Entscheidungen – zuerst anhand der Aufbereitung durch die Mitarbeiter und dann durch die Kolleginnen oder Kollegen der Kammer selbst.

Dies beeinflusst auch das Miteinander in der Kammer. Schon mangels Beratungen ist die Zusammenarbeit nur sehr vermittelt – im Grundsatz arbeitet jeder für sich. Man versteht sich hier als ein auf Effizienz hin orientiertes Räderwerk, bei dem man möglichst störungsfrei zusammenwirken muss. Da es in der ganz überwiegenden Zahl der Verfahren an dem Ergebnis – nämlich Nichtannahme – keine Zweifel gibt, ist die Arbeit vom Vorverständnis eines grundsätzlichen Konsenses geprägt. Auch hier liegt viel an einzelnen Personen und das Räderwerk kann durch ein holperndes Zahnrad erheblich klappern. Aber nicht alle Details der – primär von den Mitarbeitern erarbeiteten und nicht nach außen gehenden – Begründungen müssen geklärt werden. Wenn denn nur Einigkeit über die Nichtannahme besteht, können die genauen Gründe hierfür zwischen den Kammermitgliedern im Einzelfall ungeklärt bleiben (– in der Regel werden aber selbst dann noch die verschiedenen Positionen durch einen kurzen Vermerk in den Voten den Kammermitgliedern zur Kenntnis gegeben). In Grenzfällen wird gerade hier die Mitwirkung der Kolleginnen und Kollegen mitunter als beruhigende Absicherung empfunden. Insgesamt besteht hier auch die Bereitschaft, Wertungen des fachnahen Berichterstatters zumindest ein kleines Stück weit hinzunehmen.

Freilich hat das schnell seine Grenzen und liegt in dem Nachvollzug naturgemäß auch eine begrenzende Balancierung. Eine gewisse Unruhe kommt in der Regel eigentlich oft schon dann auf, wenn man als Berichterstatter eine Stattgabe vorschlägt. Nicht nur die Arbeitslast, sondern auch das Erfordernis der Einstimmigkeit errichtet für den Vorschlag einer begründeten Entscheidung oder Stattgabe eine erhebliche Hürde. Hier geht schon der Entwurf zwischen Mitarbeiter und Richter in der Regel mehrfach hin und her und man prüft sehr genau, ob man glaubt, die Kollegen von dem Vorschlag überzeugen zu können. Die Antizipation der Meinung der Kolleginnen und Kollegen spielt hier eine Rolle. Insoweit bedeutet das Zusammenwirken in der Kammer stets gegenseitige Kontrolle – eine Kontrolle der es angesichts des praktischen Gewichts solcher Entscheidungen auch bedarf. Hier ist wichtig, dass die Kammern in aller Regel „gemischt“ besetzt sind – das heißt so, dass die politische Couleur der Richter Berücksichtigung findet.[25] Hiervon gab es unrühmliche Ausnahmen, die meines Erachtens in der Zukunft dringend zu vermeiden sind.[26]

Die Zustimmung zu einer Stattgabe ist, auch wenn – je nach Materie und Kollegin oder Kollege verschieden weit – hier ein gewisser „Goodwill" besteht, selbstverständlich alles andere als gewiss. In weitem Umfang bestehen aber in der Kammer fachliche Standards in Form von Vorentscheidungen und einer ständigen Kammerpraxis, die dazu führen, dass Reibungsverluste gering bleiben. Auch hier wird das Verfahren grundsätzlich im Umlauf erledigt. Änderungsvorschläge sind dabei nicht selten, aber oft von untergeordneter Bedeutung und werden im Hin und Her zum Ausgleich gebracht. In streitigen oder auch besonders kritischen Fällen kann dann freilich doch auch einmal eine Kammerbesprechung notwendig werden, die dann die erforderliche Einstimmigkeit herbeiführt. Wenn Einstimmigkeit nicht erzielt wird, geht das Verfahren nach dem Gesetz in den Senat. Dies wird jedoch – schon um den Senat nicht seiner Kapazitäten für wichtigere Fragen zu berauben – nur selten praktiziert. Zunächst produziert die Regel einen großen Einigungsdruck. Dabei ist die Nichtannahme oft der einfachere Weg als die Einigung auf eine Stattgabe. Das hat auch eine Berechtigung: In ihr liegt die Vermutung der Verfassungsmäßigkeit der regulär zur Entscheidung berufenen Gerichte.

Zusammenfassend prägt die Zusammenarbeit in der Kammer den Alltag und ist weithin von Pragmatik geprägt. Die Kammern wirken weniger in Form eines persönlichen Ringens um verfassungsrechtliche Grundfragen zusammen, sondern angeleitet durch eine – auch durch das einfache Recht geprägte – „Fachlichkeit". Man erarbeitet sich hier auch einen Überblick über die Rechtspraxis und ihre Wertungen im Bereich der Zuständigkeiten der Kammermitglieder. Das verstärkt auch untereinander das Vertrauen. In einzelnen Verfahren können dann aber doch auch Grundsatzfragen virulent werden, die hier im Wege des Kompromisses und des Kleinhaltens zur Lösung gebracht werden.

3. Zu viel Macht den Kammern?

In einem Punkt gibt es bezüglich der Kammern im Gericht jedenfalls auf grundsätzlicher Ebene ziemlich verschiedene Vorstellungen: Wie viel Spielraum haben die Kammern zur Fortentwicklung des Rechts? Zum Teil wird vertreten, die Kammern seien nicht mehr als „der Papagei des Senats". Zum Teil wird den Kammern aber die Aufgabe zugesprochen, im Kleinen für die Konkretisierung der Senatsentscheidungen doch auch neue Lösungswege versuchsweise zu entwickeln. Nach dem Gesetz darf die Kammer nur vom Senat schon entschiedene Fragen zur Anwendung

---

[25] Ausgehend von dem formalen Kriterium, aus welchem Lager die Betreffenden für das Richteramt im Bundesverfassungsgericht vorgeschlagen wurden.

[26] Zur Notwendigkeit einer „gemischten" Zusammensetzung vgl. *Lenz/Hansel*, Bundesverfassungsgerichtsgesetz, 2. Aufl. 2015, § 15a Rn. 5; vgl. aber auch BVerfG, NJW 1990, 39.

bringen. Was aber sind solche? Das entscheidet sich nach der Abstraktionshöhe, die zugrunde gelegt wird: Auf der abstrakten Ebene sind fast alle Fragen schon entschieden, auf sehr konkreter Ebene letztlich nur sehr wenige. In der Praxis wird hier ein pragmatischer Mittelweg gesucht. So lösen sich die abstrakt verschiedenen Vorstellungen in der Praxis doch letztlich schnell auf.

Nach meiner Überzeugung sollte die Funktion der Kammer nicht zu klein gehalten werden. Senatsentscheidungen haben konkret immer nur eine bestimmte Konstellation zu entscheiden, sollen aber doch über den konkreten Fall hinausgreifen. Das Bundesverfassungsgericht ist nicht ein Zivilgericht 1. Instanz, das nur befriedend zwischen zwei Parteien Streit schlichtet, sondern soll die Leitkraft der Verfassung für die Rechtsordnung sichern. Der Senat kann, schon angesichts seiner Kapazitäten, stets nur einzelne Fälle aufgreifen, um solche Weichenstellungen vorzugeben. Insoweit scheint es dann angemessen, wenn diese anschließend von der Kammer weiter konkretisiert werden. In der Tat haben zwar solche Konkretisierungen ihren eigenen, in ihren Folgen oft auch rechtspolitisch erheblichen Gehalt. Insoweit gibt es selbstverständlich ernst zu nehmende Grenzen und ist – wie immer – auch in der Kammer um die richtige Balance zu ringen. Angesichts dessen jedoch, dass immer Einstimmigkeit verlangt ist, eine Gesetzesverwerfung ohnehin ausscheidet und die Entscheidungen auch vom Senat korrigiert werden können, scheint es mir aber nicht richtig, den Kammern jede Legitimation zur fortbildenden Konkretisierung der Rechtsprechung abzusprechen.

Zu berücksichtigen sind hierbei die Kapazitätsgrenzen des Senats. Angesichts des großen Aufwands der Senatsverfahren, können in den Senaten jährlich allenfalls 20 bis 25 grundsätzliche Entscheidungen getroffen werden. Wenn hierzu auf Kammerebene weitere 60 bis 80 Verfahren pro Senat hinzukommen, so liegt darin die Erweiterung der Kapazitäten zu einem Umfang, der dem von Verfassungs- oder Höchstgerichten anderer Länder in etwa entspricht. Diese Entscheidungen sollten dann aber zu solchen Fragen ergehen, wo sie nötig sind, eine Richtung weisen und gebraucht werden. Der verschiedenen Funktion der Kammern nach bedarf es hier der richtigen Mischung: Auch die exemplarische und symbolische Sicherung von Mindeststandards in banalen Alltagsfällen hat eine eigene verfassungsrechtliche Würde und eine für das Gemeinwesen wichtige Funktion.

V. Schluss

Die Verteilung der Entscheidungen auf verschiedene Spruchkörper hat in der institutionellen Ausgestaltung des Bundesverfassungsgerichts eine sehr spezifische Bedeutung. Die Spruchkörper sind Ausdruck eines eigenen, von anderen Verfassungen und Höchstgerichten deutlich unterschiedenen Profils des Gerichts. Anders als in den Supreme Court-Modellen etwa der USA oder Kanadas nehmen nicht stets alle Richterinnen und Richter an allen Entscheidungen teil, sondern sind die Entscheidungskompetenzen aufgeteilt. Anders auch als in vielen europäischen Gerichten geht es hierbei nicht um eine fluide Arbeitsaufteilung, die einzelfallbezogen etwa durch den Präsidenten oder nach anderen Kriterien Verfahren nach Bedeutung stuft und die Arbeitsbewältigung nach Kapazitäten und Bedeutung regulieren will. Die Untergliederung in verschiedene Spruchkörper erfolgt hier nach einer strikten Geschäftsverteilung auf zwei durch verschiedene Zuständigkeiten eigens geprägte Senate. Die Einrichtung der Kammern hingegen hat eine völlig andere Bedeutung, die institutionell aber auch wichtig ist: Hier wird eine ganz eigene Funktion des Gerichts organisationsrechtlich ausgeformt, die im Zusammenwirken mit den Senatsentscheidungen dem Gericht erst seinen realen Einfluss auf die Rechtsordnung sichert. Insgesamt ist so eine spezifische Form gewachsen, die man am grünen Tisch wohl so nicht schnell ersonnen hätte und kaum als abstraktes Modell taugt. Die verschiedenen Spruchkörper haben sich in der Entwicklung des Bundesverfassungsgerichts aber gut zusammengefügt. Das Modell birgt Herausforderungen und Chancen. Wie immer kommt es letztlich maßgeblich auch darauf an, wie damit in der Praxis umgegangen wird und ob es gelingt, die Chancen dieses Modells zu nutzen. Auch hier gilt, dass Verfassungsgerichtsbarkeit nicht nur eine Frage der guten institutionellen Ausgestaltung, sondern zugleich eine Kulturleistung ist, die von einer verantwortungsvollen Praxis lebt. Dies scheint mir bei uns gut gelungen. Dies bleibt aber auch stets fragil.

Das Senatssystem des Obersten Gerichtshofs in Japan

Nami Thea Ohnishi

1. Einleitung

Im Juli 2001 hat die beratende Kommission zur Reform des Justizsystems in Japan beim Kabinett den Vorschlag eingereicht, die Aufgabenverteilung zwischen den Kleinen Senaten und dem Großen Senat des Obersten Gerichtshofs (OGH) zu überprüfen, so dass sich der Große Senat ausschließlich mit wichtigen Problemen wie Fragen des Verfassungsrechts befassen kann[1]. In diesem Vorschlag kam zum Ausdruck, dass die derzeitige Struktur und Geschäftsverteilung innerhalb des OGHs mit der großen Anzahl von Rechtsmittelverfahren überfordert ist und nicht mit der erforderlichen Effizienz und dem nötigen Handlungsspielraum zugleich die Aufgaben eines Gerichts höchster Instanz und diejenigen als Verfassungsgericht erfüllen kann.

Die Forderung, das Senatssystem daraufhin zu überprüfen, ob die Zuständigkeit des Großen Senats auf die Verfassungsgerichtsbarkeit beschränkt werden kann, wurde im Verlauf der Geschichte des Rechtssystems in der Nachkriegszeit wiederholt gestellt[2].

---

[1] Shihouseidokaikakushingikai ikensho (Bericht des Sachverständigenrats zur Justizreform).

[2] Unten in 4. näher ausgeführt.

Im Anschluß an den Vortrag von Herrn Professor Masing versuche ich in meinem Kommentar das Kammersystem des OGHs darzustellen und aus der Perspektive der Verfassungsgerichtsbarkeit im japanischen Gerichtssystem zu würdigen. Zunächst wird das Senatssystem des OGHs vorgestellt und anschließend mit dem des deutschen Bundesverfassungsgerichts verglichen. In beiden Rechtssystemen hängt es tatsächlich von der Interpretation der mit dem Fall befassten Richter ab, ob ein die Kammer bzw. den Kleinen Senat betreffender Fall vorliegt oder der Fall an den Großen Senat des OGHs bzw. an einen Senat des BVerfGs weitergeleitet werden muss. Die Tatkraft eines Verfassungsgerichts hängt davon ab, ob ein Fall zur Weiterentwicklung der Entscheidung vorgelegt wird oder nicht. Zum Abschluss wird ein Blick auf die Reformvorschläge zum Senatssystem in der Vergangenheit geworfen.

2. Der OGH und sein Senatssystem

Das japanische Gerichtssystem ist gekennzeichnet durch eine zentralisierte Gerichtsbarkeit, an deren Spitze der OGH steht. Die Aufgabe des OGHs ist es, die Anwendung von Rechtsnormen, die Vereinheitlichung der Rechtsprechung und vor allem die Auslegung der Rechtsnormen unumstößlich festzulegen[3].

Darüber hinaus nimmt der OGH durch eine Richterversammlung innerhalb des OGHs (§ 12 Gerichtsverfassungsgesetz) teil an der Justizverwaltung. Es werden nicht nur die täglichen Geschäfte des OGHs besprochen, sondern auch die gesamte Justizverwaltung. Aufgrund der Auslastung durch ihre Tätigkeit in den Spruchkörpern können sich die Richter des OGHs jedoch nur schwer mit der Verwaltung befassen, weshalb der Präsident des OGHs und der Generalsekretär (§ 13 Gerichtsverfassungsgesetz) die substantiellen Entscheidungen treffen[4].

Für die Spruchpraxis des OGHs sind folgende Punkte prägend. Erstens das relativ hohe Alter der ernannten Richter, die bei ihrer Ernennung durchschnittlich Mitte 60 sind, was dazu führt, dass nicht viel Zeit für die Entfaltung eines eigenen Charakters als Richter in der höchsten Instanz bleibt, da sie mit 70 pensioniert werden[5]. Zweitens sind die Richter überwiegend Juristen. Mindestens zehn Richter am OGH müssen Volljuristen sein, d. h. sie müssen eine Berufserfahrung

[3] *Tamura Yoko*, Saikousaibansho no Joukokushin toshiteno Kinou to Yakuwari, Nihon no Saikousaibansho, Nihonhyoronsha Verlag 2016, S. 146 ff.

[4] Unter der Aufsicht des Präsidenten wird ein Generalsekretär ernannt. Vgl. *Kisasu Shigeo*, *Miyazawa Setsuo* u. a., Gendaishihou, 6. Aufl., Nihonhyoronsha Verlag 2015, S. 146 ff.

[5] Daniel Foot weist darauf hin, dass die Richter in den wenigen Amtsjahren am OGH nur wenig Einfluss auf die Urteile ausüben können. Die Richter werden vom Kabinett ernannt und vom Kaiser bestätigt. Nach dem Gerichtsverfassungsgesetz besteht die formelle Bedingung darin, eine „kenntnisreiche und mit dem Recht vertraute Person im Alter von über 40 Jahren" zu sein. Noch nie wurde jemand im Alter von unter 50 Jahren Richter und seit 1964 sind alle Richter bei der Ernennung 60 Jahre alt oder älter. Vgl. *Daniel H. Foot*, Saiban to Shakai. Shihouno Joushiki Saikou, NTT Verlag 2006, S. 188 f.

von zehn Jahren vorweisen, wenn es sich um Richter handelt, oder eine Berufserfahrung von mehr als 20 Jahren in anderen Anstellungen als Juristen (Anwalt, Staatsanwalt, Rechtsprofessor u. a.). Seit 1970 ist die Quote in der Praxis ungefähr wie folgt: sechs Richter, vier Anwälte, zwei Staatsanwälte, zwei aus der Verwaltung, ein Wissenschaftler. Die Frauenquote im OGH war stets sehr gering, in den letzten Jahren gab es hier jedoch eine Verbesserung.[6]

Mit der Justizreform von 1999 und in späteren Jahren änderte sich auch das Ernennungssystem, welches auf den Charakter des OGHs nicht unerheblichen Einfluss ausübte[7]. Seit 2000 ist die Anzahl der Sondervoten in den Urteilen des OGHs merklich gestiegen, was auf eine Änderung des richterlichen Selbstverständnisses hindeutet. Die Anzahl der Sondervoten[8] betrug in den 90er Jahren 215 und verdoppelte sich nahezu im Zeitraum von 2000 bis 2010 auf 421[9].

a) Der Große Senat und die drei Kleinen Senate

Der OGH besteht aus drei Kleinen Senaten mit jeweils fünf Richtern und einem Großen Senat, in dem alle 15 Richter der drei Kleinen Senate zusammentreffen. Der Große Senat kann ein Gerichtsverfahren durchführen, wenn mehr als acht seiner Mitglieder anwesend sind (§ 7 Geschäftsordnung des Obersten Gerichtshofs).

Zunächst wird jeder Fall in einem der Kleinen Senate geprüft und nur, wenn er bestimmte Voraussetzungen erfüllt, an den Großen Senat weitergeleitet. Diese Voraussetzungen sind nach § 10 des Gerichtsverfassungsgesetzes und § 9 der Geschäftsordnung des Obersten Gerichtshofs zu erfüllen, falls eine neue Entscheidung zur Verfassung getroffen wird, die Verfassungswidrigkeit einer Rechtsnorm festgestellt werden muss, oder wenn eine neue Interpretation zur Verfassung, einem Gesetz

---

[6] 2018 betrug die Anzahl der Frauen drei von 15 Richtern und in jedem Kleinen Senat saß eine Richterin. Die erste Richterin wurde 1994 ernannt. Kennzeichnend ist, dass die Richterinnen im OGH bisher keine Richterkarriere hatten, d. h. es sind Anwältinnen oder Beamtinnen außerhalb des Gerichtssystems.

[7] *Sato Iwao*, Saikousai ha Kawattaka, Houritujihou, Bd. 82, Nr. 4 (2009), S. 47 ff.

[8] Der Oberste Gerichtshof hat ein System des Sondervotums. Nach dem Gerichtsverfassungsgesetz § 75 Abs. 2 muss die Beratung im Gericht geheim sein. Als eine Sonderregel für den OGH regelt jedoch § 11, dass die Sondervoten veröffentlicht werden sollen. In der Praxis des OGHs wird die von der Mehrheit geteilte Meinung als „Meinung des Gerichts“ oder „Herrschende Meinung“ bezeichnet, eine vorgelegte ergänzende Begründung als „ergänzende Meinung“. Nur „Meinung“ heißt hier, dass sie mit der „Herrschenden Meinung“ im Ergebnis gleich ist, aber auf einer anderen Begründung beruht. Ein Votum gegen die „Herrschende Meinung“ wird als eine „Abweichende Meinung“ bezeichnet (*Masaki Miyuki*, Kijutsuteki sokumen karamita Saikosai no Shousuuiken, in: Mihira u. a. [Hrsg.], Saikosai no Shousuuiken, Nihonhyoronsha 2016, S. 11).

[9] *Watanabe Chiharu*, Heiseiki no Saikousaibansho, in: Ichihara, Okubo u. a. (Hrsg.), Nihon no Saikousaibansho, Nihonhyouronsha Verlag 2016, S. 15. Von 1989 bis 1999 wurden 89 ergänzende Meinungen, 22 Meinungen und 104 abweichende Meinungen geschrieben, während von 2000 bis 2010 schon 212 ergänzende Meinungen, 39 Meinungen und 170 abweichende Meinungen abgefasst wurden. Aufgrund ihrer beruflichen Sozialisation scheinen Richter, die aus dem Anwaltsberuf stammen, am häufigsten zu einem Sondervotum zu tendieren.

oder zu anderen Normen nötig wird. Der Grundgedanke hinter dieser Vorgehensweise ist, dass neue und wichtige Entscheidungen vom Großen Senat getroffen werden sollen. Anders gesagt, die Kleinen Senate im OGH fällen Entscheidungen und erlassen Beschlüsse über Verfassungsfragen nur insoweit, als sie den Rechtsfall für bereits in einem Präzedenzfall entschieden und die streitrelevanten Normen für verfassungsgemäß erachten[10].

Während der OGH aus 14 Richtern und einem Präsidenten besteht (§ 15 Gerichtsverfassungsgesetz), werden die Richter des OGHs auf drei Kleine Senate mit jeweils fünf Richtern verteilt (§ 2 Abs. 1 Geschäftsordnung des OGHs)[11]. Mit drei Richtern kann ein Gerichtsverfahren im Kleinen Senat durchgeführt werden (§ 2 Abs. 2)[12]. Alle Richter werden bei ihrer Berufung einer der drei Senate zugeordnet. Diese Zuordnung wird später grundsätzlich nicht mehr geändert[13]. Ein neuer Richter wird meistens automatisch für den Senat ernannt, in dem ein Platz frei geworden ist. Es wird aber auch darauf geachtet, dass es keine Polarisation hinsichtlich der beruflichen Herkunft der Richter gibt. Die drei Kleinen Senate haben dennoch ihre jeweiligen Eigenheiten bzw. Charakteristika, die sich aus der Zusammensetzung ihrer Mitglieder ergeben[14].

Der Vorsitz im Kleinen Senat wechselt je nach dem zu verhandelnden Fall. Im Gegensatz zu den unteren Instanzen, in denen derjenige mit der längsten Erfahrung zum Vorsitzenden ernannt wird, wechselt der Vorsitz in den Kleinen Senaten des OGHs reihum. Darum kann es auch passieren, dass ein Richter, der hauptsächlich im Zivilrecht tätig war, plötzlich den Vorsitz in einem Strafrechtsfall übernimmt. Außer den Richtern nehmen auch die wissenschaftlichen Mitarbeiter (Chousakan) an der Beratung teil[15].

---

[10] *Masami Ito*, Saibankan to Gakusha no Aida, Yuhikaku Verlag 1993, S. 6. Deshalb ist die Beratung im Großen Senat sehr zeitaufwändig. Nach einem Bericht des ehemaligen Richters Ito dauerte der Fall zur Lärmbelästigung durch den Flughafen Osaka besonders lang. In diesem Fall waren die Meinungsverschiedenheiten zwischen den Richtern sehr groß und es gab fast zwei Jahre lang wöchentliche Beratungen.

[11] Wenn man über den „Kleinen Senat des OGHs" spricht, dann unter drei Aspekten. Einerseits als Ort, an dem Rechtsprechung stattfindet. Zweitens als der aus fünf Richtern bestehende Spruchkörper. Drittens als Sekretariat, in dem neben den fünf Richtern Schreibkräfte und Mitarbeiter tätig sind. *Fujita Tokiyasu*, Saikousai Kaisouroku. Gakusha Hanji no Nananenhan, Yuhikaku Verlag 2012, S. 38.

[12] Auch wenn ein Richter fehlt oder aus irgendeinem Grund nicht fähig ist, seine Richtertätigkeit auszuüben, gibt es kein System, einen Richter von einem anderen Kleinen Senat heranzuziehen.

[13] In der Geschäftsordnung des OGHs steht, dass über die Zuordnung eines Richters jedes Jahr in einer Sitzung der Richter neu entschieden wird, was aber in der Praxis nicht geschieht.

[14] Vgl. *Ichikawa Masato*, Ikenshinsakenkoushi no Sekkyokuka to Saikousai no Jintekikousei, in: Ichihara, Okubo u. a. (Hrsg.), Nihon no Saikousaibansho, Nihonhyouronsha Verlag 2016, S. 23 ff. Der tägliche Kontakt zwischen den Richtern, beispielsweise beim gemeinsamen Abendessen, erfolgt grundsätzlich im Kreis der jeweiligen Kleinen Senate; vgl. *Fujita* (Anm. 11), S. 38.

[15] Nach Tokiyasu Fujita, ein ehemaliger Richter des OGHs, hat der Beratungsraum für die Richter einen runden Tisch und die Richter nehmen in der Reihenfolge ihrer Amtszeit Platz. Außer

Der Verwaltungsablauf im Gericht ist wie folgt: Ein Fall wird automatisch nach dem Zufallsprinzip einem der drei Kleinen Senate zugeordnet und es gibt keine Bevorzugung hinsichtlich der Spezialgebiete der Richter oder des Senats. Neben den Fällen, die der Kleine Senat berät und dazu Entscheidungen trifft, gibt es sogenannte „Umlaufverfahren" (Mochimawari Anken), die ohne Beratung nur durch den Umlauf der Akten und deren Abstempelung erledigt werden, wie z. B. in Fällen, die die Voraussetzungen für ein Rechtsmittelverfahren nicht erfüllen oder offensichtlich unbegründet sind. 95 % der Fälle werden im Umlaufverfahren erledigt. Ob ein Fall eine Beratung verlangt oder im Umlaufverfahren erledigt wird, entscheiden letztlich die Richter: zunächst untersuchen die wissenschaftlichen Mitarbeiter des OGHs den Fall und treffen die erste Entscheidung zum Umlaufverfahren. Wenn aber ein Richter der Meinung ist, dass der Fall eine Beratung verlangt, schreibt der wissenschaftliche Mitarbeiter erneut einen Bericht, um den Fall im Kleinen Senat untersuchen zu lassen[16]. Viele ehemalige Richter des OGHs berichten, dass zu viele unbegründete Berufungsanträge gestellt werden und dass sie sich dennoch zu viel Zeit für eine eingehende Prüfung dieser Fälle nehmen müssen, so dass ihnen keine Zeit und Kraft mehr für wichtige Entscheidungen bleiben.

b) Kritik an der Arbeitsteilung zwischen den Kleinen Senaten und dem Großen Senat

Schon mehrmals wurde kritisiert, dass die Arbeitsteilung zwischen den Kleinen Senaten und dem Großen Senat ein Grund dafür ist, dass der OGH sich hinsichtlich der Verfassungsgerichtsbarkeit zurückhaltend verhält. In Fällen, die eigentlich einer Prüfung durch den Großen Senat bedürften, würden die Kleinen Senate eigenständig Entscheidungen treffen. Tokuji Izumi, ein ehemaliger Richter des OGHs, stellt fest, dass die Kleinen Senate in Fällen, die eigentlich eine Entscheidung durch den Großen Senat verlangen, häufig die Verfassungsmäßigkeit streitrelevanter Normen feststellen[17]. Einem ehemaligen Richter Shigeo Takii zufolge begründet der OGH häufig mit der Floskel „in Bezug auf den Geist des Präzedenzfalles liegt die Verfassungmäßigkeit auf der Hand (shushi ni chojite akiraka dearu)" seine Entscheidungen, obwohl auch für Takii „manchmal nicht klar nachvollziehbar ist, wieso mit dem Präzedenzfall die Verfassungsmäßigkeit des vorliegenden Falles offensichtlich auf der Hand liegen kann"[18]. Da die Beratung im Großen Senat viel Zeit beanspruche und auch von den Richtern intensive Arbeit verlange, werde eine

---

diesem runden Tisch gibt es einen weiteren Tisch für wissenschaftliche Mitarbeiter, die sich aus Richtern mit mehr als zehn Jahren Berufserfahrung zusammensetzen (Saikou Saibansho Chousakan) und die eine detaillierte Auslegung der Materialien, die zur Beratung anstehen, erstellen sowie das Protokoll der Beratungen anfertigen, *Fujita* (Anm. 11), S. 38.

[16] *Ito* (Anm. 10), S. 63.

[17] *Tokuji Izumi*, Saikousaibansho no Iken shinsaken koushijou no Shomondai (Probleme bei der Ausübung der Verfassungskontrolle durch den OGH), in: Ichikawa u. a. (Hrsg.), Nihon no Saikousai (Der japanische OGH), Nihonhyouronsha 2015, S. 318 ff.

[18] *Shigeo Takii*, Houritsujihou, Bd. 82, Nr. 4, S. 50.

Befassung des Großen Senats auch deshalb vermieden, damit die Beratung in den Kleinen Senaten nicht ins Stocken gerät. Diese Praxis einer Vermeidung der Befassung des Großen Senates unter Berufung auf einen nicht unbedingt relevanten Präzedenzfall sei der Grund dafür, dass in Japan nur selten eine Verfassungswidrigkeit streitrelevanter Normen festgestellt wird[19].

Es bedürfte indes einer genaueren Untersuchung, ob wirklich mit der Intention, möglichst nicht den Großen Senat damit zu befassen, die Kleinen Senate eigenständig Entscheidungen treffen in Fällen, die eigentlich eine neue Verfassungsfrage aufwerfen und deshalb eine Behandlung im Großen Senat verlangen. Denn ungeachtet der formelhaften Begründungen kann man auch andersherum fragen, wie sich erkennen lässt, ob in einem neuen Fall eine verfassungsrechtlich neu zu klärende Frage aufgeworfen wird. Tiefere Einsichten verspricht eine rechtsvergleichende Betrachtung der Vorgehensweise in Deutschland.

3. Vorlage im Großen Senat aus rechtsvergleichender Perspektive

In Bezug auf das Erkennen von wichtigen, eine neue Verfassungsauslegung erforderlich machenden Fragen könnte die Funktion des Kleinen Senats in Japan mit der der Kammern des BVerfGs verglichen werden. Der Große Senat des OGHs und die Senate des BVerfGs entscheiden über wichtige Verfassungsfragen und generieren so Grundsatzentscheidungen, während die Kleinen Senate in Japan und die Kammern in Deutschland entsprechend der Grundsatzentscheidungen weitere Fälle bearbeiten. Zwar weisen die Kammern des BVerfGs einerseits und die Kleinen Senate des OGHs andererseits in institutioneller Hinsicht wesentliche Unterschiede auf, aber ihre Funktion, eine Entscheidung zu treffen über die Notwendigkeit einer weiteren Verhandlung und Abgabe an den nächstgrößeren Spruchkörper, ist vergleichbar.

---

[19] 2011 wurde in mehreren Fällen die Vereinbarkeit der Gehorsamspflicht von Lehrern in Mittel- und Oberschulen hinsichtlich des Gesetzes zur Nationalflagge und zur Nationalhymne mit ihrer Meinungsfreiheit in den Kleinen Senaten geprüft und in allen Fällen die Verfassungsmäßigkeit der Gehorsamspflicht festgestellt, z. B. wenn der Direktor der Schule das Vorspielen der Nationalhymmne durch einen Lehrer angeordnet hatte. Nach Izumi hätten diese Fälle im Großen Senat verhandelt werden müssen, da es über die Vereinbarkeit des Anordnungsrechts der Schuldirektoren mit der Meinungsfreiheit der einzelnen Lehrer noch keine Grundsatzentscheidung gab. Ein weiteres Beispiel, das von Izumi vorgelegt wird, ist der Fall zur Ungleichheit der Gewichtung der Stimmen der Bürger einzelner Stadtbezirke im Tokioter Stadtparlament aus dem Jahr 2015, die ebenfalls vom zuständigen Kleinen Senat für verfassungsmäßig erklärt wurde, obwohl es, anders als für das nationale Parlament, auf kommunaler Ebene noch keinen Präzedenzfall gab. Vgl. *Izumi* (Anm. 17), S. 322 ff.

a) Die Kammern des BVerfGs und die Kleinen Senate des OGHs

Institutionell betrachtet unterscheiden sich die Kleinen Senate und die Kammern ganz wesentlich. Erstens sind die Kammern eine spezifisch auf Annahmeverfahren ausgerichtete Organisationseinheit und keine ordentlichen Spruchkörper des BVerfGs. Genau genommen ist nur die Entscheidung über die Annahme eines Falles durch den Kleinen Senat in Japan institutionell mit der Funktion der Kammern in Deutschland vergleichbar. Zweitens sind die Kleinen Senate Spruchkörper, die den OGH repräsentieren. Die Beschlüsse und Urteile eines Kleinen Senats des japanischen OGHs sind Entscheidungen eines ordentlichen Spruchkörpers und haben den Rang eines Präzedenzfalls des OGH. Demgegenüber sind die Kammern des BVerfGs keine ordentlichen Spruchkörper und repräsentieren darum das BVerfG nicht; sie schaffen durch ihre Entscheidung keinen Präzedenzfall, obwohl in der Literatur Kammerentscheidungen wie Präzedenzfälle behandelt werden. In den Kammern sitzen nur drei der acht Richter eines Senats des BVerfGs und darum kann es sein, dass, wenn einer der drei Richter ausgetauscht und in einer grundsätzlich anderen Konstellation als vorher ein bisher übersehenes Problem dem Senat vorgelegt wird, die Entscheidung anders ausfällt als bisher. Es hängt davon ab, wer in den Kammern sitzt und man muss immer damit rechnen, dass ein Problem, das infolge einer neuen Verfassungsbeschwerde dem Senat vorgelegt wird, dann anders als bisher beurteilt wird.

Trotz dieser institutionellen Unterschiede sind vergleichbare Tendenzen zu beobachten. Erstens hängt es von den Entscheidungen der Richter in den Kammern bzw. in den Kleinen Senaten ab, ob ein Fall zum Senat des BVerfGs oder dem Großen Senat des OGHs weitergeleitet wird oder nicht. Dabei beträgt die Anzahl der entscheidenden Richter in Deutschland drei von acht und in Japan fünf von fünfzehn Richtern. Zweitens wird eine Kammerentscheidung als eine Art Präzedenzfall des BVerfGs behandelt. Obwohl die Kammern keine ordentlichen Spruchkörper und daher schon institutionell den Senaten des BVerfGs nicht gleichgestellt sind, werden die veröffentlichten Kammerentscheidungen in der wissenschaftlichen Diskussion wie Entscheidungen des BVerfGs behandelt[20].

b) Problem der Abstraktionshöhe

Wenn es sich in den von Izumi angeführten Beispielen wirklich um solche Entscheidungen zur Frage der Verfassungskonformität von Rechtsnormen handeln würde, die eine Prüfung durch den Großen Senat verlangt hätten, jedoch von den

---

[20] Ein ähnliches Phänomen ist auch in Japan anzutreffen. Die von den wissenschaftlichen Mitarbeitern des OGHs verfassten „Kommentare zu den Entscheidungen" geben zwar formell nur deren persönliche Ansichten wieder, weil die wissenschaftlichen Mitarbeiter aber die Urteile des OGHs weitreichend vorbereiten, werden diese „Kommentare" wie Erläuterungen der Urteile behandelt. Zur Kritik daran vgl. *Takii* (Anm. 18), S. 87.

Kleinen Senaten eigenständig entschieden wurden, würde es sich um eine gesetzeswidrige Praxis handeln.

Die Antwort auf die Frage, ob es bereits eine Senatsentscheidung als Präzedenzfall gibt oder nicht, ist indessen, wie Johannes Masing für die Kammerentscheidungen in Deutschland gezeigt hat, von der Abstraktionshöhe des Maßstabs abhängig. Wird dieser hinreichend konkret gebildet, so ließe sich für Japan formulieren, dass alle Fälle, die vom Großen Senat geprüft wurden, im Grunde einzigartig anmuten und es ist höchst unwahrscheinlich, dass es für einen umstrittenen Fall bereits eine identische Entscheidung des Großen Senats gegeben hat.

Nach einer Studie von Yoshihiro Terasaki, einem japanischen Strafprozessrechtler, zeigte sich im Bereich des Besuchsrechts des Strafverteidigers, dass nach mehreren Entscheidungen in den Kleinen Senaten schließlich eine Grundsatzentscheidung vom Großen Senat getroffen wurde, d. h. diese Grundsatzentscheidung basierte auf der Rechtsprechung in den Kleinen Senaten[21]. Nach dieser Grundsatzentscheidung haben die Kleinen Senate analog dieser Grundsatzentscheidung weitere, ähnliche Fälle entschieden, was als Durchführung der Grundsatzentscheidung des Großen Senats angesehen wird. Darin zeigt sich meines Erachtens die Wechselwirkung zwischen Kleinen Senaten und Großem Senat. Der Große Senat geht in seiner Grundsatzentscheidung keineswegs ganz neue Wege, sondern baut auf den bisher in den Kleinen Senaten verhandelten Fällen auf. Andererseits respektieren die Kleinen Senate die Grundsatzentscheidungen des Großen Senats, indem sie die Wertungen von Grundsatzentscheidungen identifizieren und diese so auf weitere Fälle anwendbar machen. Es ist keineswegs so, dass sich plötzlich eine neue Verfassungsfrage stellt und der Große Senat allein über diese Frage entscheidet. Vielmehr wird aufgrund der Ansammlung der bisherigen Rechtsprechung in variierenden Fällen ein neues Problem erkannt und die zuständigen Richter entscheiden, ob das Problem Anlass zu einer neuen Weichenstellung in der Rechtsprechung gibt. Deswegen sollte die Fragestellung eher lauten: Welche Fälle verdienen angesichts „neuer verfassungsrechtlicher Fragen“ eine Prüfung im Großen Senat?

Ein weiteres Beispiel für die Diskussion um die Erforderlichkeit einer Vorlage im Großen Senat sind die Fälle „Horikoshi“ und „Setagaya“[22]. Beide Entscheidungen des zweiten Kleinen Senats des OGHs erfolgten am 7. Dezember 2012 und wurden in der wissenschaftlichen Diskussion kritisch beurteilt, mit der Schlussfolgerung, dass sie eine Beratung im Großen Senat erfordert hätten.[23] Jeweils ging es um die

---

[21] *Yoshihiro Terasaki*, Sekkenkoutsu: Saikousai daihouteihanketsu to sonogo no shouhouteihanketsu (Besuchsrecht des Verteidigers: Die Grundsatzentscheidung vom Großen Senat und die Entscheidungen der Kleinen Senate danach), in: Koudo Kageaki sensei kokishukugaronbunshu (FS zum 70. Geburtstag Professors Kageaki Koudo), Seibundo 2001.

[22] Fall Horikoshi: Entscheidung des 2. Kleinen Senats des OGHs vom 7. Dezember 2012, Keishu Bd. 66, Nr. 12, S. 1337 ff. Fall Setagaya: Entscheidung des 2. Kleinen Senats des OGHs vom 7. Dezember 2012, Keishu Bd. 66, Nr. 12, S. 1722 ff.

[23] *Kimizuka Masaomi*, Hanrei no Kouryoku, Yokohama hongaku 24 Nr. 1 (2015), S. 99 f.

politischen Aktivitäten von Beamten. In diesem Bereich gab es bereits eine Grundsatzentscheidung des OGHs, das „Sarufutsu-Urteil" vom Jahr 1974.[24] Im „Sarufutsu-Urteil" entschied der Große Senat des OGHs, dass politische Tätigkeiten von Beamten die politische Neutralität der Verwaltung und damit auch das Vertrauen des Volkes in die Amtsträger verletzen würden und deshalb die Regelung im Beamtengesetz, die unter Androhung einer Strafe die politische Betätigung von Beamten verbietet, verfassungskonform sei. Beide Fälle „Horikoshi" und „Setagaya" wurden aus zwei Gründen in ihrer Konstellation vergleichbar erachtet: Zum einen, da es sich jeweils um eine politische Betätigung eines einfachen Beamten handelte, zum anderen, weil die Aktivität nicht in seiner Dienst-, sondern in seiner Freizeit stattfand.

Der zweite Kleine Senat sprach im Fall Setagaya den Angeklagten schuldig, während im Fall Horikoshi der Angeklagte freigesprochen wurde. Beide Entscheidungen zitieren das „Sarufutsu-Urteil", wobei aber die Formel schlicht verändert wurde, in dem sie eine „konkrete Gefährdung" der politischen Neutralität voraussetzte. Hier soll auf den Fall Setagaya noch näher eingegangen werden.

Am 10. September 2005, einen Tag vor der Wahl des Unterhauses, hatte X, ein Beamter des Gesundheitsministeriums, die Sonderausgabe der „Akahata", der Zeitung der Kommunistischen Partei, in die Briefkästen der Wohnanlage für Polizeibeamte eingeworfen. Er wurde unter dem Verdacht des Einbruchs verhaftet und später von der Staatsanwaltschaft wegen Verletzung des Beamtengesetzes angezeigt, und zwar wegen widerrechtlicher politischer Tätigkeit. Die Entscheidung des Tokioter Landgerichts wies die Berufung des Angeklagten zurück und erklärte X für schuldig. Sein Verhalten „gefährde die politische Neutralität des Beamtentums und sei eine starke Rechtswidrigkeit", wobei das „Sarufutsu-Urteil" als Präzedenzfall zitiert wurde. Das Tokioter Oberlandesgericht erklärte X ebenfalls für schuldig unter Berufung auf das „Sarufutsu-Urteil" mit der Feststellung, dass diese Grundsatzentscheidung sich mit der geschichtlichen Weiterentwicklung der Gesellschaft nicht relativiert habe. Der OGH wies den Antrag des Angeklagten ebenfalls zurück und erklärte X für schuldig. Jedoch wurde in der Begründung darauf hingewiesen, dass „mit der politischen Tätigkeit die Neutralität der Verwaltung konkret gefährdet sein müsse" und für die Beurteilung, ob eine „konkrete Gefährdung" vorhanden sei, müssten die Art der politischen Tätigkeit, die Umstände, der Zeitraum u.s.w im Einzelnen geprüft werden. Hier ist eine Relativierung des „Sarufutsu-Urteils" erkennbar, weil der Maßstab für die Beurteilung der Verfassungskonformität strenger und konkreter ausgestaltet ist. Anhand dieses Maßstabs sprach am gleichen Tag derselbe Senat im Horikoshi-Urteil den beklagten Beamten frei, dem gleichfalls eine widerrechtliche politische Betätigung vorgeworfen worden war, und zwar weil

---

[24] Keishu Bd. 28, Nr. 9, S. 393 ff. In diesem Fall ging es um einen Postbeamten im Dorf Sarufutsu, der zwecks Unterstützung der Sozialen Partei (Shakaito) deren Wahlplakate vor dem Wahllokal eigenhändig aufgehängt hatte.

eine „konkrete Gefährdung“ nicht vorhanden gewesen sei. Hierin erblickt man in wissenschaftlichen Kreisen eine Änderung des Grundsatzurteils, die eigentlich nur vom Großen Senat hätte vorgenommen werden können, aber vom Kleinen Senat unter dem Deckmantel der entsprechenden Anwendung des Maßstabes des „Sarufutsu-Urteils“ getätigt wurde.

Der Vorsitzende Richter in diesem Fall, Katsumi Chiba, hat in seiner ergänzenden Meinung (Hosoku Iken) sogar explizit darauf hingewiesen, dass die Entscheidungen der Kleinen Senate dem „Sarufutsu-Urteil“ Folge leiste[25]. Darüber hinaus hat er auch nach seiner Amtszeit die Entscheidungen verteidigt und seine Haltung zur Nichtvorlage an den Großen Senat genauer ausgeführt[26]. Nach Chiba müsse das „Sarufutsu-Urteil“ als eine fallbezogene Entscheidung verstanden werden. Der OGH betrachte die Sachlage gleichsam sowohl makro-soziologisch als auch mikro-dogmatisch, d.h. unter dem Aspekt der Einwirkung auf die Gesellschaft einerseits und der Vergleichbarkeit des konkreten Falles andererseits. Daher stelle der OGH zwar einen allgemeinen Rechtsgrundsatz auf, der aber grundsätzlich fallbezogen sei[27]. Der entscheidende Punkt des im „Sarufutsu-Urteil“ gebildeten Maßstabs sei die Frage, „ob sich zwischen der Aktivität des Beamten und der Gefährdung der politischen Neutralität der Verwaltung eine rationale Verbindung herstellen lässt“[28].

Er meint, eine übereilte Neuaufstellung allgemeiner Rechtsgrundätze durch den Großen Senat werde die Rechtssicherheit gefährden, weil solche Grundsätze innerhalb kurzer Zeit wieder eine Revidierung erfahren würden[29]. Gerade in einer Zeit, wo eine Reform des Beamtensystems auf der politischen Tagesordnung stehe, wäre die Schaffung eines neuen Präzedenzfalles umso unvernünftiger, weil damit durch das Gericht im Wege der Verfassungsinterpretation eine allgemeine Aussage zum Aufbau einer Institution getroffen werde, die der Gesetzgebung im Wege stehen könnte. Vielmehr sei es eine gute und wohlbegründete Praxis, aufgrund eines von vorherigen Fällen abgeleiteten Prüfungsmaßstabs im Kleinen Senat zu entscheiden. An dieser Auffassung Chibas ist die verbreitete Grundauffassung ablesbar, dass die Entscheidungen des Kleinen Senats die Funktion haben, Grundsatzentscheidungen des Großen Senats auf die fortlaufend neuen, oft leicht abweichenden Fälle mit Blick auf eine angemessene Würdigung des Einzelfalls zu übertragen und damit auch die Rolle der Judikative zu bewahren[30].

---

[25] Keishu Bd. 66, Nr. 12, S. 1347ff.

[26] *Chiba Katsumi*, Ikenshinsa. Sono shoten no sadamekata, Verlag Yuhikaku 2017, S. 60ff.

[27] Ebenda, S. 61f.

[28] Ebenda, S. 64f.

[29] Ebenda, S. 62, 65.

[30] Es ist hierbei bezeichnend, dass ein Richter des OGHs aus dem Kreis der professionellen Richterschaft die Rolle der Justiz im Verhältnis zu den anderen drei Gewalten restriktiv interpretiert.

Die Kritik Izumis richtet sich hingegen auf die Praxis des japanischen OGHs, der zufolge die Kleinen Senate solchen Gesetzen oder Entscheidungen kurzerhand Verfassungskonformität attestieren, die eigentlich einer genaueren Prüfung bedurft hätten. Zwar steht einerseits fest, dass im Alltag nicht allzu oft Fälle zu entscheiden sind, die eine neue Grundsatzentscheidung erfordern. In den meisten Fällen genügt, wie Chiba ausgeführt hat, eine Entscheidung der Kleinen Senate. Andererseits wird aber von mehreren Seiten beklagt, dass die Richter des OGHs mit der Anzahl von Fällen überfordert sind und für weniger bedeutsame Verfahren zu viel ihrer Energie verbraucht wird. Damit besteht die Gefahr, dass, wenn ein wichtiger, eine genaue Prüfung und eine Aufstellung von neuen Grundsätzen erfordernder Fall auftaucht, die Richter dennoch zur Beibehaltung des bisherigen Maßstabes neigen oder sogar auf die neue Problematik gar nicht aufmerksam werden[31].

4. Vorschläge zur Reform des Senatssystems

Die Vorschläge zur Reform der Organisationsstruktur des OGHs richten sich auf eine Stärkung der Funktion als Verfassungsgericht. Im Bericht der beratenden Kommission zur Reform des Justizsystems wurde ausdrücklich kritisiert, dass der OGH die Erwartungen des Volkes, als Verfassungsgericht die Gesetzgebung und die Willkür der Verwaltung zu kontrollieren, nicht erfülle[32].

Für die zurückhaltende Ausübung der Verfassungsgerichtsbarkeit durch den OGH[33] gibt es verschiedene Erklärungsansätze[34]. Das Argument, dass die Richter

---

[31] *Takii* (Anm. 18), S. 82.

[32] Shihouseidokaikakushingikai ikensho.

[33] Hier ist aber zu beachten, dass der OGH in Bezug auf Verfassungsfragen insgesamt keineswegs zurückhaltend ist. Es gibt nur sehr selten Fälle, in denen er einen Verfassungsbruch feststellt. Vgl. *George Shishido*, Kenpoutekigoukaisyaku nituiteno Hikakukenkyu, in: Hikakuhoukenkyu 78 (2016), S. 4. Zur Frage, warum der OGH „zurückhaltend" erscheint, *Yukio Hasebe*, The Supreme Court of Japan: A Judicial Court, Not Necessariliy a Constitutional Court, in: Chen/Harding (Hrsg.), Constitutional Courts in Asia. A comparative perspective, S. 289 ff.

[34] Erstens wird eine Kontrolle des OGHs durch politische Kreise behauptet, insbesondere da es von 1955 bis 1993 keinen Regierungswechsel gab. Ramseyer diagnostiziert eine Kontrolle der Richter durch die LDP (siehe *J. Mark Ramseyer/Eric Rasmusen*, Measuring Judicial Independence: The Political Economy of Judging in Japan, University of Chicago Press 2003). Häufig wird dem aber entgegen gehalten, dass der OGH seine „politische Neutralität" hochschätzt. Zweitens wird argumentiert, dass das Legislativbüro des Kabinetts die Gesetzgebung kontrolliere und es damit nur wenige Fälle gebe, in denen die Verfassungskonformität in Frage gestellt werde (vgl. *Sato Iwao*, Naikakuhouseikyoku to Saikousaibansyo, in: Tanase Takao [Hrsg.], Sihou no Kokuminteki-kiban – Nichibei no Shihouseiji to Shihouriron, Ninonhyoronsha 2009, S. 117 ff.). Drittens, dass der OGH als letzte Instanz zunächst als allgemeine Gerichtsbarkeit kein eigenes Bewusstsein als Verfassungsgericht ausgebildet habe. Viertens, dass der OGH mit den allgemeinen Rechtsmittelverfahren überfordert sei und den Richtern nicht genug Zeit und Kraft für größere und wichtigere Fälle mit Verfassungsbezug bleibe.

mit der Fülle der Aufgaben überfordert seien[35], führte zu Reformvorschlägen zur Rollenverteilung zwischen den Kleinen Senaten und dem Großen Senat des OGHs.

a) Die Justizreform direkt nach dem Krieg

Um den Reformvorschlag zur Rollenverteilung zwischen den Kleinen Senaten und dem Großen Senat zu verstehen, braucht es einen Blick in die Vergangenheit. Der OGH mit seinem Senatssystem wurde nach dem Krieg neu geschaffen. Nach dem Krieg war dem Oberkommando der Alliierten Mächte (General Head Quarter: GHQ) die Aufgabe gestellt, die Liberalisierung und Demokratisierung der japanischen Gesellschaft zu initiieren[36]. Der Justiz wurde dabei die Rolle zuteil, die japanische Gesellschaft zu liberalisieren[37]. Die von dem deutschen Juristen Alfred C. Oppler[38] durchgeführte Justizreform hatte zum Ziel, die Justiz zu stärken, d.h. eine institutionelle und politische Grundlage zu schaffen, um Kontrollrechte über die Legislative und die Verwaltung zu geben. Die zwei Säulen dieser Reform waren die Umwandlung der Organisation des Reichsgerichts (Daishin'in) zum OGH und die Einführung einer Verfassungsgerichtsbarkeit.

Das Daishin'in war die oberste Instanz für Zivil- und Strafverfahren. Für Zivil- und Strafverfahren gab es im Daishin'in mehrere Senate (Bu), die jeweils mit fünf Richtern besetzt waren. Wenn eine Änderung der bisherigen Rechtsprechung anstand, kam ein Plenum zusammen, das entweder die gesamten Zivil- oder Strafsenate umfasste oder aber aus den Zivil- und Strafsenaten gemeinsam gebildet wurde. Insgesamt bestand das Plenum aus rund 50 Richtern[39]. Institutionell war der Daishin'in dem Justizministerium unterstellt und hatte keine Befugnis zur Justizverwaltung, was den Richtern im Vergleich zu den Staatsanwälten ein geringeres Ansehen eintrug[40]. Die Richter wurden bereits in relativ jungen Jahren (im Alter

---

[35] Während das BVerfG mit seinen 16 Richtern sich ausschließlich mit Verfassungsfragen befasst, muss der OGH mit seinen 15 Richtern auch die Aufgaben als letztinstanzliches Gericht die allgemeine Gerichtsbarkeit bewältigen. Das entspricht einer Aufgabenfülle, der in Deutschland in den sechs Bundesgerichten 16 Verfassungsrichter und rund 430 Bundesrichter gegenüber stehen.

[36] *Takahashi Kazuyuki*, Sengoshihouseido no Kaikaku. Saikousaibansho no Sousetsu to Hounoshihai, Hounoshihai Nr. 180 (2016), S. 58.

[37] *Daniel H. Foot*, Namo Kaomo nai Shihou, NTT Verlag 2007, S. 67 ff.

[38] Zur Justizreform direkt nach dem Krieg siehe *Yuichi Deguchi*, Sengohoueikaikaku to Senryoukanritaisei, Keio University Press 2017. Alfred C. Oppler arbeitete im preußischen Finanzministerium und war danach als Richter des preußischen Oberverwaltungsgerichts tätig. Da er von jüdischer Abstammung war, floh er 1939 in die USA. Dort wurde er zum Chef der Justiz und Gerichtsabteilung des GHQs ernannt und war für die Reform des japanischen Rechtssystems zuständig.

[39] Es war auch die erste Instanz für Strafverfahren, in denen es um Fälle ging, die ein Verbrechen gegen die Kaiserfamilie verhandelten.

[40] Vgl. *Sasada Eiji*, Saibanseido, Shinzanshya Verlag 1997, S. 20. Indessen spielte der Daishin'in eine sehr wichtige Rolle für die Unabhängigkeit der Justiz.

zwischen 40 und 50) ernannt, im Gegensatz zur Praxis seit der Nachkriegszeit, derzufolge die Richter des OGHs erst kurz vor ihrer Pensionierung ernannt werden.

Ein wichtiger Punkt der Justizreform des GHQs war es, die Organisation des OGHs hinsichtlich seiner Befugnisse und Zuständigkeiten so zu stärken, dass er mit seiner Rechtsprechung als Judikative eine der Legislative und der Exekutive ebenbürtige Gewalt ausüben kann[41]. Das Justizwesen wurde vereinheitlicht und an seine Spitze der OGH gestellt. Die 15 Richter des OGHs sind nach der Reform nicht nur mit Zivil- und Strafrechtssachen betraut, sondern übernehmen auch die Verwaltungsgerichtsbarkeit des ehemaligen Verwaltungsgerichts. Darüber hinaus integrierte die neue Verfassung den OGH insoweit in die Justizverwaltung, als der OGH die Liste der in den untergeordneten Gerichten zu ernennenden Richter zusammenstellt. Ferner besitzt der OGH die Kompetenz zum Erlass von Regelungen[42], mit denen er selbständig die Gerichtsordnung und das Prozessrecht gestalten kann. Die wichtigste Neuerung aber ist seine Zuständigkeit für die Verfassungsgerichtsbarkeit. Damit hat der OGH nun zweierlei höchstrichterliche Aufgaben: diejenige der Vereinheitlichung von Rechtsprechung und Gesetzesinterpretation einerseits und die eines Verfassungsgerichts andererseits.

Bei der Diskussion um die personelle Aufstellung des OGHs in Bezug auf Qualifikation, Alter und Anzahl der zu ernennenden Richter stand die Vision eines neuen Gerichtes im Mittelpunkt[43]. Unterschiedliche Meinungen kamen in der für das Justizsystem zuständigen Sachverständigenkommission allerdings auch hinsichtlich der Frage auf, ob der OGH primär als ein Verfassungsgericht oder als Nachfolger des Daishin'in konzipiert werden soll, also als ein Staatsorgan, das auch hochpolitische Rechtsfragen entscheidet oder im Wesentlichen als Spitze der Fachgerichtsbarkeit fungiert[44].

b) Reformvorschläge in den 50er Jahren

Bereits in den 1950er Jahren gab es Reformvorschläge, um die Effizienz des OGHs zu erhöhen und so die Rahmenbedingungen für eine weniger zurückhaltende verfassungsrechtliche Kontrolle zu verbessern[45]. Die erste Diskussion zur Reform der Gerichtsverfassung fand Anfang der 1950er Jahre statt. Unmittelbarer Anlass war die Tatsache, dass der OGH überlastet war durch eine seit 1949 steigende Anzahl von Anrufungsverfahren, die zu vielen unbearbeiteten Fällen führte. Die Zahl der neu angenommenen Fälle betrug 1951 über 10.000 und 1952 erreichte die Anzahl der noch nicht verhandelten Fälle einen Rekord von 7.759 Fällen. Um diesem

---

[41] *Deguchi* (Anm. 38), S. 80 f.

[42] Art. 89 Abs. 1 der Verfassung.

[43] *Sasada* (Anm. 40), S. 18 ff.

[44] *Sasada* (Anm. 40), S. 18 ff.; *Naito Yorihiro*, Shusengo no Shihouseidokaikaku no Keika, Shihoukenshujo 1959, 2 Bd., S. 137 ff.

[45] *Takahashi Kazuyuki*, Kempososhouron (Verfassung), Yuhikaku 2017, S. 25.

Umstand abzuhelfen, wurde 1950 das „Gesetz zu Sonderverfahren in Berufungsfällen vor dem OGH in Angelegenheiten des Zivilprozessrechts“[46] erlassen, demzufolge er außer bei Verfassungsfragen oder Abweichungen von einer gefestigten Rechtsprechung des OGHs nur diejenigen Berufungen annehmen muss, die wichtige Rechtsprobleme enthalten.

Damals begann auch die Diskussion über eine Entlastung des OGHs mittels Ernennung einer größeren Anzahl von Richtern. Im Januar 1953 reichte die Vereinigung der Anwälte beim Justizministerium einen entsprechenden Reformvorschlag ein und der Justizminister bat um Behandlung in der Kommission zur Gesetzgebungsberatung (Housei-Shingikai). 1954 hat die Justizkommission im Unterhaus (Shu-giin) begonnen, über eine Reform der Gerichtsverfassung des OGHs zu beraten und im Oktober desselben Jahres wurde ein Reformvorschlag angenommen. Gleichzeitig hat auch der OGH in seiner Richtersitzung einen Reformvorschlag erarbeitet und veröffentlicht[47].

Nach dem Gesetzentwurf sollte der Große Senat des OGHs aus einem Präsidenten und acht Richtern bestehen. Außerhalb des Großen Senats sollte im OGH ein System der Kleinen Senate errichtet werden mit sechs vorsitzenden Richtern der Kleinen Senate und zusätzlichen vierundzwanzig Richtern. Ein Kleiner Senat sollte mit mindestens drei Richtern Entscheidungen treffen, aber keine Zuständigkeit haben bei Verfassungsfragen und bei Entscheidungen, die eine Änderung der bisherigen Rechtsprechung des OGHs benötigen. Die Entscheidungen des Kleinen Senats sollten nur dann angefochten und der Große Senat angerufen werden, wenn es sich um die Auslegung der Verfassung oder um eine Verfassungswidrigkeit handele. Dieser Gesetzentwurf koppelte die Funktion des OGHs als Berufungsgericht ab und weist dem Kleinen Senat diese Aufgabe zu, der zwar innerhalb des OGHs errichtet ist, aber vom Personal und als Institution ein anderes Gericht ist als der Große Senat. Der Große Senat sollte dagegen die Funktion als Verfassungsgericht ausüben.

Der Gesetzentwurf für eine teilweise Reform der Gerichtsverfassung mit dem Ziel, die Kleinen Senate vom OGH abzukoppeln und ihnen die Funktion als Rechtsmittelgericht zuzuweisen, wurde zurückgenommen. Hintergrund dieser Zurücknahme waren, nach Eiji Sasada, Meinungsverschiedenheiten von OGH und Anwaltsverein einerseits, aber auch die Meinungen der Regierung und des Justizministeriums waren entgegengesetzt und sorgten für Spannungen[48]. Am 13. März 1958 schlug der Generalsekretär des OGHs vor, dass für die effizientere Bewältigung der Gerichtsverfahren den Oberlandesgerichten (Koutou Saibansho) die Aufgaben der Kleinen Senate des OGH übertragen werden sollten. Dieser Vorschlag veranlasste die Justizkommission des Unterhauses, die ebenfalls dem

[46] Saikousaibanshoniokeru Minjijoukokujiken no Shinpan no Tokureinikansuru Houritsu. Vgl. *Sasada* (Anm. 40), S. 38.

[47] „Shiryou: Saikousaibanshono Kikoukaikaku ni tsuite“, Jurist Nr. 70 (1954), S. 4.

[48] *Sasada* (Anm. 40), S. 43 f.

Plan der Regierung kritisch gegenüberstand, den Gesetzentwurf vollständig zu modifizieren.

Die Diskussion brachte indes zunächst keine Reform der Gerichtsverfassung. Die Anzahl der nicht behandelten Fälle wurde einstweilen dadurch gesenkt, dass der OGH eine effektivere Arbeitsweise entwickelte und zudem die Annahme neuer Fälle auf dem Gebiet des Strafrechts reduzierte, was die Diskussion um eine institutionelle Reform des OGHs abklingen ließ[49].

Kennzeichnend für die Reformdiskussion in den 1950er Jahren war, dass die Reform des Rechtsmittelverfahrens und die der Organisation des OGHs als eine miteinander verbundene Angelegenheit betrachtet wurde[50]. Der Anwaltsverein lehnte eine Begrenzung der Rechtsmittelverfahren ab, deren große Zahl für den Anwaltsverein nahelegte, den OGH personell zu verstärken. Auch strengere Bedingungen für die Einleitung eines Rechtsmittelverfahrens in Strafsachen wurden erwogen. Diese Diskussion kreiste vornehmlich um die Stellung der Kleinen Senate, weil diese als Spruchkörper gestärkt werden sollten.

In diesem Sinne sah nun auch der Gesetzesentwurf zur Umgestaltung der Gerichtsverfassung parallel zur neuen und größeren Rolle der Kleinen Senate die Erhöhung der Anzahl von Richtern vor. Weil es gleichzeitig einen Kompromiss zu der Forderung des OGHs, sich effektiver mit Verfassungsfragen beschäftigen zu können, darstellte, waren nach diesem Entwurf die Kleinen Senate als ein andersgearteter Spruchkörper vorgesehen, nämlich als eine untergeordnete Instanz, die im Sinne des OGHs judiziert. Rechtsmittel gegen Entscheidungen der Kleinen Senate hätten demnach eine Verfassungswidrigkeit oder zumindest eine Berührung von Verfassungsfragen vorausgesetzt.

Sasada hat darauf hingewiesen, dass die damalige Diskussion auch von den Vorstellungen der unter der Meiji-Verfassung sozialisierten, an die Gerichtsverfassung des Daishin'in gewöhnten Juristen beeinflusst wurde[51]. Unter den Mitgliedern des Anwaltsvereins herrschte eine gewisse Nostalgie für den Daishi'in. Hajime Kaneko, ein Zivilprozessrechtler, der sich auch mit der Justizreform direkt nach dem Krieg befasste, hat den Vorschlag des Anwaltsvereins, die Kleinen Senate als Rechtsmittelinstanz zu verselbständigen, für eine Erneuerung des alten Daishi'in gehalten. „Auch bei der Gesetzgebungsberatung des Gerichtsverfassungsgesetzes gab es die Meinung, dass für die Konformität mit der neuen Verfassung keine Änderung des bisherigen Justizwesens nötig sei, denn auch ein neuer OGH mit wenigen Richtern entspreche den Anforderungen der neuen Verfassung“[52].

Dieser Diskussion zugrunde liegt die Frage, welchen Charakter der OGH hat bzw. haben sollte und wie man seinen Kompetenzumfang begrifflich fassen kann. Iwata, der ein Referat auf der Tagung der Zivilrechtler hielt und Mitglied der

---

[49] *Sasada* (Anm. 40), S. 44.

[50] *Sasada* (Anm. 40), S. 45 f.

[51] Ebenda.

[52] *Kaneko Hajime*, Saikousaibansyokikoukaikakumondai ni tuite, Shihou Nr. 13 (1955), S. 7 f.

Kommission für die Justizreform war, hat in der Reformdiskussion zwei einander gegenüberstehende Grundanschauungen identifiziert.[53] Die eine gehe von der neuen Verfassung aus und konzipiere die Institution eines Obersten Gerichtshofes auf dieser Grundlage mit einem entsprechenden Rechtsmittelsystem. Die andere gehe vom Rechtsmittelsystem aus und entwerfe die Organisation des OGHs entsprechend, wie es der Vorschlag des Anwaltsvereins tue. Iwata fasst anschließend zusammen, dass wenn der OGH ausschließlich als Verfassungsgericht anzusehen sei, die Anzahl der Richter unverändert bleiben oder sogar reduziert werden könne. Denn eine größere Anzahl würde nur die Beratungen erschweren[54]. Konzipiere man den OGH hingegen zugleich als neuen Daishin'in, sei eine Erhöhung der Anzahl der Richter notwendig.

c) Weitere Reformvorschläge

Auch nach der Reformdiskussion in den 1950er Jahren wurden mehrmals Anregungen und Vorschläge zur Arbeitsweise der Kleinen Senate und des Großen Senats veröffentlicht. 1993 hat der ehemalige Richter des OGHs, Masami Ito, aufgrund seiner Erfahrungen berichtet, dass die Kleinen Senate stark von ihrem Bewusstsein als Berufungsgericht geprägt sind und nur schwer ein Bewusstsein als Verfassungsgericht entwickeln können, was, kombiniert mit einer Zurückhaltung hinsichtlich von Vorlagen an den Großen Senat, die Funktion des OGHs als Verfassungsgerichts beschädigt[55]. Ito schlägt daher die Einführung eines Verfassungsgerichts nach dem Muster des kontinental-europäischen Systems vor. Angeregt durch diese Diskussion wurden in den 1990er Jahren sowohl auf wissenschaftlicher Ebene als auch in der Öffentlichkeit Reformvorschläge für den OGH diskutiert[56].

Zur Entlastung des OGHs wurde auch im Jahr 1998 das Zivilprozessrecht geändert, in dem es ins Ermessen des OGHs gestellt wurde, ob er einen Fall annimmt oder nicht, es sei denn, es handelt sich um eine Verfassungswidrigkeit und schwere prozessrechtliche Fehler. Da aber tatsächlich erst einmal ein Richter im Einzelfall prüfen muss, ob der Fall wichtige Punkte hinsichtlich der Auslegung des Gesetzes enthält und der Fall angenommen werden soll oder nicht, erfolgte keine echte Entlastung des OGHs[57].

In diesem Zusammenhang ist auch der Bericht der beratenden Kommission zur Reform des Justizsystems von 1999 zu sehen. In diesem Bericht steht: „das

---

[53] *Chuzou Iwata*, Saikousai no Kikoukaikaku nituite, Jurist Nr. 70 (1954), S. 2 f.

[54] In den Reformvorschlag des OGHs wurde die angemessene Anzahl von 9 oder 11 vorgeschlagen.

[55] *Ito Masami*, Saibankan to Gakusya no Aida, Yuhikaku 1993, S. 123, 129, 136, Ito war gleichzeitig emeritierter Professor für angro-amerikanisches Recht an der Unversität Tokyo. Darum war es umso bemerkenswerter, dass er sich für ein Verfassungsgericht kontinentaleuropäischen Musters aussprach.

[56] *Sasada* (Anm. 40), S. 141 ff.

[57] *Sasada* (Anm. 40), S. 152.

Verhältnis zwischen dem Großen Senat und den Kleinen Senaten sollte nochmals überprüft werden und es ist sinnvoll zu überlegen, ob es eine Reform geben könne, nach der der Große Senat sich ausschließlich mit wichtigen Fragen wie Verfassungsfragen beschäftigen kann"[58]. Darüber hinaus stellt der Bericht fest, „dass die Ernennungsweise der Richter des OGHs einer Überprüfung bedarf"[59]. Hier ist die Absicht der Kommission erkennbar, über eine Reform die Funktionalität des Großen Senats zu steigern und damit die Funktion des OGHs als Verfassungsgericht zu stärken. Es ist aber zu bedenken, dass mit der Stärkung des Großen Senats auch das Bewusstsein und der Anspruch des OGHs eine Veränderung erfahren würden.

5. Fazit

Zusammenfassend lässt sich feststellen, dass das Senatssystem mit der Funktion der Verfassungskontrolle und den vom Daishin'in überkommenen Aufgaben des OGHs als Berufungsgericht stark verbunden ist. Wie oben ausgeführt, sind für eine aktivere Ausübung der Verfassungsgerichtsbarkeit die Kapazitäten des OGHs ein ausschlaggebender Faktor[60]. Für die Arbeitsteilung zwischen den Kleinen Senaten und dem Großen Senat wirkt sich die allgemeine Überforderung des Gerichts in der Weise aus, dass die Kleinen Senate dazu bewegt werden, auf eine Anrufung des Großen Senats zu verzichten.

Die Kritik, dass die Kleinen Senate über ihre Kompetenz hinaus in Fällen, die eigentlich neue Verfassungsfragen aufwerfen oder bei denen eine Grundsatzentscheidung des Großen Senats erforderlich machen würden, eigenmächtig urteilen, ist sicher nicht gänzlich unbegründet. Andererseits überzeugt auch die Argumentation von Chiba dahingehend, dass der Große Senat nicht zu oft Grundsatzentscheidungen treffen sollte. Jedenfalls hängt es anerkanntermaßen zum Teil von seiner Struktur ab, ob der OGH seine Zuständigkeit als Verfassungsgericht effektiv ausüben kann.

In der Reformdiskussion der 1950er Jahre wurde dieser Zusammenhang bereits erkannt. Allerdings ging es grundsätzlich darum, wie die Stellung des OGHs innerhalb der neuen Verfassung definiert und ausgestaltet werden sollte. Im Einzelnen wurden der Umfang der Berufungsverfahren, die Anzahl der Richter, die

---

[58] Shihouseidokaikakushingikai ikensho.

[59] Ebenda.

[60] Es wird auch von der Statistik belegt, dass der OGH durch die vielen Rechtsmittelverfahren überfordert ist. Die Anzahl der Urteile, die in die Entscheidungssammlung des OGH aufgenommen werden, beträgt pro Jahr ca. 60 bis 70, was der Zahl der Urteile des Federal Supreme Court der USA entspricht. Der ehemalige Richter des OGH, Fujita, deutet jedoch an, dass zwar die Zahl der vom OGH behandelten „wichtigen" Entscheidungen der Anzahl der Urteile in der Entscheidungssammlung entspricht, der OGH aber im Alltag das Hundertfache an Rechtsmittelverfahren bewältigen muss.

Rollenverteilung zwischen den Kleinen Senaten und dem Großen Senat sowie eine Stärkung einer unteren Instanz diskutiert. Vor diesem Hintergrund gab es den Vorschlag, die Funktion des OGHs als Verfassungsgericht von der als Berufungsgericht institutionell zu trennen. Eine Variante dieses Vorschlags sah vor, die Kleinen Senate vom OGH abzutrennen und als Rechtsmittelinstanz zu verselbständigen, während der OGH sich hauptsächlich mit Verfassungsproblemen befasst.

In den Köpfen vieler Juristen war damals noch immer das Konzept des Daishin'in präsent[61]. Hideo Tanaka kommt zu dem Schluss, dass bewusst und (auch häufig) unbewusst eine Rückkehr zum früheren Justizsystem mit dem Daishin'in an der Spitze anvisiert wurde[62]. Bereits bei der Entstehung des Gerichtsverfassungsgesetzes der Nachkriegszeit war vorgesehen, im OGH die Funktionen eines höchsten Rechtsmittelgerichts und eines Verfassungsgerichts zu vereinen und dies wirft immer neue Probleme auf. Mehrfach ist aufgezeigt worden, dass die Funktion als Rechtsmittelgericht die Funktion als Verfassungsgericht verdrängte[63]. Im Vergleich zum BVerfG, das eine Neigung zu über den Einzelfall hinausgehenden, allgemeinen Aussagen erkennen lässt, lässt sich sagen, dass der japanischen Rechtsprechungskultur mehr die strikte Beschränkung auf den zu entscheidenden Einzelfall entspricht. Shishido weist darauf hin, dass der OGH vor allem in den privatrechtlichen Gerichtsverfahren „seinen Charakter und seine Aufgabe als Judikative“[64] entfaltet. Der OGH selbst hat eine eigene Philosophie zu seiner Stellung im Justizsystem entwickelt, derzufolge er im Zusammenspiel mit der Legislative und Exekutive seine Zuständigkeit für die Verfassungskontrolle ausübt[65].

Die Tendenz der Kleinen Senate, mit der Begründung „im Geist des Präzedenzfalles“ zu urteilen und eine Vorlage an den Großen Senat zu vermeiden, hat einerseits mit der Schwierigkeit der Eröffnung eines Verfahrens vor dem Großen Senat zu tun. Insoweit ist die Kritik berechtigt, dass die Vermeidung von Verfahren vor dem Großen Senat Änderungen bisheriger Präzedenzfälle aufschiebt und so eine Erstarrung des Rechtssystems mit sich bringen kann. Angesichts der besonderen politischen Situation Japans, in der eine Verfassungsänderung schwierig ist, kann praktisch nur der OGH durch Neuentscheidungen zu bisherigen Präzedenzfällen für eine Verfassungsentwicklung sorgen.

Andererseits baut die Entscheidungstendenz auf dem Charakter des OGHs als Rechtsmittelgericht und seiner Justizphilosophie auf. Für eine auf den Einzelfall gerichtete Justiz ist die Arbeitsweise der Kleinen Senate und des Großen Senats

---

[61] *Sasada* (Anm. 40), S. 50.

[62] *Tanaka*, 1977.

[63] *Shishido*, Houritujihou Bd. 82, Nr. 4, S. 58.

[64] *George Shishido*, Shihouno Pragmatic, Hougakukyoushitu Nr. 322 (2007), S. 3.

[65] Dieses Bewusstsein des OGH hat sich einerseits im Verlauf der geschichtlichen Entwicklung in Wechselwirkung mit Verwaltung und Gesetzgebung gebildet, ist andererseits aber ein vom OGH selbst gewähltes. Um eine Einmischung der Politik in die Justiz zu vermeiden, wollte der OGH vermeiden, selbst in politische Kontroversen verwickelt zu werden. Da die Politik keine Aufsicht der Justiz über die Verwaltung zulassen wollte, wagte der OGH nicht, eine aktive Kontrolle auszuüben.

charakteristisch, wobei in den Kleinen Senaten von Fall zu Fall flexibel die Grundsatzentscheidungen variiert werden, ohne häufige Änderungen der vom Großen Senat aufgestellten Grundsatzentscheidungen selbst. Insoweit ließe sich formulieren, dass es institutionell nicht zu garantieren ist, dass die Fälle, die vom Großen Senat entschieden werden sollten, ihm auch wirklich vorgelegt werden. Letztlich muss darauf vertraut werden, dass in der Rechtspraxis von den einzelnen Richtern der Kleinen Senate diese Fälle erkannt und an den Großen Senat weitergereicht werden. Denn schließlich setzt sich die Arbeits- und Justizphilosophie des OGHs aus den Urteilen der Richter aller Senate zusammen.

Gleichstellung nichtehelicher Kinder – vor dem Verfassungsgericht und dem Parlament

Motoi Miyaji

Unser letztes Kolloquium thematisierte „die Gleichstellung nichtehelicher Kinder". Im Rahmen dieses Gesprächs haben wir bisher über Themen aus dem allgemeinen Teil der Verfassungsgerichtsbarkeit oder die Organisation und Funktionsweise des Verfassungsgerichts diskutiert. Zuletzt wollen wir ein besonderes Rechtsproblem behandeln und unsere bisherigen Erwägungen anhand dieses konkreten Beispielfalls bestätigen.

Die Rechtsstellung nichtehelicher Kinder spiegelt die rechtliche und gesellschaftliche Tradition oder Geschichte des jeweiligen Staates stark wider. Natürlich gilt das nicht nur für diesen Problembereich, sondern für jede Rechtsfigur oder Institution des Staates. Trotzdem kann man sagen, dass die Rechtsstellung nichtehelicher Kinder eines der Rechtsprobleme ist, das von den geschichtlichen oder traditionellen Hintergründen am stärksten geprägt ist.

Deshalb braucht man ein genaues und umfassendes Verständnis von den Rechtstraditionen und der -geschichte des jeweiligen Staates, um eine rechtsvergleichende Analyse über diesen Problembereich anzustellen. Da man nur schwierig ein solches

Verständnis von der Geschichte und den Traditionen zweier Länder gleichzeitig haben kann, möchte ich mich in meinem Referat auf die Darstellung der japanischen Situation begrenzen und die rechtsvergleichenden Überlegungen dem freundlichen Kommentar und den Diskussionen meiner Kolleginnen und Kollegen überlassen.

Zuerst möchte ich die japanischen geschichtlichen Entwicklungen des Familienrechts und der Rechtsstellung nichtehelicher Kinder kurz skizzieren und mich danach mit einigen Prozessen vor dem japanischen Obersten Gerichtshof beschäftigen, um die bisherigen Schritte zur Gleichstellung nichtehelicher Kinder in Japan zu erklären. Dabei möchte ich gleichzeitig die Erwägungen in den Entscheidungen, einschließlich der abweichenden Meinungen der Richterinnen und Richter, eher präziser vorstellen und den Einfluss der Rechtsprechung auf die Gesetzgebung diskutieren. Dann werde ich einige verbliebene Probleme behandeln und einen Überblick über die Gleichstellung nichtehelicher Kinder in Japan in der Zukunft geben.

1. Japanisches Familiensystem und Stellung der nichtehelichen Kinder unter der Verfassung von 1889

Das moderne japanische Familienrecht hat mit dem Zivilgesetzbuch (ZGB) von 1890[1] begonnen. Die Meiji-Regierung, die die feudalistische Edo-Militärregierung nach mehrmaligen inneren Kriegen gestürzt hatte, erließ eine Reihe von modernen Gesetzen, unter anderen das Strafgesetzbuch und die Strafprozessordnung von 1880[2] sowie die Verfassung von 1889. Das Zivilgesetzbuch von 1890 wurde unter der Führung vom Prof. Dr. Boissonade de Fontarabie der Universität Paris nach dem Vorbild des damaligen französischen Zivilgesetzes entworfen und war von einem relativ individualistischen Zugang geprägt. Deshalb wurde das Gesetz wegen der heftigen Kritik von Konservativen, die einen Bruch mit der japanischen Tradition fürchteten, nicht in Kraft gesetzt[3].

Die Meiji-Regierung musste demzufolge ein neues Zivilgesetz entwerfen, das als das Zivilgesetzbuch vom 1898 beschlossen und in Kraft gesetzt wurde. Die Teile des Familien- und Erbrechts des Gesetzes hatten in ihrem Kern das japanische traditionelle „Haussystem", das von einer patriarchischen Herrschaft des Hausherrn über die Hausangehörigen gekennzeichnet war, übernommen.

---

[1] Gesetz Nr. 28 vom 27.3.1890, Nr. 98 vom 6.10.1890.

[2] Dajokan-Fukoku (Gesetzesdekret des Kabinetts) Nr. 36 und Nr. 37 vom 17.7.1880.

[3] *Igarashi*, Einführung in das japanische Recht, Darmstadt 1990, S. 2 f.

a) Familiensystem

Das „Haus“ bestand aus dem Hausherrn, normalerweise dem ältesten Mann, und den Hausangehörigen, die den gemeinsamen Familiennamen führten[4]. Die Verwandten des Hausherrn und ihre Ehegatten gehörten zum Haus des Hausherrn, soweit sie nicht zu einem anderen Haus gehörten[5]. Die Blutsverwandten des Hausherrn innerhalb des 6. Verwandtschaftsgrades und ihre Ehegatten, der Ehegatte des Hausherrn sowie die Verschwägerten des Hausherrn innerhalb des 3. Verwandtschaftsgrades waren seine Verwandten[6]. Deshalb bildete das Haus eine große Familiengemeinschaft über mehrere Generationen, ungeachtet des Wohnortes des einzelnen Hausangehörigen.

Der Hausherr übte umfangreiche Herrschaftsrechte über die Hausangehörigen aus. Er konnte den Wohnort der Hausangehörigen bestimmen[7], ihre Eheschließung genehmigen und der Adoption von Kindern zustimmen[8]. Wenn ein Hausangehöriger ohne Zustimmung des Hausherrn eine Ehe geschlossen oder ein Kind adoptiert hatte, konnte der Hausherr ihn vom Haus ausschließen[9]. Ein nichteheliches Kind der Hausangehörigen konnte ohne Zustimmung des Hausherrn nicht ins Haus aufgenommen werden[10].

Nach dem Tod oder Rücktritt des Hausherrn wurden die Stellung und das Vermögen des Hausherrn vom gesetzlichen Erben (Hauserben) allein übernommen[11]. Der Erblasser konnte nur aus gesetzlich bestimmten gerechtfertigten Gründen mit Genehmigung des Familiengerichts den gesetzlichen Hauserben von der Erbfolge ausschließen[12]. Der gesetzliche Hauserbe war der Deszendent des Erblassers von nächstem Verwandtschaftsgrad. Unter mehreren Deszendenten von gleichem Verwandtschaftsgrad wurden die männlichen bevorzugt. Unter mehreren männlichen oder weiblichen Deszendenten von gleichem Verwandtschaftsgrad wurden die ehelichen Kinder bevorzugt. Wenn mehrere Deszendenten die gleichen oben genannten Kriterien erfüllten, war der älteste der gesetzliche Hauserbe[13].

b) Stellung der nichtehelichen Kinder

In diesem patriarchischen Haussystem wurde den nichtehelichen Kindern, insbesondere den männlichen, eine bestimmte Stellung im Haus als potenziellen

[4] § 746 ZGB 1898 a. F.
[5] § 732 ZGB 1898 a. F.
[6] § 725 ZGB 1898 a. F.
[7] § 749 ZGB 1898 a. F.
[8] § 750 Abs. 1 ZGB 1898 a. F.
[9] § 750 Abs. 2 ZGB 1898 a. F.
[10] § 735 ZGB 1898 a. F.
[11] § 964 ZGB 1898 a. F.
[12] § 975 ZGB 1898 a. F.
[13] § 970 ZGB 1898 a. F.

Hauserben gewährleistet, soweit sie vom Hausherrn anerkannt worden waren. Zwischen der legitimen Frau und dem anerkannten nichtehelichen Kind des Mannes bestand eine gesetzliche Eltern-Kind-Beziehung[14]. Bei der Vererbung des Status des Hausherrn wurde ein nichtehelicher Sohn einer ehelichen Tochter bevorzugt[15]. Trotzdem befanden sich die nichtehelichen Kinder immer in niedrigerer Stellung als die ehelichen. Sie wurden als „illegitime" Kinder bezeichnet im Gegensatz zu den „legitimen" ehelichen Kindern. Bei der Vermögensnachfolge waren die nichtehelichen Kinder auch benachteiligt. Beim Tod eines Hausangehörigen wurde sein Vermögen von seinen Deszendenten von nächstem Verwandtschaftsgrad übernommen[16]. Unter den Deszendenten von gleichem Verwandtschaftsgrad war der Erbteil der einzelnen grundsätzlich gleich, der Erbteil des nichtehelichen Kindes betrug aber nur die Hälfte des Anteils des ehelichen[17].

Im Vergleich dazu war die Ungleichbehandlung zwischen Männern und Frauen unter dem Zivilgesetzbuch von 1898 viel größer. Die verheiratete Frau war geschäftsunfähig. Der Ehemann konnte die Rechtsgeschäfte seiner Frau anfechten[18].

2. Verfassung von 1946 und das neue Familienrecht

Nach dem 2. Weltkrieg wurde unter dem Einfluss der amerikanischen Besatzungsmacht die Verfassung von 1946 erlassen, die von den Grundsätzen der Demokratie, des Rechtsstaates, der Menschenrechte und des ewigen Friedens geprägt ist.

a) Prinzipien des Familienrechts in der Verfassung von 1946

Art. 24 der geltenden Verfassung von 1946 lautet: „(Absatz 1): Die Ehe wird nur aufgrund der Einigung zwischen beiden Geschlechtern geschlossen und muss auf der Grundlage der Gleichberechtigung des Ehepaars durch ein Zusammenwirken beider aufrechterhalten werden. (Absatz 2): Über die Ehegattenwahl, das Vermögensrecht, die Beerbung, die Bestimmung des Wohnorts, die Ehescheidung sowie andere Fragen bezüglich der Ehe und Familie müssen die Gesetze beruhend auf der Würde des Individuums und der wesentlichen Gleichheit beider Geschlechter gegeben werden." Außerdem enthält Art. 14 der Verfassung einen allgemeinen Gleichheitssatz, der die Ungleichbehandlung wegen der Rasse, des Bekenntnisses, des Geschlechtes, der sozialen Stellung oder der Abstammung verbietet.

---

[14] § 728 ZGB 1898 a. F.
[15] § 970 Nr. 2 und 3 ZGB 1898 a. F.
[16] § 994 ZGB 1898 a. F.
[17] § 1004 ZGB 1898 a. F.
[18] § 14 ZGB 1898 a. F.

b) Stellung der nichtehelichen Kinder unter dem neuen Zivilgesetzbuch

Dementsprechend wurden die Teile des Familien- und Erbrechts des Zivilgesetzbuchs von 1898 gründlich geändert[19] und das patriarchische Haussystem abgeschafft[20]. Den Status des Hausherrn und seine Beerbung bestimmt das Gesetz nicht mehr.

Trotzdem wurde die rechtliche Stellung der nichtehelichen Kinder nicht wesentlich geändert. Die Bezeichnung als „illegitime" Kinder wurde durch die als „nicht legitime" Kinder ersetzt, aber die stigmatisierende Wirkung blieb noch. Der Erbteil der nichtehelichen Kinder betrug nach wie vor nur die Hälfte des Anteils der ehelichen Kinder[21].

3. Ungleichbehandlung der nichtehelichen Kinder und die Verfassung von 1946 – Rechtsprechung und Gesetzgebung

a) Erbteil des nichtehelichen Kindes – Beschluss des OGH vom 5. Juli 1995

Über die Verfassungsmäßigkeit der Erbteilsregelung für das nichteheliche Kind hat der Oberste Gerichtshof (OGH) 1995 erstmals entschieden. In seinem Beschluss vom 5.7.1995[22] erklärte er die diesbezügliche Regelung des Zivilgesetzbuchs für verfassungsmäßig.

Der OGH begründete das Ergebnis mit dem breiten Ermessensspielraum des Gesetzgebers. Der Gerichtshof betonte zuerst die ergänzende Funktion der gesetzlichen Erbteilsregelung. Ungeachtet der Regelung könne der Erblasser mit seinem Testament die Anteile der Miterben bestimmen. Die Miterben könnten durch Einigung ermöglichen, dass einer der Miterben mehr Vermögen als den gesetzlichen Anteil erwerben kann. Die gesetzliche Auseinandersetzung werde nur bei einer gescheiterten Einigung ergänzend durch das Familiengericht durchgesetzt.

Das Erbfolgesystem spiegele die Traditionen, Gesellschaftslagen, Volksempfindungen usw. der jeweiligen Staaten wider und stehe in enger Beziehung zum Familienbild. Es sei dem rationalen Ermessen des Gesetzgebers überlassen, nach den Erwägungen darüber das konkrete Erbfolgesystem zu bestimmen. Ziehe man auch die oben genannte ergänzende Wirkung der Erbteilsregelung mit in Erwägung, sei die Erbteilsunterscheidung zwischen ehelichen und nichtehelichen Kindern in der vorliegenden Bestimmung dann noch verfassungsgemäß, wenn

---

[19] Gesetz zur Änderung eines Teils des ZGB von 1947 (Gesetz Nr. 222).

[20] *Wada*, Die Abschaffung der Institution des „Hauses" (ie) unter den Besatzungsmächten, Recht in Japan, Heft 12 (2000), S. 105.

[21] § 900 ZGB 1898 in der Fassung des Gesetzes zur Änderung eines Teils des ZGB von 1947 (ZGB 1947) a. F.

[22] Beschluss des OGH (Großer Senat) vom 5.7.1995, Minshu (Entscheidungen des Obersten Gerichtshofs für Zivilsachen) 49–7, S. 1789.

die Gesetzgebungsgründe auf einer rationalen Grundlage beruhten, die Unterscheidung im Zusammenhang mit diesen nicht erheblich irrational und die Grenzen des rationalen Ermessens des Gesetzgebers noch nicht überschritten seien.

Nach dem Zivilgesetzbuch trete die Ehe erst mit der Anmeldung nach dem Gesetz in Wirkung[23] (Prinzip der gesetzlichen Ehe) und sei eine Doppelehe verboten[24]. Diese Regelungen seien naturgemäß verfassungsmäßig. Aus diesen Regelungen folge zwingend die Unterscheidung zwischen ehelichen und nichtehelichen Kindern. Der Grund der Gesetzgebung zur vorliegenden Erbteilsregelung liege darin, die Stellung der ehelichen Kinder zu beachten und auch die nichtehelichen Kinder zu schützen, denen damit ein halber Erbteil gewährleistet werde. Diese Regelung solle daher die Achtung des Prinzips der gesetzlichen Ehe und den Schutz der nichtehelichen Kinder miteinander in Einklang bringen. Dieses Gesetzgebungsziel habe rationale Gründe und der Unterschied der Erbteile der ehelichen und nichtehelichen Kinder sei noch nicht erheblich irrational. Deshalb sei die Grenze des rationalen Ermessens des Gesetzgebers nicht überschritten.

b) Gesetzgebungsversuch

Zu diesem Beschluss schrieben fünf Richter/-innen eine gemeinsame abweichende Meinung, in der sie die vorliegende Erbteilsbestimmung für verfassungswidrig erklärten. Weitere vier Richter äußerten in den ergänzenden Meinungen ernste Bedenken über die Rationalität der Regelung und hielten eine Reform für wünschenswert.

Die Regierung hatte schon seit langem versucht, eheliche und nichteheliche Kinder gleichzustellen. Ein Unterkomitee des Legislativrates des Justizministeriums hatte 1979 einen Reformvorschlag veröffentlicht, der den Erbteil der ehelichen und nichtehelichen Kinder gleichstellen sollte[25]. 1994 wurde die Verwaltungsrichtlinie über die Einwohnermeldung geändert und die unterschiedliche Bezeichnung der Verwandtschaftsbeziehungen ehelicher und nichtehelicher Kindern abgeschafft. Der Legislativrat legte 1996 dem Justizminister einen Rahmenentwurf vor, um die Gleichstellung zu verwirklichen. Dementsprechend bereitete die Regierung 2010 einen Reformentwurf vor, der jedoch wegen heftiger Kritik von konservativen Abgeordneten der regierenden Partei nicht dem Parlament vorgelegt wurde.

c) Erwerb von Staatsangehörigkeit – Urteil des OGH vom 4. Juni 2008

Die Wende kam aufgrund einer anderen Regelung, die die ehelichen und nichtehelichen Kinder ungleich behandelt hatte. Nach dem Staatsangehörigkeitsgesetz von

[23] § 739 ZGB 1947.
[24] § 732 ZGB 1947.
[25] Sozoku ni kansuru Minpo Kaisei Youkou Shian (Proberahmenentwurf eines Gesetzes zur Änderung des ZGB) vom 17.7.1979, Jurist 699, S. 44.

1950 erwarb das Kind die japanische Staatsangehörigkeit, wenn der Vater oder die Mutter des Kindes im Zeitpunkt seiner Geburt die japanische Staatsangehörigkeit innehatte. Ein nichteheliches Kind der Mutter mit japanischer Staatsangehörigkeit konnte mit dieser Bestimmung automatisch die japanische Staatsangehörigkeit erwerben, weil klar war, dass im Zeitpunkt der Geburt seine Mutter die japanische Staatsangehörigkeit innehatte. Ein nichteheliches Kind des japanischen Vaters konnte dagegen die japanische Staatsangehörigkeit nicht automatisch erwerben, wenn der Vater im Zeitpunkt der Geburt sein Kind noch nicht anerkannt hatte. Für diesen Fall bestimmte das Gesetz den Erwerb der Staatsangehörigkeit durch Anmeldung. Die nichtehelichen Kinder des japanischen Vaters und der ausländischen Mutter konnten danach nur dann durch Anmeldung die japanische Staatsangehörigkeit erwerben, wenn sie durch nachfolgende Eheschließung der Eltern den Status als eheliches Kind erworben hatten.

Im vorliegenden Verfahren hatte ein nichteheliches Kind einer philippinischen Mutter nach Anerkennung durch den japanischen Vater den Erwerb der japanischen Staatsangehörigkeit angemeldet. Der Erwerb der Staatsangehörigkeit wurde aber abgelehnt, weil die Eltern des Kindes keine Ehe geschlossen hatten. Mit Beschluss vom 4. Juni 2008[26] erklärte der OGH die damalige Bestimmung des Staatsangehörigkeitsgesetzes für verfassungswidrig und stellte den Erwerb der japanischen Staatsangehörigkeit fest.

In der Begründung betonte der OGH, das Gesetz sei nachträglich verfassungswidrig geworden. Der Grund der Bestimmung liege im Wesentlichen darin, dass die Staatsangehörigkeit erst dann erworben werden sollte, wenn durch Eheschließung der Eltern ein einheitliches Leben mit dem japanischen Vater sowie eine enge Beziehung zur japanischen Gesellschaft entstanden waren. Diese Bestimmung sei durch die Reform von 1984 eingeführt worden. Damals sei auch in vielen ausländischen Staaten, die das Staatsangehörigkeitsprinzip „ius sanguinis" hätten, zum Erwerb der Staatsangehörigkeit des entsprechenden Kindes die nachfolgende Eheschließung der Eltern erforderlich gewesen. Diese Tatsache sei wahrscheinlich auch der Entstehungsgrund der Regelung gewesen. Dieses Gesetzgebungsziel habe als solches rationale Gründe gehabt. Die nach der damaligen allgemeinen Auffassung und Gesellschaftslage bestehende Forderung der nachfolgenden Eheschließung der Eltern als eine der Voraussetzungen des Erwerbs der Staatsangehörigkeit habe in einem bestimmten rationalen Zusammenhang mit dem Gesetzgebungsziel gestanden.

Wegen der Entwicklung der gesellschaftlichen Umwelt im In- und Ausland sei dieser rationale Zusammenhang inzwischen jedoch nicht mehr erkennbar. Der OGH verwies u. a. auf die Änderungen der allgemeinen Auffassung in der Gesellschaft und des tatsächlichen Familienbildes, die steigende Anzahl von Kindern mit internationalem Hintergrund, die Abschaffung der rechtlichen Ungleichbehandlung der nichtehelichen Kinder in vielen ausländischen Staaten und die auch

[26] Urteil des OGH (Großer Senat) vom 4.6.2008, Minshu 62-6, S. 1367.

von Japan ratifizierte UN-Kinderrechtskonvention. Deshalb sei die vorliegende Regelung spätestens im Zeitpunkt der Klage verfassungswidrig geworden.

Dementsprechend legte die japanische Regierung dem Parlament den Entwurf einer Reform vor, die am 5.12.2008 verabschiedet wurde[27]. Gleichzeitig wurden falsche Angaben in Bezug auf den Erwerb der Staatsangehörigkeit nunmehr mit einer Freiheitsstrafe bis zu einem Jahr oder Geldstrafe bedroht.

d) Änderung der Rechtsprechung zur Erbteilsregelung

Die Erwägungen in der OGH-Entscheidung von 2008 über das Verfassungswidrigwerden eines Gesetzes hat einen wichtigen Anlass zur Rechtsprechungsänderung gegeben. Nach diesem Gedanken kann oder gar muss ein Gericht auch die seit langem ständige Rechtsprechung des OGHs, die die Verfassungsmäßigkeit eines Gesetzes festgestellt hat, nach einer Änderung der Sachlage überprüfen und gegebenenfalls ändern. Bei der Erbteilsregelung für das nichteheliche Kind war das der Fall.

In seinem Beschluss vom 4. September 2013[28] hat der OGH die Regelung nunmehr für verfassungswidrig und nichtig erklärt. Nach einer Wiederholung der allgemeinen Erläuterungen des Beschlusses von 2008 wies der Gerichtshof zur Darlegung der Änderung der Sachlage u. a. darauf hin, dass die Volksauffassungen über Ehe und Familie sich sehr verändert hätten, in ausländischen Staaten die Erbteile der ehelichen und nichtehelichen Kinder inzwischen gleichgestellt seien – die Gesetzänderungen in Deutschland 1998 und in Frankreich 2001 wurden zitiert –, die UN-Kinderrechtskonvention von Japan ratifiziert worden sei, der UN-Menschenrechtsausschuss und der Ausschuss für die Rechte des Kindes der japanischen Regierung mehrmals Reformen empfohlen habe und der Gleichstellungsversuch in Japan inzwischen einige Erfolge gehabt habe. Daraus leitete der Gerichtshof das Ergebnis ab, dass die Regelung spätestens zum Zeitpunkt des Todes des Erblassers des Ausgangsfalls verfassungswidrig geworden sei.

Um Rechtsunsicherheit zu vermeiden, begrenzte der OGH die faktische Bindungswirkung seiner Entscheidung. In der japanischen Verfassungsgerichtsbarkeit hat eine gerichtliche Entscheidung nur für den vorliegenden Fall rechtliche Wirkung. Das gilt auch für die Entscheidungen des OGHs. Aber die Entscheidungen des OGHs haben auf andere Fälle jedenfalls eine faktische Leitwirkung. Der OGH stellte fest, dass die Verfassungswidrigkeit der vorliegenden Regelung keinen Einfluss auf die inzwischen aufgrund der bisherigen Regelung rechtskräftig abgeschlossenen Auseinandersetzungen habe.

---

[27] Gesetz zur Änderung eines Teils des Staatsangehörigkeitsgesetzes von 2008 (Gesetz Nr. 88).
[28] Beschluss des OGH (Großer Senat) vom 4.9.2013, Minshu 67–6, S. 1320.

e) Reform

Diesem Beschluss entsprechend verabschiedete die japanische Regierung am 12.11. 2013 einen Reformentwurf, der die Erbteile der ehelichen und nichtehelichen Kinder gleichstellen sollte und legte ihn noch an selben Tag dem Parlament vor. Das Parlament beschloss den Entwurf am 5.12.2013, die Gesetzänderung ist am 11.12. 2013 in Kraft getreten[29].

Die konservativen Abgeordneten der regierenden Partei fürchteten eine Missachtung der ehelichen Familie und hatten als Ersatzregelung die Bevorzugung des gesetzlichen Ehegatten bei der Vererbung gefordert. Der Gesetzgebungsrat im Justizministerium veröffentlichte demzufolge einen Zwischenentwurf, um den Erbteil des Ehegatten zu erhöhen und die dem Ehegatten vermachte Wohnung vom Nachlass auszunehmen[30]. Der Erbteil des Ehegatten sollte danach auf jeden Fall von den Kindern des Ehegatten, d. h. von den ehelichen Kindern des Erblassers übernommen werden. Die nichtehelichen Kinder des Erblassers sollten kein Recht darauf haben. Diese Ersatzregelung sollte damit den tatsächlichen Anteil der ehelichen Kinder an dem Vermögen des Erblassers vergrößern.

Das Justizministerium forderte im letzten Jahr öffentlich zu Kommentaren zu diesem Zwischenentwurf auf. Nach dem veröffentlichten Ergebnis sprach sich eine Mehrheit gegen die Erhöhung des Erbteils des Ehegatten aus. Als Gründe dafür wurden angegeben, dass die legislatorischen Tatsachen für die zwingende Erhöhung des Anteils des Ehegatten nicht geklärt seien, dass zu der Vermögensbildung des Erblassers nicht nur der Ehegatte, sondern auch die anderen Erben oder gar der tatsächliche Lebenspartner oder die -partnerin beigetragen haben könnten und dass die allgemeine Erhöhung des Erbteils des Ehegatten deshalb nicht geeignet sei, weil die Beziehungen zwischen den Ehegatten und das Maß des Beitrags des Ehegatten an der Vermögensbildung des Erblassers unterschiedlich seien. Der Beitrag des Ehegatten sei auf anderem Wege, wie Testament oder Ausgleichung, in Betracht zu ziehen[31].

4. Verbliebene Probleme

a) Familienregister und gemeinsamer Familienname

Obwohl die japanische Verfassung in Art. 24 die Würde des Individuums verankert und das patriarchische Haussystem abgeschafft hatte, blieb jede japanische Bürgerin und jeder japanische Bürger dennoch nicht als ein Individuum, sondern als

[29] Gesetz zur Änderung eines Teils des Zivilgesetzbuchs von 2013 (Gesetz Nr. 94).

[30] Minpo (Sozokukankei) tou no kaisei ni kansuru chukan shian (Zwischenentwurf zur Änderung des ZGB [bez. Erbrecht]) vom 21.6.2016.

[31] „Minpo (Sozokukankei) tou no kaisei ni kansuru chukan shian" ni kansuru ikenboshu no kekka ni tsuite (Über die Ergebnisse der Kommentarforderung zum Zwischenentwurf zur Änderung des ZGB [bez. Erbrecht]).

eine Angehörige oder ein Angehöriger einer Familie registriert, die einen einheitlichen Namen führte. Nach dem Familienregistergesetz von 1898[32], das als ein Zusatzgesetz zum Zivilgesetzbuch von 1898 erlassen wurde, waren die Familienstände des Hausherrn und der einzelnen Hausangehörigen registriert. Das Gesetz diente zur Feststellung der Hauszugehörigkeit und der Haus- oder Vermögenserben. Im Familienregister waren u.a. der Name des Hausherrn und der Hausangehörigen, der Registrierungsort, die Bezeichnung des Standesgrades, die Geburtstage, die Namen der Eltern sowie die Verwandtschaftsbeziehung mit dem Hausherrn und den Eltern eingetragen. Dieses Registrierungssystem war die Grundlage der patriarchischen Staatsherrschaft aufgrund der Ständeordnung.

Nach dem 2. Weltkrieg wurde das Familienregistergesetz gründlich geändert. Nach dem Familienregistergesetz von 1947[33] wird eine Familie nunmehr von einem Ehepaar und den nicht verheirateten Kindern gebildet. Die Ständeordnung und die Hausherrenschaft wurden abgeschafft. Aber die einzutragenden Gegenstände blieben fast gleich. Nach dem Zivilgesetzbuch führt ein Ehepaar entweder den Familiennamen des Ehemannes oder der Ehefrau als einen gemeinsamen Familiennamen, der bei der Eheschließung bestimmt wird[34]. Die ehelichen Kinder des Ehepaares führen den Familiennamen der Eltern und die nichtehelichen Kinder führen den Familiennamen der Mutter[35]. Nach dem Gesetzeswortlaut kann ein Ehepaar freiwillig entweder den Familiennamen des Ehemannes oder der Ehefrau wählen, aber tatsächlich wählen über 96 % der Ehepaare den Namen des Ehemannes als gemeinsamen Familiennamen[36].

In seinem Urteil vom 16. Dezember 2015[37] hat der OGH die Regelung über den Zwang zum gemeinsamen Familiennamen für verfassungsgemäß erklärt. Der Gerichtshof ging zwar davon aus, dass der Name als solcher ein Teil des verfassungsrechtlich geschützten Persönlichkeitsrechts ist. Im Hinblick auf die Bedeutung des Namens zur Bezeichnung der Familie als Bestandteil der Gesellschaft gehöre aber das Recht, zur Änderung des Namens nicht gezwungen zu werden, nicht zum verfassungsrechtlich geschützten Persönlichkeitsrecht. Art. 24 Abs. 2 der japanischen Verfassung überlasse die konkrete Regelung von Ehe und Familie dem rationalen Ermessen des Gesetzgebers, begrenzt durch die Würde des Individuums und die wesentliche Gleichheit beider Geschlechter. In einer Gesamtwürdigung des Systems des Familiennamens könne man den Zwang zu einem gemeinsamen Familiennamen nicht für irrational erachten.

[32] Gesetz Nr. 12 vom 21.6.1898.

[33] Gesetz Nr. 224 vom 22.12.1947.

[34] § 750 ZGB 1947.

[35] § 790 ZGB 1947.

[36] Abweichende Meinung der Richterin Okabe zum Beschluss des OGH (Großer Senat) vom 16.12.2015, Minshu 69–8, S. 2586 (2603).

[37] Urteil des OGH (Großer Senat) vom 16.12.2015, Minshu 69–8, S. 2586.

In diesem Urteil schrieben die drei Richterinnen, d.h. alle Richterinnen im OGH, und ein Richter abweichende Meinungen, die die Regelung über den gemeinsamen Familiennamen für verfassungswidrig erklärten. Ihrer Meinung nach war die Regelung zum Zeitpunkt ihres Erlasses verfassungsmäßig. Damals sei das typische Familienbild gewesen, dass ein Ehepaar und seine unmündigen Kinder eine Familie bildeten und die Ehefrau zu Hause mit dem Haushalt und der Kindererziehung beschäftigt war. Vor diesem Hintergrund sei das Ziel der Regelung gewesen, jedem Ehegatten als unabhängiges Rechtssubjekt das gleiche Recht zu geben, durch Einigung untereinander den gemeinsamen Namen zu bestimmen. Deshalb sei sie damals als rationale Vorschrift verfassungsmäßig gewesen. Im Laufe der vielen Jahre danach habe jedoch die Regelung ihre Rationalität wegen der gesellschaftlichen Entwicklungen verloren. Immer mehr Frauen seien nicht nur vor, sondern auch nach der Eheschließung erwerbstätig. Für sie könne die Änderung des Nachnamens zur Störung ihrer gesellschaftlichen Tätigkeiten führen. Zudem sei die Änderung des Namens mit dem Gefühl des Identitätsverlustes verbunden. Aus Angst davor könnten immer mehr Frauen die gesetzliche Eheschließung vermeiden. Nach alledem verletze die Regelung spätestens zum jetzigen Zeitpunkt ohne rationale Gründe die Freiheit der Eheschließung, die Garantie der Würde des Individuums und die wesentliche Gleichheit beider Geschlechter aus Art. 24 der Verfassung und sei deshalb verfassungswidrig.

In der Regierung hatte das Justizministerium schon in den Jahren 1996 und 2010 Entwürfe zur Gesetzesänderung ausgearbeitet, nach denen jeder Ehegatte die Wahl haben sollte, den eigenen Geburtsnamen auch nach der Eheschließung weiterführen zu können. Beide Entwürfe wurden aber wegen Vorwürfen konservativer Abgeordneter nicht ins Parlament eingebracht. Die Abgeordneten behaupteten, der gemeinsame Familienname sei ein unerlässlicher Mittelpunkt der Einheitlichkeit der Familie, sodass die Zulässigkeit unterschiedlicher Nachnamen in einer Familie zum Zerfall der idealen Familie führe und Unsicherheit in der Gesellschaft schaffe.

b) Vermutung der Ehelichkeit

Nach dem Zivilgesetzbuch wurde für ein Kind, das während der Ehe empfangen wurde, die Vaterschaft des Ehemanns vermutet[38]. Ein Kind, das später als am zweihundertsten Tag nach der Eheschließung und früher als am dreihundertsten Tag nach dem Ende der Ehe geboren wurde, wurde als während der Ehe empfangen vermutet[39]. Diese Vermutung konnte nur durch eine Klage des Ehemanns innerhalb eines Jahres nach seiner Kenntnis von der Geburt des Kindes angefochten werden[40].

[38] § 772 Abs. 1 ZGB 1947.
[39] § 772 Abs. 2 ZGB 1947.
[40] §§ 774 und 777 ZGB 1947.

Wenn eine Frau während der tatsächlich gescheiterten Ehe oder gleich nach der Scheidung von einem anderen Mann ein Kind gebar, meldete sie manchmal die Geburt ihres Kindes nicht an, weil sie befürchtete, dass das Kind automatisch als das Kind des Ehemanns registriert oder der Ehemann durch die Registrierung die Geburt des Kindes bemerken würde. Infolgedessen wurde das Kind nicht in das Familienregister eingetragen. Weil in der japanischen Verwaltung die Familienregister die Grundlage aller Sozialleistungen sind, konnten die nicht registrierten Kinder von jeder Leistung ausgenommen bleiben, wie z. B. von der Ausbildung, dem Gesundheitswesen und dem Wahlrecht nach Volljährigkeit. Nach einer offiziellen Untersuchung des Justizministeriums bleiben in Japan 715 Personen unregistriert, darunter 132 Erwachsene[41]. Aber die genaue Zahl der unregistrierten Personen kann nur schwer ermittelt werden. Nach der Vermutung eines Unterstützungsvereins für unregistrierte Kinder kann die Zahl zehntausend betragen[42].

Um eine kollidierende Vermutung zu vermeiden, war es nach dem Zivilgesetzbuch nur den Frauen verboten, innerhalb von 6 Monaten nach dem Ende einer Ehe wieder zu heiraten. Vor dem Hintergrund der technologischen Entwicklungen, durch die die Vaterschaft auch ohne gesetzliche Vermutung wissenschaftlich ermittelt werden konnte, war aber zweifelhaft geworden, ob die gesetzliche Vermutung der Vaterschaft verfassungsrechtlich noch gerechtfertigt war.

In einem Urteil vom 16. Dezember 2015[43] erklärte der OGH die Regelung über das Verbot der Wiederheirat für Frauen für verfassungswidrig, solange es für mehr als 100 Tage die Wiederheirat verbot. Art. 14 der Verfassung verbiete die Ungleichbehandlung ohne rationale Gründe. Das Wiederheiratsverbot nur für Frauen verletze nur dann den Gleichheitssatz, wenn es keine rationalen Gründe gebe. Art. 24 der Verfassung erkenne ein rationales Ermessen des Gesetzgebers bei der konkreten Ausgestaltung der Regelungen bezüglich der Ehe und Familie an. Die verfassungsrechtliche Prüfung der ungleichen Voraussetzungen der Wiederheirat zwischen Männern und Frauen sei unter dem Blickpunkt vorzunehmen, ob das Ziel der Gesetzgebung rationale Gründe verfolge und die konkrete Ungleichbehandlung im Zusammenhang mit dem Ziel rational sei.

Das Ziel des Verbots der Wiederheirat sei, eine kollidierende Vaterschaftsvermutung und einen Konflikt um die Vaterschaft zu vermeiden. Es sei für das Kindeswohl wichtig, die Vaterschaft möglichst früh zu bestimmen. Die wissenschaftliche Ermittlung der Vaterschaft sei zwar mit höchster Wahrscheinlichkeit möglich, aber während des Gerichtsverfahrens zur Ermittlung der Vaterschaft müsse das Kind rechtlich vaterlos bleiben. Im Hinblick darauf sei das Ziel der Gesetzgebung für rational zu erachten.

---

[41] Stand vom 10.9.2017. *Ido*, Nihon no Mukosekisha (Unregistrierte in Japan), Iwanami Shoten 2017, S. 3.

[42] Ebenda, S. 4 f.

[43] Urteil des OGH (Großer Senat) vom 16.12.2015, Minshu 69–8, S. 2427.

Das Zivilgesetzbuch bestimme, dass das Kind, das später als am zweihundertsten Tag nach der Eheschließung und früher als am dreihundertsten Tag nach dem Ende der Ehe geboren sei, als während der Ehe empfangen vermutet werde. Deshalb sei es rational, den Frauen die Wiederheirat innerhalb einer Frist von hundert Tagen zu verbieten und damit eine kollidierende Vaterschaftsvermutung zu vermeiden. Dagegen sei das Verbot der Wiederverheiratung während der Dauer von mehr als hundert Tagen nicht erforderlich. Im Zeitpunkt der Gesetzgebung sei es nicht irrational gewesen, für mehr als hundert Tage die Wiederheirat zu verbieten. Denn nach dem damaligen technologischen Stand sei es noch schwierig gewesen, die Schwangerschaft und Vaterschaft genau zu ermitteln. Um Konflikte um die Vaterschaft zu vermeiden, sei es noch rational gewesen, einen bestimmten Spielraum bezüglich der Verbotsdauer vorzusehen.

Nach den inzwischen erfolgten medizinischen und technologischen Entwicklungen könnten diese Erwägungen nun nicht mehr die längere Verbotsdauer rechtfertigen. Spätestens zum Zeitpunkt des hundertsten Tages nach dem Ende der vorherigen Ehe der Klägerin des Ausgangsverfahrens sei die Regelung verfassungswidrig geworden, solange sie nach Ablauf von mehr als hundert Tagen die Wiederheirat der Frauen verbiete.

Nach dem Urteil wies das Justizministerium durch Erlass die Meldebehörden an, die Eheanmeldung ab einem Zeitpunkt von hundert Tagen nach dem Ende der vormaligen Ehe zu akzeptieren[44]. Gleichzeitig legte das Ministerium dem Parlament einen Reformentwurf vor, um die Dauer des Verbots der Wiederverheiratung zu verkürzen. Am 1. Juni 2016 beschloss das Oberhaus des Parlaments einstimmig den Entwurf und setzte die Gesetzesänderung in Kraft[45].

5. Schlussbemerkung

Während in Deutschland 1998 der Unterschied zwischen ehelichen und nichtehelichen Kindern als solcher abgeschafft wurde, schreitet die Gleichstellung in Japan noch immer langsam voran. Das ist hauptsächlich den Widerständen der konservativen Abgeordneten in der regierenden Partei geschuldet. Trotzdem kann man erkennen, dass die Entscheidungen des OGHs eine bestimmte Rolle in dieser Entwicklung gespielt haben. Nach den Verfassungswidrigkeitserklärungen des OGHs verabschiedete das Parlament ohne längere Verzögerungen die Gesetzesänderungen.

---

[44] Saikon-kinshi-kikann wo sadameru Minpo no Kitei wo Iken to suru Saikosaibansho Daihotei Hanketsu no iiwatasiga sareta kotoni tomonau Koseki Jimu ni kansuru tomen no Toriatsukai ni tsuite (Über die vorläufige Behandlung der Familienregistrierung infolge der Erkenntnisse des Großen Senats des Obersten Gerichtshofs über die Verfassungswidrigkeit der Regelung des ZGB bezüglich der Dauer des Verbots der Wiederverheiratung), Jimurenraku (Geschäftsnachricht) vom 16.12.2015.

[45] Gesetz zur Änderung eines Teils des Zivilgesetzbuchs vom 7.6.2016 (Gesetz Nr. 71).

Die Konservativen leisteten zwar noch Widerstand, die Entscheidungen als solche waren aber keinen heftigen Vorwürfen ausgesetzt. Der OGH hatte auch schon vor der klaren Verfassungswidrigkeitserklärung manchmal Appelle zur Reform ausgesprochen, diese hatten aber wenig auf die Gesetzgebung eingewirkt.

Man kann vom OGH leider nicht viel erwarten. Weil die Richter/-innen des OGHs von Verfassungs wegen allein durch die Regierung ernannt werden, erscheint es fast unmöglich, dass ein/e starke/r Befürworter/-in der Gleichstellung als Richter/-in des OGHs berufen wird, solange die konservativen Parteien regieren. Es kann nur erwartet werden, dass mehr Richterinnen zum OGH berufen werden und sich ein langsamer Generationenwechsel in der Rechtsprechung vollzieht. Mehr kann man von der Änderung der Gesellschaft als solcher erwarten. Das tatsächliche Familienbild ändert sich viel schneller als die politischen Meinungen der Abgeordneten. Der OGH spricht vielmals von den „allgemeinen Auffassungen in der Gesellschaft". Je mehr sich die tatsächlichen Gestaltungen der Familie vervielfachen, desto wahrscheinlicher akzeptiert die allgemeine Auffassung die volle Gleichstellung.

Verzeichnis der Teilnehmerinnen und Teilnehmer

Prof. Dr. *Koichi Akasaka*, Universität Kyushu
Prof. Dr. *Gabriele Britz*, Richterin des Bundesverfassungsgerichts in Karlsruhe/ Justus-Liebig-Universität Gießen
Prof. Dr. *Christian Bumke*, Bucerius Law School Hamburg
Rodrigo Cadore, Albert-Ludwigs-Universität Freiburg i. Br.
Prof. Dr. *Matthias Cornils*, Johannes Gutenberg-Universität Mainz
Prof. Dr. Dr. h.c. *Thomas von Danwitz*, Kammerpräsident am Europäischen Gerichtshof in Luxemburg
Takayuki Harashima, Bucerius Law School Hamburg
Prof. Dr. *Tsuyoshi Hatajiri*, Chuo-Universität, Tokio
Prof. Dr. *Tomonobu Hayashi*, Tokio-Universität, Tokio
Helene Jaschinski, Albert-Ludwigs-Universität Freiburg i. Br.
Prof. Dr. *Matthias Jestaedt*, Albert-Ludwigs-Universität Freiburg i. Br.
Prof. Dr. *Olivier Jouanjan*, Universität Paris 2 Panthéon-Assas
Prof. Dr. *Anna-Bettina Kaiser*, Humboldt-Universität zu Berlin
Azamat Karimov, Albert-Ludwigs-Universität Freiburg i. Br.
Prof. Dr. *Go Koyama*, Keio-Universität, Tokio
Tomoaki Kurishima, Ludwigs-Maximilian-Universität, München
Prof. Dr. *Oliver Lepsius*, Westfälische Wilhelms-Universität Münster
Prof. Dr. *Georg Lienbacher*, Mitglied des (österreichischen) Verfassungsgerichtshofs/Wirtschaftsuniversität Wien
Prof. Dr. *Johannes Masing*, Richter des Bundesverfassungsgerichts in Karlsruhe/ Albert-Ludwigs-Universität Freiburg i. Br.
Prof. Dr. *Mitsuhiro Matsubara*, Chuo-Universität, Tokio
Prof. Dr. *Kazuhiko Matsumoto*, Universität Osaka
Prof. Dr. *Motoi Miyaji*, Meijigakuin-Universität, Tokio
Prof. Dr. *Yuhiko Miyake*, Universität Saitama
Prof. Dr. *Christoph Möllers*, Humboldt-Universität zu Berlin
Prof. Dr. *Toru Mori*, Universität Kyoto
Prof. Dr. *Yumiko Nakanishi*, Hitotsubashi-Universität, Tokio
Prof. Dr. *Hiroshi Nishihara*, Waseda-Universität, Tokio
Prof. Dr. *Angelika Nußberger*, Richterin am Europäischen Gerichtshof für Menschenrechte in Straßburg/Universität zu Köln
Prof. Dr. *Nami Thea Ohnishi*, Universität Senshu
Anne Marlen Papke, Albert-Ludwigs-Universität Freiburg i. Br.
Prof. Dr. *Ralf Poscher*, Albert-Ludwigs-Universität Freiburg i. Br.

Camilla Schiefler, Albert-Ludwigs-Universität Freiburg i. Br.
Prof. Dr. *Christoph Schönberger*, Universität Konstanz
Prof. Dr. *Hidemi Suzuki*, Keio-Universität, Tokio
Prof. Dr. *Atsushi Takada*, Universität Osaka
Prof. Dr. *Yuki Tamamushi*, Nihon-Universität, Tokio
Prof. Dr. *Uwe Volkmann*, Goethe-Universität Frankfurt am Main
Prof. Dr. *Andreas Voßkuhle*, Präsident des Bundesverfassungsgerichts in Karlsruhe/Albert-Ludwigs-Universität Freiburg i. Br.
Prof. Dr. *Christian Waldhoff*, Humboldt-Universität zu Berlin
Prof. Dr. *Christian Walter*, Ludwigs-Maximilians-Universität München
Prof. Dr. *Thomas Würtenberger*, Albert-Ludwigs-Universität Freiburg i. Br.